Gunnar Strunz

Böhmerwald

zwischen Osser und Moldautal

51 ausgewählte Wanderungen

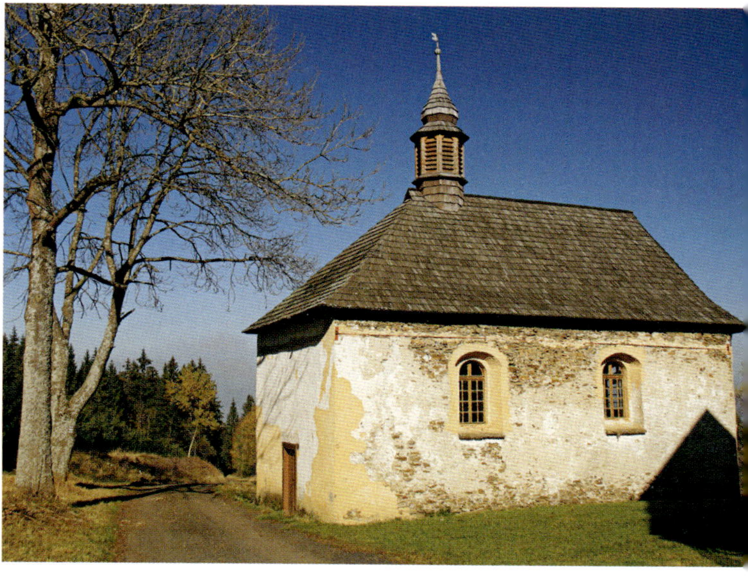

ROTHER
BERGVERLAG

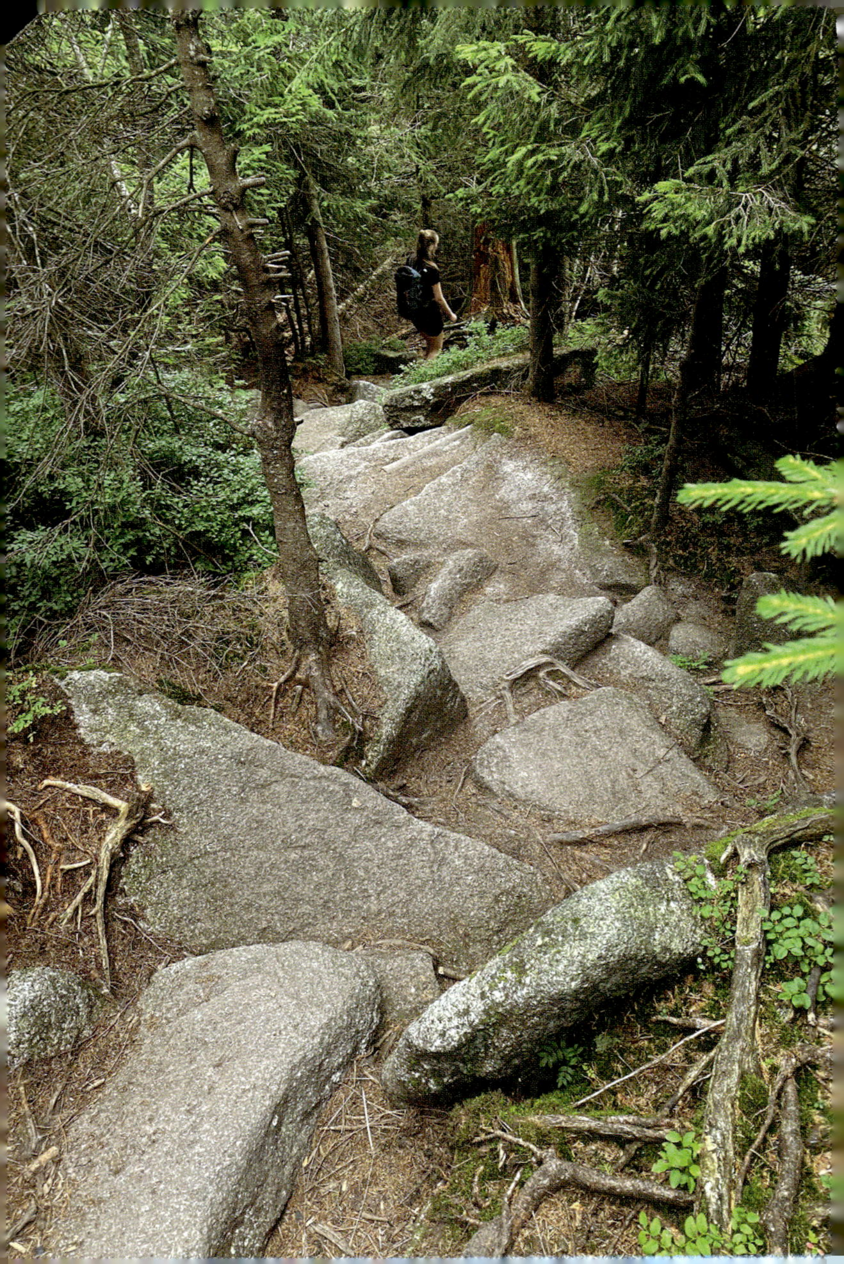

VORWORT

Der Böhmerwald, der zusammen mit dem Bayerischen Wald das größte zusammenhängende Waldgebiet Mitteleuropas bildet, ist eine der zauberhaftesten Mittelgebirgslandschaften Europas. Das Waldgebirge, das auf der böhmischen Seite mit dem Plechý (Plöckenstein) bis auf 1378 m Höhe emporsteigt, ist eines der sechs UNESCO-Biosphärenreservate der Tschechischen Republik. Da ein etwa 5 km breiter Streifen parallel zur bayerischen Grenze von der Nachkriegszeit bis 1990 Sperrgebiet war, konnte sich in weiten Teilen der Region eine unberührte Natur erhalten; undurchdringliche Wälder und Moore blieben bestehen, was den seit alters sagenumwobenen Böhmerwald immer noch viele Geheimnisse bewahren lässt – auch hinsichtlich der unzähligen durch das Grenzregime abgerissenen Dörfer. Einzigartige Begegnungen mit einsamen, dichten Wäldern, weitflächigen Hochebenen, verwunschenen Seen, malerischen Felsformationen und geheimnisvoll dahindämmernden, unergründlichen Mooren sind in solcher Fülle auf kleinem Raum nirgendwo sonst in Mitteleuropa zu finden.
Doch trotz der Unberührtheit weiter Teile existiert eine hervorragende Infrastruktur mit guten Einkehr- und Übernachtungsmöglichkeiten. Es besteht ein hervorragend konzipiertes und beschildertes Wanderwegenetz – in den Kammregionen oberhalb von 1000 m ebenso wie im Vorland um das malerische Prachatitz (Prachatice) und dem architektonischen UNESCO-Welterbe von Krummau (Český Krumlov).
Das Waldgebirge um die obere Moldau ist von landschaftlich einzigartiger Schönheit, es war durch die jahrzehntelange Sperrung seiner schönsten Gebiete wie u. a. der Gletscherseen und der großen Moore eine Sehnsuchtslandschaft geworden, die allerdings erst nach und nach wieder ins Bewusstsein insbesondere deutscher Wanderer und Naturfreunde zurückfindet. Während nur wenige Kilometer westlich der Grenze der Bayerische Wald sich größter Beliebtheit bei Touristen aller Altersgruppen erfreut, wird das östliche Gegenstück trotz aller Attraktivität bis jetzt vergleichsweise wenig besucht und ist zumindest bei den Westdeutschen in der Gänze fast unbekannt. Bezeichnend mag dabei auch sein, dass bis heute fast keine aktuelle Reiseliteratur zum Gebiet existiert. Um dem abzuhelfen, möchte der vorliegende Wanderführer den Böhmerwald ganz bewusst mit nicht zu langen und nicht zu schwierigen Wandertouren erschließen, die zwischen Osser und Hohenfurth (Vyšší Brod) bzw. dem Moldautal aber zu allen wichtigen Gipfeln und Sehenswürdigkeiten des Böhmerwalds führen.

Berlin, im Frühsommer 2023 Gunnar Strunz

Der Abstieg vom Stifter-Obelisk zum Plöckensteinsee ist die wahrscheinlich anspruchsvollste Strecke im Böhmerwald (Tour 38).

INHALTSVERZEICHNIS

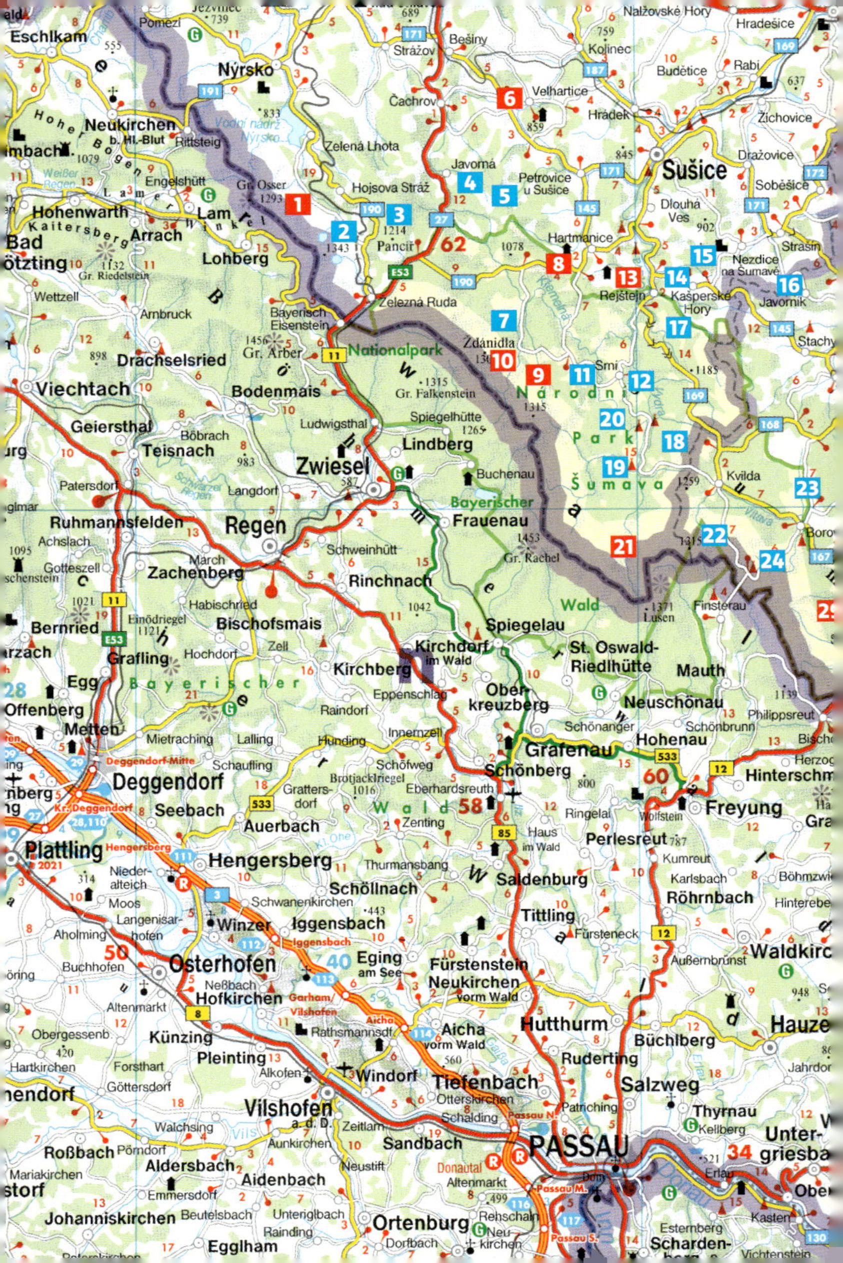

Eschlkam
Pomezí
Nýrsko
Neukirchen b. Hl.-Blut
Rittsteig
Vodní nádrž Nýrsko
Zelená Lhota
Hohenwarth
Lam
Gr. Osser
1293
Engelshütt
Hojsova Stráž
Javorná
Petrovice u Sušice
Bad Kötzting
Arrach
Lohberg
Pancíř
1214
1343
Hartmanice
Rejštejn
Kašperské Hory
Nezdice na Šumavě
Javorník
Strašín
Stachy
Susice
Dlouhá Ves
Sušice
Budětice
Rabí
Žichovice
Dražovice
Soběšice
Hradešice
Nalžovské Hory
Kolinec
Velhartice
Hrádek
Čachrov
Bešiny
Strážov
Wettzell
Arnbruck
Gr. Riedelstein
Bayerisch Eisenstein
Železná Ruda
Gr. Arber
1456
Nationalpark
Ždánidla
Srní
Národní
Park
Šumava
Drachselsried
Viechtach
Bodenmais
Gr. Falkenstein
Spiegelhütte
Geiersthal
Teisnach
Böbrach
Ludwigsthal
Lindberg
Zwiesel
Buchenau
Bayerischer
Frauenau
Kvilda
Patersdorf
Langdorf
Ruhmannsfelden
Regen
Gr. Rachel
Achslach
Gotteszell
March
Zachenberg
Schweinhütt
Rinchnach
Wald
Lusen
Finsterau
Habischried
Bischofsmais
Bernried
Einödriegel
Spiegelau
Kirchdorf im Wald
St. Oswald-Riedlhütte
Mauth
Grafling
Hochdorf
Zell
Kirchberg
Offenberg
Egg
Bayerischer
Eppenschlag
Oberkreuzberg
Neuschönau
Philippsreut
Metten
Raindorf
Schönanger
Schönbrunn
Mietraching
Lalling
Hunding
Innernzell
Hohenau
Grafenau
Deggendorf-Mitte
Deggendorf
Schaufling
Schöfweg
Schönberg
Hinterschmiding
Seebach
Grattersdorf
Brotjacklriegel
1016
Eberhardsreuth
Wald
Ringelai
Wolfstein
Freyung
Kr. Deggendorf
Auerbach
Zenting
Haus im Wald
Perlesreut
Kumreut
Plattling
Hengersberg
Nieder-alteich
Thurmansbang
Saldenburg
Karlsbach
Röhrnbach
Moos
Schwanenkirchen
Schöllnach
Tittling
Langenisarhofen
Winzer
Iggensbach
Fürsteneck
Aholming
Außernbrunst
Waldkirchen
Buchhofen
Osterhofen
Eging am See
Fürstenstein
Neukirchen vorm Wald
Neßbach
Hofkirchen
Altenmarkt
Garham/Vilshofen
Hutthurm
Aicha vorm Wald
Rathsmannsdorf
Obergessenbach
Künzing
Büchlberg
Hauzenberg
Ruderting
Hartkirchen
Forsthart
Pleinting
Alkofen
Windorf
Tiefenbach
Salzweg
Jahrdorf
Göttersdorf
Otterskirchen
Vilshofen a. d. D.
Schalding
Patriching
Thyrnau
Kellberg
Walchsing
Zeitlarn
Passau N.
Passau
Unter-griesbach
Roßbach
Pörndorf
Aunkirchen
Sandbach
Aldersbach
Neustift
Donautal
Mariakirchen
Aidenbach
Altenmarkt
Erlau
Obernzell
Emmersdorf
Passau M.
Dom
Johanniskirchen
Beutelsbach
Unteriglbach
Rehschaln
Ortenburg
Kasten
Raindorf
Passau S.
Esternberg
Egglham
Dorfbach
Neukirchen
Schardenberg

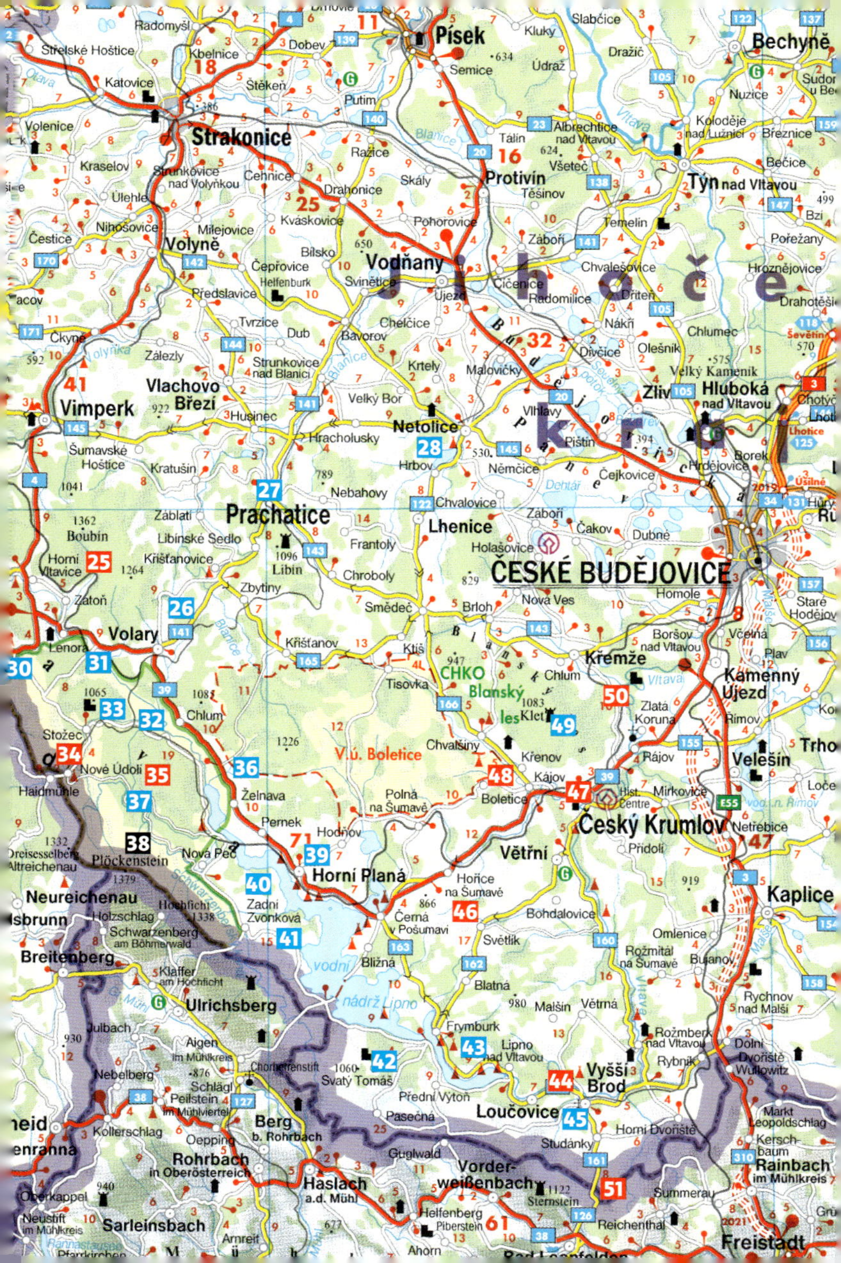
Písek
Bechyně
Strakonice
Protivín
Vodňany
Týn nad Vltavou
Volyně
Vimperk
Vlachovo Březí
Netolice
Hluboká nad Vltavou
Prachatice
Lhenice
ČESKÉ BUDĚJOVICE
Volary
Křemže
Kamenný Újezd
CHKO Blanský les
Velešín
Český Krumlov
Horní Planá
Kaplice
Vodní nádrž Lipno
Ulrichsberg
Frymburk
Lipno nad Vltavou
Vyšší Brod
Loučovice
Rohrbach in Oberösterreich
Haslach a.d. Mühl
Vorderweißenbach
Rainbach im Mühlkreis
Freistadt
Sarleinsbach
Neureichenau
Breitenberg
Plöckenstein
Jihočeský kraj

TOP-TOUREN

Zum Osser
Der Berg mit der schönsten Böhmerwaldaussicht: Von den Felsklippen des Osser eröffnet sich eine grandiose Rundumsicht. Der Weg führt vorbei am sagenumwobenen Schwarzen See (Černé jezoro) und zum Osserschutzhaus *(Tour 1, 6.00 Std.)*.

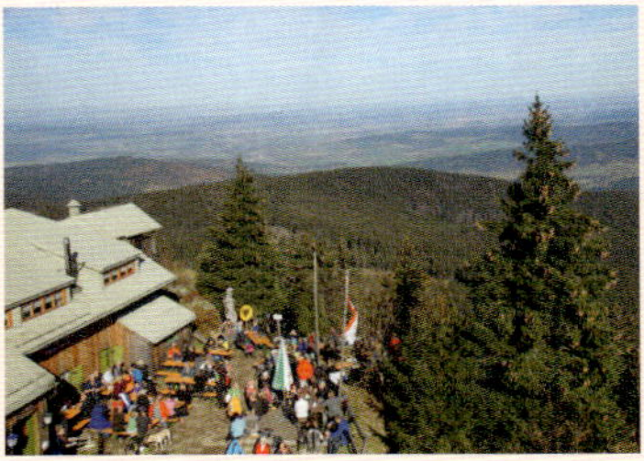

Durch das Tal der Vydra nach Srní
Eine entspannende Tour entlang des schönsten Bergflusses im Böhmerwald. Zumindest in der ersten Hälfte für Kinder bestens geeignet *(Tour 12, 3.30 Std.)*.

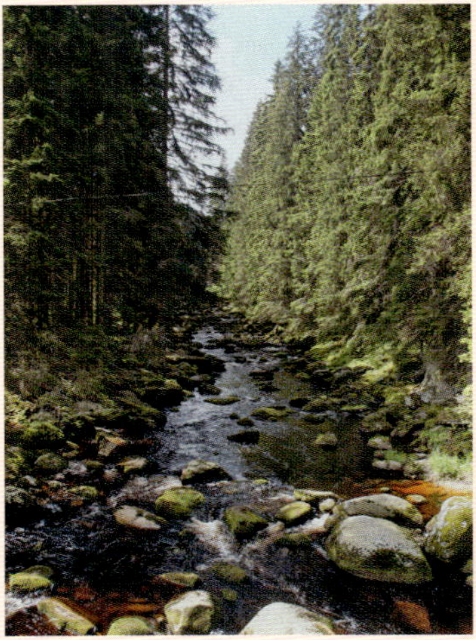

Auf der Guldenstraß
Erbauliche Genusswanderung auf einem alten Handelsweg und durch eines der schönsten Böhmerwaldtäler überhaupt *(Tour 18, 3.30 Std.)*.

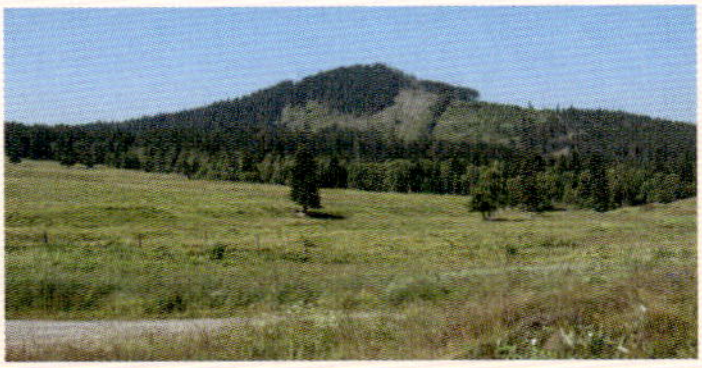

Von Modrava in das Tal des Roklanský potok (Rachelbach)
Durch das breite unberührte Tal des Rachelbachs an den Rand der unzugänglichen großen Moorgebiete westlich von Modrava *(Tour 19, 4.00 Std.)*.

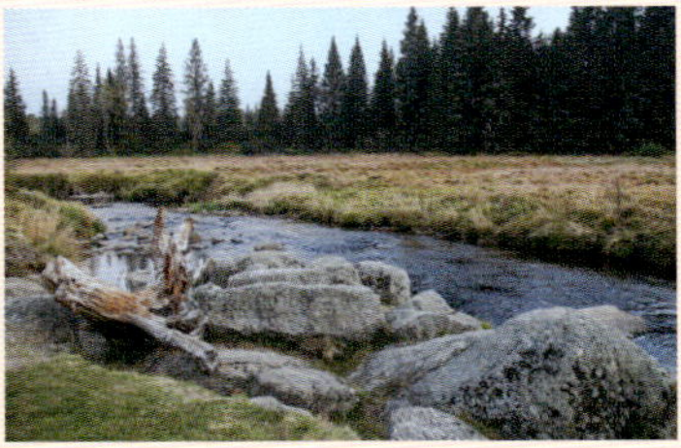

Durch das Moor Cikánska Slať nach Březník
Eine Wanderung in die einsame Natur nördlich des Lusen *(Tour 21, 4.15 Std.)*.

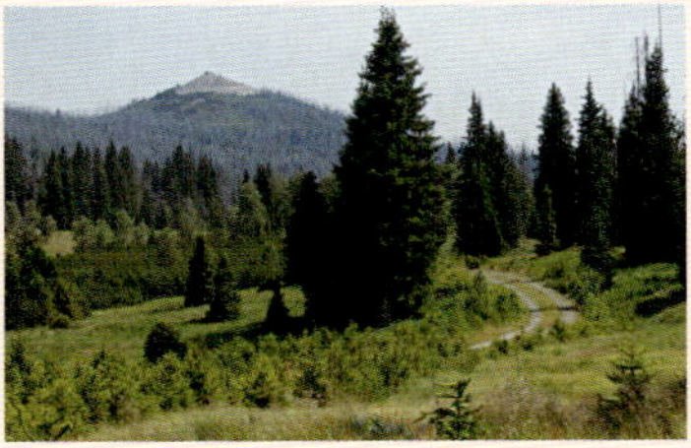

Durch einsame Gefilde nach Knížecí Pláně
Eine einfache Tour auf eine sturmzerzauste Hochfläche und zu einem verschwundenen Dorf *(Tour 24, 3.30 Std.)*.

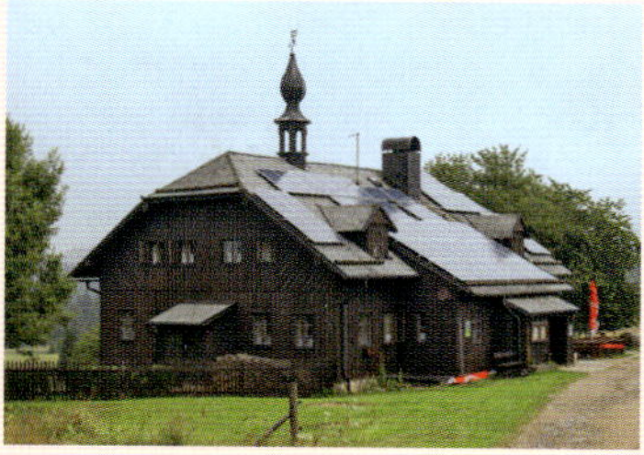

Boubín
Eine Begegnung mit einem jahrhundertealten, undurchdringlichen Urwald *(Tour 25, 2.45 Std.)*.

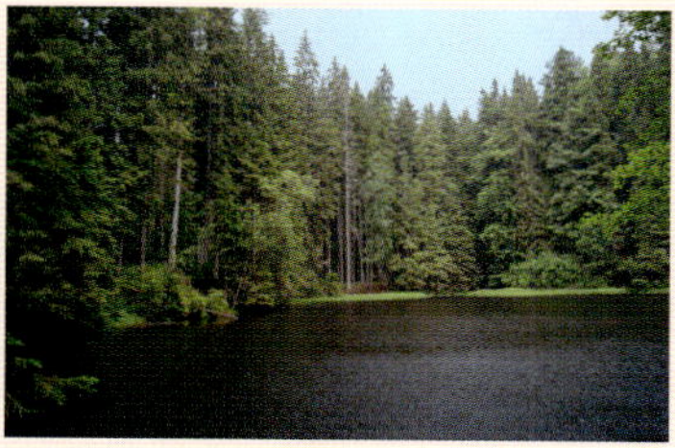

Auf dem Bärensteig
Abwechslungsreiche Wanderung durch Wälder, vorbei an Seen und durch ein Felsenlabyrinth *(Tour 35, 4.30 Std.)*.

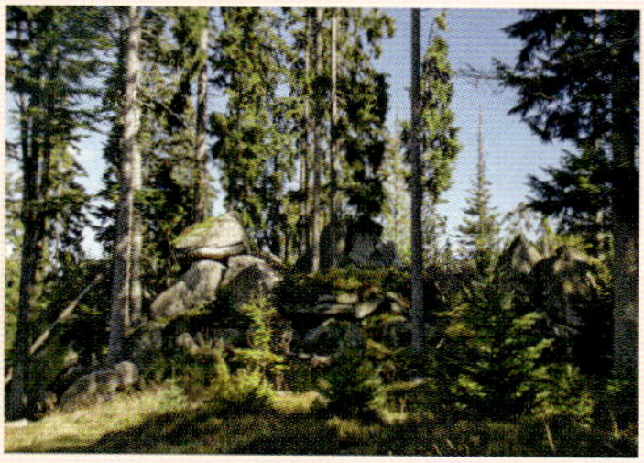

Plöckensteinsee (Plešné jezero) und Plechý
Eine traditionelle Tour zu einem Wahrzeichen des Böhmerwalds, dem Plöckensteinsee und dem Stifter-Denkmal an der Seewand, von der sich ein großartiger Blick weit über die Lande bietet *(Tour 38, 5.00 Std.)*.

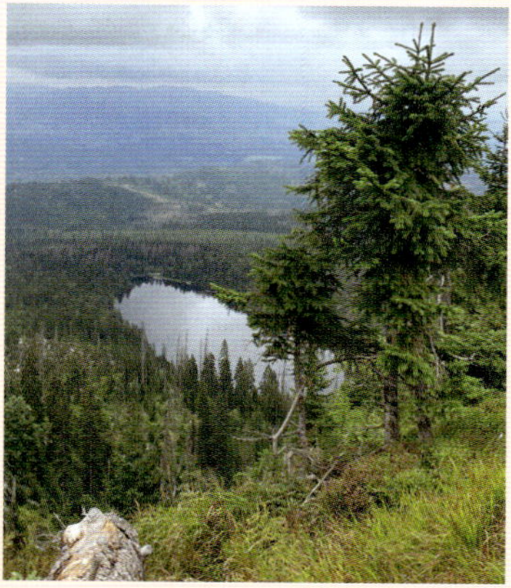

Ruine Vítkův kámen
Landschaftlich abwechslungsreiche Wanderung von Přední Výtoň am Moldaustausee zu einer literarisch berühmten Ruine *(Tour 42, 4.00 Std.)*.

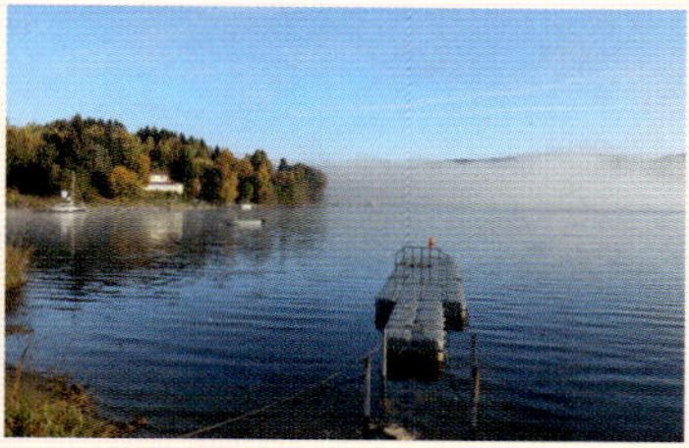

Auf den Kleť
Wanderung auf den Hausberg von Český Krumlov mit seinem Aussichtsturm und herrlichem Rundblick *(Tour 49, 3.30 Std.)*.

WICHTIGE HINWEISE FÜR UNTERWEGS

Anforderungen

Alle Wandertouren folgen deutlichen Wegen und Pfaden, fast immer sind sie mit Markierungen versehen. Die vorgestellten Touren haben sehr unterschiedliche Längen und sind fast ausschließlich Rundwege. Ganz bewusst wurde auf eine leichte Erreichbarkeit der Ausgangspunkte geachtet. Auch wurden die allgemeinen Anforderungen bezüglich der Tourlängen und -schwierigkeiten etwas niedriger ausgewählt, um auch Besuchern mit geringerer Kondition alle Schönheiten des Böhmerwalds erschließen zu können. Die geografischen Lagen der vorliegenden 50 Touren decken den Böhmerwald vollständig ab.
Seitens der tschechischen Behörden wurden viele Wanderrouten, die noch Anfang der 2000er-Jahre auf verträumten unbefestigten Wegen verliefen, inzwischen asphaltiert und dabei gleichzeitig als Radtrassen ausgewiesen. Andererseits verlaufen viele ausgewiesene Radtrassen auf steinigen und eigentlich dafür ungeeigneten Pfaden. Demgegenüber steht die Tatsache, dass innerhalb der Zone 1 des Nationalparks sehr viele alte befestigte Wege der früheren Grenztruppen auch zu Fuß nicht begangen werden dürfen. Der Besucher des Böhmerwalds sollte also nicht allzu erstaunt sein, dass manch markierter Wanderpfad jetzt auf einem asphaltierten bzw. Plattenweg verläuft.

Der Äbtesteig bei Vyšší Brod (Tour 45).

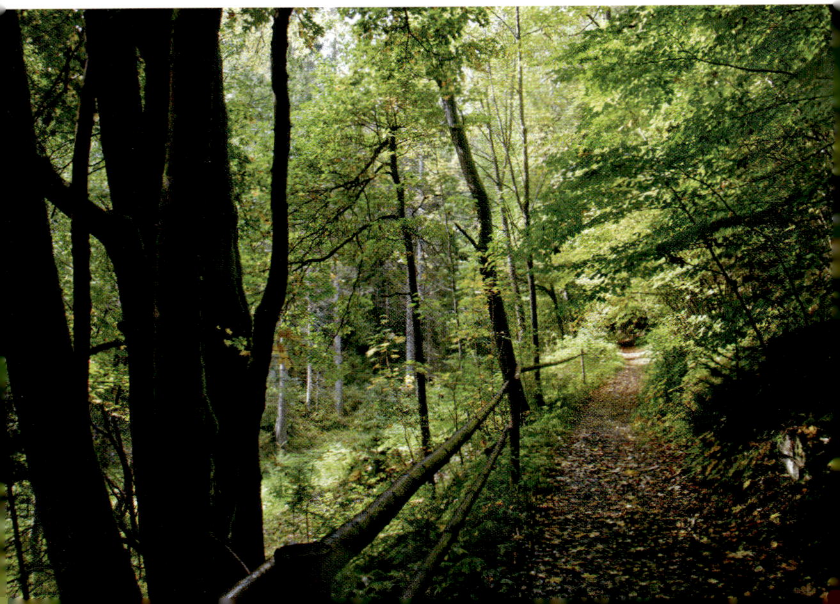

Um die Anforderungen für die Benutzer des Wanderführers überschaubarer zu machen, wurden die Touren mit unterschiedlichen Farben markiert. Sie erklären sich wie folgt:

SCHWIERIGKEITSKATEGORIEN

■ = Leicht

Die Touren verlaufen auf durchgängig gut markierten Wegen. Bei den Auf- und Abstiegen sind weniger als 500 Höhenmetern zu bewältigen. Die Wanderungen können bei guter Witterung – kein Gewitter, kein Sturm, keine Schneelagen – gefahrlos unternommen werden, vorausgesetzt, dass gute Wanderschuhe getragen werden und auch eine gute Wanderausrüstung vorhanden ist. Denn obwohl im Böhmerwald viele traditionelle Wanderwege in den letzten Jahren im Rahmen von EU-Infrastrukturprojekten asphaltiert wurden, können auch leichte Touren mitunter über steinige Abschnitte oder Passagen mit viel Wurzelwerk führen, die bei Nässe oder mit schlechtem Schuhwerk nicht begangen werden sollten. Diese »blauen« Touren benötigen im Allgemeinen eine Wanderzeit von unter vier Stunden und sind oft auch für Kinder geeignet.

■ = Mittel

Auch diese Wege sind gut markiert, allerdings können Abschnitte steiler sein und mehr Kondition verlangen. Passagenweise verlaufen die Wege durch unwegsames, beispielsweise sumpfiges Gelände, über Wurzelwerk oder als Pfade über Strecken mit erhöhter Rutschgefahr.

■ = Schwierig

Im Böhmerwald gibt es genau genommen keine Tour, die man in der Gänze als »schwierig« einstufen könnt. Bestenfalls das kurze Stück vom Plöckensteinsee hinauf zum Stifterdenkmal (Tour 38) fällt in dies Kategorie. Dieser nicht allzu lange Abschnitt erfordert etwas Kondition und Trittsicherheit.

Wegenetz und Markierungen

Im Böhmerwald existiert - wie in der gesamten Tschechischen Republik - ein vorzügliches und dichtes Netz von markierten Wanderwegen. Neben farblichen Kennzeichnungen gibt es auch sehr viele Wegweiser und Positionsschilder mit Höhenangaben. Angebracht und gepflegt werden sie durch den »Klub der Tschechischen Touristen« (Klub českých turistů, kurz KČT), den größten und bedeutendsten Touristenverein in Tschechien. Die Markierungen bestehen meist aus einem gelben, roten, blauen oder grünen Querstreifen, der jeweils an den Längsseiten mit einem weißen Streifen verdeutlicht ist. Bisweilen trifft man bei kurzen Abzweigen zu Burgen, Kapellen und Ähnlichem auch auf Symbolmarkierungen. Lokal gibt es eini-

ge kürzere und längere Themenwege, mit dem St.-Gunther-Steig und dem Pilgerweg Nia Nova sogar grenzüberschreitende.
Das Wandern hat in Tschechien einen traditionell hohen Stellenwert. Anders als in Deutschland, wo das Wandern in den Mittelgebirgen meist eine Angelegenheit der Altersgruppe 50+ ist, trifft man überall in Böhmen am Wochenende – egal bei welchem Wetter – sehr viele junge Familien, oft mit Kleinkindern auf dem Rücken oder im Tragegurt, auf Touren durch Wald und Gebirge.

Einschränkungen

Weite Teile des Böhmerwalds sind als Nationalpark Šumava ausgewiesen. Große Gebiete in den höheren Lagen gehören zur (allerdings nicht zusammenhängenden) Zone 1 (siehe auch S. 18). Diese darf nur zu Fuß und nur auf markierten Wegen betreten werden, für Radfahrer ist sie bis auf einige wenige Ausnahmen grundsätzlich gesperrt. Zum Leidwesen vieler Wanderer sind in Zone 1 alle nicht markierten Wege vollständig gesperrt. Die ausgedehnten Moorgebiete westlich von Modrava und die Gegend zwischen Březník (Pürstling) und der bayerischen Grenze am Rachel (wo auf der böhmischen Seite noch die verlassene Rachelhütte steht), dazu das Tal des Lusenbachs und einige andere grenznahe Gebiete dürfen selbst auf den asphaltierten Wegen der Grenztruppen nicht betreten werden. Auch die Gebiete westlich des Schwarzen und des Teufelssees oberhalb der Seewand sind trotz breiter Zugangswege für den Zutritt gesperrt. Einige landschaftlich sehr reizvolle Pfade wie etwa der vom Poledník nach Gsenget (oberhalb von Prašilý) sind nur zwischen Mitte Juli und Mitte Oktober begehbar.

Die Gegend um Modrava zählt zu den reizvollsten im Böhmerwald (Tour 19).

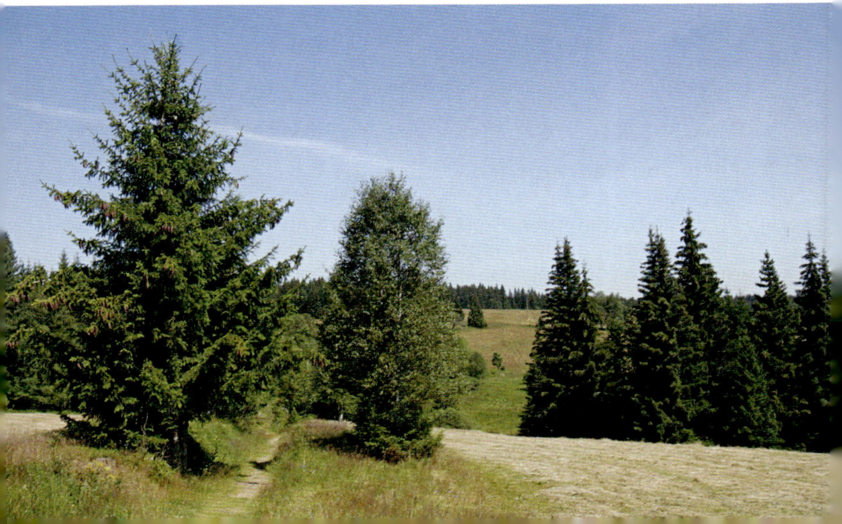

SYMBOLE

Symbole im Tourenkopf	Gipfel
mit Bahn/Bus erreichbar	Kirche, Kapelle, Bildstock
Einkehrmöglichkeit	Burg, Schloss, Ruine
für Kinder geeignet	Aussichtsturm
Symbole im Höhenprofil	Aussichtspunkt
Parkplatz	Rastplatz, Picknickplatz
Bahnanschluss	Pass, Sattel
Bushaltestelle	Brücke
Auf-/Abfahrt mit dem Sessellift	Höhle
Ort mit Einkehrmöglichkeit	Abzweigung links/rechts
Einkehrmöglichkeit	Quelle
Schutzhaus, Unterstand	Wasserfall

Im Allgemeinen sind genug Hinweis- und Verbotstafeln am Eingang zu den Sperrzonen aufgestellt. Es empfiehlt sich ausdrücklich, diesen Verboten Folge zu leisten. Wird man von den Rangern erwischt, drohen hohe Geldbußen.
Der Nationalpark Šumava hat im Vergleich zu anderen mitteleuropäischen Nationalparks ein sehr strenges Besucherregime (npsumava.cz). Viele Wege, die auf älteren Karten (beispielsweise aus den 1990er-Jahren) noch als markiert eingezeichnet sind, bzw. in den 1990er-Jahren noch begangen werden konnten, sind inzwischen nicht mehr zugänglich. Gerade im Bereich der Zone 1 wurden in den letzten Jahren viele Wanderwege gesperrt. Die ausschließliche Verwendung neuester Wanderkarten wird daher dringend empfohlen.
Offiziell ist die Überquerung der Grenze nach Bayern nur auf grenzüberschreitenden Wander- oder Radwegen erlaubt. Grenzkontrollen finden dabei im Allgemeinen nicht mehr statt. Theoretisch kann es in grenznahen Bereichen zu Personenkontrollen kommen – besser ist es, in diesen Fällen ein Ausweisdokument mitzuführen, denn über die grüne Grenze erfolgt nicht selten die illegale Einreise nach Deutschland.

Fernwanderwege

Fernwanderwege, wie sie in Vielzahl im Bayerischen Wald vorhanden sind, existierten im Böhmerwald lange nicht. Seit 2018 gibt es aber den Fernwanderweg »Goldsteig Tschechien« (zlatoustezkou.cz, siehe auch Rother Wanderführer »Tschechischer Goldsteig«), ein böhmisches Pendant zum deutschen Fernwanderweg »Goldsteig« (siehe auch Rother Wanderführer »Goldsteig«). Letzterer verläuft durch Ostbayern zwischen Oberfranken

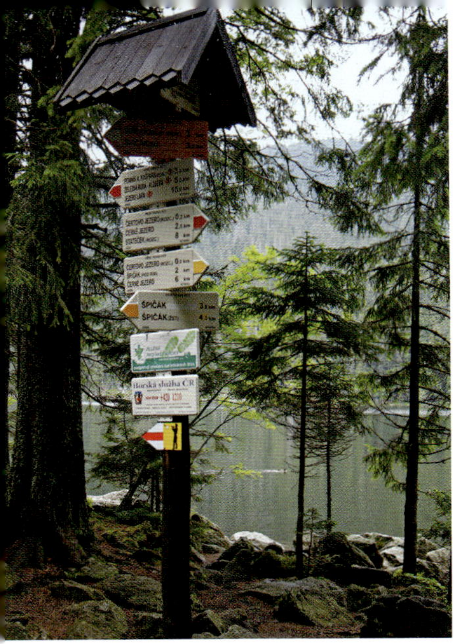

Die Wegbeschilderung im Böhmerwald ist ausgezeichnet (Tour 2).

(Marktredwitz) und Passau. Sein tschechisches Gegenstück führt von der Grenze bei Bischofsreut (Lkr. Freyung) nach Prachatice (Prachatitz) und von dort nordwestwärts mehr oder weniger parallel zur Grenze über Kašperské Hory (Bergreichenstein), Nýrsko (Neuern), Domažlice (Taus) bis nach Chodová Planá (Kuttenplan) bei Mariánské Lázně (Marienbad). Sein Verlauf deckt sich mit dem historischen Handelsweg des »Goldenen Steigs« (ein Teilarm verlief von Passau nach Prachatice) nur in den südlichen Teiltrassen von der Grenze bis Prachatice bzw. in Teilen der einzelnen Etappen um Kašperské Hory. Der nördliche Teil des Fernwanderwegs »Goldsteig Tschechien« (außerhalb des Böhmerwalds) führt über andere historische Wege, u. a. über Abschnitte des Silbersteigs (Pilsen–Nürnberg). Auf dem historischen Handelsweg »Goldener Steig« bzw. dessen drei Armen verlaufen (in Teilen) die Routen 17, 18, 22, 29, 30 und 31 des vorliegenden Buchs. Auf dem neuen Fernwanderweg »Goldsteig Tschechien« (und dessen Verbindungen zum bayerischen Goldsteig-Fernwanderweg) liegen in Teilen die Touren 4, 8, 14, 15, 16, 17, 26, 29 bis 35 sowie 37 und 38.

Darüber hinaus gibt es im Böhmerwald einige thematische Wege wie den Bärensteig (Medvědí stezka, Tour 34). Daneben führen einige grenzüberschreitende Fernwanderwege durch die Tschechische Republik. Der E 3 (Atlantik-Schwarzes Meer) führt durch Nordböhmen, der E 10 (Finnland-Gibraltar) berührt den Böhmerwald bei Česky Krumlov nur am Rand.

Zu erwähnen sei noch der St.-Gunther-Steig (Stezka sv. Víntíře bzw. Vintířska stezka). Er ist 88 km lang und berührt verschiedene Lebensstationen des hl. Gunther. Der grenzüberschreitende Weg beginnt im Bayerischen Wald im Lallinger Winkel, führt nach Rinchnach, weiter über Zwiesel auf den Kamm, quert dort bei Gsenget die Grenze, von dort geht es über Prášily und Rovina zum Gunthersberg (siehe dazu auch Touren 8 und 9), wo der Weg endet. Vom Pilgerweg Vianova (Straubing-Přibram) liegt das kurze Teilstück Bučína-Kvilda (Tour 22) innerhalb des Böhmerwalds. Der Pilgerweg hat eine eigene Markierung, ist aber nicht durchgängig gekennzeichnet.

Wanderungen auf dem Hauptkamm des Böhmerwalds sind nur an wenigen Stellen möglich, denn es bestehen dort keine ausgewiesenen, markierten Wanderwege. Ohnehin liegen die Kammregionen großenteils in der Zone 1 des Nationalparks und sind daher weitgehend unzugänglich. Zwischen Osser und Železná Ruda ist das Gebiet offiziell nur auf dem Grenzweg bis zum Zwercheck (Svaroh) betretbar, wenngleich dieser Weg auf den offiziellen tschechischen Wanderkarten nicht eingezeichnet ist. Von Železná Ruda ist es weiter südöstlich über Debrník-Dorf, unterhalb des Polom (Fallbaum), 1295 m, und den Lackensee möglich, weiter nach Gsenget und zum Poledník (Mittagsberg) nur mit großen zeitlich-saisonalen Einschränkungen. Der Weiterweg von dort bis zum Lusen liegt in Zone 1 des Nationalparks und ist deshalb nicht möglich. Nur das kleine Stück westlich des Lusen ab dem Špíčník (Großer Spitzberg) kann bis zum Lusen auf dem Kamm begangen werden. Vom Lusen bis Bučína gibt es wiederum keinen Wanderweg, erst ab Bučína kann man über Knížecí Pláně auf der Böhmerwaldhochfläche eine Art Kammspaziergang machen – allerdings geht es danach hinab nach Strážný.
Eine eigentliche Kammwanderung auf ausgewiesenen Wegen ist erst ab dem Dreisesselberg (Trístolíčník) über den Plöckenstein (Plechý) und Hochficht hin zum Grüneislfelsen durchführbar. Ab diesem Berg liegt der Kamm aber weit auf österreichischem Gebiet. Südlich von Vyšší Brod ist eine Kammwanderung eingeschränkt zwischen Guglwald und Weigetschlag möglich.

Zauberhaft ist die Böhmerwaldlandschaft bei Stožec (Tour 33).

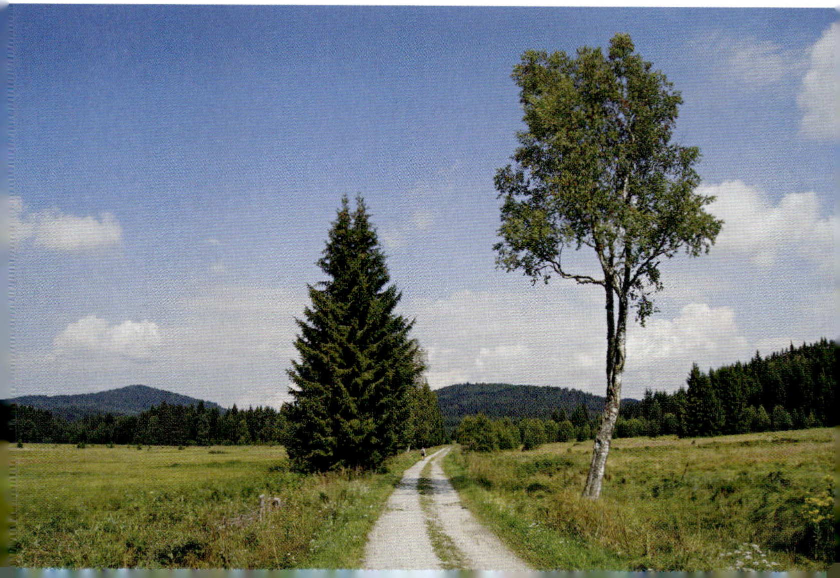

Karten

Für Wanderungen im Böhmerwald empfehlen sich zurzeit am besten die Wanderkarten (Turistická Mapa) 1:40.000 aus dem SHOCart-Verlag (shocart.cz) und zwar folgende Blätter: Blatt 434: Železnorudsko, Povydří, Churáňov; Blatt 435: Trojmezí, Pláně; Blatt 436: Lipensko, Český Krumlov; Blatt 439: Pošumaví, Prachaticko.
Für das Gebiet des Blanský les und des Truppenübungsplatzes Boletice (Touren 47 und 48) eignet sich am besten das Blatt 1:25.000 VVP Boletice, CHKO Blanský les aus dem Verlag Geodezie on line (geodezieonline.cz). Wer es ganz detailliert möchte, sollte grundsätzlich zu den Wander- und Radkarten (Turistická a cykloturistícká mapy) 1:25.000 aus diesem Verlag greifen. Es gibt sie für den ganzen Böhmerwald. Allerdings weisen diese Karten manchmal in einzelnen Details (Trassenführung, Farbgebung, Namensgebung bei einzelnen Waldkreuzungen) zu ihren maßstäblich kleineren Gegenstücken Unterschiede auf.

Gefahren

Die einzige Gefahr bei Wanderungen im Böhmerwald geht neben Gewittern im Frühjahr von Schneeresten bzw. von rutschigen Felspfaden aus. Bei Gewittern sind einzeln stehende Bäume, Wasserflächen, Felsen oder metallene Landschaftselemente (Wegkreuze, Gipfelkreuze) zu meiden. Innerhalb des Nationalparks bzw. der Zone 1 dürfen die meist unmarkierten Felspfade ohnehin nicht begangen werden. In den tiefer gelegenen Bereichen des Böhmerwalds können nach großen Regenfällen oder nach der Schneeschmelze einzelne Wege sehr rutschig bzw. morastig sein. Bei der Beschreibung der einzelnen Touren wird explizit auf solche Teilabschnitte hingewiesen. Bohlenwege durch sumpfiges Terrain können bei Nässe ebenfalls sehr glatt sein. Grundsätzlich ist bei Nässe erhöhte Vorsicht angebracht.

GPS-TRACKS UND KOORDINATEN DER AUSGANGSPUNKTE

Auf **gps.rother.de** stehen zu diesem Wanderführer GPS-Tracks und die Koordinaten der Ausgangspunkte zum kostenlosen Download bereit. Dieser QR-Code führt direkt zum Download.
6. Auflage, Passwort: **448006mur**
Die GPS-Tracks können in die **Rother App** importiert werden. In der App kann man unterwegs stets sehen, wo man gerade ist und wo es langgeht. **Anleitungen dazu: rother.de/gps**
Trotz sorgfältiger Prüfung können wir Fehler und zwischenzeitliche Veränderungen nicht ausschließen. Verlassen Sie sich für die Orientierung niemals einzig und allein auf die GPS-Daten, sondern beurteilen Sie die Verhältnisse vor Ort.

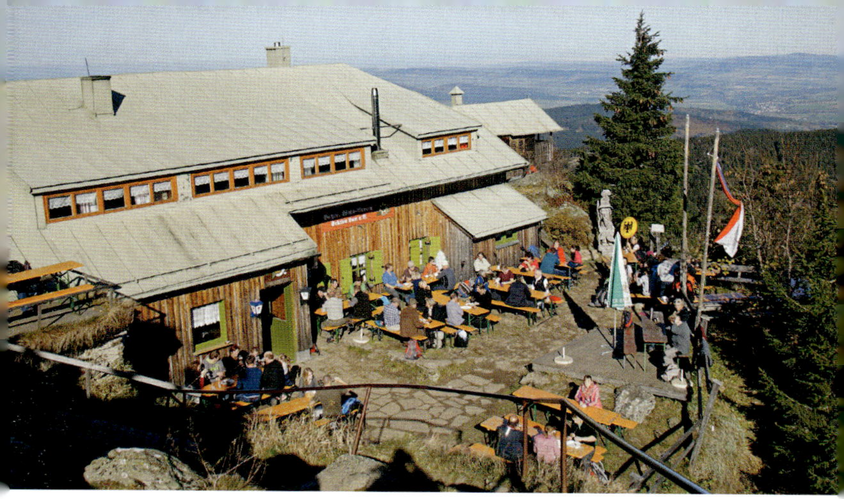

Ossergipfel mit Osserschutzhaus (Tour 1).

Rufnummern der tschechischen Bergwacht

Böhmerwald Nord: +420 376 397 273
Böhmerwald Mitte: +420 388 428 193
Böhmerwald Süd: +420 380 736 081

Gehzeiten

Die angegebenen Gehzeiten sind grobe Orientierungshilfen und verstehen sich ohne Rast- und Fotopausen. Im Idealfall gilt folgende Faustregel: 4 km = 1 bis 1.15 Std. Gehzeit, 400 Höhenmeter im Anstieg = 1 bis 1.15 Std. Gehzeit. Je nach individueller Kondition, der Wetterlage, der persönlichen Laune und/oder eventueller Gruppen- bzw. Partnerschaftsdynamik können die Gehzeiten stark variieren.

Ausrüstung

In den schneefreien Monaten besteht eine adäquate Wanderausrüstung aus festen Wanderschuhen, Rucksack, Sonnenschutz und Kleidung nach dem Zwiebelprinzip. Des Weiteren sind Wind-, Regen- und Mückenschutz unverzichtbar. Oft ändert sich in den Kammlagen das Wetter sehr rasch, Nebel können aufziehen und Regenschauer einsetzen, obwohl im Tal gerade noch die Sonne schien. Da es im Böhmerwald nicht wenige Stein- und Wurzelpfade gibt, ist knöchelhohes Schuhwerk mit griffiger Sohle sehr empfehlenswert, sowohl für ermüdungsfreies Gehen als auch für gute Trittsicherheit auf rutschigem Untergrund.
Dazu kommen eine gute Wanderkarte, ausreichend Proviant und Getränke sowie ein Mobiltelefon (Vorwahl nach Deutschland 0049 bzw. +49).

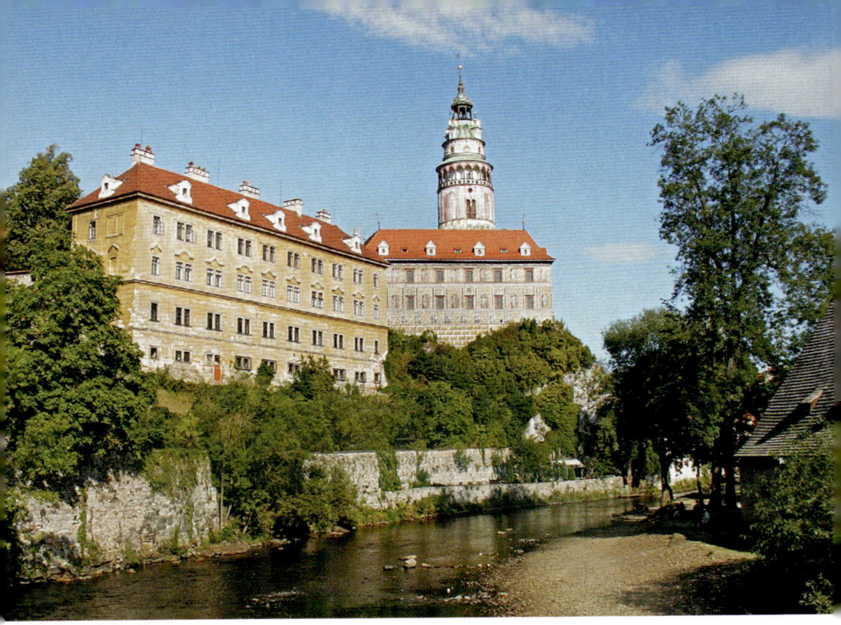

Das Krummauer Schloss ist nach dem Prager Hradschin die zweitgrößte Schlossanlage in der Tschechischen Republik (Tour 47).

Anfahrt

Alle Ausgangspunkte der Touren sind überwiegend so gewählt, dass sie ohne Weiteres mit eigenem Fahrzeug zugänglich sind, fast alle sind mit Bus und/oder Zug sehr gut erreichbar. Ausnahmen sind die Touren 37 (Bus nur zweimal täglich) sowie 40, 42 und 48, deren Ausgangspunkte nicht mit den öffentliche Verkehrsmitteln erreichbar sind (siehe auch Kapitel Bus- und Zugverkehr).

Reisezeit und Klima

Die beste Reisezeit liegt zwischen Juni und Mitte Oktober. Der Mai kann noch recht kühl sein und in den höheren Lagen können auch noch Schneefelder bestehen. Im August ist der Böhmerwald sehr überlaufen – es ist der Monat der zentralen Ferien in Tschechien. In den touristischen Orten ist es dann schwierig, ohne Vorbestellung freie Quartiere zu bekommen. Ab Mitte Oktober beeinträchtigt in den höheren Lagen oft Nebel den Wandergenuss.

Die jährliche Niederschlagsmenge (Regen und Schnee) beträgt 800–1600 mm, auf dem Grenzkamm bis zu 2000 mm. Die Schneedecke im Böhmerwald hält sich zwischen 100 Tagen in tieferen Lagen und bis zu

150 Tagen in den Höhenlagen. Der kälteste Monat des Jahres ist der Januar mit Rekordtemperaturen von bis zu -30 °C in einigen Talkesseln. Der Juli ist im Allgemeinen der wärmste Monat, der Juni der niederschlagsreichste. Die Temperatur beträgt im Jahresdurchschnitt 6,5 °C (Täler) bzw. 3,5 °C (höhere Lagen). Als kältester und niederschlagsreichster Ort des Böhmerwalds gilt Březník südlich von Modrava.

Sprache

Im Böhmerwald kommt man in den Hotels, Gasthöfen und Imbissstationen mit Deutsch gut zurecht, weiter im Landesinnern hilft es meist nicht mehr. In den meisten Hotels spricht man jedoch Englisch. Außerhalb des Tourismusgewerbes gilt: Ältere Leute sprechen manchmal einige Brocken Deutsch, mit Jüngeren kann man sich fast immer auf Englisch verständigen.

Ortsbezeichnungen

Bis 1946 war der Böhmerwald ein ausschließlich deutschsprachiges Siedlungsgebiet. Im vorliegenden Wanderführer werden daher nach den aktuellen tschechischen Orts-, Berg- und Lokalitätennamen die alten deutschen Bezeichnungen in Klammer angeführt. Nur wo der deutsche Name allgemein bekannt bzw. gebräuchlich ist (Schwarzer See, Teufelssee oder Stubenbacher See, Plöckensteinsee etc.), wird in umgekehrter Weise verfahren. Auch bei Wüstungen, bei denen ein Dorf nicht mehr existiert, wird im Allgemeinen zuerst der alte deutsche Name verwendet und die heutige tschechische Bezeichnung danach angegeben.

Badefreuden an der Moldau bei Nová Pec (nahe Tour 38).

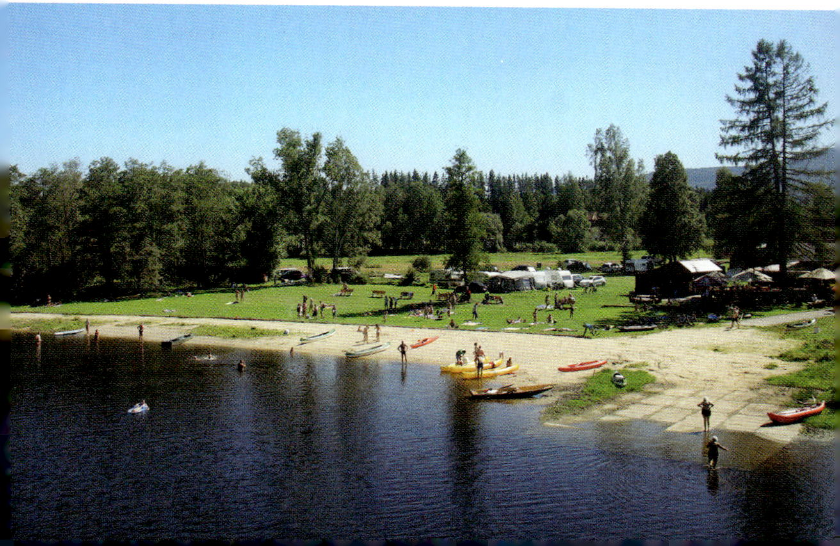

NATUR UND UMWELT

Geografie und Geologie

Das Gebiet des Böhmerwalds wird tschechisch »Šumava« genannt, was »die Rauschende« bedeutet und sich in poetischer Umschreibung auf das Wogen der weiten Wälder bezieht. Übersetzt man »Böhmerwald« jedoch wörtlich ins Tschechische, wird er zu »Český les« – doch so nennt sich eine andere, weiter nördlich liegende Region, nämlich das östliche Gegenstück zum Oberpfälzer Wald. Geologisch-geografisch bildet der Böhmerwald mit dem Bayerischen Wald eine Einheit.

Der Böhmerwald in heutigem Sinne als morphologisch begrenzte Landschaftseinheit liegt zu etwa 95 % auf tschechischem Boden, etwa 5 % der Fläche erstrecken sich ins österreichische Mühlviertel. Das Waldgebirge zieht sich auf einer Länge von knapp 120 km parallel zur bayerischen Grenze von Nordwest nach Südost über das Dreiländereck Bayern–Böhmen–Österreich bis ins Mühlviertel. Er beginnt an der Cham-Further Senke und endet am Sattel von Hohenfurth (Vyšší Brod) bzw. nach anderer Lesart am Kerschbaumer Sattel im nördlichsten Mühlviertel. Entlang des Kamms verläuft die Wasserscheide Moldau (damit Elbe und Nordsee) und Donau (Schwarzes Meer). Höchste Erhebung auf tschechischem Gebiet ist der Plechý (Plöckenstein) mit 1378 m. Für das gesamte Waldgebirge ist der höchste Berg der Große Arber, 1456 m, bei Bayerisch Eisenstein. Eine Besonderheit ist die große Hochfläche (tschech. »Pláně«) im zentralen Teil des Gebirges. Mit etwa 450 km² Fläche oberhalb von 1000 m ist sie das größte Gebirgsplateau Mitteleuropas.

Der auch für Fußgänger gesperrte »Sehnsuchtsweg« zum Lusen (Tour 21).

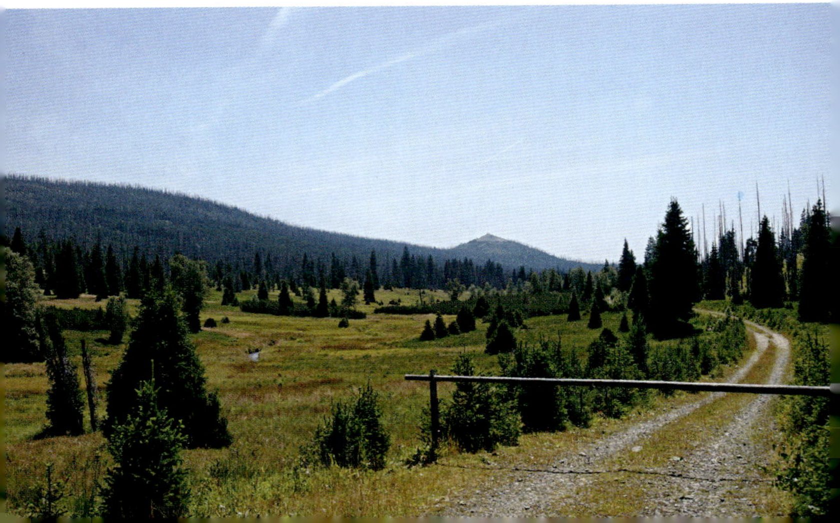

Geologisch gehören Böhmerwald und Bayerischer Wald zum Großkomplex der Böhmischen Masse, eine Einheit dieser Masse ist das sogenannte Moldanubikum. Es besteht aus Graniten und älteren Gneisen, die durch Umwandlung schon vorhandener noch älterer Gesteine durch hohen Druck und Temperatur ohne Aufschmelzung gebildet wurden. Solche Gesteine werden Metamorphite genannt. Im Bereich des Moldanubikums besitzt die Erdkruste eine Dicke von knapp 40 km, was sie so stabil macht, dass keine internen Krustenbewegungen auftreten und keine Erdbeben entstehen.
Vor etwa einer Milliarde Jahren befand sich das Gebiet der späteren Böhmischen Masse auf der Südhalbkugel der Erde in tropischen Breiten, am Boden eines Ozeans, wo Tone, Sande und kalkiges Material abgelagert wurden. Die immer größere Auflast führte zu hohen Drücken und zur Verpressung in tiefere Schichten. Bei etwa 200–400°C und 3-5 kbar wurden die Ablagerungsgesteine in festem Zustand »umgebacken« (metamorphosiert) und zu Gneisen und Glimmerschiefern verwandelt, die durch plattentektonische Bewegungen im Lauf von etwa 50 Millionen Jahren an die Oberfläche gehoben wurden. An der Oberfläche erfolgten die Verwitterung der Gneise und Abtransport des erodierten Materials. Vor etwa 300 Millionen Jahren ist dann der inzwischen stark abgetragene Rumpf der Böhmischen Masse durch Einklemmung zwischen anderen großregionalen Gesteinskomplexen starkem Druck ausgesetzt worden. Es bildeten sich interne Risse und Klüfte unterschiedlichen Ausmaßes, entlang derer granitische Schmelzen aufdrangen. Granite bestehen aus Feldspat, Glimmer und vor allem größeren Anteilen von Quarz. Bei der Verwitterung der Granite reichert sich der chemisch und physikalisch äußerst widerstandsfähige Quarz im Boden als sehr reiner Sand an, was später der traditionelle Böhmerwälder Glasindustrie den Boden bereiten sollte. Durch eine hochtemperierte reine wässerige Quarzlösung, die vor 250 Millionen Jahren in eine lange Kluft des Böhmischen Massivs eindrang, bildete sich der berühmte Pfahl, der zwischen Cham und Freyung an vielen Stellen gleich einer 30-70 m breiten Mauer auf gut 100 km Länge an vielen Stellen aus der Landschaft ragt. Der Quarz imprägnierte dabei auch ältere Gesteine und härtete sie, wie es beim Osser der Fall ist. Dessen Glimmerschieferfelsen sind wegen hoher Quarzgehalte der Erosion gegenüber sehr widerstandsfähig und damit als sogenannte Härtlinge herauspräpariert. Die erwähnten Lösungen führten aber auch oft Erzminerale und auch Edelmetalle mit sich, was den Goldbergbau um Kašperské Hory (Bergreichenstein) entstehen ließ. Das Ganze erfolgte natürlich nicht oberflächennah, sondern in Tiefen zwischen 3 und 10 km – den Pfahl drückten dabei erst spätere Hebungen an die Oberfläche. Die oben erwähnte Druckbeanspruchung brachte aber auch weitere metamorphe Prozesse mit sich: Manches Material wurde in größere Tiefen versenkt, dort überprägt, anderes gehoben. Die Epoche vor etwa 300-250 Millionen Jahren war ebenso eine Zeit der Gebirgsentstehung, das aus ihr resultierende Hochgebirge wird Variskisches Gebirge genannt.

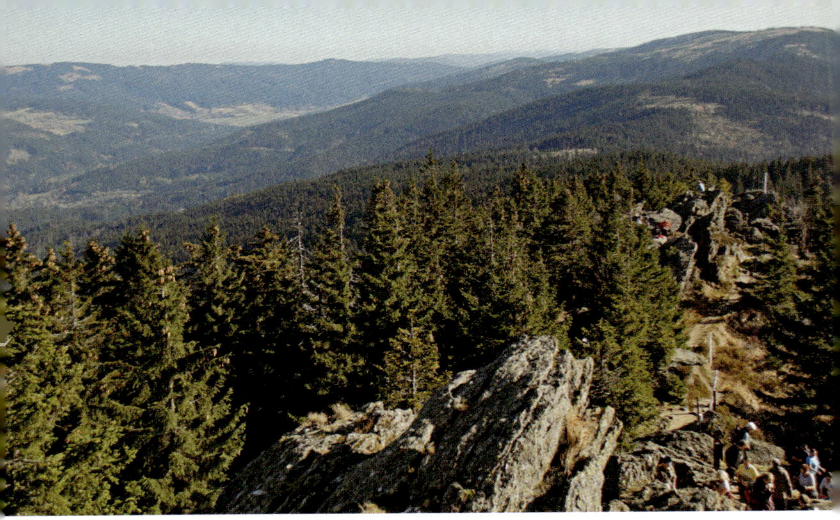

Die Glimmerschieferklippen des Osser (Tour 1).

Am Ende der Variskischen Faltung war die Böhmische Masse in verschiedene Schollen zerbrochen, doch auch das Variskische Gebirge wurde in den Jahrmillionen danach abgetragen. Größere plattentektonische Aktivitäten fanden nicht mehr statt. Erst als mit der langsamen Kollision der afrikanischen und europäischen Platte vor 50 Millionen Jahren die Alpenauffaltung einsetzte, kam es zu einer Heraushebung des variskischen Rumpfes wie auch des moldanubischen älteren Sockels. Die Böhmerwald-Hochebene (Pláně) um Kvilda ist eine herausgehobene Rumpffläche. Bis in die Zeit vor etwa 15 Millionen Jahren dauerte die Hebung an, dann war die Bildung des Böhmerwalds, so wie er sich heute darstellt, vollendet.
Die europäischen Vereisungen, die vor etwa 2 Millionen Jahren begannen und bis in die Zeit vor 15.000 Jahren andauerten, vergletscherten während der sogenannten Würm-Eiszeit (vor etwa 100.000 bis vor etwa 15.000 Jahren) die höheren Lagen des Böhmerwalds. Allerdings waren es isolierte kleinere Einzelgletscher - anders als in Norddeutschland, wo eine riesige aus Skandinavien hereinragende Eiszunge die Lande bedeckte. Die Gletscher erodierten insbesondere beim Abschmelzen den vorher zermürbten Untergrund und ließen im Böhmer- und Bayerwald acht Gletscherseen entstehen (fünf auf der böhmischen Seite). Als die gewaltigen Gletschermassen nach und nach verschwanden, setzte wegen der fehlenden Auflast eine Hebung des Untergrunds ein. Die Flüsse konnten sich teilweise tief einschneiden, wodurch u. a. das Vydra-Tal entstand. Die jüngsten geologischen Bildungen sind die Moore. Bei der Verwitterung von Granit entsteht Ton, der reichen Pflanzenwuchs bewirkt. Beim Absterben der Vegetation

vermengt sich die organische Substanz mit dem wasserundurchlässigen Ton und lässt dort, wo sich Wasser in größerer Menge sammeln kann, ein Moor entstehen. Auf der Böhmerwaldhochfläche entstand so u. a. das 30 km^2 große Moorgebiet bei Modrava (Modravské Slatě). Damit ist die Erdgeschichte des Böhmerwalds an ihr vorläufiges Ende gekommen, abgeschlossen wird sie aber noch lange nicht sein. Denn die Prozesse der Hebung, der Verwitterung und Erosion laufen weiter.

Flora und Fauna

Die Unzugänglichkeit des Böhmerwalds, der nur am Rand von Durchgangsstraßen berührt ist, und seine Position in der jahrzehntelang unzugänglichen Grenzzone am Saum des kommunistischen Machtbereichs ließ in ihm ein einzigartiges, wenngleich heute gefährdetes Ökosystem entstehen. Viele Teile des Böhmerwalds darf man als verlassene Kulturlandschaft ansehen, in der Bergwiesen, Feuchtgebiete (Moore, Quellbereiche), Gletscherkessel mit Seen, Fichten- und Hochlagenmischwälder (700–1100 m) vorherrschen. In diesen kommen neben Fichten und Tannen vor allem Kiefern, Birken und Buchen vor. In den höchsten Lagen oberhalb von 1100 m trifft man nur noch auf Fichten, die derzeit allerdings durch Borkenkäferbefall schwer geschädigt sind, sowie Knieholz (Latschen). In den Mooren trifft man auf Leg- und Moorföhren sowie die Moorbirke, daneben kommen Moosbeeren vor, ebenso Sonnentau, an den Rändern Wiesenknabenkraut und Wollgras. Eine Besonderheit der Böhmerwälder Moore ist die strauchig wachsende Zwergbirke *(Betula nana)*. Sie ist nur kniehoch, ihre Blätter haben die Größe eines Centstücks. Sie siedelte sich als typisch skandinavische Pflanze während der Eiszeit an. Verbreitet und typisch im ganzen Böhmerwald sind Vogelbeerbäume, nicht selten ist auch der Seidelbast. Außerhalb der größtenteils unzugänglichen Zone 1 wird man die selteneren Gewächse jedoch kaum antreffen.

Auch aus den Alpen kamen einige Blumen in den Böhmerwald, wie das seltene Berg(alpen)glöckchen *(Soldanella montana)*. An seltenen Wiesen-Endemiten seien der Böhmische Enzian *(Gentianella praecox bohemica)* und die Schwarze Teufelskralle *(Phyteuma nigrum)* erwähnt. Ein sehr seltener und nur in Tschechien vorkommender Pilz ist die Böhmerwaldlorchel *(Pseudorhizina sphaerospora)*.

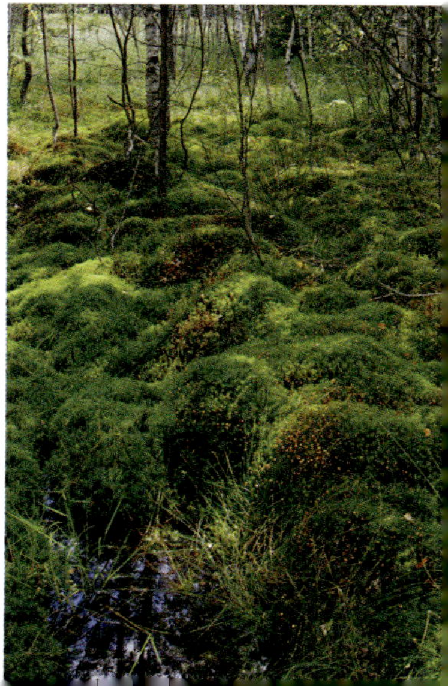

Im geheimnisvollen Säumermoor (Tour 31).

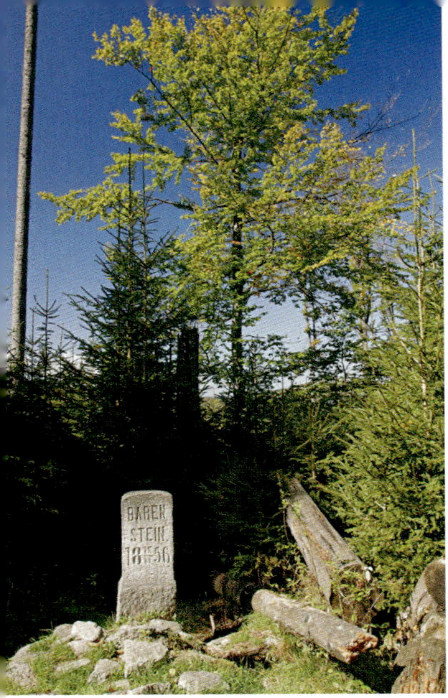

Oben: An dieser Stelle wurde im Jahr 1856 der letzte Bär im Böhmerwald erlegt (Tour 35).
Unten: Tieridyll in einem Wildgehege bei Netolice (Tour 27).

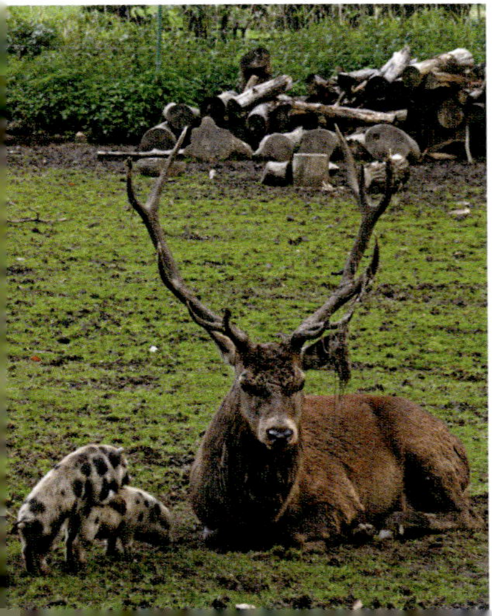

Die endlosen Waldgebiete zogen von jeher auch Wild- und Raubtiere an. Bis ins 19. Jh. kamen im Böhmerwald auch Bären vor, der letzte wurde 1856 erlegt. Auch Wölfe waren nicht selten, sie wurden jedoch gegen Ende des 19. Jh. ausgerottet. Heute wagen sich einige wenige Tiere, die seit der Nachkriegszeit aus der Hohen Tatra oder anderen osteuropäischen Bergregionen bis in den Böhmerwald vorgedrungen waren, in kalten und schneereichen Wintern in die Nähe des Menschen. Auch der Luchs ist wieder heimisch geworden, in den 1980er-Jahren wurde er im Bayerischen Wald neu angesiedelt und wanderte auch über die Grenze. Seine Population ist in beiden Teilen des Waldgebirges auf etwa 150 Tiere angewachsen. Natürlich sind die weiten Wälder auch Heimat vieler Hirsche und Rehe, wobei der Rothirsch höhere Lagen bevorzugt. Von den kleineren Säugetieren seien auch Baum- und Steinmarder erwähnt.

Besonderen Schutz genießen im Böhmerwald Auerhahn und Birkhuhn. Einige Brutgebiete dieser Vögel, obwohl nicht gesondert ausgewiesen, können nur mit großer jahreszeitlicher Beschränkung durchwandert werden. Innerhalb der Amphibien findet man um die Moorgebiete den Feuersalamander und den Bergmolch, häufig sind auch Erdkröten. Der Böhmerwald ist reich an Reptilienarten (u. a. Bergeidechse, Blindschleiche und Kreuzotter), allerdings ist seine Fauna heute artenärmer als vor 100 Jahren. Zu viel der weiten Wälder ist trotz aller Abgeschiedenheit innerhalb der Grenzzone seitdem durch den Menschen erschlossen worden.

Der Umwelt zuliebe ...

Auch beim Wandern hinterlassen wir einen ökologischen Fußabdruck, aber im Einklang mit der Natur unterwegs zu sein, ist gar nicht so schwer!

VORBEREITUNG UND ANFAHRT

- Sich vorab informieren, worauf in Bezug auf Natur und Umwelt in der jeweiligen Wanderregion besonders zu achten ist.
- Soweit möglich mit Bahn und Bus anreisen, Wander- und Rufbusse nutzen.
- Ist eine Anfahrt mit dem Auto nötig, Fahrgemeinschaften bilden.
- Bei weiten Anfahrten Mehrtagestouren planen oder von einem Quartier vor Ort aus mehrere Touren absolvieren.
- Flugreisen möglichst reduzieren und durch Beiträge zu Klimaschutzprojekten kompensieren.

KLEIDUNG UND AUSRÜSTUNG

- Beim Kauf von Outdoor-Kleidung auf umweltfreundliche und faire Herstellung achten und Kleidungsstücke möglichst viele Jahre nutzen.
- Ausrüstung kann man eventuell auch gebraucht kaufen oder ausleihen.
- Reparieren statt neu kaufen.

VERPFLEGUNG

- Beim Einkauf Bio-Ware, regionale und saisonale Erzeugnisse bevorzugen.
- Hütten und Gasthäuser auswählen, die regionale Produkte verwenden.
- Auf Einwegflaschen und Plastikverpackungen verzichten, stattdessen wiederverwendbare Trinkflaschen und Brotzeitboxen benutzen.

ÜBERNACHTUNG

- Bei lokalen Anbietern buchen, damit Menschen vor Ort profitieren.
- Auf Hütten und in anderen Unterkünften Strom und Wasser sparen.

UNTERWEGS

- Wege benutzen und Abkürzer vermeiden.
- Sperrungen von Wegen und Schutzgebieten respektieren.
- Keine Blumen pflücken und keine Pflanzen entnehmen.
- Waldbrandgefahr beachten.
- Müll wieder mit nach Hause nehmen und dort entsorgen.
- Toilettengänge in freier Natur möglichst vermeiden.
- Lärm vermeiden.
- Hunde an die Leine nehmen.

ROTHER
BERGVERLAG

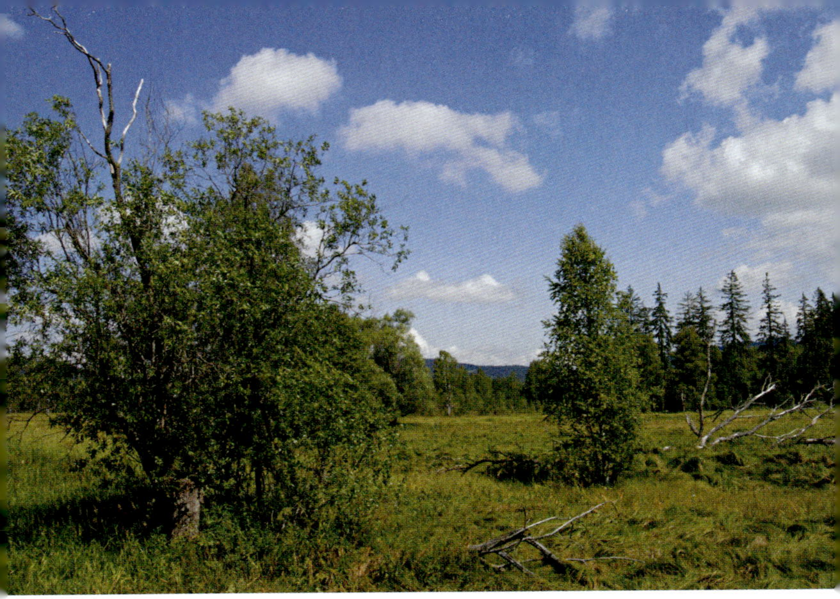

Moorgebiet bei Strážný (Tour 30).

Der Nationalpark Šumava (Národní park Šumava)

Mit über 68.064 ha (680 km²) ist der Nationalpark Šumava der größte der Tschechischen Republik. Zusammen mit dem fast 1000 km² großen Landschaftsschutzgebiet Šumava und einigen weiteren Arealen bildet er das 1990 durch UNESCO-Dekret geschaffene Biosphärenreservat Šumava, das eines der größten und artenreichsten Gebiete seiner Art in ganz Europa ist. Während das Landschaftsschutzgebiet Šumava (tschech. Chráněné krajinné oblastí Šumava, abgekürzt CHKO) schon 1963 ausgerufen wurde, erfolgte die Gründung des Nationalparks (dessen zahlreiche Einzelgebiete sich fast ausschließlich in höheren Lagen befinden) erst 1991. Der auf der bayerischen Seite unmittelbar anschließende Nationalpark Bayerischer Wald wurde dagegen schon 1971 gegründet. Böhmerwald und Bayerischer Wald bilden zusammen das ausgedehnteste Waldgebiet Mitteleuropas.

Der Nationalpark Šumava gliedert sich in drei Schutzzonen von unterschiedlicher Größe und mit unterschiedlichen Schutzbestimmungen.

- Zone 1 (88 km², 13 % der Gesamtfläche): 135 eher kleinflächige, nicht miteinander verbundene Gebiete; ein Viertel der Gesamtfläche sind Hochmoore, darunter die Moorgebiete von Modrava (Modravské slatě) oder das Tote Luch (Tote Aue, tschech. Mrtvý luh) bei Černý Kříž, die für die Öffentlichkeit unzugänglich sind. Die Moore gelten in ihrer Gesamtheit als die größten Wasserspeicher Mitteleuropas. Sie sind auch Quellgebiete wichtiger Flüsse. Die anderen Teilgebiete von Zone 1 sind (wenn überhaupt) nur auf wenigen markierten Pfaden und nicht durchgängig begehbar. Menschliches Einwirken auf die Natur unterbleibt in Zone 1 grundsätzlich.

- Zone 2 (569 km², 82 % der Gesamtfläche): größter Teil des Nationalparks, Gebiete, die in geringem Maß forst- oder landwirtschaftlich genutzt werden, mit drei Unterkategorien je nach Art und Intensität der Nutzung.
- Zone 3 (33 km², 5 % der Gesamtfläche): Siedlungsgebiete und Flächen mit intensiver Nutzung.

In allen drei Zonen herrscht ein nur labiles ökologisches Gleichgewicht. Im Nationalpark sollen dabei in erster Linie unberührte Gebiete weiterhin als solche erhalten und geschützt werden, im Landschaftsschutzgebiet sollen dagegen in erster Linie Kulturlandschaften, aber auch außergewöhnliche Naturräume wie etwa der Boubín-Urwald (Tour 25) bewahrt werden.

- Auf der offiziellen Webseite npsumava.cz gibt es auch auf Deutsch zahlreiche weitere Informationen.

Informationszentren des Nationalparks (im Allgemeinen zwischen Mai und September täglich geöffnet) mit individueller Spezialisierung der lokalen Ausstellungen gibt es in:

- Kvilda (Tel. +420 388 435 544) – Geschichte und Besiedlung des Böhmerwalds, ökologische Probleme.
- Svinná Lada (Tel. +420 388 434 180) – Schwerpunkt Moore.
- Rokyta (Tel. +420 376 599 009) – u. a. Holzwirtschaft, Chinitz-Tettauer Schwemmkanal.
- Kašperské Hory (Tel. +420 376 582 734) – allgemeine Infos zum Böhmerwald.
- Stožec (Tel. +420 388 335 014) – Waldökosysteme, Handelswege, Region Stožec.
- Alžbětín (Tel. +420 376 387 060) – gemeinsames Infozentrum der Verwaltung der Nationalparks Bayerischer Wald und Šumava – im Grenzbahnhof von Bayerisch Eisenstein untergebracht.
- Idina Pila (Tel. +420 388 436 216) – Schwerpunkt Boubín-Urwald.
- Poledník (+420 731 235 567) – Flora der Kammlagen, militärische Nutzung des Poledník vor 1990.
- Březník (Pürstling, Tel. +420 776 888 088) – Geschichte des Dorfes Pürstling u. a.

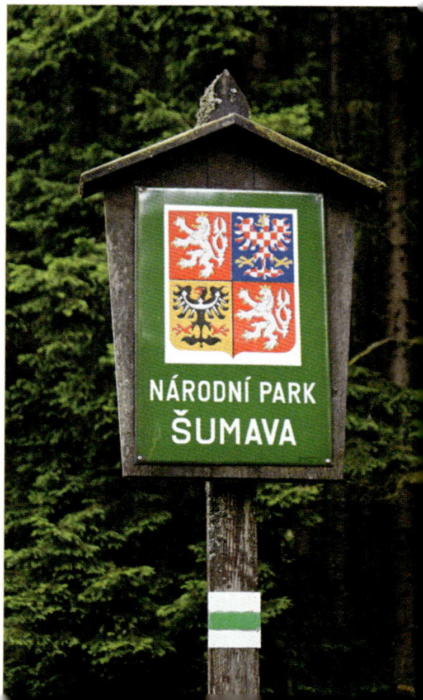

Solche Schilder kennzeichnen das Terrain des Nationalparks.

KULTUR UND GESCHICHTE

Kurze Kulturgeschichte des Böhmerwalds

Prähistorische Besiedlung ist im Umfeld des Böhmerwalds seit dem Ende der Eiszeit bezeugt. Für die Zeit von etwa 700 v. Chr. und 500 n. Chr. sind die Kelten am Rand des Böhmerwald nachweisbar, wie u. a. die Reste einer Siedlung nahe der Burg Dívčí kámen belegen. Sie betrieben bescheidenen Bergbau und Handel. Um die Zeitenwende kam der germanische Stamm der Markomannen ins Gebiet des späteren Böhmen. Mit dem Niedergang des Römischen Reichs verließen im Zuge der beginnenden Völkerwanderung Kelten und Markomannen den Böhmerwald, einige Teilstämme gingen in den im 6. Jh. einwandernden Slawen auf. Bis zum 10. Jh. war der überwiegende Teil Böhmens bis auf die unzugänglichen Waldgebiete an den Grenzen slawisch besiedelt. Die Waldgebiete um die Kammlagen des Böhmerwalds waren bis dato nicht erschlossen.

Im 9. Jh., in dem das böhmische Königtum entstand, erscheint für das Waldgebirge erstmals ein Name. Auf einer Urkunde König Ludwigs des Deutschen (um 806–876) wird die Bezeichnung »nordwald« für den späteren Böhmerwald erwähnt. Ab dieser Zeit begann auf bayerischer wie auf böh-

In der Ortsmitte von Chvalšiny (Tour 48).

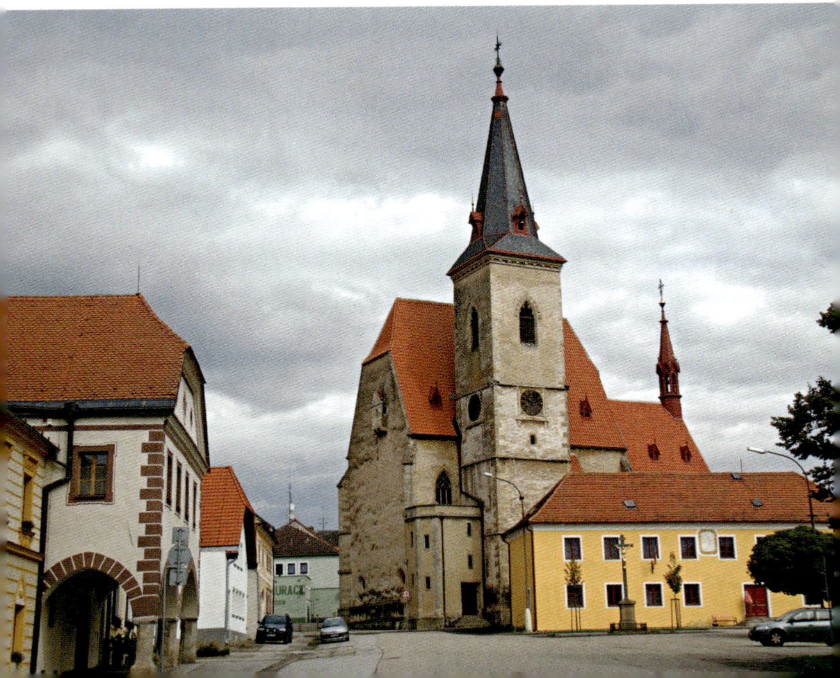

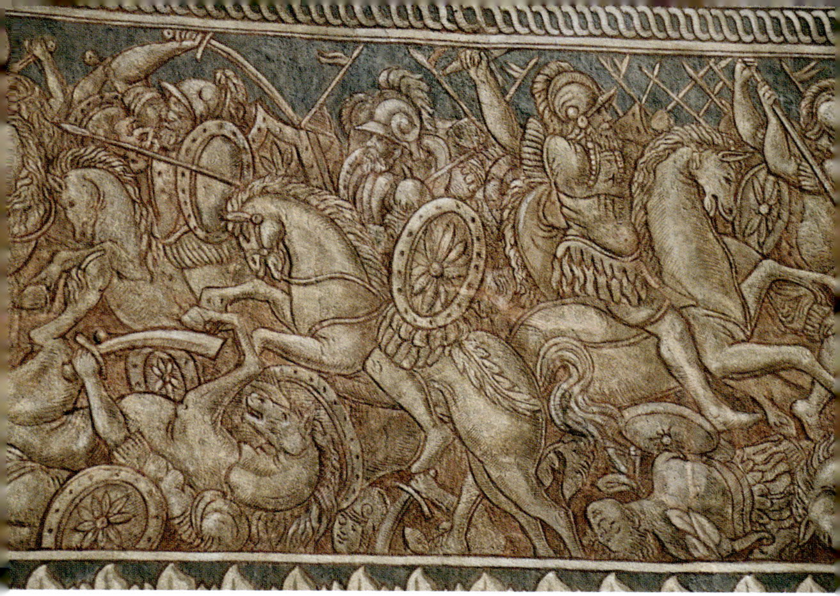

Sgraffito-Schlachtenbild an einem Haus am Marktplatz in Prachatice (Tour 27).

mischer Seite des Walds die Christianisierung der Bewohner. Trotz aller Kolonisation blieben jedoch die zentralen Waldbereiche bis zur Mitte des 13. Jh. unberührt. Nur einige wenige schmale Handelspfade existierten. Die Zeit von etwa 1150 bis 1350 war die Epoche der zweiten Kolonisation. Böhmische Könige riefen in die bisher kaum besiedelten Grenzregionen Böhmens deutsche Siedler, Bauern, Handwerker und Bergleute herbei. In diesem Zusammenhang erscheint in einer Urkunde erstmals der heutige Name: »Behaime walt«. Die Siedler erhielten Privilegien, konnten Städte nach deutschem Recht gründen, viele Klöster entstanden. Deutscher Einfluss nahm im Land zu: Böhmische Herrscher verheirateten sich mit deutschen Adeligen, die zusätzlich Mönche und Ratgeber aus ihrer Heimat mitbrachten.
Um 1270 war Böhmen unter dem Herrscher Ottokar II. Přemýsl zu wirtschaftlicher Blüte gekommen - nicht zuletzt durch das Wirken der deutschen Zuwanderer. Diese Blütezeit hielt bis in die Zeit des Königs (und römisch-deutschen Kaisers) Karl IV. (reg. 1346–1378) an. Im Böhmerwald florierte der Goldbergbau, der Salzhandel über den Goldenen Steig brachte Böhmen und Baiern gleichermaßen Wohlstand. Die Siedlungen entlang des traditionellen Handelspfads profitierten als Warenumschlagplätze. In den westlichen Grenzgebieten nahmen Bauern die Funktion der Grenzwachen ein. Diese Bauern, die allein dem König unterstanden und daher »künisch«, d. h. »königlich«, genannt wurden, genossen zahlreiche Sonder-

rechte, waren teils deutsch-, teils tschechischsprachig. Die Letzteren nannten sich auch »Choden« - vom tschechischen »chodit«, was »gehen« im Sinne von »patroullieren« bedeutet.
Den wirtschaftlichen Niedergang brachten die Hussitenkriege nach 1415: Nachdem der böhmische Reformator Johann Hus auf dem Konzil in Konstanz als Ketzer verbrannt worden war, verheerten seine Anhänger gut 40 Jahre lang die Lande. 1526 kam Böhmen gemäß eines Erbvertrags unter habsburgische Herrschaft, die bis 1918 andauern sollte.
Nach dem Rückgang des Bergbaus erwuchs die für den Böhmerwald so typische und traditionelle Glasindustrie. Sie blieb neben der Holzwirtschaft bis ins 20. Jh. der wichtigste Erwerbszweig im Böhmerwald. Da die Habsburger nun das so wichtige Salz aus den eigenen Gruben im Salzkammergut nach Böhmen herantransportierten, wurde der Goldene Steig als Handelsweg unbedeutend. Der Dreißigjährige Krieg führte jedoch zu weiterem Niedergang. Böhmen litt unter der marodierenden Soldateska, die auch in den selbst im 17. Jh. noch undurchdringlichen Waldgebieten die Dörfer brandschatzte. Verelendung ganzer Landstriche war die Folge und noch in der Mitte des 19. Jh. spürbar.
Der Tourismus begann im Böhmerwald erst gegen Ende des 19. Jh. einzusetzen. Bis dahin galt das Gebiet als ein Ödland, als Armenhaus, das dem Reisenden kaum Sehenswürdigkeiten bieten konnte.
Als nach 1860 überall im Habsburgerreich die nationalen Minderheiten um ihre Selbstbestimmung zu kämpfen begannen, kam es auch in Böhmen in den Gebieten mit überwiegend deutscher Besiedelung zum Erstarken des tschechischen Nationalismus, was besonders nach 1918, als Böhmen in Form der Tschechoslowakei selbstständig wurde, zu Diskriminierungen der Deutschen führte.
Am 1. Oktober 1933 gründete Konrad Henlein mit Unterstützung der NSDAP die »Sudetendeutsche Heimatfront« (1935 in Sudetendeutsche Partei, SDP, umbenannt), die den Anschluss der deutsch besiedelten Landesteile Böhmens an Deutschland forderte. Nach dem Münchner Abkommen wurden im September 1938 der Böhmerwald wie das restliche Deutsch-Böhmen dem Reich einverleibt.

Der Böhmerwald in der Nachkriegszeit

Das Jahr 1945 brachte die einschneidendste Zäsur der 800-jährigen Geschichte der Deutschen in Böhmen. 1946 erfolgte deren Ausweisung aus der nach der Zerschlagung durch Hitler erneut gegründeten Tschechoslowakei, sehr oft unter unwürdigsten Bedingungen und Gewalt- und Greueltaten. Die Böhmerwalddörfer verwaisten und wurden abgetragen. Denn auch Neusiedler wurden keine dorthin geschickt, zumal die harten klimatischen Bedingungen auf den Höhen des Böhmerwalds und die nur geringe Erträge liefernden Böden kaum für Ansiedler attraktiv gewesen sind. Während der kommunistischen Epoche waren die grenznahen Bereiche des

Böhmerwalds und damit seine schönsten Regionen, sein Herz, darunter die Gletscherseen, der Plöckenstein (Plechý) oder der Osthang des Ossermassivs, nicht zu besuchen.

In der Zeit nach 1946 reisten nur wenige Böhmerwäldler zum Besuch in die alte Heimat. Die Orte im Grenzgebiet waren abgerissen bzw. konnten ohnehin nicht besucht werden, auch mieden wegen der unglücklichen Umstände der Vertreibung viele das Land. Deutsche aus der DDR (in die kein Böhmerwäldler ausgewiesen wurde – diese gingen naturgemäß nach Bayern) kamen zwar oft zur Erholung an den Moldaustausee, doch blieb auch ihnen der größte Teil verschlossen. Mit dem Aussterben der alten Böhmerwäldler geriet in Deutschland ab den 1980er-Jahren das Bewusstsein um den Böhmerwald in Vergessenheit, denn nur bei der jährlich kleiner werdenden Zahl der von dort Vertriebenen wurde das Andenken an die Heimat weiterhin gepflegt.

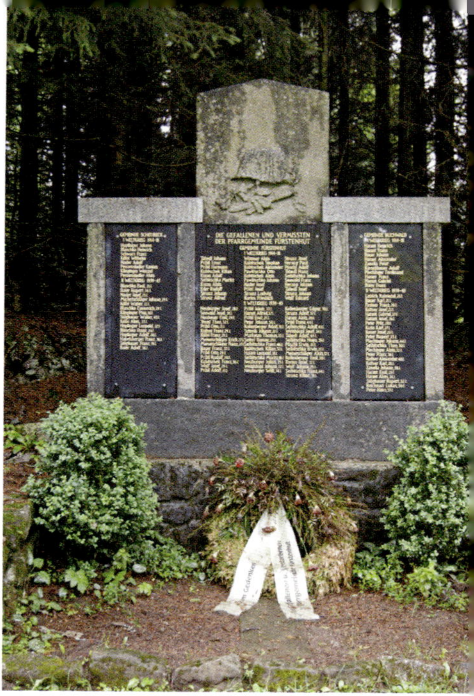

Wiedererrichtetes Kriegerdenkmal auf dem alten Friedhof von Knížecí Pláně (Tour 24).

Erst nach 1990 war der Böhmerwald wieder fast zur Gänze zugänglich. Das Grenzregime hatte eine in Mitteleuropa einzigartige unberührte Waldlandschaft hinterlassen. 1991 wurden große Flächen des grenznahen Teils als Nationalpark ausgewiesen, wobei aber die schönsten Landstriche, die Moore, das Lusental etc. für Besucher unter anderem wegen des Auerhahnschutzes auf Dauer erneut gesperrt wurden, sodass bedauerlicherweise der Böhmerwald in seiner unvergleichlichen Schönheit in Gänze auch nach Aufhebung des Eisernen Vorhangs nicht erlebbar ist. Dass es beispielsweise im Internet keine deutsche Webseite boehmerwald.de o. Ä. gibt, zeigt ergänzend dazu, dass das Waldgebirge – obwohl es wieder in die Mitte Europas gerückt ist – in Deutschland großenteils vergessen ist. Vielleicht kann das vorliegende Buch dazu beitragen, dem »grünen Dach« Europas, wie man den Böhmerwald bisweilen auch nennt, die ihm gebührende Wertschätzung wieder zurückzubringen.

INFORMATION UND AUSKUNFT

Anreise

Den Böhmerwald erreicht man am besten mit dem Pkw oder der Bahn. Nördlichstes Eingangstor ist der Grenzübergang an der B 20 bei Furth im Wald (via A 93 Hof-Regensburg bzw. Cham), südlich davon führt die B 11 bei Bayerisch Eisenstein / Železná Ruda in den Böhmerwald (A 3 Regensburg-Passau via Deggendorf), weiter südlich liegt an der B 12 der dritte Straßenübergang Philippsreut / Strážný. Zu ihm gelangt man über die A 3, Ausfahrt Hengersberg.

Železná Ruda, die bedeutendste Stadt im Norden des Böhmerwalds, ist von Bayern aus mit der Waldbahn (Plattling–Bayerisch Eisenstein, laenderbahn.com/waldbahn) erreichbar, von Tschechien aus via Plzeň (Pilsen), das sehr gut an Prag angebunden ist. Von Železná Ruda fahren sehr viele Buslinien in alle Ecken des Böhmerwalds. Den Süden das Böhmerwalds erreicht man mit der Bahn nur von Tschechien aus (via Budweis / České Budějovice und Krummau / Český Krumlov).

Auskunft

Allgemeine Informationen rund um Reisen in die Tschechische Republik:

- Tschechische Zentrale für Tourismus, Wilhelmstraße 44, 10117 Berlin, Tel. +49 30 204 4770, czechtourism.com.
- Informationsportal Tschechien-Tourismus: czech-tourist.de.

Alter Eisenbahnwaggon mit Restaurant im Grenzbahnhof Nové Údolí (Tour 34).

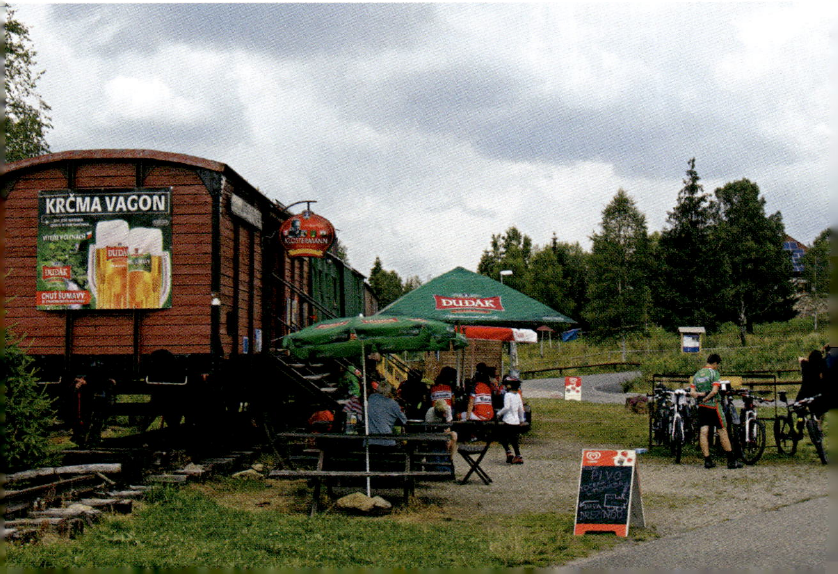

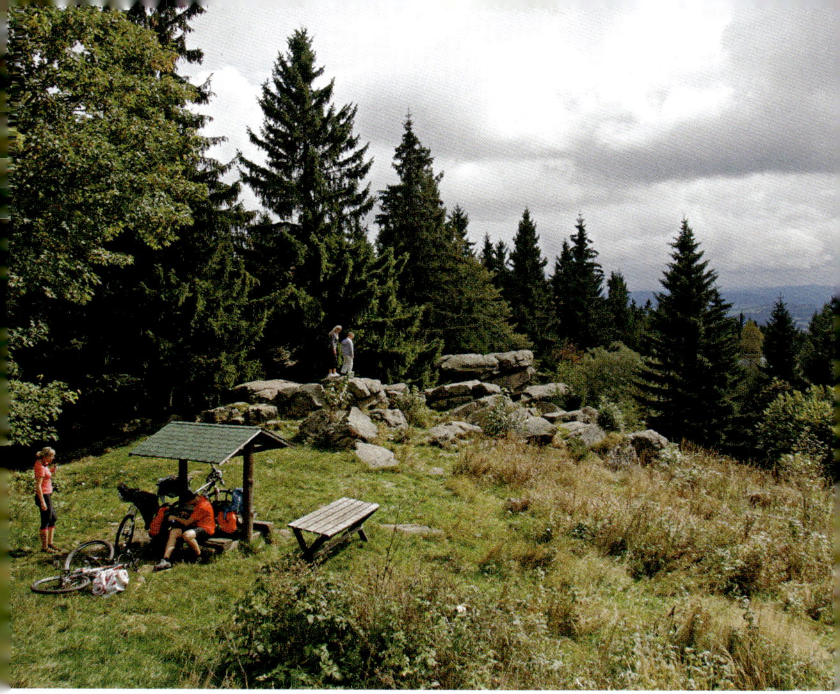

Am Gipfel des Kleť (Tour 49).

Eine Auswahl der wichtigsten Fremdenverkehrsbüros vor Ort (alle auch unter sumavanet.cz zu finden; wo kein Straßenname erwähnt ist, gibt es wegen der geringen Größe des Orts keine genauere Adresse):

- Český Krumlov, nám. Svobody 2, Tel. +420 380 704 622, ckrumlov.cz/infocentrum.
- Hartmanice, Hs. Nr. 40, Tel. +420 376 593 059, hartmanice.cz.
- Horní Planá, Náměstí 8, Tel. +420 380 738 008, horniplana.cz.
- Horská Kvilda, Tel. +420 388 435 555, infocentrum-horska-kvilda.cz.
- Kašperské Hory, Náměstí 1, Tel. +420 376 503 413 bzw. +420 376 503 412, kasphory.cz.
- Lenora, Hs. Nr. 36, Tel. +420 722 498 208, sumava.net/iclenora/.
- Modrava, Tel. +420 376 599 051 und +420 602 393 447.
- Prachatice, Velké nám. 1, Tel. +420 388 607 574, prachatice.eu.
- Prašíly, Tel. +420 376 589 014.
- Volary, Náměstí 25, Tel. +420 910 001 810, mestovolary.cz.
- Železná Ruda, Třída 1. máje 12, Tel. +420 376 397 033, zeleznaruda.cz und zelezna-ruda.cz.

Der Böhmerwald im Internet (Auswahl)

- npsumava.cz: offizielle Seite des Nationalparks, leider bisher nur auf Tschechisch.
- sumavanet.cz: Informationsportal (auch auf Deutsch) zu Tourismus, Kultur, Events, lokalen Ereignissen, Infrastruktur, Kommunalpolitik, es gibt auch Karten und Routenplaner.
- boehmerwald.at: touristische Seite zum Mühlviertler (österreichischen) Böhmerwald.

Bus- und Zugverkehr

Bushaltestellen (»autobusova zastávka«) gibt es in jedem Böhmerwalddorf. Allerdings ist Reisen im Böhmerwald bei ausschließlicher Benutzung von Linienbussen ziemlich zeitaufwendig: Die Buslinien im Böhmerwald fahren zwar alle touristischen Zentren an, die kleineren Orte jedoch manchmal nur ein- bis zweimal täglich (z. B. Tour 36). Zusätzlich sind die Fahrpläne von Oktober bis April deutlich ausgedünnt.
Wichtig: Bei den im Tourenteil angegebenen Buslinien kann es in der Saison besondere dem Bedarf gemäße Linienerweiterungen geben (Infos bei den jeweiligen Tourismusinformationsbüros).

- Unter csadplzen.cz (tschechisch) finden sich die Fahrpläne einiger öffentlicher Buslinien, die den Böhmerwald erschließen.

Mit der Eisenbahn sind Český Krumlov (via Ceske Budějovice) und vor allem Železná Ruda (Linie aus Plžeň bzw. Klatový) sehr gut zu erreichen. Die berühmte alte Böhmerwaldbahn (Prachatice–Volary–Nove Údolí) führt mitten ins Herz des Waldes hinein. Aus Deutschland kommend erreicht man Železná Ruda bequem über die sogenannte »Bayerische Waldbahn« Plattling-Bayerisch Eisenstein, von wo man auf dem deutsch-tschechischen Gemeinschaftsbahnhof Bayerisch Eisenstein / Železná Ruda–Alžbětín weiter Richtung Klatovy–Plžeň fahren kann. Von Železná Ruda gibt es Busanbindungen in alle Teile des Böhmerwalds. Zur Orientierung auf den Bahnhöfen sollte man folgende drei Worte beherrschen: »odjezd« = Abfahrt, »příjezd« = Ankunft, »směr« = Richtung. Fahrkarten kauft man beim Schaffner.

- Fahrplanauskunft der tschechischen Eisenbahn: cd.cz/de.
- Unter idos.idnes.cz findet man sowohl Zug- als auch Busfahrpläne (auch auf Deutsch und Englisch).

Einkehr und Übernachtungen

Im Informationsteil vor jeder Tour wird auf bestehende Einkehrmöglichkeiten entlang der Route oder am Ausgangspunkt hingewiesen. Im Böhmerwald sind die Gasthäuser zwischen Mitte Mai und Mitte Oktober im Allgemeinen ab 10 Uhr geöffnet, die Schließzeit wird individuell gehandhabt. Durch Corona und den auch in Tschechien grassierenden Personalmangel sind viele Gasthäuser seit 2020 nur noch eingeschränkt geöffnet – mit mehr Ruhetagen und reduzierten Öffnungszeiten. Viele Gasthäuser bieten

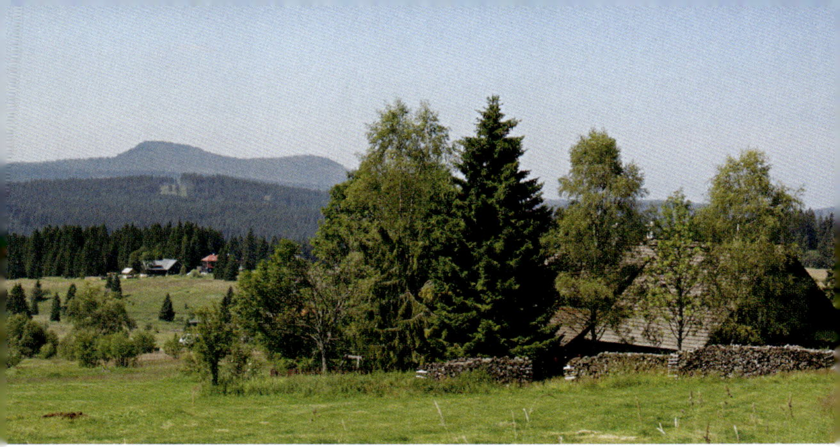

Filipová Huť mit Blick nach Bayern zum Rachel (Tour 18).

auch Übernachtungsmöglichkeiten an – der Zusatz »Pension/Penzion« im Namen deutet darauf hin. Die meisten der zu den Touren angegebenen Einkehrmöglichkeiten haben auch Gästezimmer. Allerdings empfiehlt es sich, in der Hauptsaison rechtzeitig zu reservieren. Da der Böhmerwald zwischen Mitte Juli und Ende August eines der Haupturlaubsgebiete der tschechischen Bevölkerung ist, ist es in dieser Zeit ohne Voranmeldung meist nicht möglich, außerhalb des Vorlands, also in den höheren Lagen und den touristisch frequentierten Orten wie beispielsweise Modrava, Srní, Kvilda oder Prášily spontan ein Nachtquartier zu finden. Wo immer es möglich ist, wird zu den Gasthöfen eine Telefonnummer angegeben (mit tschechischer Vorwahl 00420 bzw. +420), um evtl. auch von der Wanderung aus vorbestellen zu können.

Campingplätze

Wildes Kampieren ist im Böhmerwald auch außerhalb der Nationalparkregion nicht gestattet. Campingplätze gibt es u. a. in Frymburk am Lipnostausee (campingfrymburk.cz) und in Horní Planá (ebenfalls am Lipnostausee, kemp-lipno.cz), ein großer Campingplatz liegt an der Vydra zwischen Kašperské Hory und Sušice beim Dörfchen Annín (kempannin.cz), ein weiterer vydraaufwärts bei Antýgl (sumava.net/antygl). Sehr schön ist auch der Platz an der Säumerbrücke (Soumarský most) nahe Lenora (taboristesoumarak.cz). In Tschechien werden größere Campingplätze, auf denen Pkw und Wohnmobile abgestellt werden können (im Unterschied zu abgelegenen, nur zu Fuß erreichbaren reinen Zeltplätzen), »Autokemp« bzw. »Autocamp« genannt. Kleinere Campingplätze haben oftmals nur in der Zeit zwischen Juni und August geöffnet. Weitere Informationen unter campingplatze.cz und camp.cz/de.

Notübernachtungsplätze

Obwohl wildes Zelten verboten ist, gibt es im Böhmerwald sieben sogenannte Notübernachtungsplätze, die auch bei Fernwanderungen genutzt werden können. Die Plätze sind mit grünen Wegweisern gut ausgeschildert und liegen etwa je 15 km auseinander. Das Zelten bzw. Übernachten ist jeweils nur für eine Nacht und nur von 18 bis 9 Uhr gestattet. Feuer machen ist verboten, Abfälle müssen mitgenommen werden. Die Plätze können ganzjährig genutzt werden. Auch sind an jedem Platz Toilettenhäuschen vorhanden, jedoch gibt es nicht immer Papier. Die Lagen der Plätze:

- Pod Plešným jezerem (etwa 2 km östlich des Plöckensteinsees, am grün markierten Weg), Tour 38; Lage: 48.77954 13.88489.
- Nové Údolí, Tour 34; Lage: 48.8292 13.8008.
- Strážný (etwa 1,5 km südwestlich, am Punkt Na Kapličce, rot markierter Weg), Tour 30; Lage: 48.9013 13.7115.
- Bučína (am Weg nach Kvilda, etwas oberhalb) Touren 22 und 24, Lage: 48.9712 13.5970.
- Modrava, Touren 19 und 21; Lage: 49.0238 13.4914.
- Poledník (rechts hinter dem Aussichtsstum), Tour 9; Lage: 49.0638 13.3964.
- Stará Hůrka, Touren 7 und 8; Lage: 49.1261 13.3300.

Öffnungszeiten

In der Tschechischen Republik gibt es kein Ladenschlussgesetz. Lebensmittelgeschäfte haben meist Mo–Fr 7–18 Uhr geöffnet, einige auch bis 20 Uhr, Sa meist 7–14 oder auch 16 Uhr; viele größere Supermärkte haben auch am Sonntag offen. Vietnamesische Lebensmittelläden haben in der Regel vom frühen Morgen bis spät in den Abend geöffnet.

Am Plöckensteinsee (Tour 38).

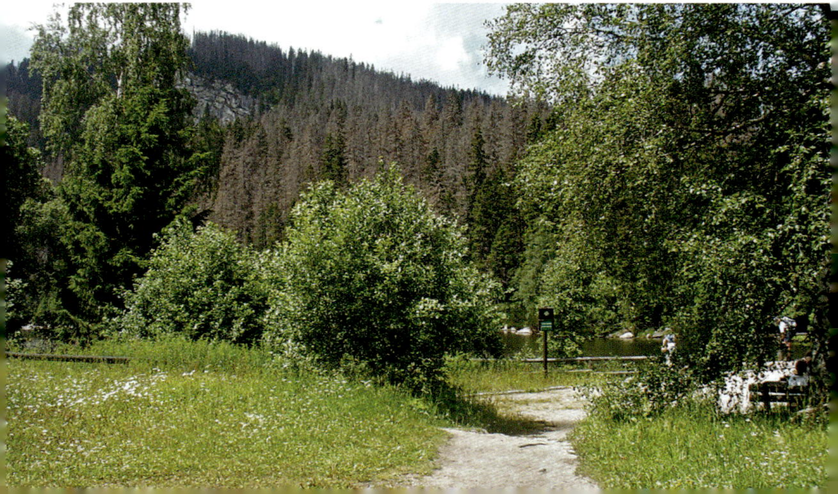

Die Fremdenverkehrsbüros haben zwar unter der Woche geöffnet, samstags jedoch meist nur am Vormittag, sonntags bleiben sie außerhalb der Hochsaison (Juni-August) geschlossen.
Burgen und Museen sind in der Regel montags geschlossen.

Telefon

Vorwahl in die Tschechische Republik aus Deutschland bzw. von deutschem Mobiltelefon: 00420/+420.

Geld

Die tschechische Krone steht zum Euro seit einigen Jahren mehr oder weniger konstant im Verhältnis von 1:24. Geldwechselstellen sind allerdings außerhalb der Grenzübergangsstellen rar gesät. Den günstigsten Kurs erhält man an den Grenzübergängen beispielsweise auch in den Vietnamesenläden, wo fast immer getauscht werden kann. In Deutschland zu tauschen empfiehlt sich wegen des schlechten Bankenkurses meistens nicht, ebenso geben die tschechischen Banken bisweilen auch weniger attraktive Kurse. Grundsätzlich meiden muss man die Tauschbüros von »chequepoint«, wie die glücklicherweise – bis auf Český Krumlov/Krumau – in den Böhmerwaldorten (noch) nicht existieren: Das Tauschen ohne Gebühren ist zu dem angebotenen Kurs oft nur ab einer bestimmten Summe möglich, die z. B. 1000 € betragen kann – was nicht großgeschrieben auf dem Schild am Eingang steht. Auch kann es sich bei dem angebotenen Kurs nicht um den Verkaufskurs, sondern um den Ankaufskurs von Tschechischen Kronen handeln, der dann nicht für den Verkauf gilt. Letztendlich bekommt man dann für 1 € oft nur 19 Kronen. Also vorher genau prüfen.
In Supermärkten und größeren Läden kann man immer mit ec- oder Kreditkarte zahlen, in den kleinen Gaststätten im Gebirge nur bar. Allerdings ist es überraschenderweise in sehr vielen Hotels und Pensionen nicht möglich, die Rechnung mit Karte zu begleichen. Natürlich lässt sich auch am Geldautomat Geld abheben, doch fallen dort bekanntermaßen – immer in Abhängigkeit von den beteiligten Geldinstituten – unterschiedliche zusätzliche Gebühren an. Geldautomaten findet man in allen touristischen Orten, sofern es sich nicht um kleine Dörfer handelt.

Feiertage

Neujahr (1. Jan.), Ostermontag, Tag der Arbeit (1. Mai), Tag der Befreiung Prags (8. Mai), Tag des Nationalheiligen Wenzel (28. Sept.), Tag der Republik (28. Okt.), Weihnachten (24.–26. Dez.).
Allerdings bedeutet das nicht automatisch, dass an diesen Tagen keine Läden geöffnet sind. Die großen Supermärkte haben alle offen, wenn auch verkürzt.

Seite 38/39: Blick vom Großen Osser auf den Kleinen Osser (Tour 1).

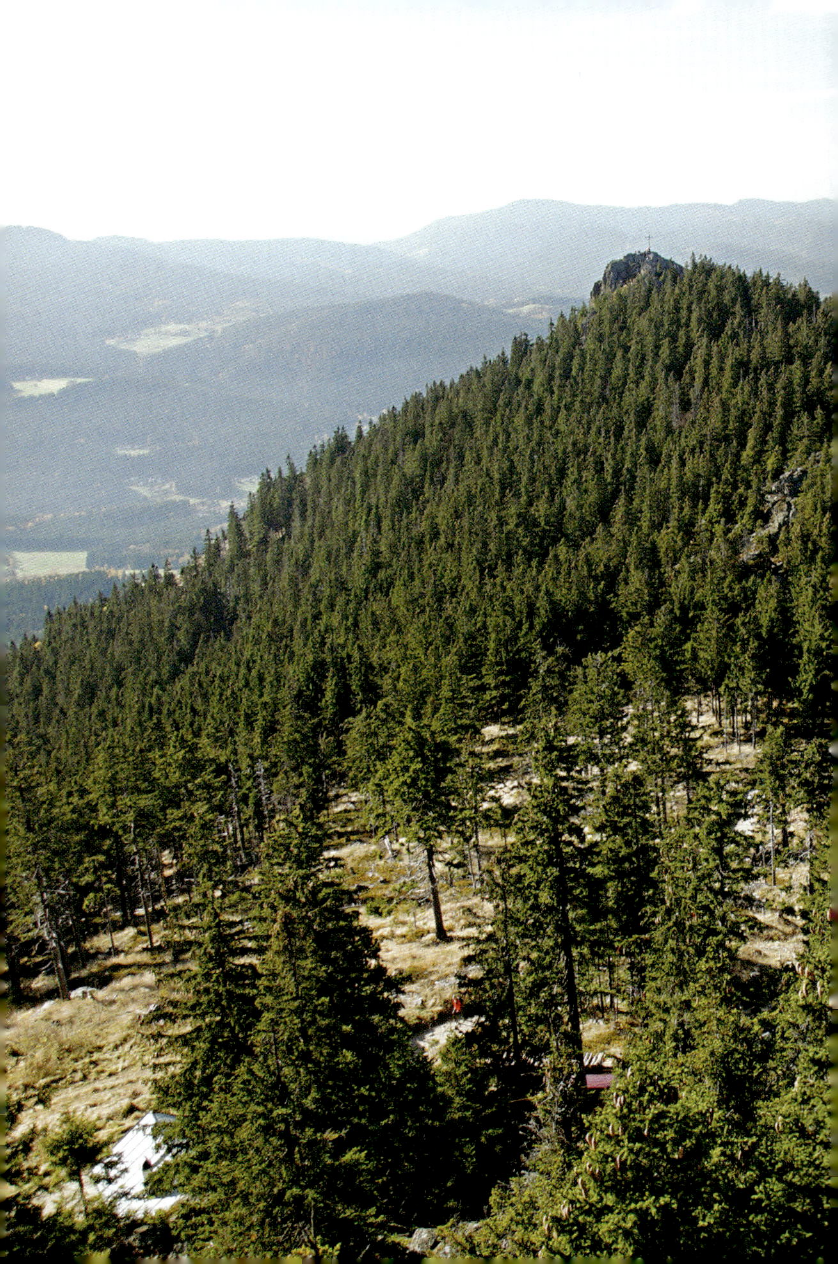

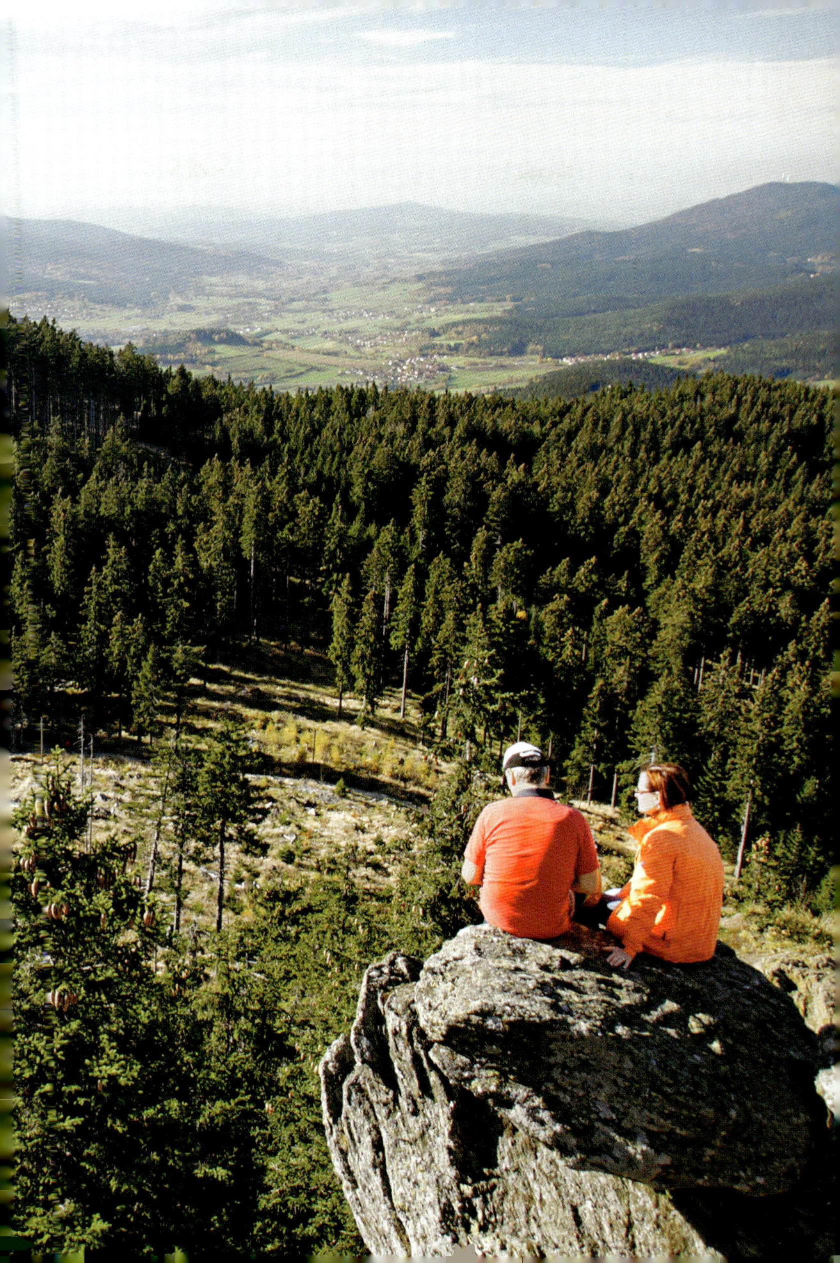

TOP 1

↗ 580 m | ↘ 810 m | 18.8 km

Vom Spitzbergsattel (Špičácké Sedlo) auf den Osser (Ostrý)

6.00 h

Über den Schwarzen See zu den »Brüsten der Mutter Gottes«

Der flache, jedoch markante Doppelgipfel des Osser, 1293 m, direkt an der deutsch-tschechischen Grenze gelegen, bildet den nordwestlichen Eckpunkt des Böhmerwalds, der hier an der Further Senke endet. Der Ossergipfel ist wegen seiner hinreißenden Fernsicht ein sehr stark frequentierter Aussichtspunkt und sowohl von tschechischer wie auch bayerischer Seite gut erreichbar. Wenngleich die Aussicht vom Osser wie überhaupt sein Anblick überwältigend sind, ist der Weg dorthin von der tschechischen Seite teilweise recht eintönig, ganz gleich, ob man vom Spitzbergsattel oder von Hamry aufsteigt. Er ist der einzige höhere Gipfel des Bayerischen und Böhmerwalds, der aus Glimmerschiefer besteht. Wegen des hohen Quarzgehalts ist dieses Gestein so hart, dass ihm die Verwitterung nur wenig anhaben konnte. Von der böhmischen Seite erreicht man den Osser bequem über den Spitzbergsattel, der Aufstieg vom Dorf Hamry (Osserhammer), südlich von Nýrsko, ist kürzer, doch wegen der knapp 700 m Höhenunterschied kräftezehrender. Leider ist diese Trasse, die zu einem großen Teil wie der Hauptweg auf asphaltiertem Weg verläuft, in den ersten zwei Dritteln recht monoton (wie im übrigen auch der Weg vom Spitzbergsattel).

Der Weg vom Spitzbergsattel zum Osser führt am Schwarzen See (Černé jezero) vorbei. Dieser ist mit knapp 19 ha Fläche der größte der fünf Gletscherseen des Böhmerwalds und bis zu 40 m tief. Sein Spiegel liegt auf 1008 m. *Die geheimnisvolle Stimmung, die der See ausstrahlt, wird durch die fast 300 m steil aufragende, aber wegen des Naturschutzes unzugängliche Seewand (Jezerni stěna) verstärkt.*

Ausgangspunkt: Parkplatz Špičácké Sedlo an der Landstraße 190 Železná Ruda–Nýrsko, 982 m. Buslinie Železná Ruda–Nýrsko (Haltestelle Spičák) oder mit etwa 1,5 km Fußweg ab Bahnhof Spičák an der Strecke Plzeň (Pilsen)–Železná Ruda (Markt Eisenstein).
Endpunkt: Bahnhof Hamry-Hojsova Stráž (Eisenstraß), 751 m. Von hier tagsüber auf der Linie Plzeň (Pilsen)–Železná Ruda (Markt Eisenstein) in Richtung Železná Ruda bis zum Bhf. Spičák (Dorf Eisenstein). Abfahrten Richtung Spičák etwa alle 2 Std. (Fahrzeit ca. 15 Min.; Fahrkarten beim Schaffner). Eine sehr schöne Bahnfahrt u. a. durch den in der Wegbeschreibung erwähnten Tunnel.

Anforderungen: Die Tour verläuft größtenteils über leicht zu begehende, in den letzten Jahren asphaltierte Waldwege, nur der letzte, etwa 2,5 km lange Wegabschnitt hoch zum Gipfel (ab Wegkreuzung Stateček) führt über schmale, steinige Pfade und ist teils steil.
Einkehr: Hotel-Restaurant Karl, direkt am Parkplatz Špičácké Sedlo (ganzjährig geöffnet, Tel. +420 376 397 116, karl.cz); Osserschutzhaus (1. Mai bis ersten So im Nov. tgl., Anf. Jan.–Ende April Sa und So 11–16 Uhr, Feb. und März teilweise geschlossen, Tel. +49 9943 1351, +49 160 5561 528, osser-schutzhaus.de); Gasthaus U Cisaře, zurzeit wegen Renovierung geschlossen (Hamry 60, Tel. +420 376 390

237 bzw. +420 603 932 359); Restaurant und Hotel Královský Dvůr (Hamry 45, Tel. +420 771 159 160, bilypotok.eu).

Varianten: 1. Oberhalb des Schwarzen Sees Abstecher zum oberen Rand der Steilwand und alternative Route zur Wegkreuzung Stateček: Von 5 nach links auf dem angenehmen Waldpfad am Hang des Künischen Gebirges ein längeres Stück sanft ansteigend empor. Am höchsten Punkt (an einer Rechtskurve) gelangen wir zu einer Kreuzung: Nach links oben, auf dem teilweise asphaltierten Weg, erwartet einen nach etwa 1 km am höchsten Punkt eine fantastische Aussicht hinüber zum Osser und in die Umgebung von Nýrsko. Der Weg fällt wieder ab und endet nach etwa 500 m unvermutet an einem kleinen Waldplatz. Unverzagte steigen hier rechts auf einem kaum erkennbaren Pfad empor und gelangen über ihn zu einer großen entwaldeten Zone, dem flachen Gipfel des Bergs Jezerní hora (Seeberg), 1343 m. Hier nach links (ostwärts) bis zum Rand der steil abfallenden Seewand. (Unbedingt auf die Schilder achten, die den Beginn der Nationalpark-Kernzone kennzeichnen. Auf keinen Fall darf dort weitergegangen werden!) Zurück zur Kreuzung am höchsten Punkt der Variante und nun über den linken Weg (bzw. geradeaus) ohne große Besonderheiten zum Stateček hinunter. 1 Std. länger.

2. Vom Ossergipfel lässt es sich auf dem Kamm und direkt auf der Grenze südostwärts bis zum Svaroh (Zwercheck), 1333 m, spazieren (Gehzeit hin und zurück 5.30 Std.). Allerdings gibt es vom Svaroh keinen Abstieg zum Schwarzen See oder zum Teufelssee, nur nach Bayern hinab, Richtung Straße Bayerisch-Eisenstein–Lam, die man über den Zwerchecker Steig gehend beim Scheibensattel erreicht (1 Std. ab Svaroh). Vom Scheibensattel gibt es Busverbindungen nach Lam und Železna Ruda. Der Kammweg vom Osser zum Svaroh ist ausgeschildert, doch auf den deutschen und tschechischen Wanderkarten nicht eingezeichnet. Direkt am Zwercheck befindet sich die Kernzone des Nationalparks, es ist verboten, direkt zur Seewand bzw. zum Ufer des Schwarzen Sees zu gehen. Der Beginn des Schutzgebiets ist mit roten Ringen um die Bäume gekennzeichnet.

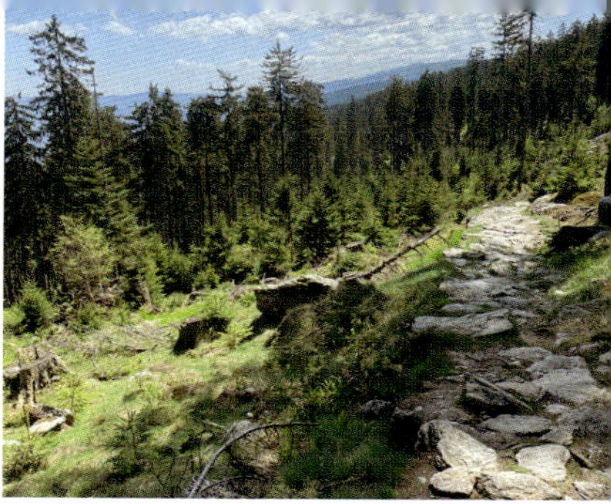

Am Nordosthang des Ossers unterhalb des Osserschutzhauses.

Vom Parkplatz am **Spitzbergsattel (Špičácké Sedlo)** 1 gehen wir mit der gelben Markierung auf gutem Asphaltweg zunächst gut 3,5 km ganz ohne Anstieg durch schöne Mischwälder zum Schwarzen See. Wir passieren unterwegs einen links abzweigenden Weg zur nahen Wasserscheide Elbe–Donau, überqueren den hier tief unter uns verlaufenden Tunnel der Böhmerwaldbahn, folgen gelb geradeaus weiter und kommen nach insgesamt 15 Min. zum rechts am Wegesrand stehenden **Komárek-Stein** 2. Er erinnert an Julius Miloš Komárek (1892–1955), den Initiator der Gründung des großflächigen Naturschutzgebiets Šumava (1946); der Nationalpark entstand in seiner heutigen Form erst 1991. Eine Infotafel daneben gedenkt auch seines Vaters, des

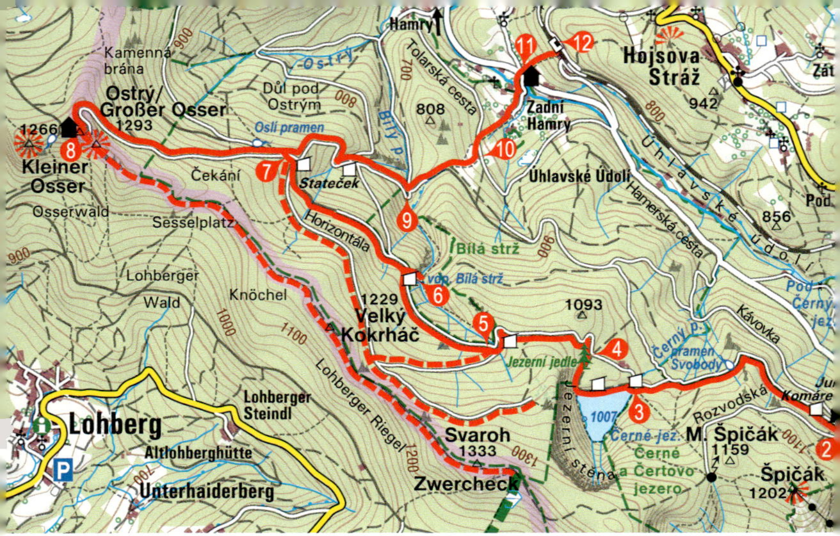

Forstbeamten Julius Komárek (1844–1919), unter dessen Ägide große Teile des Böhmerwalds bereits um 1890 unter Naturschutz gestellt wurden.

Nach weiteren etwa 2 km steigt der gelbe Weg etwas an und führt direkt hinauf zum **Schwarzen See (Černé jezero)** ❸, den man nach 350 m erreicht. Zu allen Jahreszeiten ist der Anblick des kaum bewegten Seespiegels mit der gewaltigen ihn überkrönenden Seewand überwältigend. Leider hat der Borkenkäfer die Wälder um den See schwer geschädigt.

Wir gehen am Ufer einige Meter nach rechts und dann mit Rot nach links direkt am (nördlichen) Seeufer weiter (geradeaus führt Radweg 2055 asphaltiert in großem Bogen um den See herum) bis knapp zur Nordwestecke des dreieckigen Sees. Unmittelbar vor dieser kann man nach links einige Meter abwärts direkt zum Seeufer gehen, wo sich eine überdimensionierte Ruhebank befindet. In der Nordwestecke des Sees biegen wir mit Rot rechts ab und gelangen auf recht steinigem, fast unwegsamem Pfad leicht aufwärts wieder zur Asphaltstraße und damit zum **Radweg** ❹. Wir folgen ihm bergauf; nach zwei Kurven wird der Weg flacher. Nach einem kleinen Rastplatz links senkt sich der Weg hinab, und gleich nach einer scharfen Linkskurve kommen wir zu einer **Weggabel** ❺.

Hier zweigt nach links die Variante ab. Wir aber wählen den Asphaltweg nach rechts. Dieser fällt zunächst steil bergab und verläuft dann ein längeres Stück auf gleicher Höhe, in den Karten »Horizontála« genannt. Wo dieses beginnt (kurz unterhalb einer kleinen Schutzhütte), kann man ein Stück auf gelb markiertem Weg zum **Bila strž** ❻ absteigen, den mit 13 m Höhe höchsten Wasserfall des Böhmerwalds. Weiter auf der »Horizontála«

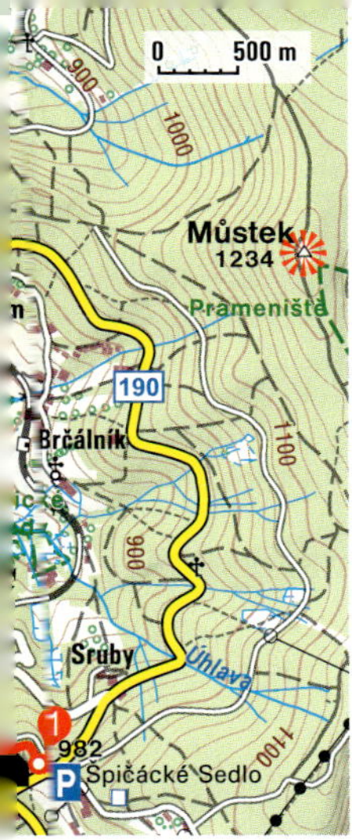

erreichen wir die Wegkreuzung **Stateček** 7, wo sich bis 1958 ein kleiner Waldbauernhof befand (von links trifft die Variante auf die Hauptroute).
Wir verlassen hier die rote Markierung und beginnen mit Blau den jetzt wirklich kräftezehrenden Schlussanstieg zum Osser. Zunächst steigen wir noch auf einem Fahrweg auf, passieren nach etwa 300 m einen Tausendmeter-Markstein und danach, nach etwa 1 km, eine kleine Schutzhütte. Gut 150 m nach dieser verlassen wir halb links den Fahrweg und jetzt geht es steinig (weiter mit Blau) bergan. Wir kommen an den Pascherfelsen vorbei, und etwa 500 m nach diesen macht der Weg einen weiten Linksbogen, verläuft ein kurzes Stück unmittelbar an der Grenze und dann geht es unterhalb des Osserhauses über Felsblockstufen hinauf zum Kamm. Jetzt liegt rechts das Osserschutzhaus und davor die 1293 m hohe kreuzgekrönte Felsenklippe des **Großen Ossers (Ostrý)** 8 vor uns. Genau über den Gipfel verläuft die Staatsgrenze. Das Osserschutzhaus befindet sich unmittelbar an der Grenze auf der bayerischen Seite. Natürlich sollte man auch einmal über den Wolfsschlund, dem Sattel zwischen den beiden »Brüsten«, und vorbei an der Künischen Kapelle hinüber zum Kleinen Osser, 1266 m, spazieren, denn auch von hier ist die Panoramaaussicht hinreißend (einfache Strecke ca. 700 m, aber steinig und auf und ab).
Für den Rückweg steigen wir auf dem Hinweg zum **Stateček** 7 ab und gehen dann über die asphaltierte Radwegtrasse (blaue Markierung) teilweise steil bergab, vorbei am Punkt Pod Statečkem und weiter zum wild tosenden **Bílý potok (Klammerbach)** 9, den wir in einer scharfen Linkskurve auf einer neuen Brücke überqueren. Gleich dahinter biegen wir mit Gelb nach rechts ab. Der Weg steigt gering an, und wir überqueren in spitzem Winkel einen wassergefüllten Graben. Direkt danach zweigt Gelb nach links ab, wendet sich nach rechts, und wir kommen zum Abhang einer großen

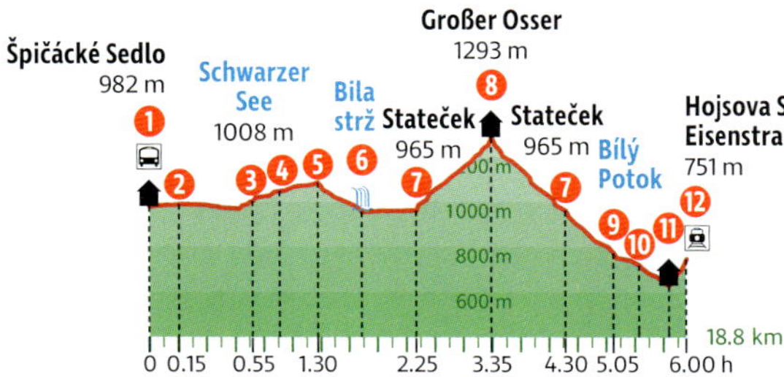

Bergwiese, über der sich ein hübscher Blick über das Uhlavatal öffnet. Wir gehen schräg über die Wiese bergab zu einem **Fahrweg** ⑩, dem wir etwa 80 m nach links folgen und dann mit der gelben Markierung auf einem schmalen Steig nach rechts weiter abwärts durch den Wald laufen.
Jetzt wird schon das Uhlavatal sichtbar. An einem Viehgatter wenden wir uns mit Gelb nach rechts und erreichen im Weiler Zadní Hamry (Kreuzwinkel) alsbald die Straße **Hamry–Špičácké Sedlo** ⑪ (etwa 200 m rechts dieser Einmündung: Gasthaus U Císaře, gute Einkehrmöglichkeit, zurzeit im Umbau). Wir gehen gegenüber der Einmündung mit Gelb auf einem Wiesen- und Waldpfad knapp 1 km ziemlich steil bergan bis zum Bahnhof **Hojsova Stráž (Eisenstraß)** ⑫.
Von Hojsova Stráž fahren wir mit dem Zug zum Bahnhof Spičák, dort folgen wir der roten Markierung etwa 30 Min. bergauf zum Ausgangspunkt am **Spitzbergsattel (Špičácké Sedlo)** ①.

Der bayerisch-böhmische Grenzkamm am Osser.

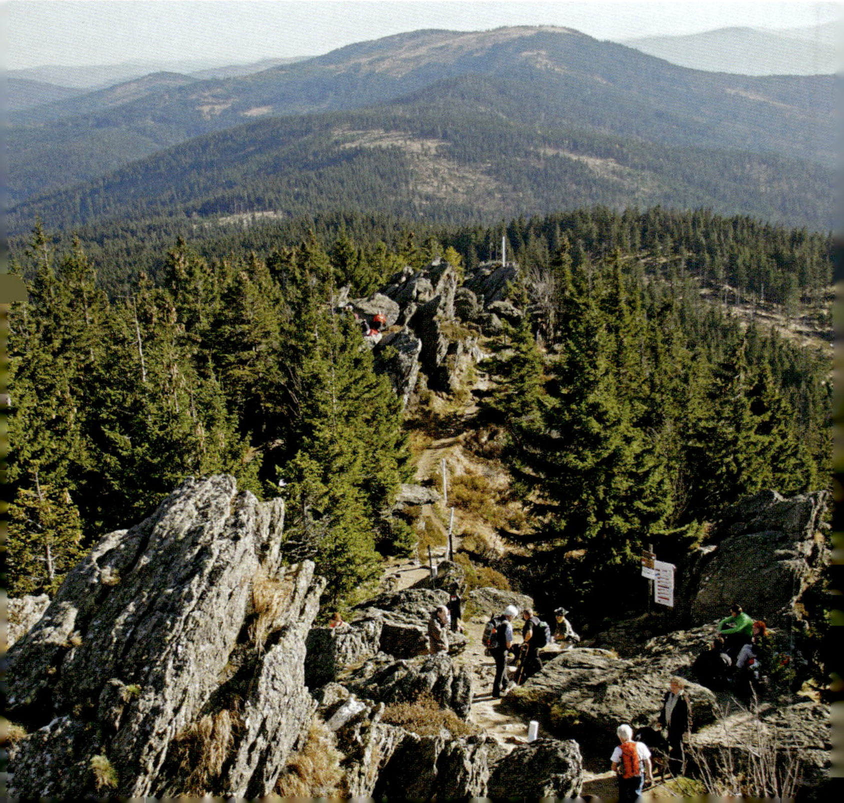

↗ 270 m | ↘ 270 m | 10.2 km

3.00 h

Teufelssee (Čertovo jezero) – Schwarzer See (Černé jezero)

2

Die beiden schönsten Gletscherseen des Böhmerwalds

Durch das Abschmelzen der Gletscher und der erodierenden Wirkung der Schmelzwässer am Ende der letzten Eiszeit entstanden im Böhmerwald mehrere kleine Vertiefungen, die sogenannten Kare. Diese füllten sich teils mit Schmelz-, teils mit Grund- und Regenwasser. Aufgeschobenes Gletschergeröll verhinderte bei einigen dieser Kare den Abfluss. So bildeten sich im Böhmerwald fünf Gletscher- bzw. Karseen, von denen der Teufelssee und der Schwarze See die größten sind. Der Schwarze See ist mit 18,43 ha der größte (maximale Tiefe 40 m) und liegt auf 1008 m Höhe, der Teufelssee (max. Tiefe 36 m) ist mit 10,33 ha Fläche der nächstgrößte. Sein Spiegel befindet sich auf 1030 m Höhe. Beide Seen liegen nur etwa 2 km Luftlinie voneinander entfernt, dazwischen verläuft die Wasserscheide zwischen Nordsee und Schwarzem Meer. Die Wasser des Schwarzen Sees fließen über den Schwarzbach (Černý potok) und den Angel (Úhlava) zur Moldau, damit zur Elbe und in die Nordsee, die des Teufelssees über den Seebach und den Regen (Řezná) zur Donau und ins Schwarze Meer.

Ausgangspunkt: Parkplatz Špičácké Sedlo (Spitzbergsattel), 982 m, an der Landstraße 190 Železná Ruda–Nýrsko. Buslinie Železná Ruda–Nýrsko (Haltestelle Spičák) oder mit ca. 1,5 km Fußweg ab Bahnhof Spičák an der Strecke Plzeň (Pilsen)–Železná Ruda (Markt Eisenstein).
Anforderungen: Leichte Tour auf Waldwegen und -pfaden; zwischen Teufels- und Schwarzem See wird es durch einen kurzen steilen Anstieg und dem steinigen Abstieg zum Schwarzen See hin etwas schwieriger; der Rückweg vom Schwarzen See verläuft auf Asphalt.
Einkehr: Hotel-Restaurant Karl, direkt am Parkplatz Špičácké Sedlo (ganzjährig geöffnet, Tel. +420 376 397 116, karl.cz). Auf dem Špičák kleiner Kiosk.
Hinweis: Der letzte Anstieg zum Špičák ist vom 15. Juni–15. Sept. gesperrt.
Varianten: 1. Alternativer Aufstieg zum Teufelssee direkt von Železná Ruda: westlich der Tankstelle an der Straße zur deutschen Grenze (aber noch vor dem Eisenbahnviadukt) zunächst mit Blau steil bis zum Kašpar-Denkmal (Pomník A. Kašpara) hinauf. (Adolf Kašpar war ein bekannter tschechischer Maler und Illustrator. Er verstarb hier 57-jährig am 20. Juni 1934 während einer Wanderung an einem Schlaganfall.) Vom Denkmal aus mit Rot direkt zum See. Die reizvolle Strecke führt meist durch Wald (ab Ortsmitte Železná Ruda ca. 5 km und 350 hm). Der Rückweg folgt der Haupttour. Vom Parkplatz Špičácké Sedlo fahren regelmäßig und in dichter Folge Busse nach Železná Ruda.
2. Etwas kürzere Runde ohne Schwarzen See: nach dem Punkt Rozvodi mit der grünen Markierung talwärts und vorbei an der Infotafel zum Spitzbergtunnel zurück zum Ausgangspunkt (1,5 km/ca. 30 Min. kürzer).

Vom Parkplatz **Špičácké Sedlo** ❶ gehen wir zunächst kurz auf der Asphaltstraße in Richtung Schwarzer See (gelbe Markierung). Nach etwa 350 m biegen wir mit der blauen Markierung nach links ab (Wegweiser »Rozvodí

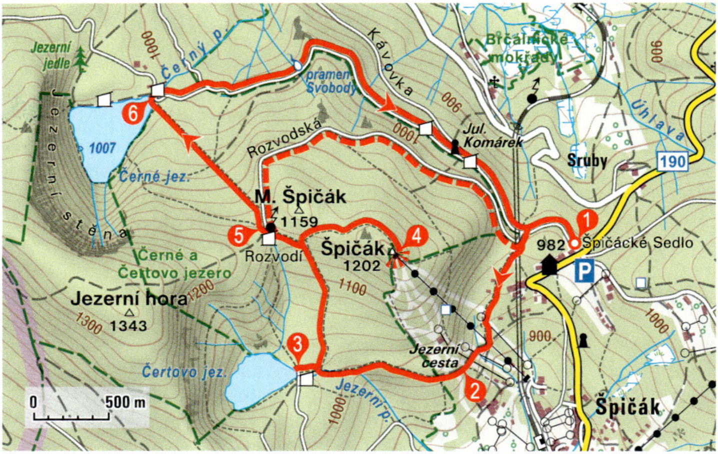

Labe–Dunaj«, also zur Wasserscheide Elbe–Donau) und kommen zu einer Tafel mit Infos zum Spitzbergtunnel (hier wurde der Špičák für den Bau der Böhmerwaldbahn 1874–1877 untertunnelt, ein für die damalige Zeit beispielloses Unternehmen). An der Tafel folgen wir Blau nach links. Der Weg wendet sich gleich danach nach rechts und gelangt zur sogenannten Prokop-Wiese (Prokopova Louka; Infotafel). Der Hotelbesitzer Jan Prokop hatte hier u. a. eine Außenkegelbahn, einen Tennisplatz und ein Freibad errichtet. Ihre Blütezeit erlebte diese frühe Wellnessanlage vor dem Zweiten Weltkrieg.

Wir gehen mit Blau weiter leicht bergab, unter den Seilbahnen und Liftanlagen zum Špičák hindurch, bis wir auf Gelb stoßen, dem wir nach rechts und leicht bergauf folgen (Blau läuft noch ein Stück parallel, biegt aber nach der Unterquerung einer Brücke der Mountainbikertrasse bald danach nach links ab). Wir bleiben auf der gelben Trasse und kommen zur Kreuzung **Jezerní cesta** ❷. Blau kommt hier wieder von links heran und führt nach rechts steil bergan zum Gipfel des Špičák. Wir aber steigen mit Gelb mäßig steil in den Wald empor.

Nach etwa 1 km treffen wir auf Rot, das rechts in Richtung Schwarzer See abzweigt. Wir gehen aber zunächst geradeaus zum **Teufelssee (Čertovo jezero)** ❸, der jetzt schon in Sichtweite gerät. Leider kann man den See nicht umrunden oder gar zur Seewand hochsteigen, da wir uns in Zone 1 des Nationalparks befinden, in der das Begehen vieler, vor allem nicht markierter Wege verboten ist. Massive Baumschäden durch den Borkenkäfer und Stürme haben innerhalb der letzten 15 Jahre die Wälder oberhalb der Seewand schwer gezeichnet, teils vernichtet, dennoch bleibt das beeindruckende, fast archaische Bild einer nordischen Landschaft.

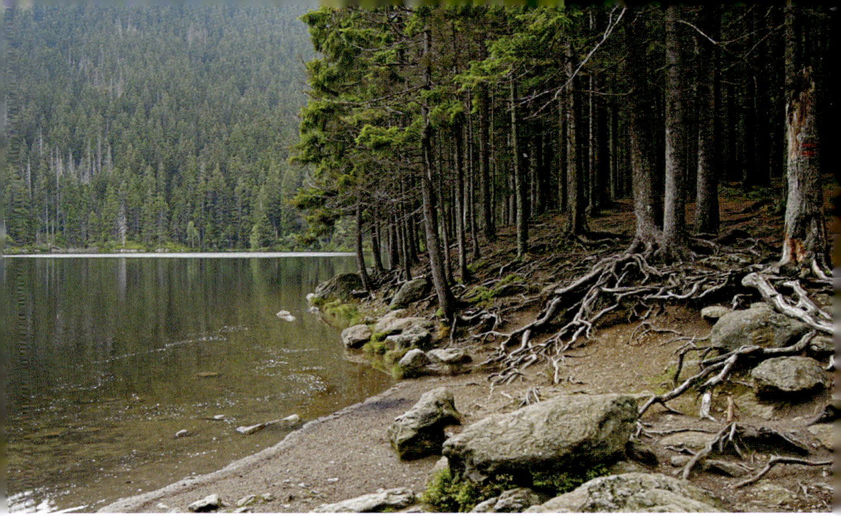

Der Teufelssee wirkt düster und geheimnisvoll.

Wir gehen das kleine Stück bis zum Abzweig zurück und biegen mit Rot nach links in Richtung Schwarzer See (Čertovo jezero) ab. Der Pfad steigt nun ein längeres Stück steiler an. An der höchsten Stelle, 1161 m, treffen wir auf einen Fahrweg, über den man nach rechts (unmarkiert) zum etwa 600 m entfernten Gipfel des 1202 m hohen **Špičák (Spitzberg)** 4 gelangt. Bei gutem Wetter bieten sich vom Turm aus großartige Blicke besonders nach Süden. Dann zurück zum Abzweig und nach rechts zum Punkt **Rozvodí** 5, der bereits erwähnten Wasserscheide. Wir gehen auf der Asphaltstraße ein kleines Stück bergab und können dann wählen: Geradeaus beginnt die Variante ohne Schwarzen See. Wir aber biegen gegenüber einer Forsthütte mit Rot nach links auf den steilen und steinigen Pfad ab und steigen direkt hinunter zum **Schwarzen See (Černé jezero)** 6. Sein Anblick ist vielleicht noch eindrucksvoller als der des Teufelssees. Höher als beim Teufelssee ragt seine Seewand auf. An nebligen Tagen herrscht hier eine wundervolle düster-melancholische Stimmung. Der kleine Holzbau am Damm birgt technische Vorrichtungen, denn aus dem See strömt durch eine 2 km lange unterirdische Leitung Wasser zur Energiegewinnung zum Pumpwerk nach Hamry. Vom See aus wandern wir mit der gelben Markierung auf einem bequemen, gut 3,5 km langen Weg zum Ausgangspunkt **Špičácké Sedlo** 1.

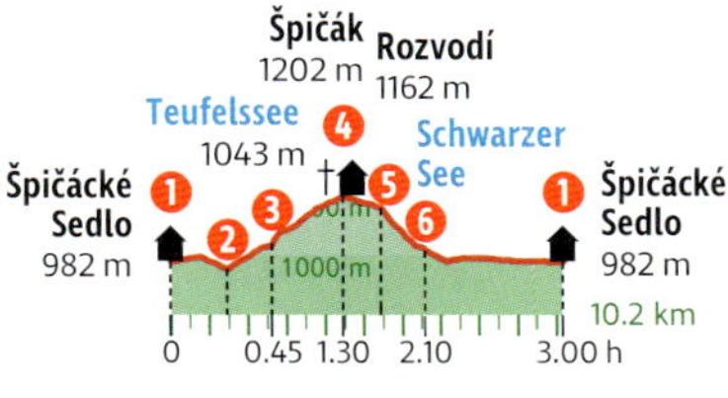

↗ 100 m | ↘ 700 m | 12.0 km

3 Pancíř (Panzerberg) – Můstek (Brücklberg) – Prenet (Brennet)

3.30 h

Eine Kammwanderung mit kolossalen Ausblicken

Nördlich von Železná Ruda erstreckt sich annähernd in Nord-Süd-Richtung ein Kamm mit drei Gipfeln. Der südlichste ist der Pancíř, 1214 m. 4 km weiter nördlich liegt der Můstek, 1234 m, und weiter nordnordwestlich schließt der Velký Prenet (Großer Brenntberg), 1071 m, den Kamm ab. Weniger auffällig ist dessen kleiner Bruder, der Malý Prenet, 1006 m. Vom Kamm genießt man herrliche Blicke westwärts zum Arber, zu den Seewänden, zum Osser, ja bis zum Hohen Bogen. Im Osten breitet sich das weite Böhmerwaldvorland bis Klatovy (Klattau) vor uns aus. Nach Süden ist der Blick zum Poledník (Mittagsberg) teilweise durch Wald verdeckt. Vom Endpunkt der Wanderung, Zelená Lhota, fahren wir mit der Eisenbahn zum Bahnhof Špičák zurück. Die Fahrt ist landschaftlich reizvoll und die Durchquerung des Spitzbergtunnels unter dem Spitzbergsattel (Špičácké Sedlo) ein besonderes Vergnügen.

Ausgangspunkt: Špičák, Talstation des Sessellifts zum Pancíř (Betrieb tgl. 9–16 Uhr.), an der Staatsstraße 190 ca. 3 km nördl. von Železná Ruda, 859 m. Unweit der Bahnhof Spičák (Dorf Eisenstein) an der Linie Plžeň (Pilsen)–Železná Ruda (Markt Eisenstein)–Alžbětín.
Endpunkt: Zelená Lhota, 631 m, Rückfahrt mit der Linie Plžeň (Pilsen)–Železná Ruda (Markt Eisenstein)–Alžbětín. Abfahrt ganzjährig etwa alle 2 Std., Fahrzeit knapp 30 Min., Fahrkarten beim Schaffner.
Anforderungen: Leichte Wanderung auf Fahrwegen, einige Teilstücke asphaltiert, kürzere Abschnitte auf schmalen und steinigen Waldpfaden. Einige steil abfallende, jedoch asphaltierte Passagen, nur geringe und kürzere Anstiege.
Einkehr: Hotel-Restaurant Malá Paříž, nahe Bahnhof Špičák (Špičák 17, Železná Ruda, Tel. +420 376 397 511, malapariz.cz); Horská Chata Pancíř, auf dem Gipfel (tgl. 9–22 Uhr, Tel. +420 602 289 705); Restaurant Zach, etwas außerhalb am Bahnhof Zelená Lhota, mit Panoramaterrasse, gut und preiswert (Zelená Lhota Nr. 57, Tel. +420 376 390 004, hotelzach.cz).
Sehenswürdigkeiten: Kapelle mit Totenbrettern am nördlichen Ortsausgang von Železná Ruda an der Staatsstraße 190. Železná Ruda: Barocke Ortskirche, sie besitzt die weltgrößte Turmzwiebel; Motorradmuseum in einem ehemaligen Jagdschlösschen (Juni–Sept. Mo–So 9.30–12 und 12.30–17 Uhr, Okt.–Dez. Do 10–12 und 12.30–16 Uhr, Jan.–April Mi 10–12 und 12.30–16 Uhr, Belvederská 1, Tel. +420 606 737 041, historickemoto.cz; Muzeum Šumavy Železná Ruda, Böhmerwaldmuseum in Železná Ruda (Javorská 154, Tel. +420 376 397 319, muzeum.sumava.net).
Variante: Kurzvariante von der Lift-Bergstation: zunächst bis zur Kreuzung am Tomandlův křížek, dort mit Gelb rechts hinab zur Wüstung Šmauzy (ein sehr einsamer Ort!), von dort mit Blau zum Punkt Nový Brunst háj, dann mit Grün auf Asphaltweg an der Quelle des Flusses Řezná (Regen) vorbei zur Liftstation Hofmanky (nur bis 16 Uhr in Betrieb), oder zu Fuß bequem zum Ausgangspunkt hinab.
Sollte der Sessellift nicht fahren, so kann man vom Parkplatz am Špičácké Sedlo (Spitzbergsattel) bis Hofmanky gehen und ab dort unter dem Lift auf den Pancíř steigen (230 Hm mehr).

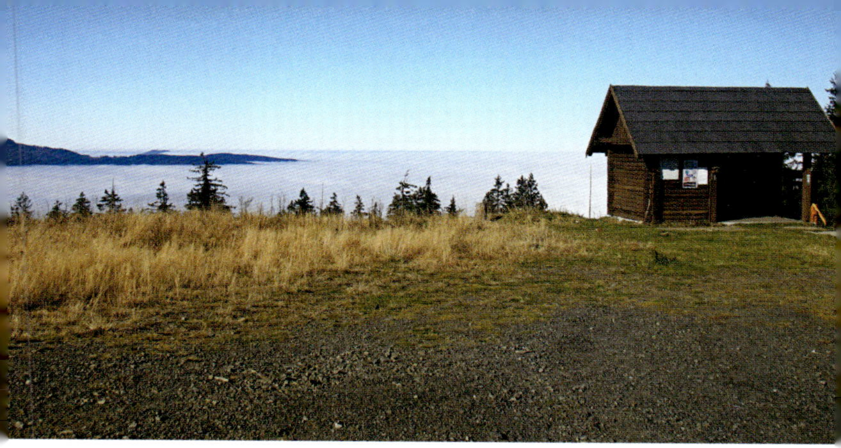

Nebelmeer unterhalb des Můstek-Gipfels.

Vom Parkplatz unterhalb der Seilbahn gehen wir etwa 150 m hoch zur Talstation des Sessellifts in **Špičák** ❶. Bei der Auffahrt mit dem Lift muss man etwa auf der Hälfte des Wegs an der Station Hofmanky umsteigen. Vom Gipfel des **Pancíř** ❷ bewundern wir zunächst die Fernsicht, insbesondere zum Arber hinüber, und gehen dann mit dem rot markierten Weg nordwärts – links zweigt ein kleiner Weg zur Quelle der Uhlava ab – jedoch geradeaus auf einem wurzeligen, sich leicht absenkenden Pfad weiter und erreichen bald einen breiten Fahrweg, auf dem wir uns nach rechts wenden. Bald ist die Kreuzung am **Tomandlův křížek** ❸, einem kleinen historischen Metallkruzifix, erreicht (rechts: Abzweig bzw. Zuweg der Varianten). Zur Fortsetzung der Kammwanderung gehen wir mit Rot weiter. Zwischendurch lassen sich immer wieder schönste Ausblicke bei allmählich wechselnder Perspektive erhaschen. Der Weg bleibt größtenteils auf gleicher Höhe. Wir passieren den kaum auffallenden Gipfel des **Habr** ❹, bis dann bald die höchste Erhebung des Kamms, der inzwischen nur noch wenig bewaldete **Můstek** ❺, 1234 m, erreicht ist. Links bei der kleinen Unterstellhütte befand sich bis zum 26. Dezember 1995 die Můstek-Baude. Sie wurde durch einen Brand vernichtet, der durch Funkenflug aus dem Kamin entstand, und nicht mehr aufgebaut. (Wer inzwischen genug hat, kann mit Blau von hier zum Bahnhof von Hojzova Straž hinabgehen und von dort mit dem Zug zum Bahnhof Špičák zurückfahren.)
Unser rot markierter Weg beginnt sich zu senken und wird immer steiler. Am Punkt **Na Sjezdovce** ❻ biegt er (auf nur noch 1013 m und inzwischen asphaltiert) nach links ab und verstärkt sein Gefälle nochmals. Na Sjezdovce heißt übrigens »An der Abfahrtsstrecke«. Unterhalb dieses sehr steilen Abschnitts eröffnen sich nochmals herrliche Blicke: links hinüber zum Osser, in der Mitte zum Prenet sowie rechts hinunter ins Vorland, Richtung Strážov und Klatovy.

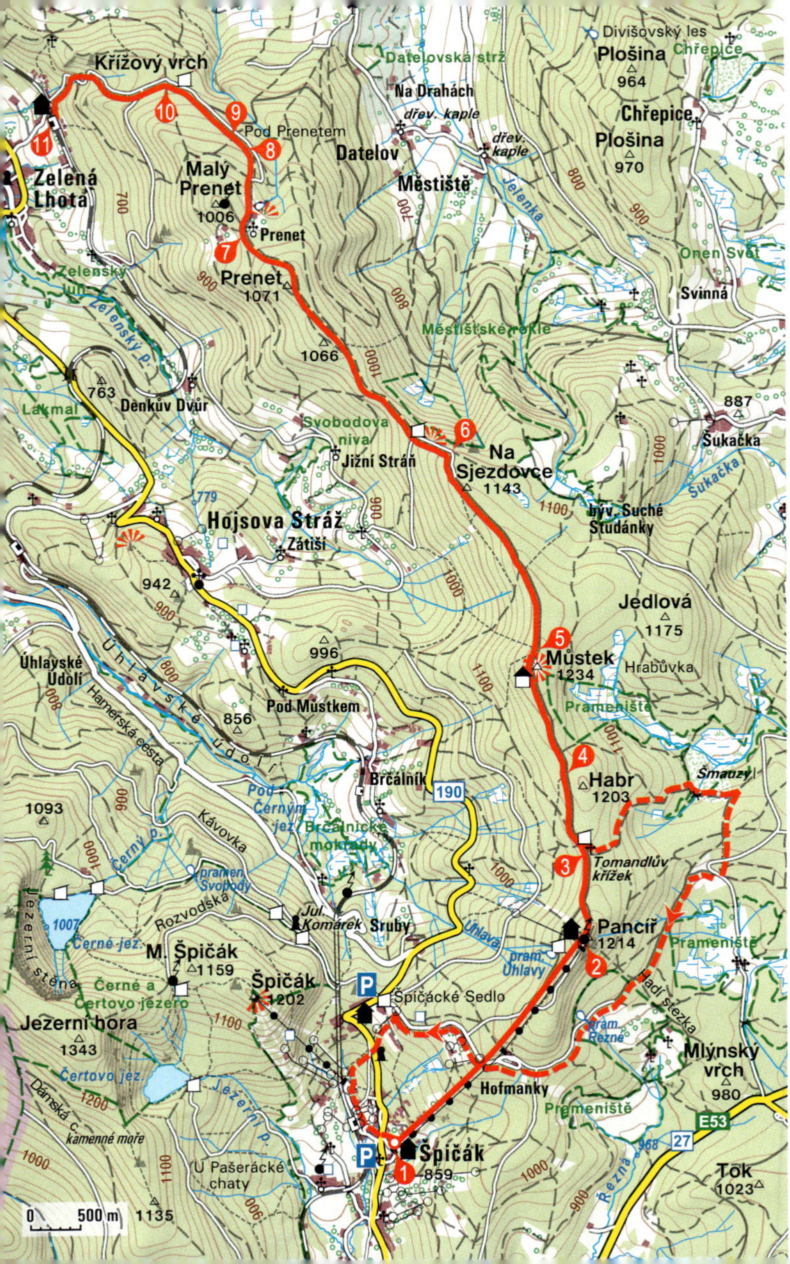

Křížový vrch
Divišovský les
Plošina
964
Chřepice
Datelovská strž
Na Drahách
dřev. kaple
Datelov
Městiště
Chřepice
Plošina
970
Pod Prenetem
Zelená Lhota
Malý Prenet
1006
Prenet
Prenet
1071
Jelenka
Onen Svět
Svinná
Zelenský luh
Zelenský p.
Městišťské rokle
1066
763
Denkův Dvůr
Lakmal
Svobodova niva
Jižní Stráň
Na Sjezdovce
1143
887
Šukačka
Šukačka
býv. Suché Studánky
Hojsova Stráž
Zátiší
779
942
Jedlová
1175
Můstek
1234
Hrabůvka
Prameniště
996
Úhlavské údolí
Úhlavské Údolí
Pod Můstkem
856
Hamerská cesta
Brčálník
Habr
1203
Šmauzy
190
Pod Černým jez.
Brčálnické mokřady
1093
Kávovka
Černý p.
pramen Svobody
Tomandlův křížek
Jezerní stěna
1007
Černé jez.
Rozvodská
Jul. Komárek
Sruby
Pancíř
1214
M. Špičák
1159
Úhlava
pram. Úhlavy
Prameniště
Černé a Čertovo jezero
Špičák
1202
Špičácké Sedlo
Hadí stezka
Jezerní hora
1343
pram. Řezné
Mlýnský vrch
980
Čertovo jez.
Hofmanky
Jezerní p.
Dámská c.
kamenné moře
Prameniště
E53
968
27
Špičák
859
Řezná
Tok
1023
U Pašerácké chaty
1135
500 m
1
2
3
4
5
6
7
8
9
10
11

Unten treffen wir auf einen von links heranführenden Weg, wenden uns hier nach rechts und laufen nun auf die bewaldeten Hänge des Prenet zu. Der Weg steigt nach und nach an, wir gelangen in dichten Wald, laufen rechts unterhalb des Prenetgipfels vorbei, bis die Straße erneut abfällt.

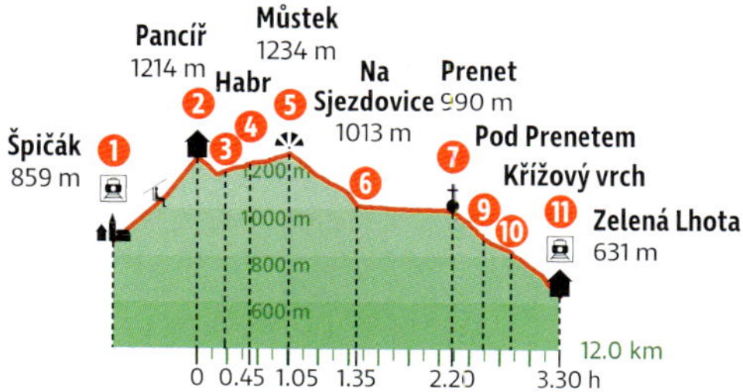

Wir erreichen – wieder außerhalb des Walds – den Weiler **Prenet** 7, wenden uns mit Rot nach rechts, passieren das Gasthaus Prenet (zurzeit in Rekonstruktion) und die Kapelle der hl. Kunhuta (14. Jh., jedoch im 18. Jh. umgestaltet). Wir gehen weiter mit Rot abwärts, in einer scharfen Rechtskurve kürzen wir jedoch einige weitere Kurven ab, indem wir geradeaus dem rot markierten schmalen Pfad abwärts folgen. Nach etwa 250 m erreichen wir wieder die Asphaltstraße, wenden uns nach links und biegen nach etwa 50 m mit Rot in einen weiteren **schmalen Pfad** 8 ein, der scharf rechts abzweigt und sich zu einem stillen Waldweg verbreitert. Er zieht sich etwas unterhalb der Asphaltstraße parallel zu ihr entlang und bringt uns bald zum Punkt **Pod Prenetem** 9.

Hier biegt unser roter Weg rechts ab, wir gehen aber geradeaus mit Grün weiter und kommen bald zurück zur Teerstraße. Wenig später ist die Lokalität **Křížový vrch** 10 erreicht. Wir gehen geradeaus mit Blau weiter, schneiden eine scharfe Kurve des Asphaltwegs abermals mit einem schmalen Pfad ab (wir folgen ihm etwa 1 km nach Křížový vrch in einer scharfen Linkskurve geradeaus). Bald kommen wir wieder zur Asphaltstraße, gehen auf ihr weiter abwärts und kommen rasch nach Zelená Lhota (grün). Wir überqueren die Bahnlinie und wenden uns gleich danach nach links, hoch zum **Bahnhof von Zelená Lhota** 11, von wo wir die Rückfahrt zum Ausgangspunkt antreten, sofern wir nicht vorher noch im Restaurant Zach einkehren.

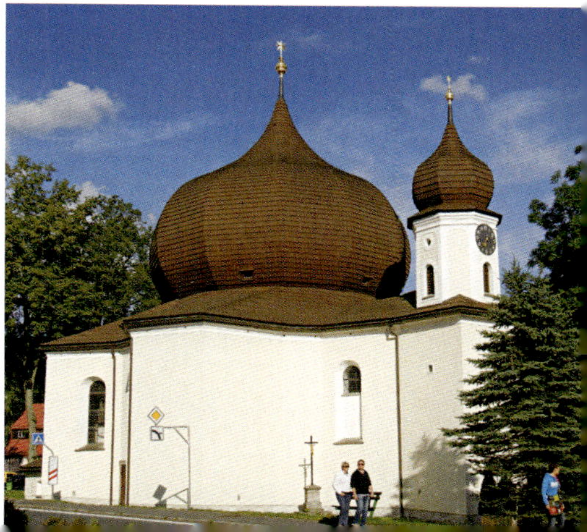

Die größte Turmzwiebel der Welt in Železná Ruda.

↗ 190 m | ↘ 190 m | 10.2 km

4 Von Javorná (Seewiesen) nach Keply (Köppeln)

2.40 h

Genusswanderung entlang der oberen Ostružná

Die Region östlich der Staatsstraße 27 zwischen Javorná und Petrovice gehört zu den einsamsten Gebieten der tieferen Lagen des Böhmerwalds. Nur vereinzelt stößt man dort noch auf bewohnte Ortschaften, die dann aber recht klein sind. Nicht selten trifft man auf Relikte des nach 1990 aufgelösten Truppenübungsplatzes Dobrá Voda, etwa in Keply. Dort sind allerdings keine Gebäude aus der Zeit vor 1945 erhalten. Südwestlich von Keply entspringt am Ahornberg (Javorná) der Fluss Ostružná (Wostruzna). In seinem oberen Abschnitt (bis zum Ort Javorná) durchfließt er ein kleines Tal mit sanft ansteigenden Hängen, das in seiner Verlassenheit zu den schönsten Tälern des Böhmerwalds zählt. Nach 42 km mündet die Ostružná nahe von Sušice in die Otava (Wottawa).

Ausgangspunkt: Kirche von Javorná, 839 m. Buslinien 968 (Klatovy–Železná Ruda) und 981 (Domažlice–Kvilda), Haltestelle Čachrov-Javorná prodejna (etwas unterhalb des Orts, der nicht unmittelbar an der Staatsstraße liegt).

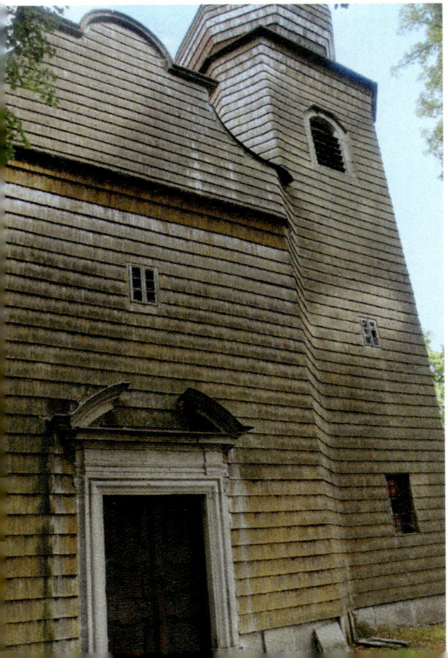

Anforderungen: Kurze, sehr bequeme Tour überwiegend auf Feldwegen, einige Abschnitte verlaufen über Asphaltwege. Nur leichte An- und Abstiege.
Einkehr: Restaurant und Hotel Svinná, auch bekannt unter dem Namen »Stara Vapenka«, was auf Deutsch »Alter Kalkofen« heißt (Svinná Nr. 7, Tel. +420 776 112 677, ekofarmasvinna.cz).
Variante: »Kulinarischer Abstecher« am Ende der Wanderung zum Restaurant U Silnice, etwa 1,5 km nordwestlich von Javorná. Dazu in Buchar vor der Brücke geradeaus (keine gelbe Markierung!), dann auf bald unbefestigtem Weg oberhalb der Ostružna durch den Wald nördlich von Javorná. Dann hinab zur Kreuzung Javorna rozc. Von dort rechts durch den Talgrund, dann leicht ansteigend zum Restaurant »U Silnice« (Tel. +420 376 391 143, usilnice.unas.cz). Zurück entweder zu Fuß bis Javorna rozc. und dann über die Ostružna abkürzend nach Javorná oder mit den erwähnten Buslinien zum Ausgangspunkt (Haltestelle Javorná prodejna) oder gleich nach Železná Ruda.

Die Kirche von Javorná ist wegen ihrer Schindelverkleidung sehr eindrucksvoll.

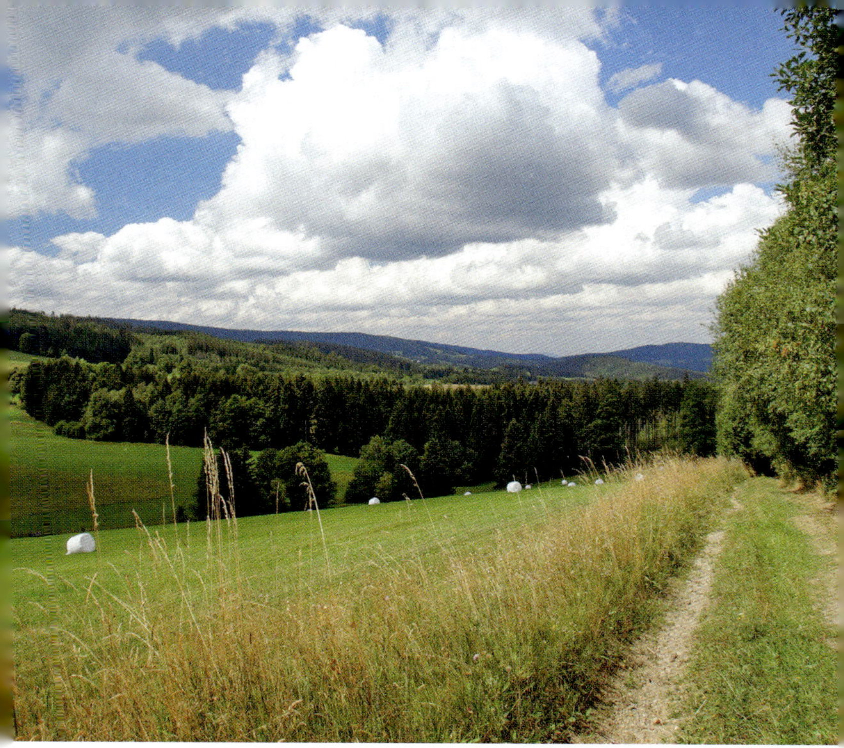

Das Tal der Ostružna zeigt sich unterhalb von Keply ziemlich abgeschieden.

Von der barocken Kirche in **Javorná** ❶, die sehr reizvoll mit Schindeln gedeckt und verkleidet ist (sehenswert auch die deutschen Gräber auf dem Friedhof), gehen wir in leichtem Anstieg die Dorfstraße hinauf. Sie ist von zahlreichen Ahornbäumen gesäumt, was dem Ort nach 1945 seinen tschechischen Namen Javorná gegeben haben mag (javor = Ahorn). Am Ortsende gehen wir geradeaus auf der Trasse des Radwegs 2093 weiter. Bald öffnet sich das Tal der Ostružna. Unser Weg macht bei einem Wegkreuz eine leichte Linkskurve und es geht leicht bergab. Nach etwa 600 m erreichen wir das anscheinend aufgegebene Gut **Gerlův Dvůr (Gerlhof)** ❷. Unser Weg führt nicht durch das Anwesen, sondern links um das Gut herum. Hinter dem Gut nehmen wir den ursprünglichen Weg wieder auf. Auf einem

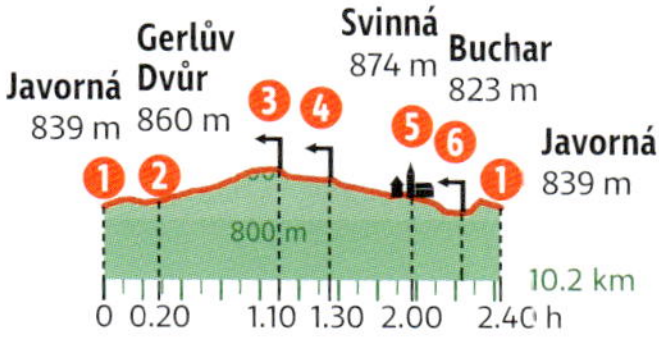

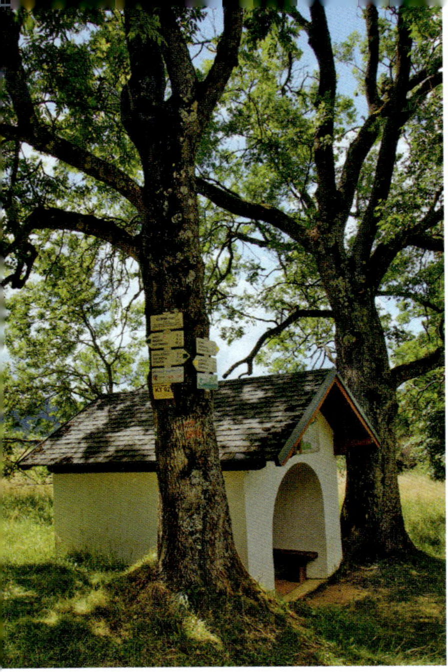

Bei Svinná lädt eine kleine Kapelle zur inneren Einkehr ein.

zauberhaften, baumgesäumten Feldweg geht es zunehmend in südlicher Richtung das Ostružná-Tal aufwärts, wobei die Steigung gering ist. Nach etwa 1,5 km kommen wir zu einer kleinen Kapelle, die unter den Bäumen dahinträumt. Links wird jenseits des Talgrunds schon der große landwirtschaftliche Betrieb von **Keply** sichtbar. Knappe 1,5 km nach der Kapelle gelangen wir, nachdem wir schon ein Stück am Waldrand entlanggegangen sind, rechts zu einem Stein (mit Trinkgefäß), der die Quelle der Ostružná symbolisiert (die eigentliche Quelle befindet sich etwa 2 km südwestlich im Wald in einem Sumpfgebiet am Südosthang des Bergs Javorná). Knapp 100 m dahinter gelangen wir im Wald auf eine breite **Wegkreuzung 3**. Der Ort dient sowohl als Parkplatz als auch als Holzlagerplatz.

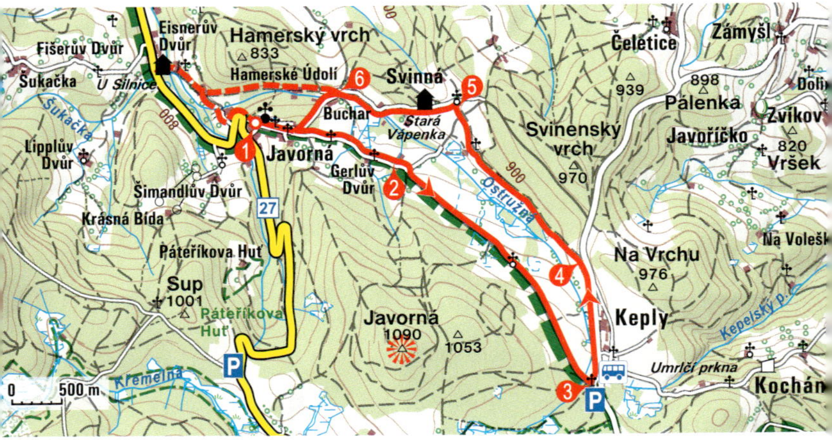

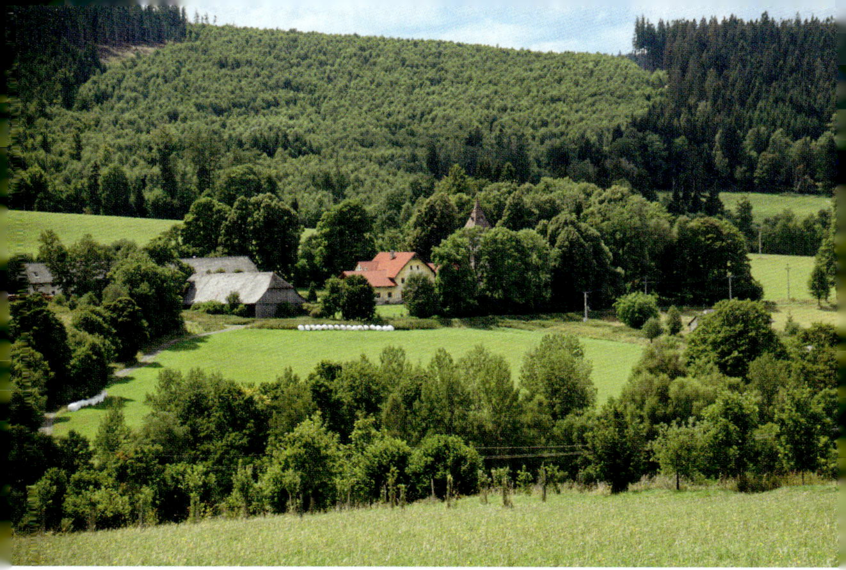

Blick über das Ostružna-Tal nach Gerlův Dvůr.

An der Wegkreuzung treffen wir auf einen blau markierten Weg und gehen auf diesem, scharf links abbiegend, zur Asphaltstraße nach Keply. Auf ihr wenden wir uns nach links (blau verlässt uns alsbald nach rechts) und umgehen im Westen auf dem Radweg 332 Keply, das nur aus dem ehemaligen Militärwohnhaus und einigen neuen landwirtschaftlichen Gebäuden besteht. Bald gesellt sich eine grüne Markierung, die von Keply her kommt, dem Radweg hinzu. Ihr folgend gehen wir die Teerstraße weiter entlang (sie führt nach Velhartice) und folgen nach etwa 600 m an einer **Abzweigung** ❹, wo die Straße eine leichte Rechtsbiegung macht, einem Feldweg nach links in den Talgrund hinab. Jetzt fließt die Ostružna links von uns. In der Ferne lugt der Turm des Gutshauses Gerlův Dvůr herüber. Mit Grün geht es entlang des Tals am Waldrand bergab. Am tiefsten Punkt gelangen wir wieder ins offene Gelände und nach einer schönen Allee steigt der Weg an, bis bei einer kleinen Kapelle die Kreuzung **Svinná** ❺ erreicht ist. Hier gehen wir mit Gelb auf befestigtem Weg nach links, passieren das edle Restaurant »Stará Vápenka« (benannt nach den alten Kalkbrennöfen links vom Haus). Von dort ist unser Weg von Häusern gesäumt. Nach knapp 1 km ist **Buchar** ❻ erreicht, wo der Asphaltweg nach links führt. Es geht über eine Brücke weiter. Entlang der Straße stehen zahlreiche reizvolle kleine Villen oder Wochenendhäuser. Durch Wald erreichen wir wieder die Route des Hinwegs. Dort wenden wir uns nach rechts und gelangen auf bekanntem Weg bald zurück zur Kirche in **Javorná** ❶.

5 Ein Streifzug um Keply (Köppeln)

2.45 h

Ein bequemer Spaziergang durch Felder, Wiesen und Wälder

Die Rundtour verläuft durch das reizvolle Vorland des Böhmerwalds, entlang großartiger Talgründe, zu ehemaligen Militärobjekten und zu den untergegangenen Dörfern Ratgebern (Radkov) und Haidl am Ahornberg (die Wüstung heißt heute Zhůří). Im gesamten Böhmerwald wurden nicht nur die meisten grenznahen Siedlungen gesprengt, sondern bisweilen auch solche, die weiter von der Grenze entfernt lagen, wenn an ihrer Stelle Militäreinrichtungen entstehen sollten. Auf der Wanderung gelangt man auch zu einem der wenigen original erhaltenen Totenbretter, die für den Böhmerwald so charakteristisch waren. In den abgelegenen Böhmerwalddörfern war der Boden oft bis April gefroren, sodass kein Grab ausgehoben werden konnte. Die Toten des Winters wurden daher bis zum Begräbnis auf solchen Brettern aufgebahrt. Danach wurden die Bretter oft an Kapellen oder besonderen landschaftlichen Punkten nahe des Heimatorts des Verstorbenen aufgestellt.

Ausgangspunkt: Parkplatz beim untergegangen Dorf Althütten, Staré Hutě (in Karten oft Stará Huť genannt), 955 m, 2 km südlich von Keply. Busverbindung nur nach Keply von Velhartice bzw. Sušice aus.
Anforderungen: Eine leichte Tour auf Wald- und Feldwegen und längeren asphaltierten Abschnitten. Der Schlussabschnitt führt über eine Teerstraße. Nur kurze und nicht allzu steile Anstiege. Im Abschnitt zwischen Keply und Zhůří kann der moorige Waldboden bei Regen so durchgeweicht sein, dass der Weg unpassierbar wird.
Einkehr: Keine.

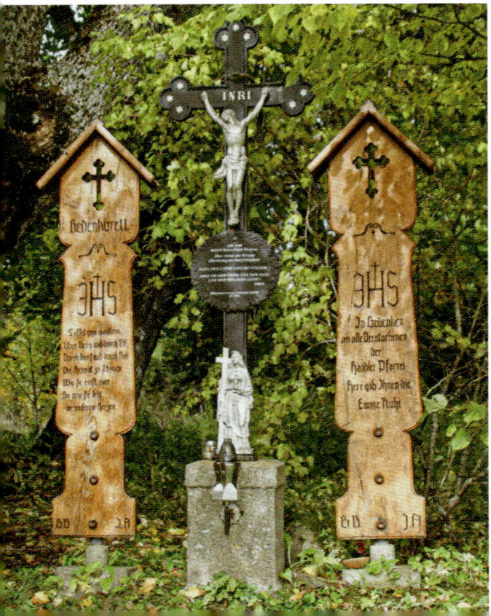

Vom Ausgangspunkt am Parkplatz **Staré Hutě (Althütten, Stará Huť)** ❶ gehen wir mit der gelben Markierung ostwärts in Richtung Radkov. Im Wald gabelt sich der Weg. Wir laufen mit Gelb nach links leicht abwärts. Bald verlassen wir den Wald und gehen oberhalb des bezaubernden Tals der Volšovka weiter. Wir gelangen zu einem Aussichtspunkt (tschech. Vyhlídka), bei dem leider die einst grandiose Sicht durch die Vegation eingeschränkt ist. Hier befand sich der untergegangene Ort **Radkov (Ratgebern)** ❷. Nach etwa

Rekonstruierte Totenbretter in Zhůří.

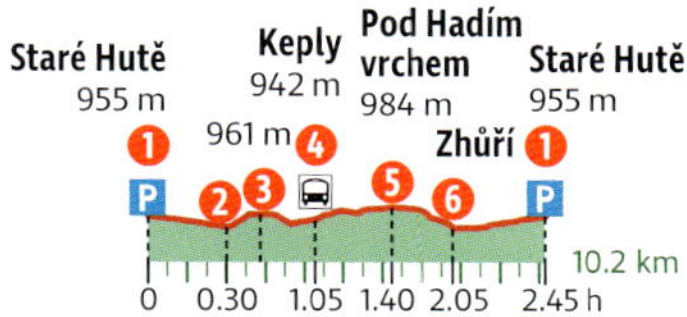

300 m, hinter einer Rechtskurve, biegen wir beim Wegweiser Radkov mit Grün nach links Richtung Kochánov ab. Nun führt die Route durch den Wald leicht bergauf. Wir erreichen eine paradiesisch anmutende Bergwiese und gehen mit Grün wieder hinab, bis wir die Asphaltstraße Keply–Kochánov erreichen. Dort wenden wir uns mit Blau nach links in Richtung Keply und stoßen nach etwa 40 m neben einer Granitsäule mit Kruzifix auf zwei Repliken jener für den Böhmerwald kulturgeschichtlich so charakteristischen Totenbretter ❸.

Die befestigte Straße senkt sich in einer Kurve zu einem Brückchen hinab, steigt wieder an und erreicht den Südrand des untergegangen Dorfes **Keply** ❹. Vom alten Dorf ist nichts mehr vorhanden, das heutige Keply besteht nur aus einem Wohnblock, in dem einst Militär und Grenzsoldaten untergebracht waren, und einem in den Nullerjahren neu errichteten landwirtschaftlichen Großbetrieb. Wir gehen gleich am Ortseingang nach links (blaue Markierung), kommen zu einer Teerstraße, folgen dieser nach links, um etwa 100 m nach dem Ortsschild Keply gleich wieder in einen breiten Waldweg (immer noch mit Blau) nach rechts einzubiegen. Wir kommen nach etwa 100 m zu einer breiten Waldkreuzung mit Holzlagerplatz,

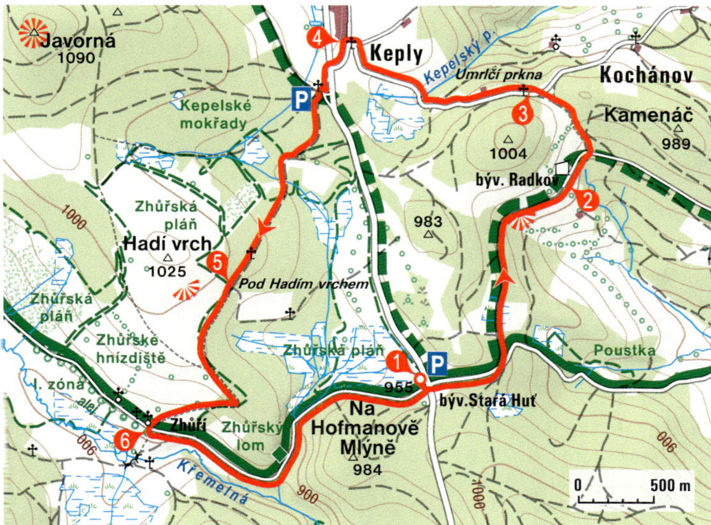

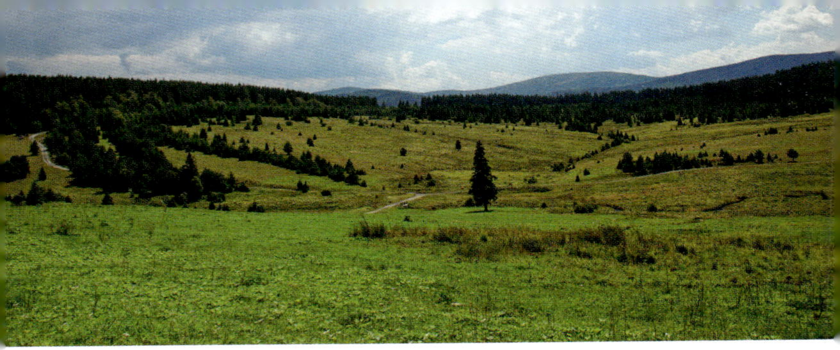

Hier stand einst das untergegangene Dorf Zhůří.

wenden uns mit Blau nach links und gelangen auf einem schmalen Pfad bald zum Naturschutzgebiet der Keplyer Sümpfe (Kepelské mokřady). An einer Gabelung wenden wir uns mit Blau nach links, durchqueren einen flachen Bach (bei Nässe muss man nach einem geeigneten Übergang über Trittsteine suchen) und kommen zu einer kleinen Lichtung am Punkt **Pod Hadím vrchem** 5 unterhalb des Hügels Hadí vrch, 1025 m. Hier lohnt es sich, kurz nach rechts zum höchsten Punkt dieser relativ flachen Erhebung aufzusteigen – die Aussicht ist äußerst reizvoll.

Von der Lichtung aus führt Blau weiter durch den Wald. Der Weg wird sehr schmal und sumpfig. Schließlich erreichen wir eine breite Kreuzung, an der sich unser Weg in einer scharfen Kurve nach rechts abwärts wendet. Es geht über einen Wiesenhang bergab in das malerische Tal der Křemelná (Kieslingbach), über dem sich nun ein großartiger Ausblick auf das Waldgebirge, hin zum Arber und zum Debrnik (Lackenberg) eröffnet.

Der blaue Weg mündet beim untergegangen **Zhůří** 6 auf eine breite Fahrstraße. Ein Stück nach rechts befindet sich die 1999 errichtete Kapelle am Standort der 1957 abgerissenen Dorfkirche aus dem Jahr 1809. Neben der Kapelle befinden sich zwei nachgebaute Totenbretter. Noch etwas weiter befindet sich ein 2020 errichtetes Denkmal für die 90. amerikanische Infanteriedivision. An der Stelle kam es am 5. Mai 1945 zu Kampfhandlungen zwischen Einheiten der deutschen Wehrmacht und den Amerikanern. 24 deutsche Soldaten und 10 amerikanische fanden den Tod, ein großer Teil des Dorfs Haidl am Ahornberg – so hatte Zhůří einst geheißen – brannte nieder. Der Ort musste in den 1950er-Jahren dem militärischen Übungsgelände weichen (Infotafeln). Herrlich sind die Landschaft ringsum und der Blick ins Tal der Křemelná. (Lohnend ist ein Abstecher auf der Asphaltstraße etwa einen Kilometer westwärts Richtung Staatsstraße 27. Es geht dabei durch eine menschenleere Region, der man ansieht, dass sie einst eine Kulturlandschaft war.)

Von Zhůří wandern wir mit Grün gut 2 km auf der Asphaltstraße – anfangs noch entlang des Flusses – durch Wald hinauf zum Parkplatz **Staré Hutě** 1.

↗ 310 m | ↘ 310 m | 20.4 km

5.15 h

Kleine und Große Velharticer Runde

6

Naturgenuss ohne Ende und eine der schönsten Burgen Böhmens

Die Burg von Velhartice (Welhartitz) ist sicherlich eine der großartigsten Burgen Böhmens und innerhalb des Böhmerwalds eigentlich die einzige, die im Wesentlichen erhalten ist. Berühmt ist die Burg durch ihre europaweit singuläre Architektur: Eine imposante, 32 m lange steinerne Bogenbrücke, die in 10 m Höhe auf vier runden Pfeilern ruht, verbindet seit 1430 ihren wuchtigen Turm mit dem Palas, Paradieshaus bzw. Rajský dům genannt. Die Burg selbst entstand in ihrer ersten Gestalt gegen 1330. Im frühen 16. Jh. wurden hier auch kurze Zeit die böhmischen Krönungskleinodien verwahrt. In der ersten Hälfte des 17. Jh. wurde sie umgebaut und es entstand als Anbau ein zweistöckiger Renaissancepalast. Die Landschaft um Velhartice ist in ihrem Wechsel aus flussdurchbrausten Waldtälern, windzerzausten Höhen und malerisch verfallenen Dörfern sehr reizvoll. Die folgende Tourbeschreibung bietet in einer kurzen Variante eine hübsche Wanderung um die Stadt Velhartice, die Burg und den Burgberg an. Die lange Haupttour führt in das Umland von Velhartice.

Ausgangspunkt: Velhartice, Stadtpfarrkirche, 614 m. Busverbindungen von Klatovy und Sušice (Linien 970 und 971).
Anforderungen: Die Haupttour weist einige steile Abschnitte auf, wie insbesondere den Aufstieg nach Makov. Entlang des Flusses Ostružná kann der Weg nach Regenfällen morastig sein, auch die Strecke Javoří–Malonice, die teils durch eine Wiese verläuft, kann dann sumpfig sein. Die rund einstündige Kurzvariante ist dagegen ohne Schwierigkeiten zu bewältigen.
Einkehr: Velhartice: Hotel Restaurant U Bíleho Beránka, gleich neben der Kirche (Tel. +420 602 161 264); Burgrestaurant (tgl. außer Mo geöffnet, hrad-velhartice.cz).

Von der Stadtkirche in **Velhartice** ❶ gehen wir ostwärts in Richtung Burg (ausgeschildert »Hrad«). Parkmöglichkeiten gibt es auch an der Straße am Zugang zur Burg – wer keine Wanderung machen will, kann hier sein Fahrzeug abstellen. In jedem Fall steigen wir das kurze Stück zur **Burg Velhartice** ❷ empor, die selbst ohne Innen- bzw. Museumsbesichtigung sehr eindrucksvoll ist. Nach dem Abstieg setzen wir den Weg stadtauswärts in Richtung Klinec entlang der Fahrstraße fort; diese führt zum Ostružná-Tal

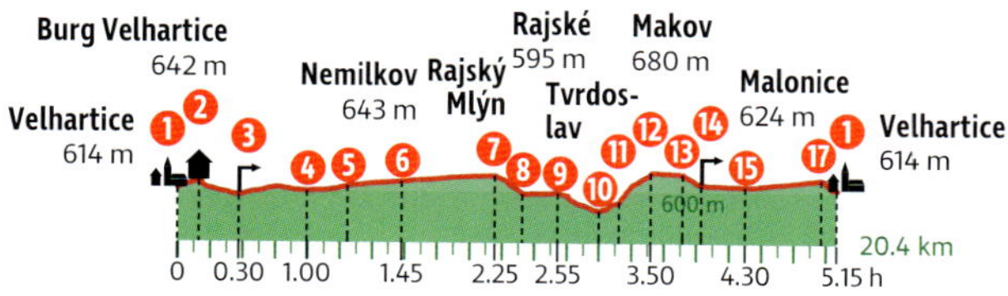

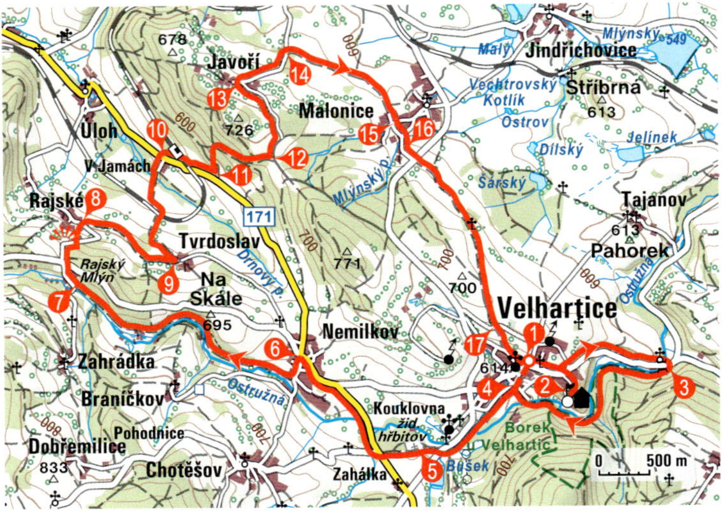

hinab. Nach der Brücke über den Fluss biegen wir nach rechts auf einen blau markierten Weg ab ❸ und gehen entlang des Flusses um den Burgberg herum. Links säumen markant aufragende Gneisklippen den Weg. Bald kommt von links ein rot markierter Weg aus Horní Stankov herab. Jetzt nähern wir uns dem Burgberg mehr und mehr, ganz ungewohnt wirkt vom Talgrund die Perspektive auf die Burg. Über ein kleines, etwas marodes Brücklein können wir nach rechts über die Ostružná gehen und wenden uns auf einem Wiesenpfad, direkt unter dem Burgfelsen, nach links. Wir passieren eine Schranke und kommen wieder zu einer Brücke, über die der vor Kurzem verlassene blaue Weg jetzt von links herankommt. Wir gehen aber nach rechts, mit Blau nach Velhartice hinein. An der ersten, breiten **Kreuzung** ❹ können wir nach rechts direkt zur Stadtkirche hinaufgehen, womit die »kleine Runde« beendet wäre.

Wer sich für die »große Runde« entschließt, geht an der Kreuzung nach links mit blau stadtauswärts (Wegweiser »Plžeňske Dílo«), immer geradeaus am Sportplatz vorbei, dann halb rechts über ein Brückchen und hinauf zur Stichstraße in Richtung Staatsstraße 38. Hier nach links und nach der Brücke über die Ostružná gleich mit Blau nach rechts zu einigen kleinen Häusern. An einer Weggabel gehen wir links und kommen zum alten **jüdischen Friedhof** ❺ von Velhartice. Leider ist er nicht zugänglich. Dann erreichen wir die Staatsstraße 171 und gehen auf ihr rechts etwa 600 m bis nach **Nemilkov** ❻. In der Ortsmitte biegen wir vor dem ehemaligen Gasthof Hubert mit Blau nach links ab und gehen in der Kurve kurz vor dem

brüchigen Renaissance-Gutshof nach rechts hinab zur Ostružná. Wir folgen ihr flussaufwärts; rechts säumen aufragende Felsklippen das Ufer. Nach 3 km gelangen wir zur ruinösen **Rajský Mlýn (Paradiesmühle)** 7.
Der Weg wendet sich mit Blau nach rechts vom Fluss weg und steigt zur Straße Nemilkov–Čachrov an. An der Kreuzung verlassen wir das hier links abbiegende Blau und gehen mit weitem Blick über das Tal des Drnový-Bachs geradeaus mit Gelb bergab in Richtung Rajské. Die Straße wendet sich nach rechts. Dann biegt Gelb scharf nach links in einen Hohlweg ab, der direkt hinunter nach **Rajské** 8 führt. Am Ortseingang wenden wir uns mit Gelb nach rechts und gehen auf einem bei Nässe sehr unbequemen, steinigen Feldweg ostwärts nach **Tvrdoslav** 9. In der Ortsmitte folgen wir weiter Gelb, gehen scharf links abbiegend, nun wieder auf einem Feldweg, hinab ins Tal und überqueren die Bahnlinie. Danach wenden wir uns nach links und wandern hoch zur **Staatsstraße 171** 10, die wir bei den wenigen Häusern von V Jamách erreichen. Auf der Staatsstraße gehen wir nach rechts, queren erneut die Bahn und laufen bis zu einem **Einzelgehöft** 11 auf der linken Seite, bei dem am Wohnhaus zur Straße hin ein dreidimensionaler Rinderkopf angebracht ist. Unmittelbar davor gehen wir mit Gelb nach links im Zickzack verhältnismäßig steil hoch zur Wüstung **Makov** 12, die wir nach etwa 1 km erreichen. Auf der Anhöhe, an einem Steinkreuz, verlassen wir Gelb (das hier endet) und folgen nun Rot nach links bis **Javoří**

Die Burg in Velhartice mit der berühmten Bogenbrücke.

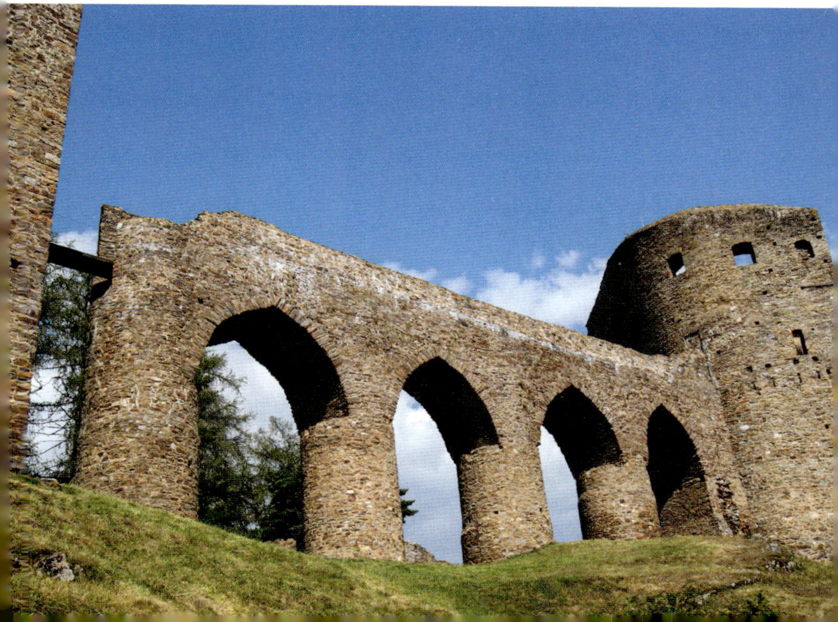

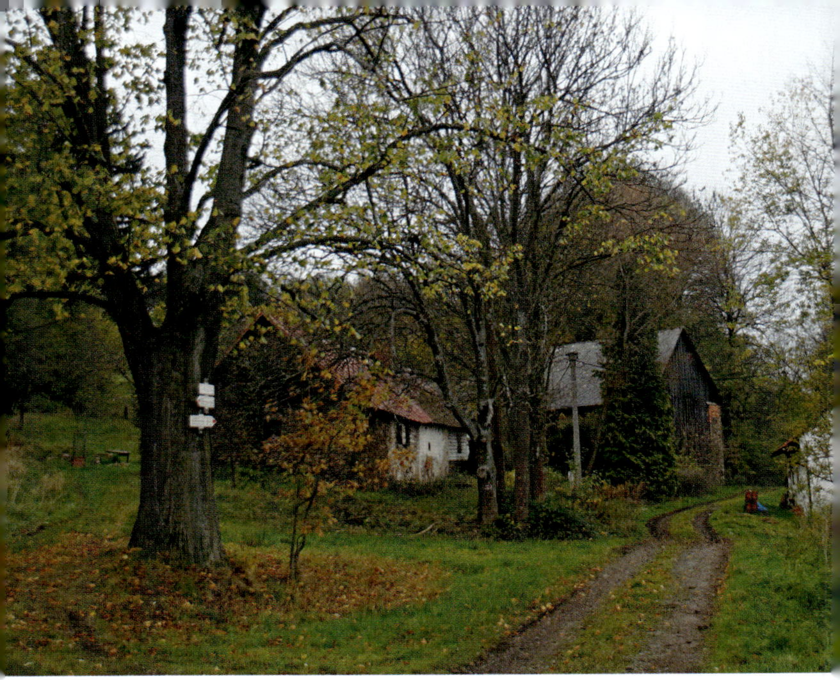

Weltfern und verwunschen: Javoří.

(Ahornfeld) ⓭, einem weltfernen, verwunschenen kleinen Dorf. Am Ortseingang gehen wir kurz nach links zur Dorfmitte, bewundern das Idyll, kehren dann um und laufen über den Asphaltweg abwärts, entlang der Trasse des Radwegs 2086. Diese Trasse biegt von der Fahrstraße nach etwa 1 km rechts ab ⓮ und zieht sich über einen sumpfigen Wiesenweg hinunter nach **Malonice** ⓯. Hier gehen wir an der ersten breiten Kreuzung geradeaus weiter (nicht nach links entlang der Radtrasse, wobei sich ein kurzer Abstecher nach links zur Ortsmitte wegen der dortigen uralten, riesigen Linde durchaus lohnt). Wir gehen also ohne Markierung geradeaus weiter. Der Weg wendet sich in weitem Bogen nach rechts. Kurz vor dem Ortsende biegen wir an einer **Baumgruppe mit Kreuz** ⓰ auf einen links abzweigenden Weg ab und kommen zur Straße nach Velhartice. Wir überqueren sie, gehen geradeaus entlang eines Feldrains weiter und kreuzen nach 2 km einen **Asphaltweg** ⓱. An einer Betsäule gehen wir weiter geradeaus auf einem Wiesenpfad abwärts und biegen alsbald halb links auf eine weitere Teerstraße ab. Über diese geht es nach Velhartice hinein, das uns lange vorher schon mit dem Blick auf Burg und Stadtkirche begrüßt hat. In kurzer Zeit erreichen wir unseren Ausgangspunkt in **Velhartice** ❶.

↗ 230 m | ↘ 230 m | 9.2 km

2.45 h

Zum Jezero Laka (Lackensee) 7

Eine entspannende Tour zum kleinsten Gletschersee des Böhmerwalds

Die Eiszeit hinterließ im Böhmerwald fünf Gletscherseen, von denen der jezero Laka (Lackensee, oft auch Lakasee genannt) der kleinste ist. Er besitzt nur 2,8 ha Seefläche und ist nur bis zu 4 m tief. Eine Besonderheit sind seine schwimmenden Torfinseln. Doch verlandet der See allmählich. Nach 1950 geriet er durch seine grenznahe Lage in Vergessenheit, heute ist er einer der meistbesuchten Orte im Böhmerwald. Hůrka (Hurkenthal), das etwa 2 km etwas unterhalb des Sees lag, wurde in den 1950er-Jahren abgetragen, doch zumindest die Kirche blieb als Ruine stehen. Inzwischen ist sie renoviert und dient zu gegebenen Zeiten wieder dem Gottesdienst. Hurkenthal war mit seinen Ortsteilen Alt und Neu Hurkenthal ein Zentrum der Glas- und Spiegelindustrie im Böhmerwald.

Ausgangspunkt: Parkplatz in Nová Hůrka (Neu Hurkenthal), 880 m, an der Straße Železná Ruda–Hartmanice und an der Buslinie 972 Železná Ruda–Sušice.
Anforderungen: Größtenteils sehr bequeme Wanderung auf teilweise asphaltiertem Weg, nur der letzte Abschnitt zum See verläuft knapp 2 km u. a. auf einem schmalen Pfad, der bei Regen aufgeweicht sein kann.
Einkehr: Pod Hůreckým vrchem, ungefähr 250 m östlich des Ausgangspunkts (Tel. +420 723 753 809, +420 376 387 099, bikepenzion.cz/penzion-prohlidka.php).

Die Ruine der Friedhofskapelle im früheren Hurkenthal.

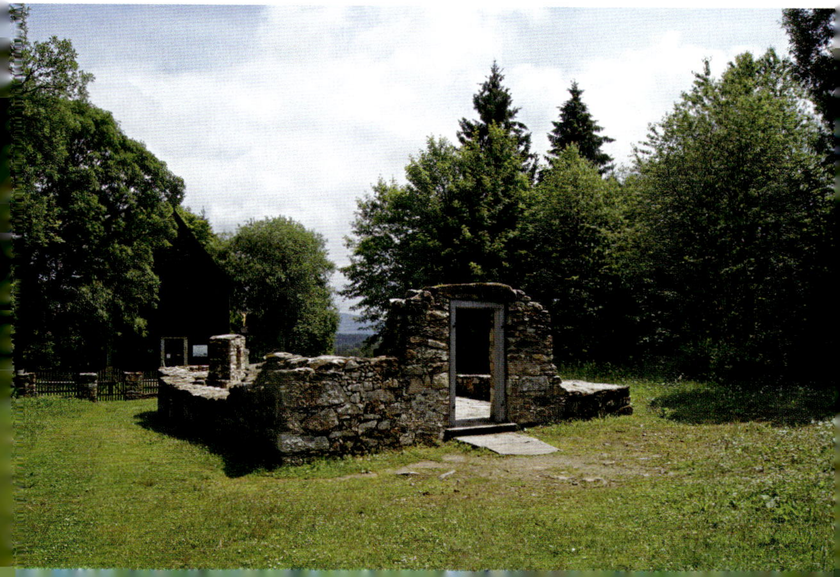

Vom Parkplatz in **Nová Hůrka** ❶ gehen wir mit Blau kurz um die kleine Siedlung herum. Im 19. Jh. war der Ort mit Glashütte, Sägemühle, Spiegelschleiferei (ihre venzianischen Spiegel waren bis in die 1920er-Jahre europaweit begehrt) weitaus größer und die Glashüttenbesitzerfamilie Abele, der alle Anlagen der Domäne gehörten und die auch heute noch großes Ansehen in der Region genießt, hatte hier ihren Sitz. Nach dem Rundgang gehen wir auf einem asphaltierten Weg mit Blau durch den Wald empor.
Wo sich der Wald öffnet, gehen wir durch eine sehr schöne Allee, nach der bald ein breiter Fahrweg in Richtung Stará Hůrka bzw. Prášily abzweigt. Wir gehen jedoch geradeaus, weiter bergauf, und kommen alsbald auf 1015 m Seehöhe zum ehemaligen Dorf **Hůrka (Hurkenthal)** ❷. Wir befinden uns hier mitten auf dem Dorfplatz der einst recht ansehnlichen Gemeinde Hurkenthal, wie alte Fotografien auf den Infotafeln zeigen. Auf der Infotafel ist hier fälschlicherweise von Stará Hůrka die Rede, doch Alt Hurkenthal lag einige Kilometer weiter östlich. Links steht die renovierte Kirche St. Vinzenz, die Ruine davor ist der Rest der Friedhofskapelle und damit die Gruft der Familie Abele. In der Gruft wurde auch Josef Klostermann (1814–1871) beigesetzt, der Vater des berühmten Böhmerwaldschriftstellers Karel (Karl) Klostermann. Seine Frau entstammte der Familie Abel.

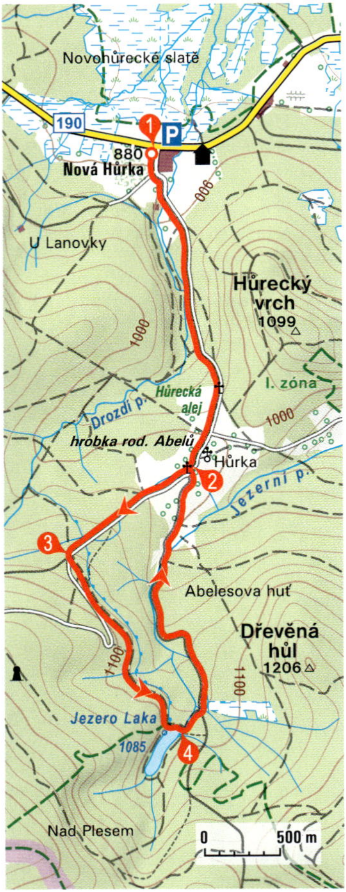

Wir gehen mit Blau weiter, biegen aber gleich nach dem Ort mit Gelb rechts ab und gehen weiterhin auf einem befestigten Weg zunächst über eine weite, paradiesisch wirkende Wiesenlandschaft leicht ansteigend bis zur Kreuzung **Rudska kříž** ❸. Hier biegen wir mit Gelb nach links ab, folgen dem Waldweg, bis sich der Wald öffnet und wir in ein Gebiet großer Waldschäden kommen. Wie überall in den höheren Lagen des Böhmerwalds hat auch hier der

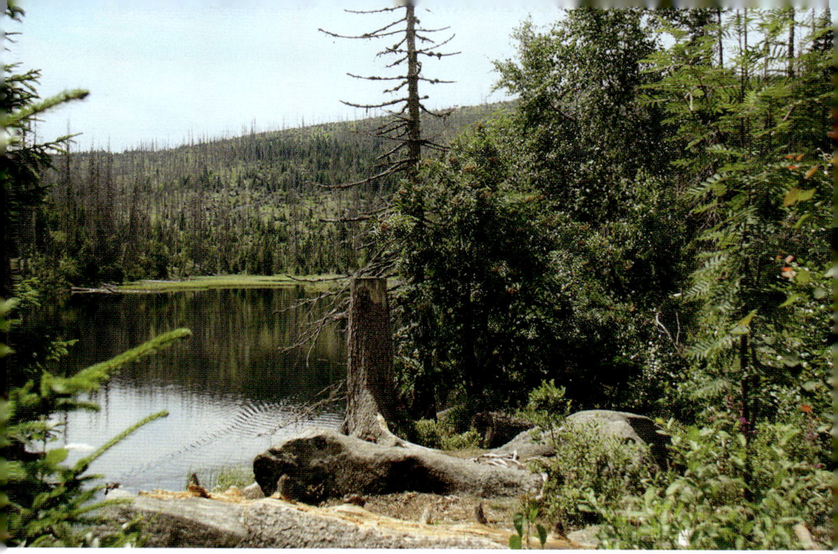

Auch am Jezero Laka zerstörte der Borkenkäfer einen Teil der Waldungen.

Borkenkäfer den Baumbestand vernichtet. Der Weg ist inzwischen zu einem schmalen Pfad geworden, von rechts mündet ein rot markierter Weg ein; wir gehen mit Rot weiter und überqueren ein Brückchen. Bald treffen wir auf ein Hinweisschild »Zone 1 des Nationalparks«. Unser Pfad wird zu einem Bohlenweg, da der Untergrund auch ohne Regen sehr morastig ist. Gespenstische Baumruinen ragen vor uns auf, doch bevor wir zu sehr ins Nachdenken geraten, stehen wir schon auf 1085 m Meereshöhe am Ufer des **Jezero Laka** 4, der nur noch von toten Bäumen gesäumt ist. Seine Seewand ragt hier weitaus niedriger als bei den anderen Gletscherseen empor, doch auch hier herrscht an nebelverhangenen Tagen oder solchen mit wenig Besuchern eine melancholische Stimmung, die womöglich noch intensiver ist. Vielleicht fußt dieser Zauber in der geringen Größe des Sees. Wir gehen mit Rot ein kleines Stück nach links am Ufer entlang, bis wir – wenn man so will – den Seevorplatz erreichen, wo die meisten Wanderer auf direktem Weg aus Nová Hůrka ankommen. Von hier wenden wir uns mit dem blau markierten Weg bergab, laufen ein Stück den Seebach (Jezerni potok) entlang, bis wir uns wieder der erwähnten idyllischen Wiesenregion nähern. Damit sind wir wieder in **Hůrka** 2 angekommen und gehen von dort, so wie wir gekommen sind, zum Parkplatz in **Nová Hůrka** 1 hinab.

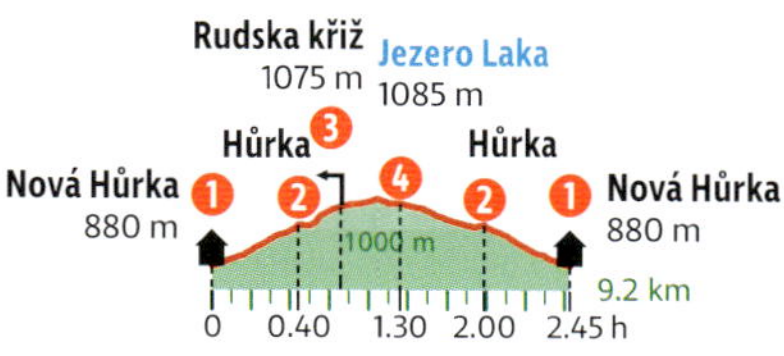

↗ 400 m | ↘ 400 m | 10.8 km

8 Hartmanice (Hartmanitz) – Březnik (St. Güntersberg)

3.30 h

Abwechslungsreiche Wanderung auf den Spuren des heiligen Gunther

Für die mittelalterliche Geschichte Böhmens spielt das Wirken des heiligen Gunther (tschechisch: Vintíř) eine bedeutsame Rolle. Als Abt des Klosters Rinchnach im Bayerischen Wald nahm er aktiv an der Politik teil und war Vermittler im Streit zwischen dem deutschen Kaiser Heinrich III. und dem Böhmenherzog Břetislav I. 1040 zog er als 85-Jähriger in eine Klause am Fuß des späteren Guntherfelsens auf dem Berg Březnik, wo er 1045 starb. Obwohl er offiziell nicht heiliggesprochen wurde, wird seitens der Kirche seine Verehrung als Heiliger geduldet. Vom Březnik genießt man eine schöne Aussicht über den Nordwesten des Böhmerwalds, die Hochebenen um den Berg bieten großartige Landschaftserlebnisse. Hartmanice ist eine Kleinstadt, die bis auf die Stadtkirche und die Synagoge wenige Sehenswürdigkeiten besitzt. Im Mittelalter hatte Hartmanitz als Handelsknotenpunkt am Salzsteig große Bedeutung. Ein Salzfass im Stadtwappen erinnert daran. Südwestlich des Orts befand sich bis 1990 der Truppenübungsplatz Dobrá Voda – viele Dörfer wurden dort ausgelöscht.

Ausgangspunkt: Ortsmitte von Hartmanice (Hartmanitz), 711 m, Parkplatz vor dem Hotel Vintíř. Buslinien 972 (Železná Ruda–Sušice), 973 (Hartmanice–Sušice), 975 (Kašperské Hory–Sušice).
Anforderungen: Leichtere Tour auf gut begehbaren Asphalt- und Feldwegen, steiler Anstieg von Peklo über Karlov nach Rovína.
Einkehr: Hartmanice: Hotel Vintíř, mit Restaurant, an der Kreuzung in der Mitte des Orts (Hausnummer 69, Tel. +420 774 859 090, +420 376 593 302, vintirhartmanice.cz); Restaurant Lidová Beseda, gleich oberhalb der Kirche, rustikales Lokal mit böhmischer Küche, Spezialität: Hirschgulasch (Hausnummer 16, Tel. +420 731 908 729); Chata Rovina, an der Staatsstraße 190 westlich von Hartmanice (Dobrá Voda 16, Tel. +420 376 395 976, +420 602 224 249, chatarovina.com).
Sehenswürdigkeiten: Synagoge Hartmanice, unterhalb des Parkplatzes im Zentrum an der Staatsstraße 145 nach Petrovice; diente vor 1990 der Armee als Lager (April–Okt. Di–So 9–18 Uhr, Tel. +420 723 953 426, +420 376 383 107). Dobrá Voda: In der Kirche von Dobrá Voda ist der merkwürdige zeitgenössische Glasaltar von Vladěna Tesařová sehr sehenswert. Er erinnert durch sein Material an die Tradition der Glasherstellung im Böhmerwald und zeigt die Lebensgeschichte des heiligen Gunther. Neben der Kirche befindet sich die Guntherquelle, der Legende nach von einer blinden Kuh entdeckt, die daraus trank und wieder sehend wurde. So entstand auch der Name Gutwasser für die Siedlung. Viele Bürger der Region kommen zur Quelle und füllen das Wasser nicht ganz legal in Flaschen für den eigenen Gebrauch ab. Sehr besuchenswert ist das nahe Museum Dr. Simon Adler, benannt nach einem in Auschwitz als Opfer des Holocausts gestorbenen Glashüttenbesitzer. Es widmet sich dem jüdischen Leben im Böhmerwald (April–Okt. Di–So 10–12 und 12.30–17 Uhr; Nov.–März Di–So 9–12 und 12.30–16 Uhr, Tel. +420 376 593 412, muzeum.sumava.net und zcm.cz).

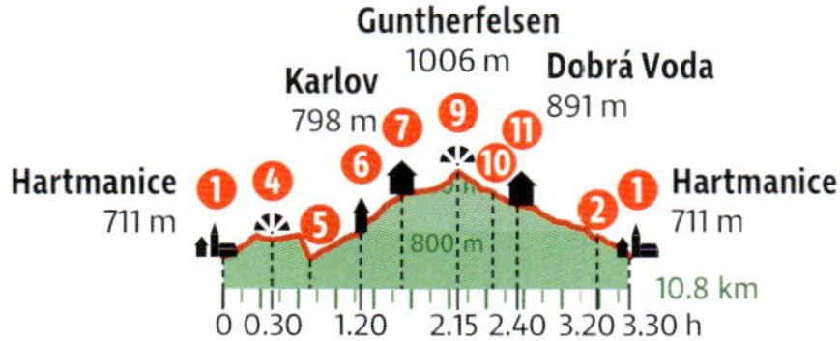

Vom Zentrum in **Hartmanice** 1 wandern wir mit Grün südwestwärts aus der Stadt heraus. Wir passieren die Stadtkirche, steigen dort, wo die Hauptstraße nach rechts biegt, geradeaus eine Treppe empor, unterqueren ein kleines Brückchen und verlassen auf ansteigendem Weg die Stadt. Kurz vor dem Waldrand biegen wir in einen schmalen **Pfad** 2 nach rechts zur Staatsstraße 190 ein. Auf der anderen Seite der Straße befindet sich eine **Infotafel** 3 zu einem naturkundlichen Lehrpfad (»Naučna stezka Hamížna«). An der Infotafel gehen wir ein kleines Stück nach rechts, biegen mit dem Lehrpfad gleich nach links ab und gehen entlang des Waldrands bis zu einem **Aussichtspunkt** 4, an dem wir weite Blicke in die Vorlande des Böhmerwalds genießen. Vom Aussichtspunkt gehen wir zurück zur **Infotafel** 3 an der 190 und von da mit Grün in den Wald hinein und hinab Richtung Lokalität **Peklo (Hölle)** 5. Kurz davor links abbiegend steigen wir aber gleich mit Gelb wieder bergauf, etwa gut 1,5 km bis zum 1842 erbauten Schlösschen **Karlov** 6, das letzte Stück dorthin verläuft auf einem Asphaltweg.

Nach Karlov geht es nochmals etwa 1 km bergan, bis wir bei der **Chata Rovina** 7 die Staatsstraße 190 erreichen. Wir setzen unsere Wanderung auf der anderen Straßenseite nun auf einem grün markierten Weg fort. Er bringt uns auf eine sehr schöne Hochebene, von der sich ebenfalls eine gute Sicht bietet – bis hin zu den weißen Türmen der Burg Kašperk (Karlsburg). Nach knapp 1 km biegen wir am Punkt **Pod Březnikem odb.** 8 nach rechts in einen mit einem grünen diagonalen Balken markierten Weg zum

Die Chata Rovina ist eine der am schönsten gelegenen Einkehren im Böhmerwald.

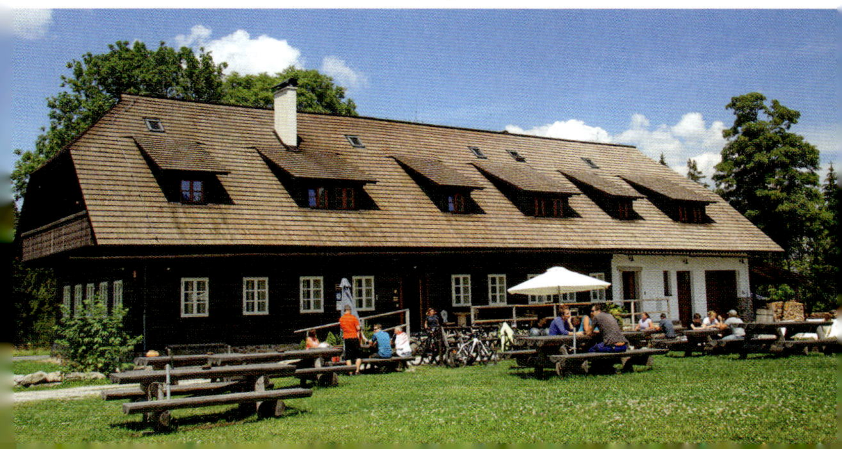

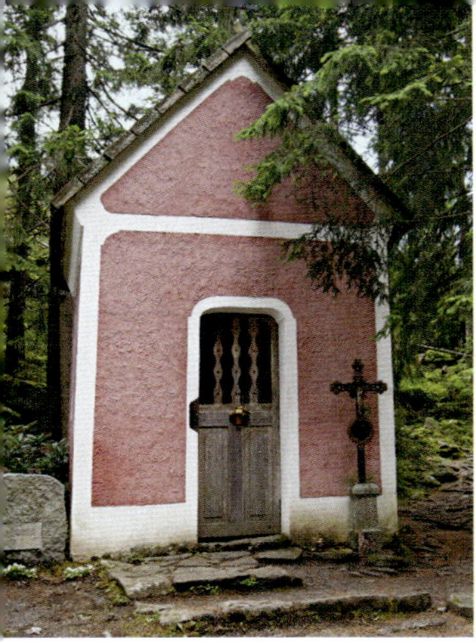

Die Guntherkapelle unterhalb des Guntherfelsens.

Březnik ein. Nach rund 600 m kommen wir zur 1992 neu errichteten Guntherkapelle. An dieser Stelle soll die Einsiedelei des Gottesmannes bestanden haben. Von der Kapelle steigen wir einige Stufen hinauf zum **Guntherfelsen (Vintířova skala)** 9, 1006 m, gleichzeitig der Gipfel des ansonsten nur flach ansteigenden Bergs Březnik. Leider ist die bis vor einigen Jahren bestehende herrliche Aussicht in alle Richtungen inzwischen durch herangewachsene Bäume und Gestrüpp etwas eingeschränkt.
Wir gehen zum **Abzweig** 8 zurück und dann mit dem grünen Querbalken nach rechts. Der Weg senkt sich allmählich zur Wüstung **Pustína** 10 hinab, dem ehemaligen Weiler Einöde. Es ist eines der Dörfer, die durch die Errichtung des Truppenübungsplatzes Dobrá Voda abgetragen wurden. Nur ein ruinöses Häuschen steht hier noch. Von Pustína aus gehen wir mit Blau bergab zum Dörfchen Dobrá Voda (Gutwasser), einem alten Wallfahrtsort, der allerdings vor 1990 wegen seiner Lage im Militärgebiet nicht besucht werden konnte und nach und nach zerfiel. Der letzte Abschnitt ist dabei verhältnismäßig steil. Unten stehen wir vor der 1734 erbauten, dem heiligen Gunther geweihten Kirche von **Dobrá Voda** 11; bis 1945 war sie weltweit die einzige Kirche mit dem Patrozinium des hl. Gunther – der ja genau genommen nicht heiliggesprochen ist.
In Dobrá Voda wenden wir uns auf der Dorfstraße nach rechts. Es geht zunächst leicht bergab. Wir überqueren eine Waldstraße mit Parkplatz und gehen weiter auf einem schmalen Waldpfad bergab. Nun wendet sich der Weg nach links um den Berg Jakubice, 853 m, herum. Bald queren wir eine weitere Waldstraße. Danach geht es leicht bergan, an der Westflanke des Hamižná entlang, bis die alte Straße Hartmanice–Železná Ruda erreicht ist. Auf befestigtem Weg nach rechts, vorbei an einem Spielplatz, wo wir bei 2 wieder die Anfangspassage unserer Tour erreichen. Auf bekanntem Weg geht es ins Zentrum von **Hartmanice** 1 zurück.

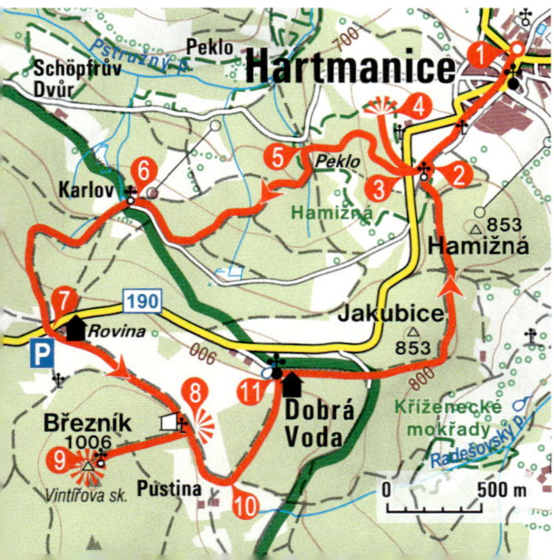

↗ 500 m | ↘ 500 m | 18.9 km

5.45 h

Prášilské jezero (Stubenbacher See) – Poledník (Mittagsberg)

9

Ein Gletschersee und ein ehemaliger Grenzwachtturm – zwei der meistbesuchten Orte im Böhmerwald

Der Prášilské jezero ist deutlich kleiner als der Schwarze und der Teufelssee. Mit 3,72 ha Fläche ist er zwar der kleinste, doch anders als der Jezero Laka immerhin bis zu 15 m tief. Die Seewand ist hier nur 150 m hoch. Der Poledník überragt mit seinen 1315 m Höhe den See im Süden. Ab den 1960er-Jahren errichtete man auf dem Berg eine militärische Abhörstation. Nach 1990 wurde sie abgerissen, nur der architektonisch interessante Turm blieb stehen. Seit 1998 dient er als Aussichtsturm und Gaststätte. 227 Stufen führen bis zur Aussichtsplattform. Der Turm könnte herrlichste Fernsichten bieten: Noch vor etwa 15 Jahren war der Kamm dicht bewaldet, doch leider hat der Orkan Kyrill (20. Jan. 2007) den gesamten, zuvor ohnehin bereits durch den Borkenkäferbefall geschwächten Baumbestand vernichtet.

Ausgangspunkt: Parkplatz an der Straße Prášily–Srní, etwa 1,5 km östlich von Prášily, 887 m. Wer die schwierigere Aufstiegsvariante wählt, kann auch in der Ortsmitte von Prášily parken – beim Rückweg kommt man direkt dorthin. Buslinien 972 und 973 von Železná Ruda, Hartmanice und Sušice.
Anforderungen: Lange Wanderung, längere Abschnitte auf teils steilem Asphaltweg.
Einkehr: Imbiss am Poledník-Turm, der allerdings bei schlechter Witterung geschlossen bleibt (Juni und Sept. tgl. 10–16 Uhr, Juli und Aug. tgl. 10–18 Uhr, im Okt. nur an Wochenenden 10–16 Uhr). Prášily (Variante): u. a. Gasthaus und Penzion U Michala, gute böhmische Küche (tgl. geöffnet, Tel. +420 603 931 204, prasilskyraj.cz/u-michala).
Sehenswürdigkeiten: Prášily (ehemalige Glasmachersiedlung aus dem 18. Jh.) mit einem alten Gutshaus, Fundamenten der Dorfkirche und altem deutschen Friedhof.
Varianten: 1. Zum Prášilské jezero auf einer reizvollen, etwas anspruchsvolleren Route. An der Straße zwischen Prášily und dem Parkplatz zweigt ein rot markierter breiter Weg südwärts ab; er steigt zunächst kaum an, führt nach einem Linksknick hoch zu einer Bergwiese und verläuft im oberen Abschnitt teilweises steinig und voll Wurzelwerk über dem Tal des Seebachs (Jezerní potok) durch den Wald zum Prášilské jezero (4 km, ca. 80 Min.).
2. Abstieg von Poledník rozc. nach Prášily (9 km, 2.30 Std., nur vom 15. Juli– 15. Nov. begehbar, außerhalb dieser Zeit ist das Teilstück Poledník–Frantův Most zum Schutz des Auerhahns gesperrt). Von Poledník rozc. auf dem grün markierten Weg (ehemaliger Schmugglersteig bzw. Kontrollweg der Grenztruppe) nordwestwärts. Passagenweise geht es steil bergab zum Punkt U Bývale roty, weiter hinab zur Brücke Frantův most (hier geht es durch ein hinreißend schönes kleines Tal entlang des Baches Prášilsky potok direkt hinab nach Prášily – gleichsam eine Alternative der Alternative). An der Brücke mit Rot nach links und wieder bergauf zur Wüstung Gsenget (herrliches Panorama), wo der Gunthersteig aus Bayern herüberkommt. Von Gsenget mit Gelb über den Gunthersteig auf teilweise befestigtem Weg zurück nach Prášily oder zum Parkplatz.

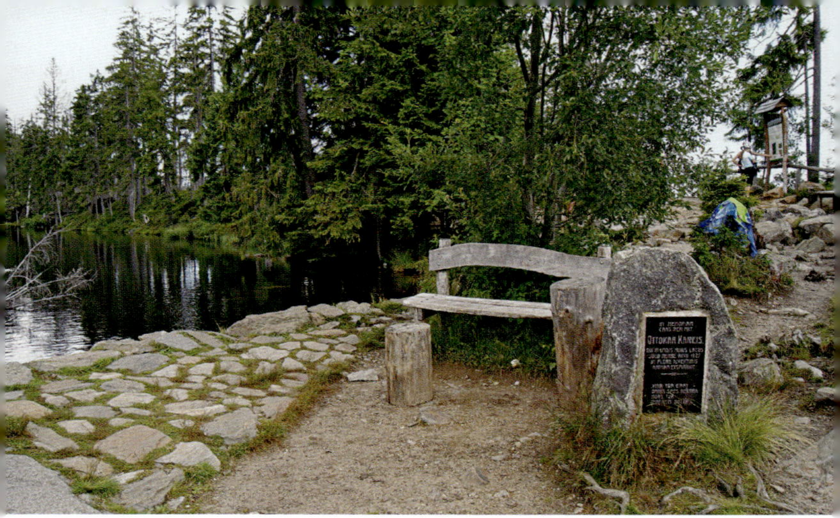

Der Prášilské jezero mit dem Gedenkstein für den hier ertrunkenen Studenten.

Wir gehen vom **Parkplatz** ❶ etwa 200 m in Richtung Srní und biegen dann mit Rot nach rechts auf den Fahrweg zum Poledník ein und halten uns an einer **Gabelung** ❷ rechts. Mit mäßiger Steigung geht es insgesamt etwa 2,7 km bergan. Links und rechts des Weges weisen Schilder daraufhin, den Weg nicht zu verlassen, da wir uns mitten in einem ehemaligen Truppenübungsplatz befinden, wo noch Munitionsreste herumliegen können. An der Kreuzung **Liščí díra (Fuchsloch)** ❸, 1013 m, biegen wir nach rechts in Richtung Prášilské jezero, also zum See, ab. Der Weg steigt gegen Ende kräftig an und wird nach einer Wetterhütte mit Infotafel zum Felspfad. Doch nach insgesamt etwa 1 km nach dem Abzweig stehen wir vor dem **Prášilské jezero (Stubenbacher See)** ❹. Bereits hier werden die Waldschäden unübersehbar. Am Damm erinnert ein Gedenkstein an den Studenten Ottokar Kareis, der im Juli 1927 im See ertrank. Die melancholische Atmosphäre, die ohnehin um alle Gletscherseen des Böhmerwalds herrscht, ist hier deshalb vielleicht noch stärker.

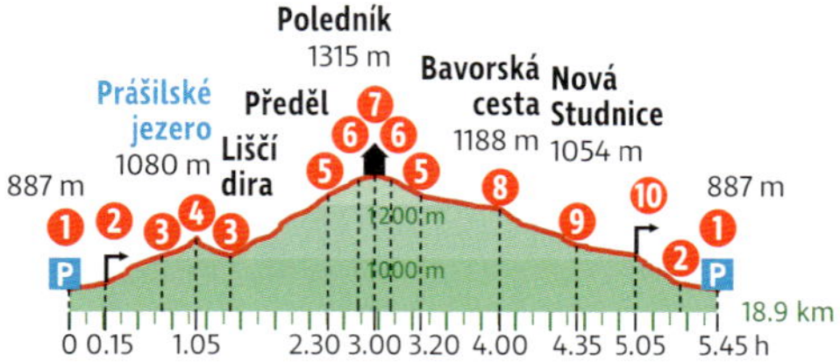

Wir gehen zurück zur Kreuzung **Liščí díra** ❸ und dort mit Rot nach rechts bergauf. Die Fahrstraße wird steiler und steiler – rechts grüßt über den Baumruinen bereits der Turm auf dem Poledník herüber. Endlich ist an der Kreuzung **Předěl** 5 der Kamm erreicht. Mit Rot geht es nun auf einem breiten, jedoch steinigen Weg durch die unheimliche Landschaft der toten Bäume bis zur Kreuzung **Poledník rozc.** 6 und von hier mit Rot nach rechts (geradeaus: Abstiegsvariante) bis zum Turm und damit zum Gipfel des **Poledník** 7.

Für den Rückweg gehen wir vom Poledník zurück bis zur Kreuzung **Předěl** 5. Dort geht es nach rechts auf den grün markierten Weg. Dieser biegt gleich unterhalb der Kreuzung scharf nach links ab und führt dann hinab zum Punkt **Bavorská cesta** 8, wo wir auf die Forststraße aus Modra treffen. Hier gehen wir mit Blau nach links; zwischen den Bäumen lassen sich einige hübsche Blicke auf Srní erhaschen. An der Lokalität **Nová Studnice** 9 biegen wir mit Gelb nach links ab und kommen nach etwa 2 km auf eine **Lichtung** 10. Gelb wendet sich hier nach links, hinunter zur vom Hinweg bekannten Forststraße. Wir aber folgen dem unmarkierten Weg nach rechts. Es ist dies die alte Trasse des gelben Wegs. Auch hier sollten wir nicht vom Weg abweichen! Der Pfad wird immer undeutlicher und führt in den Wald hinein, bis wir endlich nach einigen scharfen Kurven bei der bekannten **Gabelung** 2 auf die Forststraße gelangen und auf dieser rasch hinunter zum Ausgangspunkt am **Parkplatz** 1 wandern.

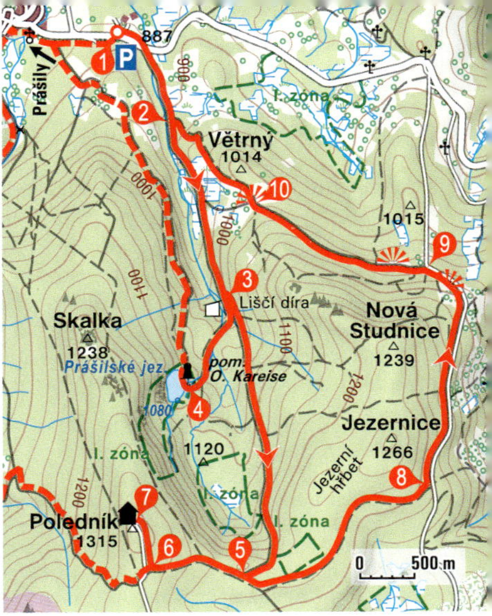

Der Turm auf dem Poledník ist eines der beliebtesten Ausflugsziele im Böhmerwald.

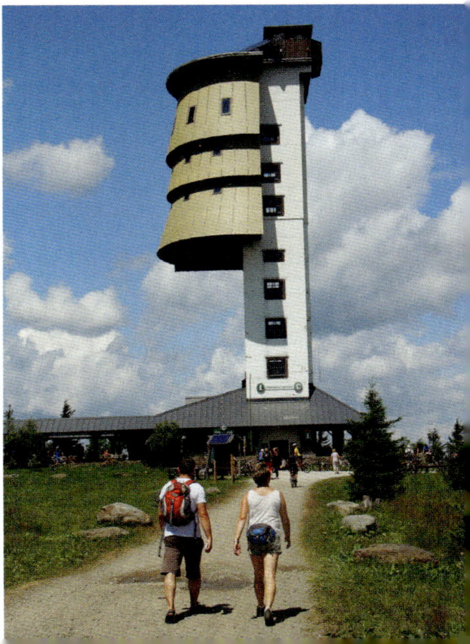

↗ 520 m | ↘ 520 m | 19.5 km

10 Von Prášily über Gsenget zum Jezero Laka (Lackensee)

5.30 h

Wanderung durch weltferne Waldregionen

In die einst unzugänglichsten Grenzregionen des Böhmerwalds führt diese Wanderung, zu untergegangenen Dörfern, die dem einstigen Militärübungsgelände geopfert wurden. Es ist ein Gang in die Einsamkeit, eine Begegnung mit Verlassen- und Verlorensein. Nur an zwei Stellen, am Lackensee und am verschwundenen Dorf Hurkenthal (Hůrka), wird der Wanderer auf Menschen treffen. Doch mit diesem Kontrast wird die ungeheure Einsamkeit dieser Reise vielleicht noch spürbarer.

Ausgangspunkt: Prášily (Ortsmitte), 876 m. Buslinien 972 und 973 von Železná Ruda, Hartmanice und Sušice.
Anforderungen: Verhältnismäßig lange Tour auf breiten Waldwegen, längere Abschnitte wie die Passage vor und nach Hůrka sind asphaltiert, einige Wegstücke führen über ziemlich steinige Pfade.
Einkehr: Prášily: u. a. Gasthaus und Penzion U Michala, gute böhmische Küche (tgl. geöffnet, Tel. +420 603 931 204, prasilskyraj.cz/u-michala).
Hinweis: Die Strecke von Gsenget bis zum Jezero Laka ist vom 15. März–15. Juli aus Naturschutzgründen gesperrt, sodass man auf die Variante ausweichen muss. Zum Lackensee gelangt man dann von Hurka aus.
Variante: Von Gsenget mit Gelb auf festem Weg direkt zurück nach Prášily (knapp 9 km, Gesamtgehzeit 2.30 Std.).

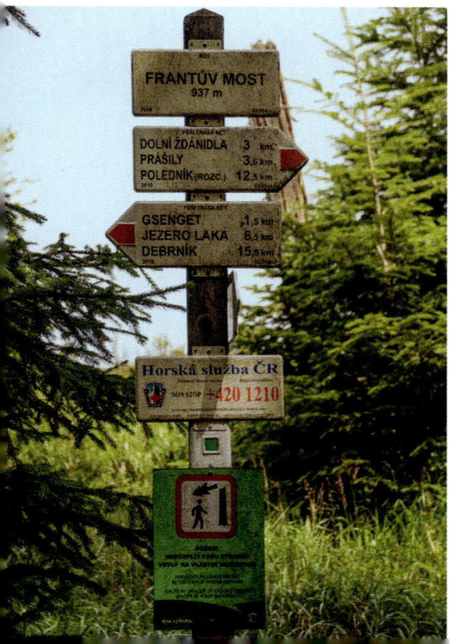

Von der Ortsmitte in **Prášily** ❶ gehen wir mit Rot südwärts aus dem Ort heraus, durch das Tal des Prášilsky potok, des Stubenbachs. Es ist eine bezaubernde, unberührte Talaue. Nach etwa 400 m kommen wir zum Wegweiser »Dolní Ždánidla«, wo der verschwundene Weiler Unter Steindlberg stand. Dann geht es in ganz sanftem Anstieg auf breitem, festem Waldweg entlang des Bachs aufwärts. Wir betreten den Wald, links von uns plätschert uns der Stubenbach entgegen. Nach gut 3,5 km (ab Dolní Ždánidla) ist der Punkt **Frantův most (Franzensbrücke)** ❷ erreicht. Wir gehen geradeaus mit

Die Beschilderung der Wanderwege ist in Tschechien hervorragend.

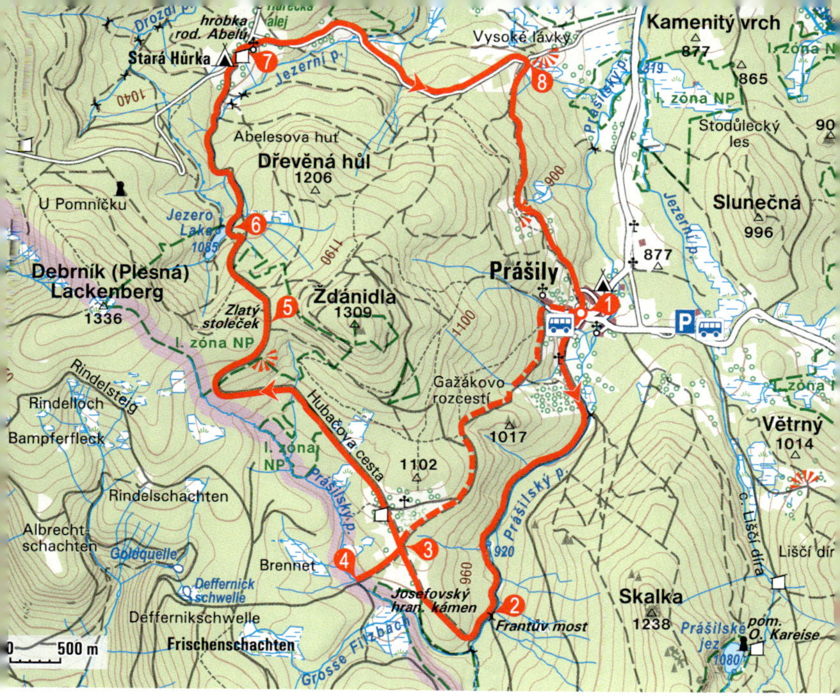

Rot weiter. Der Weg wird nun schmal und steinig. Kurz vor der (hier nicht erkennbaren) Grenze macht er eine scharfe Rechtsbiegung und führt steil und steinig aufwärts. (Blickt man während des Aufstiegs zurück, erhascht man eindrucksvolle Blicke auf den Poledník.) Nach etwa 600 m erreicht man ein unbewaldetes Hochplateau. Der Weg führt weiter, jetzt bedeutend flacher zur Wegkreuzung **Gsenget** ❸. Hier befand sich von 1772 bis 1948 der gleichnamige Ort, an den nur noch geringe Fundamentreste und Steinmauern erinnern. Wir folgen für etwa 600 m dem von Bayern heraufkommenden, gelb markierten Gunthersteig nach links abwärts bis zur bayerischen **Grenze** ❹. Es geht durch einen zauberhaften baumgesäumten Weg hinunter zum Tal des Stubenbachs, der hier die Grenze markiert. Zurück am **Gsenget** ❸ biegen wir mit Rot nach links ab Richtung »Jez. Laka«. Es geht über die menschenleere Hochebene. Wir gelangen bald zum ebenso verschwundenen Horní Ždánidla (Ober Steindlberg), wo sich rechts ein Rastplatz mit Bank befindet (schöne Blicke auf Poledník und Rachel!) und kurz davor ein weiterer Weg hinab nach Prášily führt. Rechts von uns erhebt sich der 1308 m hohe Ždánidla (Steindlberg). Die Waldschäden sind in diesen Hochlagen immens.

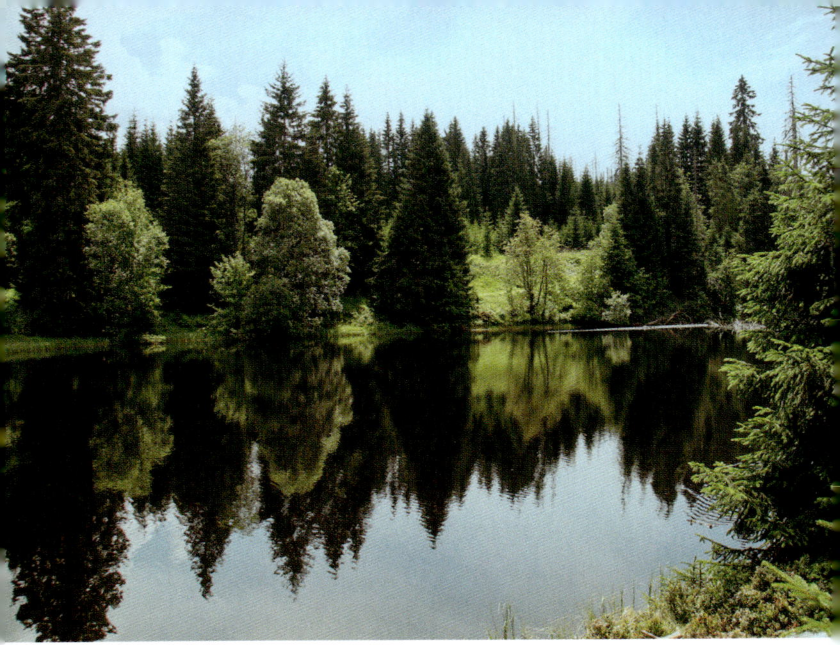

Weltverlorenes Idyll am Lackensee (Jezero Laka).

Bald senkt sich unser Weg hinab in ein Tal, biegt nach links und führt wieder bergan. Kurz vor der bayerischen Grenze macht er eine weite 180-Grad-Kurve und erreicht in einem weiteren, stetigen, aber nicht steilen Anstieg den Punkt **Zlatý stoleček** ❺, »Zum goldenen Tischlein«, am Westhang des erwähnten Ždánidla. Die Schmuggler trafen sich hier in alter Zeit, um ihre Waren bzw. die Beute auszutauschen. Von hier geht es jetzt steil bergab. Oberhalb des Lackensees biegt Rot nach links vom Hauptweg ab und führt direkt hinunter zum **Jezero Laka** ❻. Wir gehen mit Rot bis zum »Seevorplatz« mit seinem hübschen Rastplatz und wenden uns dort mit Blau nach rechts. Es geht jetzt den Jezero potok (Seebach) entlang. Wir kommen wieder zu der breiten Straße, von der wir zum See hin abgebogen waren,

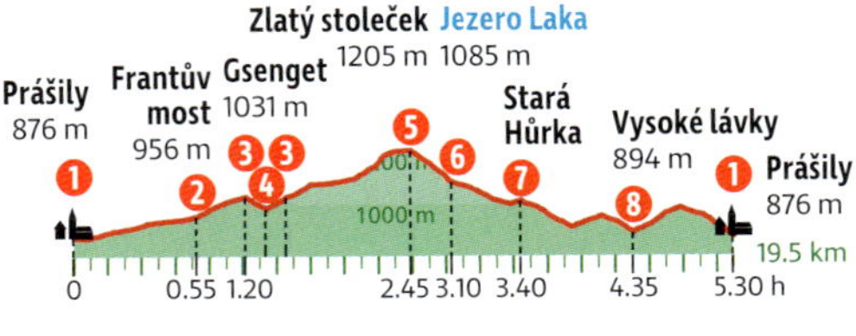

und gehen auf ihr bergab. Nach etwa 1,5 km kommen wir zu einer breiten Aue, wo von links Gelb herankommt. Hier liegt links nahe der Einmündung auch einer der sieben Notübernachtungsplätze des Böhmerwalds. Dann ist **Hůrka (Hurkenthal)** 7 erreicht, ein bis auf die wiedererrichtete Kirche und einige Fundamente nicht mehr existierender Ort. In einigen Karten wird er zu besseren Unterscheidung von Nová Hůrka auch Stará Hůrka genannt.
Wir biegen bei der Kirche von Stará Hůrka mit Gelb rechts ab und kommen nach etwa 400 m wieder auf eine Asphaltstraße (Radweg 2119), der wir nach rechts folgen. Wir gehen in der Folge etwa 3 km wieder durch größte Waldeinöden, bis sich beim Punkt **Vysoké lávky** 8 die Landschaft öffnet und wir wieder im hier sehr breiten Tal des Prášilsky potok, des Stubenbachs, angekommen sind. Am abfallenden Hang vor uns befand sich von 1630 bis 1948 der Ort Hohenstegen, der dem Truppenübungsplatz Dobrá Voda zum Opfer fiel (Hinweisschilder auf mögliche Munitionsreste außerhalb der markierten Wege).
Bei Vysoké lávky biegen wir mit Grün nach rechts ab. Nun geht es zunächst auf einem nur noch fragmentarisch befestigten und teils kaum passierbaren Fahrweg südwärts, wieder in den Wald und deutlich bergan. Nach etwa 1,5 km kommen wir auf einer kleinen Lichtung an den Ort, wo einst auf knapp 990 m das verschwundene Formberg lag. Von hier geht es nur noch bergab und nach etwa 1,5 km erreichen wir wieder **Prášily** 1.

Die Fundamente der abgetragenen Dorfkirche in Prásíly.

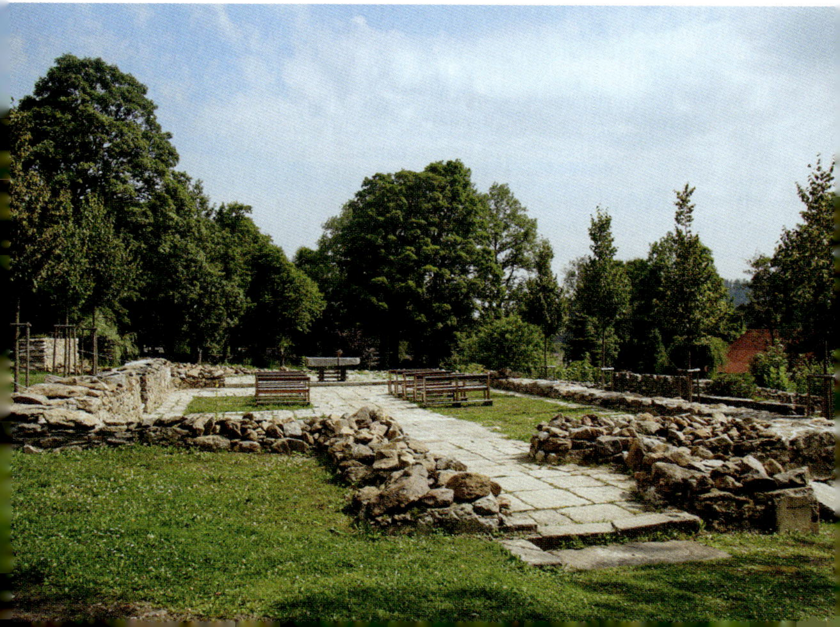

↗ 90 m | ↘ 90 m | 9.1 km

11 Srní (Rehberg) und der Chinitz-Tettauer Schwemmkanal

2.30 h

Eine Tour entlang eines weniger bekannten technischen Denkmals

Der Chinitz-Tettauer Schwemmkanal (Vchynicko-Tetovský plavební kanál) wurde in den letzten Jahren des 18. Jh. durch den Ingenieur und Forstmeister Joseph Rosenauer (1735–1804) erbaut, der auch den bekannteren Schwarzenbergischen Schwemmkanal im südlichen Böhmerwald konzipiert hatte. Zweck des Kanals war die Vereinfachung des Holztransports. Denn die Vydra (Widra) war wegen ihrer Felsblöcke im Flussbett ein für größere Stämme ungeeigneter Transportweg. Man umging den felsreichen Teilabschnitt zwischen Modrava und der Mündung der Křemelná bei Čeňkova Pila (Vinzenzsäge) durch den Bau eines knapp 15 km langen Kanals, der etwas unterhalb von Modrava an der Most rechle (Rechelbrücke) von der Vydra abzweigt, an Srni vorbeifließt und nördlich davon in die Křemelná mündet, die weiter unten wieder in die Widra fließt. Srní selbst entstand um 1720 als Holzfällersiedlung. Während der kommunistischen Ära lag der Ort am unmittelbaren Rand des Grenzgebiets und des Militärgeländes Dobrá Voda. Aber ein bescheidener Tourismus existierte schon vor 1990.

Ausgangspunkt: Ortsmitte von Srní, 860 m. Bus 974 von Modrava und Sušice.
Anforderungen: Leichte Tour auf Waldwegen mit kurzen und nicht allzu steilen Aufstiegen sowie einigen asphaltierten Abschnitten.
Einkehr: Srní: u. a. Hotel Srní (tgl. geöffnet, Srní 117, Tel. +420 376 599 212, hotely-srni.cz); Slunečná kavárna, Café (tgl. 11–18 Uhr, Tel. +420 604 949 187).

Von der Ortsmitte von **Srní** ❶ gehen wir mit der gelben Markierung zunächst auf der Straße in Richtung Prášily bergab aus dem Ort heraus und biegen bei der **Nationalpark-Verwaltung** ❷ halb links in einen baumgesäumten Feldweg ein. Auf ihm erreichen wir nach etwa 1,5 km den **Chinitz-Tettauer Schwemmkanal** ❸. Hier gehen wir mit Grün nach rechts abwärts, überqueren die schon erwähnte Straße nach Prášily, passieren einen Parkplatz und wenden uns gleich danach mit Grün nach rechts. In großem Bogen geht es nun im Wald und immer am Kanal entlang um den Spáleny (Brentenberg) herum. Dieser ist hier in seinem unteren Abschnitt bereits sehr verlandet, weil sein Wasser vorher in das Staubecken am Sedelský vrch abgeführt wurde. Im Mauerwerk der Kanalwände ist an einem Stein die Jahreszahl 1842 angegeben ❹. In jenem Jahr wurden einzelne Kanalabschnitte erneuert. Plötzlich verschwindet der Kanal und verläuft nun ein Stück rechts oberhalb des allmählich sich absenkenden Wegs. Bei

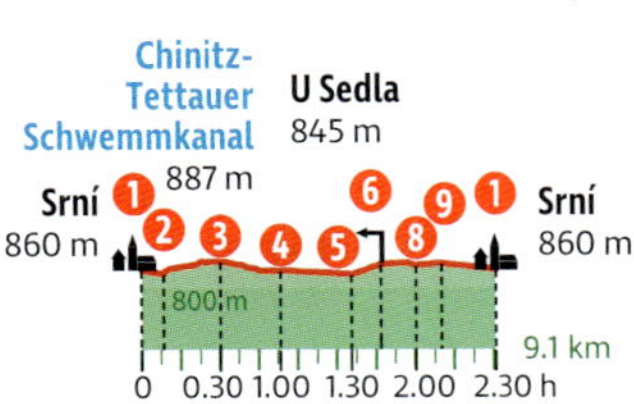

U Sedla 5 überqueren wir den Kanal, der links abwärts der nur etwa 300 m entfernten Křemelná zufließt. Unser grüner Weg wendet sich nach rechts und steigt deutlich an. Vor allem nordwärts können wir prächtige Ausblicke in die unberührte Landschaft des ehemaligen Militärgeländes Dobrá Voda genießen, insbesondere auf den 1121 m hohen Berg Křemelná (Kiesleiten). Wir passieren ein neueres Gehöft, dann ein recht verfallenes, aber typisches Böhmerwaldhaus mit Glockentürmchen. Wo der Hauptweg (auch Radtrasse 2114) sich scharf nach rechts wendet, gehen wir mit Grün nach links 6 und im Bogen um den Berg Sedelský vrch herum. Wir zweigen gleich nach rechts ab, wo Grün entlang des Berghangs emporführt. Fast am höchsten Punkt kommen wir zu einer Bergwiese (nach rechts Abzweig zum Gipfel des Sedelský vrch), gehen hier links fast im rechten Winkel einige Meter abwärts (leider fehlte hier zuletzt die grüne Markierung) und dann diagonal über die Wiese nach rechts auf einem Trampelpfad zu einer **Baumgruppe** 7, wo wir wieder auf einen deutlicher erkennbaren Weg treffen. Vom gesamten Hang genießt man eine prächtige Aussicht (in den Karten: Klostermann-Aussicht, Klostermanna vyhlidká). Von hier geht es fast auf gleicher Höhe bleibend zu einem kleinen Haus mit markantem, wuchtigem Holzturm, **Wasserschlösschen** 8 genannt (es ist eine Ausgleichskammer innerhalb des Vydrakraftwerks, von der das Wasser mit einem Höhenunterschied von 240 m nach Čeňkova Pila hinabstürzt). Nun gehen wir mit der inzwischen wieder deutlich erkennbaren grünen Markierung in den Wald hinein, wo alsbald eine Trafostation erreicht ist und wir gleich danach zum **Staubecken** 9 des lokalen Wasserkraftwerks Vydra (erbaut 1937–42) gelangen. Hier befand sich das untergegangene Dörfchen Sedlo (Sattelberg). An der Südecke des Staubeckens wenden wir uns nach links, mit Grün abwärts, kommen zur Straße Rejštejn–Srní, gehen hier nach rechts und kommen sehr schnell wieder ins Zentrum von **Srní** 1.

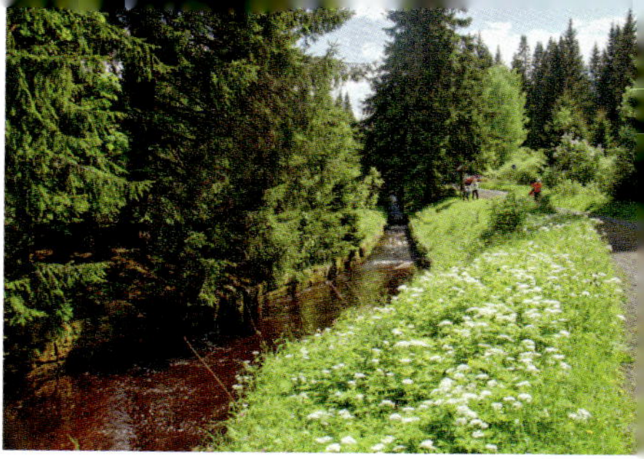

Am Chinitz-Tettauer Schwemmkanal.

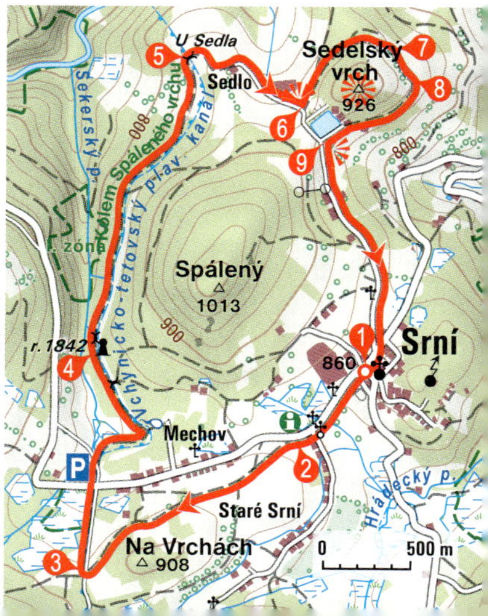

TOP

12

↗ 320 m | ↘ 320 m | 11.5 km

3.30 h

Durch das Tal der Vydra nach Srní

Entlang des wildesten Böhmerwaldflusses

Die Vydra (Widra) gilt als malerischster Fluss des Böhmerwalds. Sie bildet sich bei Modrava (Mader) durch den Zusammenfluss des Modravský potok (Maderbach) und des Roklanský potok (Rachelbach). Der Fluss ist 23 km lang, unterhalb der Einmündung der Křemelná ändert er seinen Namen zu Otava (Wottawa), die ihrerseits nach 113 km bei der Burg Zvikov innerhalb der Orlík-Talsperre in Mittelböhmen in die Moldau mündet. Der mittlere Flussabschnitt zwischen Antýgl und Čeňkova pila (Vinzenzsäge) ist dabei der reizvollste. Der Fluss hat sich hier eine teils tiefe und enge Schlucht gegraben und wirkt aufgrund der zahllosen Felsblöcke in seinem Bett besonders pittoresk.

Ausgangspunkt: Čeňkova Pila, 650 m, an der Straße Rejštejn–Srní. Buslinie 974 (Modrava–Sušice, via Kašperské Hory).
Anforderungen: Zunächst bequemer Spaziergang auf nur mäßig ansteigendem Weg entlang der Vydra. Der Talweg bis zur Klostermannova most (Klostermannbrücke) ist bestens für Kinderwagen und Rollstuhl geeignet. Der Aufstieg aus dem Tal hoch nach Horní Hradký ist steil, doch nicht übermäßig lang.

Einkehr: Čeňkova Pila: mehrere Einkehrmöglichkeiten; Vydratal: Turnerova chata (Turnerhütte), auch Übernachtungen (tgl. geöffnet, Tel. +420 376 599 234, +420 702 117 283, turnerovachata.cz). Srní: u. a. Hotel Srní (tgl. geöffnet, Srní 117, Tel. +420 376 599 212, hotely-srni.cz); Slunečná kavárna, Café (tgl. 11–18 Uhr, Tel. +420 604 949 187); Chata Povydří, auch Übernachtungen (Tel. +420 608 954 974, chatapovydri.cz).

Für Rafting ungeeignet: die Vydra.

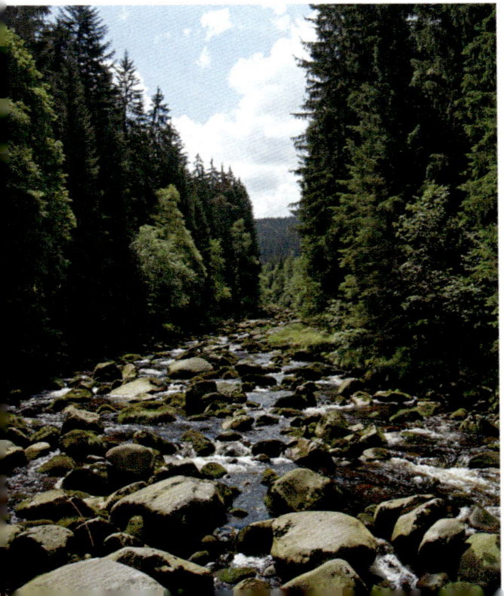

An der **Čeňkova Pila** ❶ betrachten wir zunächst die Infotafeln zu Geschichte und Funktion des 1942 fertiggestellten Vydrakraftwerks, zu dem die Wasser aus 240 m Höhe vom Ausgleichsbecken am Sedelský vrch herunterstürzen. Dann gehen wir mit Rot mit geringer Steigung auf der rechten Flussseite entlang. Wegen der bequemen Zugänglichkeit ist dies ein sehr stark frequentierter Wanderweg (für Radfahrer verboten). Nach einiger Zeit kommen wir an einem großen **Felsblock** ❷ mit der eingekerbten Jahreszahl 1877 vorbei. Der Fluss lässt dabei immer wieder wechselnde, ganz mitreißende Panoramen entstehen. Nach knapp

4 km ist die **Turnerova chata** 3 erreicht, eine beliebte Einkehrmöglichkeit. Oberhalb davon verengt sich das Tal und nimmt einen »wilden« Charakter an. Wir passieren nach etwa 700 m die Stelle der nicht mehr existierenden **Hálkova chata** 4. Von der noch in älteren Karten eingezeichneten Brücke, über die man mit gelber Markierung auf das andere Flussufer gelangte, sind nur noch Fundamentreste zu erkennen. Wir gehen daher gut 500 m weiter flussaufwärts und über die neue **Klostermannův most (Klostermannbrücke)** 5 mit gelber Markierung auf das linke Flussufer. (Lohnender Abstecher: dem Flusstal bis Antýgl folgen, knapp 3,5 km hin und zurück.)

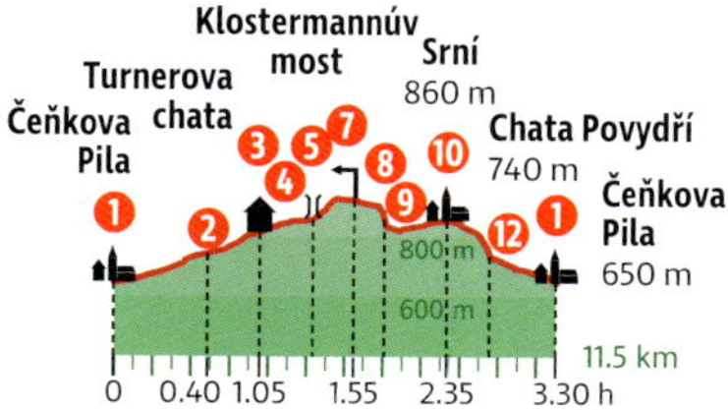

Auf der anderen Flussseite geht es verhältnismäßig steil empor zu einer idyllischen Lichtung. Der Weg wird nun deutlich weniger anstrengend; weiter mit Gelb kommen wir nach Horní Hrádky (Schlösselwald), wo wir uns nahe dem höchsten Punkt des Aufstiegs an einer breiten **Gabelung** 6 mit Gelb links halten. Am **Abzweig** 7 zur Pension Kamenný Dům, nur etwa 300 m weiter, biegen wir an einem hübschen Gehöft mit Gelb rechts ab und gehen mit schwachem Gefälle bergab. Nach etwa 1 km kommen wir an einem neueren Haus vorbei, gleich danach zweigt Gelb rechts auf einen schmalen Pfad in den Wald ab 8. Dieser kurze, doch sehr idyllische Wegabschnitt bringt uns zur **Straße Srní–Antýgl** 9. Auf ihr nach rechts und weiter bis nach **Srní (Rehberg)** 10. Von hier folgen wir ein Stück der Straße nach Čeňkova Pila (blaue Markierung) und gehen dann in der ersten und großen Linkskurve unterhalb von Srní geradeaus auf einem kaum erkennbaren **Pfad** 11 mit Blau den Waldhang hinab, schneiden eine Kurve der Hauptstraße ab und erreichen bei der Einkehr **Chata Povydří** 12 wieder die Asphaltstraße und auf dieser den Ort **Čeňkova Pila** 1.

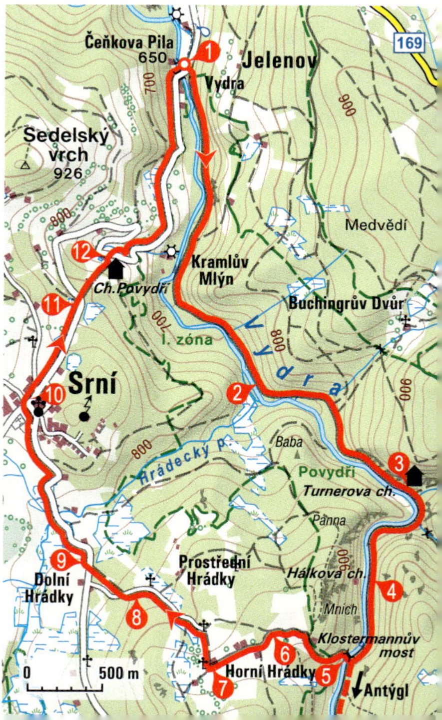

↗ 270 m | ↘ 270 m | 15.1 km

13 Zwischen Hartmanice und Rejštejn (Unterreichenstein)

4.15 h

Vielfältige Natureindrücke und die älteste Kirche des Böhmerwalds

Rejštejn, mit nur 2540 Bewohnern fünftkleinste Stadt Tschechiens, hat eine lange Geschichte. Seit 1584 hatten das damalige Unterreichenstein und die nahe Schwesterstadt Kašperské Hory, früher Bergreichenstein, die Würde einer »königlichen Bergstadt« inne, nachdem schon seit Beginn des 14. Jh. der Goldbergbau in Blüte stand. Nach dessen Niedergang fasste die Glasindustrie hier Fuß. Im Ortsteil Klostermühle (heute Klášterský Mlýn) wurde 1836 eine Glashütte errichtet, die zur bedeutendsten der Habsburgermonarchie wurde. Das hier hergestellte Irisglas genoss Weltruf.

Die von vielen Legenden umwobene Kirche St. Maurenzen (St. Mauritius), tschech. Kostel sv. Mořic, liegt etwa 3 km nördlich von Rejštejn. Vollendet gegen 1240, wurde sie im 14. und 15. Jh. gotisch umgebaut, um 1750 wurde die Kirche erweitert. Erhalten aus romanischer Zeit sind das Schiff, der untere Teil des Turms sowie Chor und Südportal. Von kulturhistorischer Bedeutung ist die alte Totenkapelle (Beinhaus) neben der Kirche. Solche Anlagen gibt es in Böhmen nur wenige. Die Wanderung durch das Gebiet zwischen Rejštejn und Hartmanice ist wegen der Fülle an Natureindrücken von besonderem Reiz.

Ausgangspunkt: Parkplatz am südwestlichen Ortsausgang von Rejštejn, 570 m, an der Staatsstraße 169. Busverbindungen von Sušice (Linien 974 und 975), von Kašperské Hory (Linie 978) und Modrava (Linie 974).

Anforderungen: Leichte Wanderung auf Feld- und Asphaltwegen, jedoch mit einigen steilen, aber kurzen Aufstiegen. Das Schlussstück von Velký Radkov nach Rejštejn ist sehr steil abfallend und bei Regen sehr rutschig (siehe Variante).

Einkehr: Rejštejn: Penzion Klášterský Mlýn (Tel. +420 601 521 931, +420 376 582 833, klasterskymlyn.cz). Kleine Gaststätte (»Hostinec«) in der Ortsmitte von Kundratice, an der Einmündung des Wanderwegs in die Durchgangsstraße (unregelmäßig geöffnet).

Sehenswürdigkeiten: Rejštejn: gotische Stadtkirche St. Bartholomäus (1792 umgestaltet), auf dem Friedhof liegt Charlotte Klostermann begraben, die Mutter des Böhmerwalddichters Karl Klostermann, daneben einige prächtige Grabstätten von Glashüttenbesitzern; Jugendstilvilla des Glashüttenbesitzers Max Spaun von 1903 nahe der Penzion Klášterský Mlýn direkt am Tourverlauf.

Variante: Von Velký Radkov über Radešov und nach Rejštejn – eine gute Alternative bei nassen Verhältnissen (30 Min. länger).

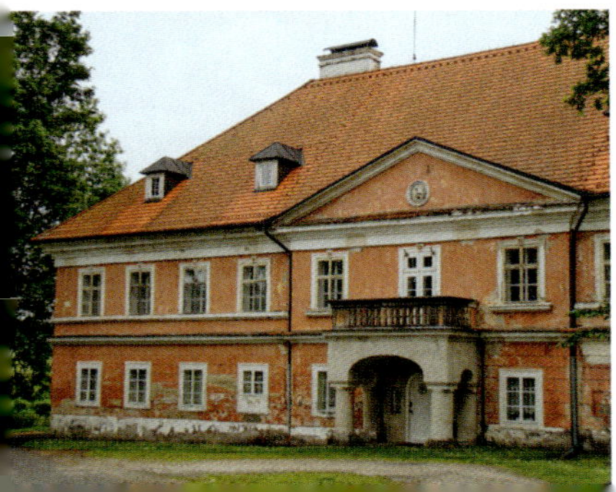

Schlummert wie Dornröschen: das Schloss in Kundratice.

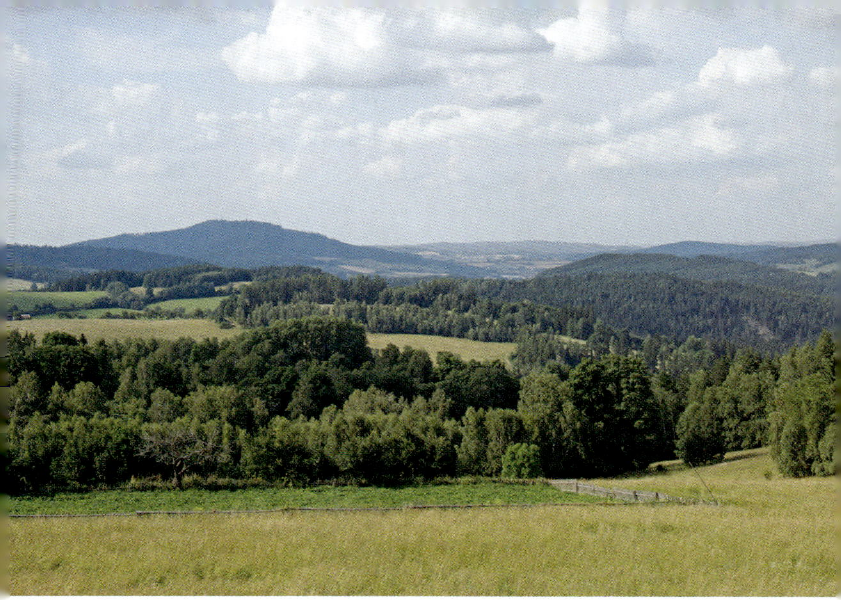

Zauberhafte Natur, so weit das Auge reicht, auf den Höhen um Velký Radkov.

Vom Ausgangspunkt am Ortsrand von **Rejštejn** ❶ gehen wir zur Ortsmitte und an der alten Volksschule auf einem rot markierten Weg über die Otava in den Ortsteil Klášterský Mlýn, vorbei an einem schönen alten Böhmerwaldhaus und der Jugendstilvilla des Fabrikanten Spaun. Beim **ehemaligen Gasthof Lötz** ❷, der seit einiger Zeit geschlossen ist, mündet von links unserer späterer Rückweg ein. Entlang der Otava passieren wir hübsche Badestellen und kommen nach etwa 1,5 km zum **Abzweig nach Radešov (Schröbersdorf)** ❸. Wir gehen 150 m in dieser Richtung bis zum Ortsanfang – denn dort steht rechts in einem Hof eine 400-jährige Linde mit flacher Krone. Dann setzen wir unseren Weg entlang der Otava fort. Nach einem hübschen Feldsteinhäuschen steigt der Weg für einen Fahrweg unverhältnismäßig steil an. Schließlich erreichen wir am höchsten Punkt die Radtrasse 2108 und genießen einen schönen Blick auf den das Land überragenden Svatobor bei Sušice. Jetzt gehen wir mit Rot nach rechts (der Asphaltweg biegt nach links ab) und wandern geradeaus weiter zur Kirche **St. Maurenzen** ❹, die sich einsam im Wald versteckt. Um sie herum findet man auf dem Friedhof einige kulturhistorisch interessante deutsche Gräber und Grabschriften.

Von der Kirche kehren wir zur Stelle, wo unser ursprünglicher Weg aus dem Otavatal heraufkommt, zurück und wandern nun geradeaus, bis auf Weiteres auf der befestigten Radtrasse 2108. Wir befinden uns hier auf ei-

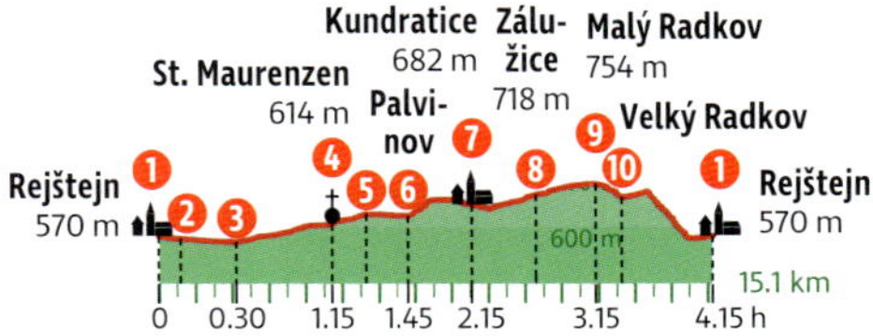

nem landschaftlich sehr hübschen Teilstück des St.-Gunther-Steigs (Stezka sv. Vintiře). Nach einem **Schwedengrab** 5 aus dem Dreißigjährigen Krieg senkt sich der Weg und führt dann wieder bergan bis **Palvinov** 6, einen scheinbar von der Zeit vergessenen Ort.

Durch eine verträumte Allee geht es rechts an der Mauer des Guts in das Dorf hinein, in der Mitte, im Hof des inzwischen rekonstruierten Gutshauses, umfängt uns die zauberhafte Stimmung eines verwunschen wirkenden Orts. Wir gehen nach links durch den Gutshof und dann durch eine

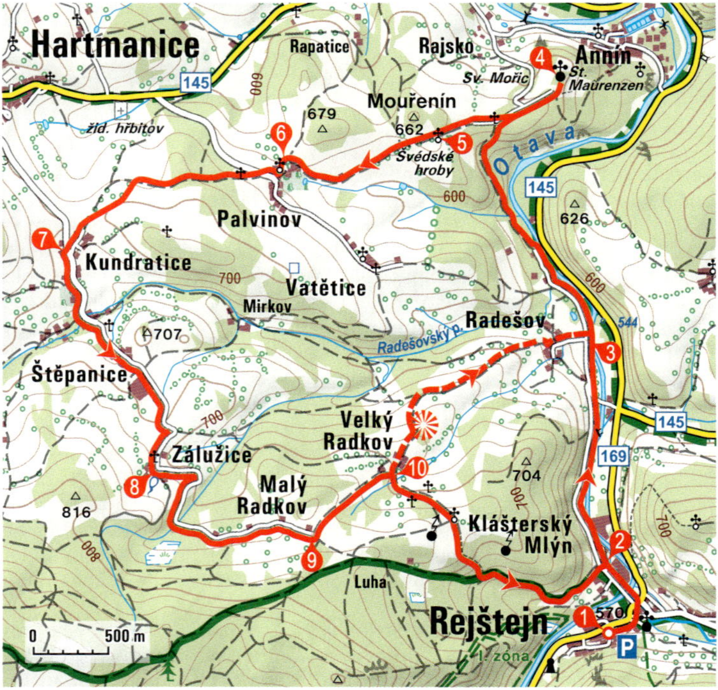

düster-majestätische Lindenallee zu einer Fahrstraße. Hier biegen wir erst rechts ab, danach gleich nach links, und wir erreichen eine Wegegabel. Unser Radweg 2108 zweigt hier links auf eine unbefestigte Trasse in Richtung Wald ab. Nach Passieren des Walds wird unser Weg immer schmaler, rechts erscheint auf dem Hügel Hartmanice. In weitem Bogen wendet sich der Weg nach links und läuft nun nach **Kundratice (Kundratitz)** 7 hinein. In der Dorfmitte gibt es bei der Einmündung des Gunthersteigs in die Hauptstraße rechts die urwüchsige Einkehr Hostinec Kundratice.

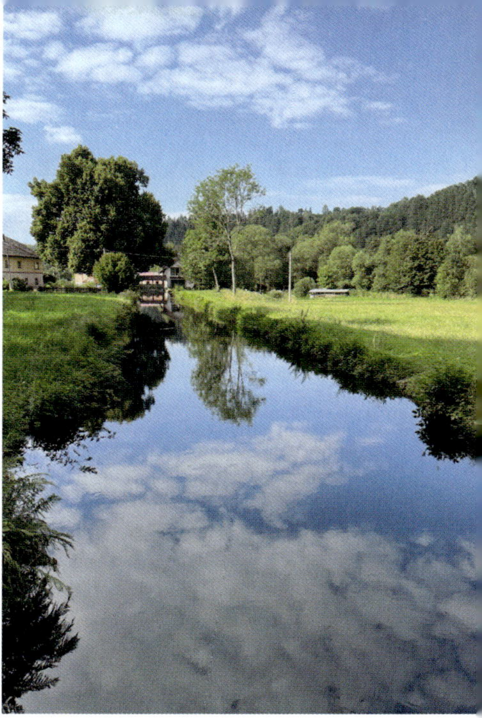

Ein von der Otava abzweigender Mühlgraben.

Hier gehen wir nun auf der Asphaltstraße mit der blauen Markierung nach links und kommen am gut erhaltenen Gutshaus vorbei. Dann geht es bergauf und bergab über Štěpanice hinauf in das fast völlig verlassene **Zálužice (Audechen)** 8. Hier wendet sich der Weg nach links und beschreibt danach eine 180-Grad-Wendung nach rechts, die ein Spaßvogel mit dem Schild »Kurva grande« markiert hat. Dabei muss man wissen, dass »kurva« im Tschechischen »Hure« bedeutet.

Die blaue Markierung bringt uns nun hoch zum lang gestreckten Dörfchen **Malý Radkov (Klein Rogau)** 9. Am Ortsende gehen wir mit Blau nach links, hinab nach **Velký Radkov (Groß Rogau)** 10, wo am Ortseingang links ein sehr schönes Böhmerwaldhaus mit Glockentürmchen steht. Überhaupt ist dieser Ort in seiner verträumten Weltferne einer der sicherlich schönsten im Böhmerwald. In der Dorfmitte können wir nun wählen: entweder mit Blau nach rechts durch einen birkengesäumten Hohlweg entlang eines Kreuzwegs auf die Anhöhe (herrliche Rundsicht) und dann teils sehr steil auf einem unbefestigten Weg (bei Regen nicht ratsam, siehe Variante) nach Rejštejn direkt zum **ehemaligen Gasthof Lötz** 2 hinab, wo wir auf die schon bekannte Anfangspassage der Route stoßen. Dort rechts und entlang der Otava bequem nach **Rejštejn** 1 zurück.

14 Kašperské Hory (Bergreichenstein) und Umgebung

1.30 h

Stimmungsvoller, aussichtsreicher Bummel um die alte Bergstadt

Mit ihren 740 m Seehöhe war Kašperské Hory einst die höchstgelegene Stadt Böhmens. Wie Rejštejn ist auch sie eine alte königliche Bergstadt, auch hier wurde bis um 1650 Gold gefördert. Ihre Blüte hatte sie in der Zeit des Königs und Kaisers Karl IV. (reg. 1346–1373). Dieser ließ einen Handelsweg von Passau über Klatovy (Klattau) nach Prag anlegen, zum Schutz dieses Wegs wurde die Burg Karlsberg (Kašperk) erbaut, wodurch die Stadt zusätzlich zum Goldbergbau auch als Handelszentrum zu weiterem Reichtum gelangte. Immer wieder versuchte man später, die Goldförderung zu reaktivieren, so 1803 und 1919. Die erhofften Erträge fielen jedoch zu klein aus. Versuche internationaler Bergbaukonzerne, nach 2005 den Goldbergbau erneut aufzunehmen, scheiterten seitens der Bevölkerung wegen der zu erwartenden Umweltschäden in der Nähe des Nationalparks und dem damit befürchteten Rückgang des Tourismus.

Ausgangspunkt: Marktplatz (Náměstí) von Kašperské Horý, 742 m. U. a. Buslinie Nr. 977 von Sušice, Nr. 974 von Sušice und Modrava, Nr. 975 von Sušice und Stachy und Nr. 680 von České Budějovice (Budweis).
Anforderungen: Leichte, nicht übermäßig lange Wanderung überwiegend auf Feld- und Wiesenwegen. Bei Nässe sind in den Wiesen um den Šibenični vrch gute Schuhe erforderlich.
Einkehr: Kašperské Hory: u. a. Hotel Kašperk (Nám. 3, Tel. +420 376 324 113, hotelkasperk.cz); Boutique Hotel Nebespán (Nám. 7, Tel. +420 603 255 363, nebespan.cz); Restaurant Penzion Na Solné stezce, auf Deutsch »Zum Goldenen Steig« (Dlouhá 92, Tel. +420 604 705 670, nasolnestezce.cz).
Sehenswürdigkeiten: Kašperské Hory: Die Stadt lohnt einen Rundgang. Erwähnenswert sind: Renaissance-Rathaus mit barocker Stuckfassade; die ursprünglich gotische, jedoch 1883 neugotisch umgestaltete Stadtkirche St. Margaretha; Böhmerwaldmuseum (April–Okt. Di–Sa 9–12 und 12.45–17 Uhr, Sa 9–12 Uhr, Náměstí 140, Tel. +420 376 555 190, muzeum.sumava.net); Muzeum historických motocyklů, Museum historischer Motorräder (Juni–Sept. tgl. 9.30–12 Uhr und 12.30–17 Uhr, Vimperská 12, Tel. +420 606 737 041, historickemoto.cz); St.-Nikolaus-Kirche, etwa 1,5 km außerhalb, älteste Pfarrkirche der Stadt und eine der bedeutendsten gotischen Kirchen Böhmens mit kunstvollem Gewölbe, Hauptschiff mit Holzdecke und Wandmalereien. Nur während des Gottesdienstes zugänglich, aber durch das Türgitter Blick in die Kirche möglich.

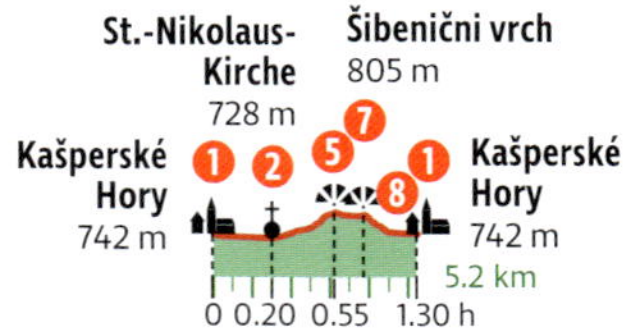

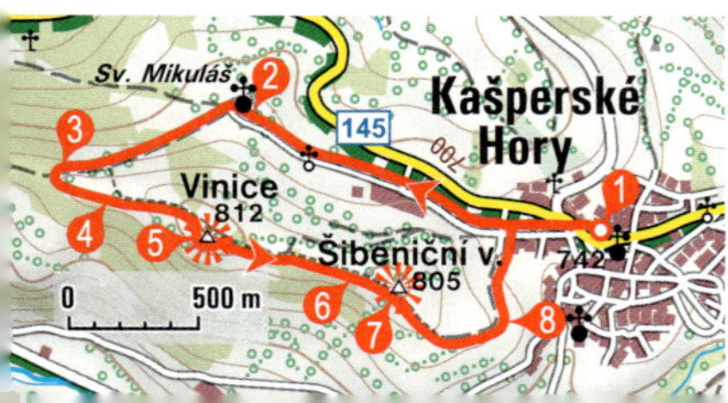

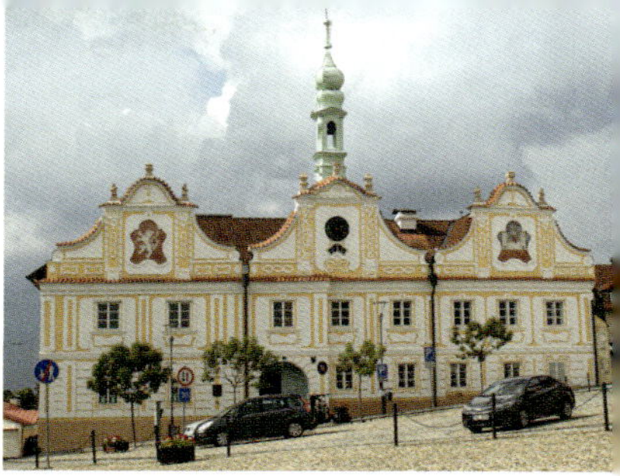

Zeugt vom früheren Reichtum der Stadt: Renaissance-Rathaus in Kašperské Hory.

Vom Marktplatz in **Kašperské Hory** ❶ gehen wir mit Gelb westwärts über die Sušicka links am Rathaus vorbei und biegen gleich danach schräg links in die Smetanova ein. Hier passieren wir ein altes barockes Speichergebäude und gehen auf diesem Weg mit Gelb weiter geradeaus. Von links kommt ein rot markierter Weg von den Höhen herunter, die rote Markierung begleitet uns nun ein Stück gemeinsam mit Gelb geradeaus. Etwa 1,5 km außerhalb der Stadt liegt die archaisch wirkende **St.-Nikolaus-Kirche (Kostel sv. Mikuláš)** ❷. Sehenswert ist auch die barocke Annenkapelle auf dem Friedhof.

Nach der Kirche kommt gleich eine Gabelung, hier gehen wir mit Gelb und Rot links (Gelb geht allerdings auch rechts ab) etwas ansteigend weiter. Wir wandern durch Wiesen und kleine Waldstücke und wenn wir uns umwenden, grüßt die Burg Kašperk zu uns herüber – überhaupt ist die Aussicht in Richtung Vydratal und über die Hügelkämme hinweg von großer Schönheit. Dann erreichen wir, wieder am Waldrand, bei der sogenannten Klostermannhöhe (Klostermannův vrch) eine **Wegkreuzung** ❸, wo die Orientierung schwierig ist. Rot führt rechts an einer Waldkirche vorbei (der kurze Abstecher zu ihr lohnt durchaus) steil bergab nach Rejštejn. Wir gehen aber nach links auf einem schmalen Wiesenpfad etwas bergauf bis zu einem deutlich erkennbaren **Durchlass** ❹ in den die Wiese begrenzenden Hecken. Hinter dem Durchlass treffen wir links wieder auf eine rote Markierung und gehen auf dem Wiesenpfad weiter bergan, links an den Gebüschen in der Wiesenmitte vorbei, und erneut durch einen Durchlass (Birke mit roter Markierung) weiter bergauf. Doch nun haben wir den höchsten Punkt der Wanderung, den Hügel **Vinice** ❺ auf 812 m, erreicht. Er bietet großartige Blicke: nach Norden bis zur Burg Kašperk, nach Süden hinüber zu den Ebenen um Kvilda, ja bis zum Rachel auf bayerischer Seite.

Jetzt geht es bergab, gleich kommt der Wiesenweg zu einer Gabelung, wir gehen links (erneute rot markierte Birke), an der nächsten Gabel rechts, dann wird es ebener. Der Weg steigt wieder gering an und führt zu **Halden** ❻ des mittelalterlichen Goldbergbaus. Mit Rot weiter bis zur Anhöhe **Šibenični vrch** ❼ mit herrlichem Blick auf Kašperské Hory und einem kleinen, überdachten Rastplatz. Von hier gehen wir schräg über die Wiese bergab bis zu einer Buschgruppe, unterhalb davon verläuft unser rot markierter Pfad in einer weit ausgreifenden Linkskurve bergab, bis zum mittelalterlichen **Pranger** ❽, der hier weit außerhalb der Stadt steht. Schnell erreicht der rote Weg die Smetanova, dann geht es mit Gelb nach rechts und rasch zurück zum Marktplatz in **Kašperské Hory** ❶.

↗ 270 m | ↘ 270 m | 7.4 km

15 Burg Kašperk (Karlsburg)

2.30 h

Zu Besuch bei einem Wahrzeichen Böhmens und des Böhmerwalds

Die markante, weiß leuchtende zweitürmige Burgruine Kašperk dominiert weite Regionen des nördlichen Böhmerwalds. Der böhmische König und deutsche Kaiser Karl IV. (1316–1378) ließ sie gegen 1365 erbauen. Sie sollte die Handelswege wie auch die nahe Grenze zu Bayern bewachen, vor allem aber die Golderztransporte aus den Reichensteiner Revieren sichern. Nach dem Dreißigjährigen Krieg wurde sie weitgehend niedergerissen, jedoch seit den 1930er-Jahren wieder kontinuierlich rekonstruiert. Die 180 m lange und nur etwa 30 m breite Burganlage ist auf einem Felssporn mit steil abfallenden Wänden erbaut – dadurch war sie fast uneinnehmbar. Allerdings hätte man eine wirksame Beschießung von einem etwa 300 m östlich davon liegenden Felsen aus leiten können, daher wurde um 1470 auf diesem Sporn eine weitere, allerdings sehr kleine Burg errichtet, das Ödschlössel (tschech. Pustý Hrádek). Vom Ödschlössel sind nur Mauerfragmente erhalten, allerdings hat man von dort einen großartigen Blick auf die Burg Kašperk. In der Burg gibt es ein Museum u. a. zur Geschichte des Goldbergbaus in der Region sowie zum Leben Kaiser Karls IV.

Ausgangspunkt: Marktplatz (Náměstí) in Kašperské Hory (Bergreichenstein), 742 m. U. a. Buslinie Nr. 977 von Sušice, Nr. 974 von Sušice und Modrava, Nr. 975 von Sušice und Stachy und Nr. 680 von České Budějovice (Budweis).
Anforderungen: In der zweiten Hälfte 240 m Anstieg auf einer Strecke von 1,5 km, allerdings auf guten Waldwegen und -steigen; Variante nur mit kleinem Anstieg.
Einkehr: Kašperské Hory: u. a. Hotel Kašperk (Nám. 3, Tel. +420 376 324 113, hotelkasperk.cz); Boutique Hotel Nebespán (Nám. 7, Tel. +420 603 255 363, nebespan.cz); Restaurant Penzion Na Solné stezce, auf Deutsch »Zum Goldenen Steig« (Dlouhá 92, Tel. +420 604 705 670, nasolnestezce.cz). Kiosk mit kleinem Imbissangebot im Burghof.
Sehenswürdigkeit: Burg Kašperk: wechselnde Ausstellungen zum Goldenen Steig, zu Karl IV., zu mittelalterlichem Burgleben, div. Events etc. (April Sa und So 10–17 Uhr, Mai–Juni sowie Sept. und Okt. Di–So 10–17 Uhr, Juli und Aug. Di–So 9.30–18 Uhr, Führungen in deutscher Sprache von Mai–Sept. jeweils am Mi 16.15 Uhr, Tel. +420 376 582 324, kasperk.cz/de). Hinweis: Wie alle böhmischen Burgen ist auch diese montags geschlossen.
Variante: Alternativer, unkonventioneller Aufstieg zur Burg Kašperk! Der Weg beginnt am höchsten Punkt der Asphaltstraße Kašperské Hory–Nezdice (Fahrstraße zur Burg) an der Bushaltestelle Žlíbek, 888 m (ehem. Burgparkplatz). Mit Rot auf einem idyllischen Weg bis zu einer Gabelung, dort rechts nach Zlibek hinein und am Wegweiser »Pustý hrádek« scharf links hinauf zum Felsen Pustý hradek, dann auf einem stein- und stockreichen Pfad mit Gelb über 5 hinab zur Burg. Rückweg: am Fuß des Burgbergs 5 mit Grün durch den Wald hinunter zur Kreuzung Kašperk odbočka, mit Grün nach rechts zum Ausgangspunkt (insgesamt 4,5 km/1.15 Std. und 110 m im Auf- und Abstieg).

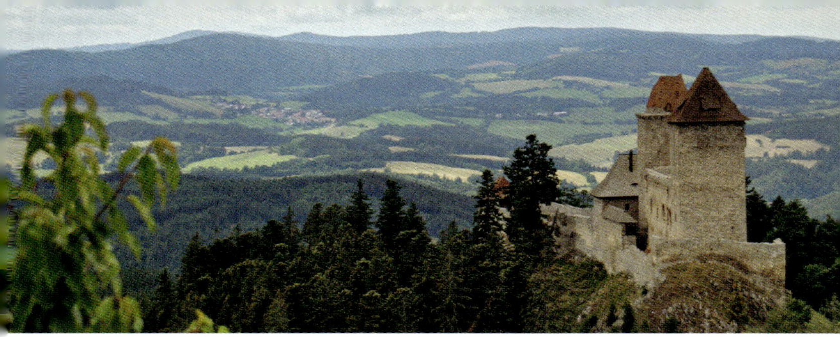

Berühmter Böhmerwaldblick: Burg Kašperk vom Ödschlössel aus.

Vom Marktplatz von **Kašperské Hory** ❶ gehen wir mit der grünen Markierung auf der Karlová nordwärts aus der Stadt. Nach etwa 600 m fast ohne Anstieg kommen wir in zauberhafter Wiesenlandschaft zu einem kleinen Rastplatz, beim Blick zurück sehen wir in der Ferne die außerhalb der Stadt befindliche Nikolauskirche. Dann geht es in den Talgrund des **Opolenecký potok** ❷ hinab. Nach etwa 500 m kommen wir zum Magdalenenbrunnen. Knapp 200 m weiter biegt der Weg scharf rechts ab ❸ und führt im durch den Orkan Kyrill ausgelichteten Wald zu einem **Abzweig** ❹. Hier links und zum **Fuß des Burgbergs** ❺, wo mehrere Wanderwege zusammentreffen. Zunächst gehen wir mit Blau nach rechts hinauf zur Ruine **Pustý hrádek (Ödschlössl)** ❻, 925 m. Von ihr hat man einen der schönsten Blicke auf Burg und Umland – eines der großen Fotomotive des Böhmerwalds. Danach kehren wir zurück zum **Fuß des Burgbergs** ❺ und gehen unter der grandios aufragenden Nordflanke der Burg bis zum Burgtor und in den Burghof der imposanten **Burg Kašperk** ❼.
Anschließend zurück bis zum **Abzweig** ❹. Dort links in Richtung Kavrlík. Vom Weiler **Kavrlík** ❽, den wir nach gut 1,5 km erreichen, gehen wir mit Blau hinunter auf die **Vimperská** ❾, die Staatsstraße 145 nach Vimperk, und auf ihr nach links nach **Kašperské Hory** ❶ zurück.

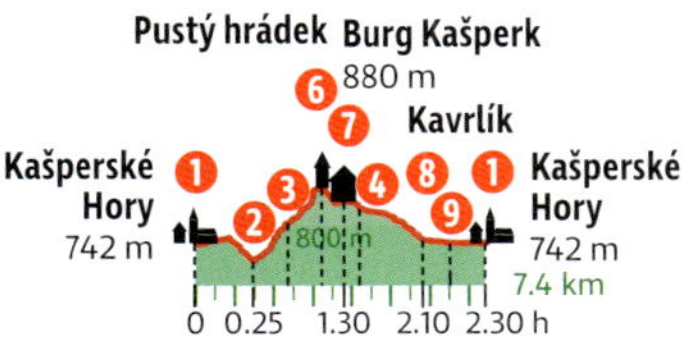

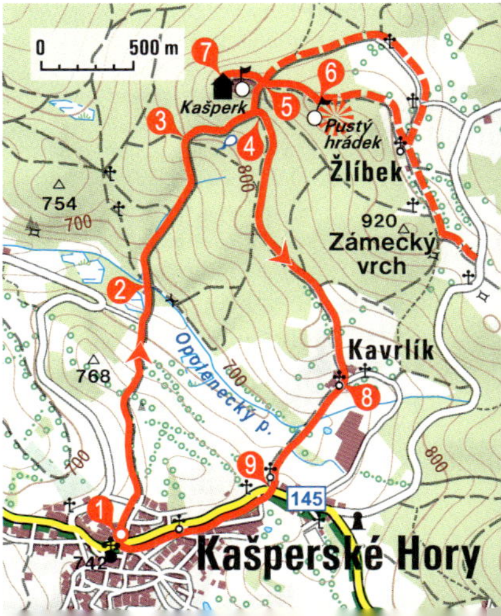

↗ 200 m | ↘ 200 m | 6.9 km

16 Javorník (Ahornberg) – Královský kámen (Königsstein)

2.15 h

Waldeinsamkeit, geheimnisvolle Felswälle und großartige Aussichten

Die nicht weit auseinanderliegenden Berge Javorník, 1065 m, und Královsky kámen, 1058 m, lassen sich mit einer einfachen Wanderung verbinden. Der viel besuchte Javorník ist dicht bewaldet und lässt eigentlich keine Ausblicke zu, doch lockt er mit seinem 1938 erbauten Aussichtsturm, Klostermannova, Klostermannturm, genannt. Von diesem kann man den ganzen mittleren Böhmerwald mit den Hochebenen um Kvilda bestens überblicken. Auch vom Královský kámen gibt es keine Fernsichten, doch sind seine malerischen Felsklippen beeindruckender. Gute Panoramablicke über die Gegend genießt man wieder von den Osthängen des Javorník, die die Tour in ihrem letzten Abschnitt berührt. Im Ort Javorník erinnert ein Denkmal an Karel Klostermann (1848–1923), dem in Deutschland fast unbekannten Böhmerwalddichter. Klostermann verstand sich als Mittler zwischen Deutsch- und Tschechentum und publizierte – obwohl in der Muttersprache Deutscher – fast alle seine Schriften auf Tschechisch. Das ließ ihn zu seinen Lebzeiten in Deutschland nie heimisch werden, schon aus Gründen nationaler Ressentiments.

Ausgangspunkt: Javorník, Parkplatz am Klostermanndenkmal, neben dem Gasthof Na Podlesí, 960 m. Buslinie 664 von Vimperk über Stachy.
Anforderungen: Leichte Wanderung auf Waldwegen, teilweise asphaltiert, geringe und nicht allzu lange Anstiege. Nur der obere Teil des Abstiegs vom Královský kámen ist etwas schwieriger, er verläuft über einen schmalen, steinigen Pfad. Rutschgefahr bei Nässe!
Einkehr: Javorník: Penzion-Restaurant Na Podlesí (Tel. +420 777 145 477, napodlesi.cz); Hotel Krásná Vyhlídka, neben dem Na Podlesí (Tel. +420 388 431 071, hotel-vyhlidka.cz); Kiosk auf dem Javorník.
Variante: Ab Krásná vyhlídka mit Rot auf landschaftlich reizvollem Pfad hinab nach Úbislav (sehenswerte Volksarchitektur; in der Ortsmitte bei der Bushaltestelle das sog. Hahnenkreuz, das mit Handwerksgegenständen und den Folterwerkzeugen Christi versehen ist); dann mit Gelb hinauf nach Javorník; gut 3 km/45 Min. länger; wegen des langen Schlussanstiegs für Kinder ungeeignet.
Hinweis: Aussichtssturm auf dem Javorník (Mai und Juni Mo–Fr 10–12 und 13–16 Uhr, Sa/So 9–18 Uhr; Juli–Aug. tgl. 9–18 Uhr, javornik.cz).

Vom Parkplatz in **Javorník** ❶ aus gehen wir rechts neben dem Denkmal Karel (Karl) Klostermanns (Informationstafel und Erinnerungspfad) mit Blau auf einem asphaltierten Weg empor in Richtung Waldrand. Nach 150 m biegt Blau halb links in einen Grasweg ein und führt bis zum Waldrand. Dort gehen wir mit Blau nach links zur 1939 erbauten **Antoniuskapelle** ❷, von der sich ein schöner Blick über die sanft anmutende Böhmerwaldlandschaft bietet. Von hier steigen wir mit Blau weiter bergan bis zu einem Asphaltweg, wenden uns auf ihm nach links und stehen bald vor dem Aussichtsturm auf dem **Javorník** ❸.

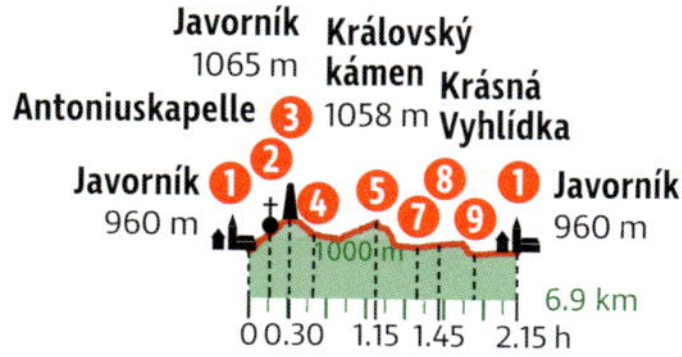

Mit Blau gehen wir nun sanft abfallend bergab und kommen zu einem seltsamen, sich schier unendlich erstreckenden Steinwall, der wie ein Relikt aus prähistorischen Zeiten wirkt. An ihm entlang (am besten an der linken Seite) gehen wir mit Blau weiter abwärts. Wo es etwas ebener wird, am Punkt **Javorník rosz.** ❹, 1015 m, biegt Gelb, das uns die ganze Zeit begleitet hat, nach rechts ab. Wir gehen mit Blau weiter, diesmal besser auf der rechten Seite des Steinwalls. Diese Wälle sind alte Grenzmarkierungen, die im Wald einzelne Parzellen unterschiedlicher Besitzer abgrenzten. Doch mit welcher Mühsal sind die Wälle wohl errichtet worden!

Der Wall endet bald und setzt von Neuem ein. Im rechten Winkel zu ihm sieht man weitere Wälle sich im Wald hinziehen und man muss zugeben, dass sie trotz ihrer sehr profanen Funktion in der Düsternis des Waldes merkwürdig anrühren, vor allem, da in diesem Waldabschnitt nur wenige Wanderer anzutreffen sind. Der blau markierte Weg beginnt etwas anzusteigen, wir passieren die Lokalität Na Hranící (An der Katastergrenze), hinter der sich Blau im Bogen nach links wendet. Hier kommen wir zu einer Kreuzung mit einem rot markierten Weg, auf dem wir uns nach links zum höchsten Punkt des **Královský kámen** ❺ wenden. Innerhalb des kleinen Blockmeers auf dem Gipfel gibt es eine 1916 von Vater und Sohn Klement aus dem nahen Nicov (vormals Nitzau) errichtete Felskapelle. Um ein Verbrechen eines Vorfahren zu sühnen, gelobte der Steinmetz Klement, eine Kapelle mit eigener Hand in den Felsen zu hauen.

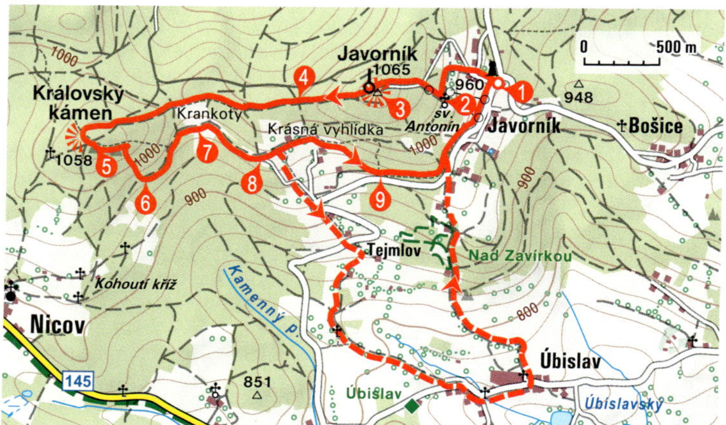

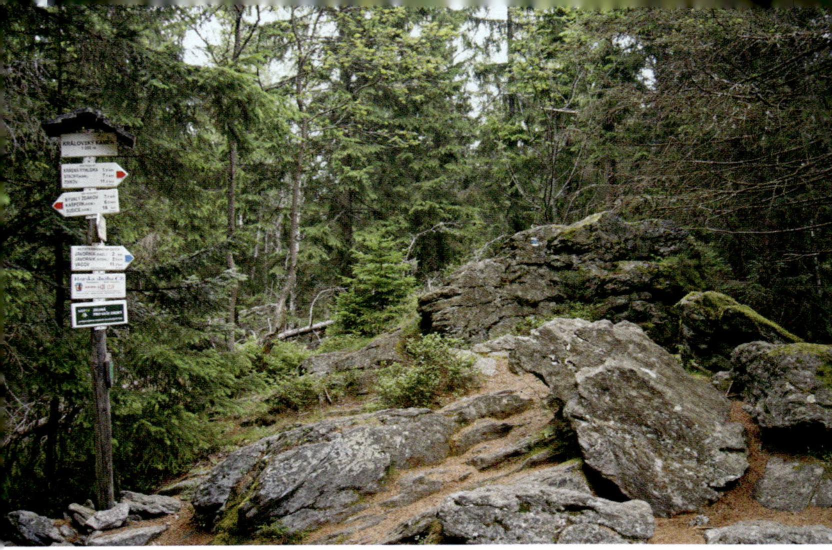

Felsen auf dem Královský kámen.

Nun steigen wir mit Rot auf einem schmalen und sehr steinigen Weg in Richtung Krásná Vyhlídka bergab. Rot biegt dabei nach etwa 250 m scharf nach links vom Hauptweg ab und führt zu einem breiten Waldweg ❻ hinunter, auf dem wir mit Rot nach links leicht bergauf gehen. An einer Gabel gehen wir sodann mit Rot nach rechts und kommen an einen Wiesenhang, auf dem sich die wenigen, aber sehr schmucken Häuser des Weilers **Krankoty** ❼ befinden. Rot führt dann wieder in den Wald hinein, und nach einiger Zeit kommen wir erneut auf eine Wiese, von der man einen großartigen Blick über die Böhmerwaldlande hat. Hier, am Punkt **Krásná Vyhlídka** ❽ (deutsch »schöne Aussicht«), gehen wir nicht mit Rot im rechten Winkel bergab (Variante), sondern mit Grün geradeaus weiter, rechts (über eine Wiese) an einem einzelnen Haus vorbei und kommen zu einem Aussichtsplatz mit Bänkchen. Hier kann man nach rechts kurz hinunter zur Pension Jeřabina (gute Imbissmöglichkeit, aber nicht regelmäßig geöffnet) gehen, wir aber gehen mit Grün mehr oder weniger geradeaus wieder in den Wald und nochmals bergan. Ein weiteres Wegchen zweigt zur Pension Jeřabina ab, wir folgen aber der grünen Markierung und kommen an einem großen gerodeten Hang vorbei. Grün wendet sich dahinter nach rechts vom Waldweg weg und führt auf einem schmalen Waldpfad hinab zur Straße Sebestov–Javorník. Kurz vor dieser wendet sich der Waldpfad nach links ❾ und steigt parallel zur Straße bergan. Kurz vor Javorník kommt bei Nad Rovinami von rechts Gelb aus Úbislav heran (Variante), mit beiden Markierungen erreichen wir die Teerstraße und wandern nach **Javorník** ❶ hinein.

↗ 260 m | ↘ 560 m | 13.4 km

4.00 h

Auf dem Bergreichensteiner Zweig des Goldenen Steigs

17

Von der Böhmerwaldhochebene ins alte Bergrevier von Kašperské Hory

Der von Passau nach Böhmen verlaufende historische Handelsweg Goldener Steig teilte sich etwa 20 km nördlich von Passau beim Ort Salzgattern in drei Zweige, von denen der westliche über Freyung, Mauth, Finsterau und Kvilda (Außergefild) nach Kašperské Hory (Bergreichenstein) führte. Unsere Tour verläuft auf dem letzten Abschnitt dieses Zweigs und führt von Horská Kvilda (Innergefild) über die Böhmerwaldhochebene, jener weiten, auf 900 m bis 1100 m gelegenen Region zwischen Vydratal, bayerischer Grenze und dem Moldautal, durch herrliche Landschaften, Bergwiesen und Waldungen hinab ins Tal des Baches Losenice, wo sich ein großer Teil des historischen Golderzreviers von Bergreichenstein befunden hat.

Ausgangspunkt: Touristeninformation in Horská Kvilda, 1047 m. Bus 665 von Kvilda oder Vimperk 1- bis 2-mal tgl. und Bus 462 Plzen–Sušice–Kvilda.
Endpunkt: Kašperské Hory, 742 m. Rückkehr nach Kvilda: mit Bus 462 Richtung Kvilda (5-mal tgl.) oder Bus Richtung Zvikov (nur 1- bis 2-mal tgl.); einzige Alternative: Taxi (Taxistand in Kašperské Hory) oder – Länge! – zu Fuß.
Anforderungen: Mittellange Streckenwanderung ohne größere Schwierigkeiten. Die Anstiege verlaufen überwiegend auf befestigten Wegen. Der Abstieg ins Tal des Baches Losenice im letzten Teil kann bei Nässe gefährlich rutschig sein. Am Anfang und im letzten Abschnitt vor Kašperské Hory Asphaltwege, der Abschnitt von 3 bis 7 verläuft auf schmalen Waldpfaden und Feldwegen. Bei Nässe und insbesondere bei Dunkelheit ist von der Tour abzuraten.
Einkehr: Horská Kvilda: Hospoda U Krámu, neben der Tourismusinformation (Hausnummer 34, Tel. +420 735 950 795, hospoda-u-kramu.eatbu.com); Hotel Restaurant Rankl, Hausnummer 18, Tel. +420 388 435 044, hotelrankl.cz); Kašperské Hory: u. a. Hotel Kašperk (Nám. 3, Tel. +420 376 324 113, hotelkasperk.cz); Boutique Hotel Nebespán (Nám. 7, Tel. +420 603 255 363, nebespan.cz); Restaurant Penzion Na Solné stezce, auf Deutsch »Zum Goldenen Steig« (Dlouhá 92, Tel. +420 604 705 670, nasolnestezce.cz).
Tipp: Moor Jezerní Slať (Seefilz), knapp 2,5 km südlich des Ausgangspunkts direkt an der Staatsstraße 169 Richtung Kvilda. Auf einem Bohlenweg gelangt man zumindest an den Rand des Moors, weiteres Betreten ist nicht möglich; trotzdem wird es viel besucht. Entlang dieses mit Infotafeln versehenen Wegs lassen sich einige seltene Moorpflanzen beobachten. Bis 1934 wurde hier Torf gestochen, die Torfschichten sind etwa 8 m mächtig. Von einem hölzernen Turm aus lässt sich das Moor überblicken. Schier endlos scheint es sich hinüber bis zum Berg Brežová hora (Birkenberg), 1193 m, und bis zum 1253 m hohen Sokol (Antiglberg) zu erstrecken.

Alte Fotos zeigen am verschwundenen Ort Haidl (Zhůři) dessen einstiges Aussehen.

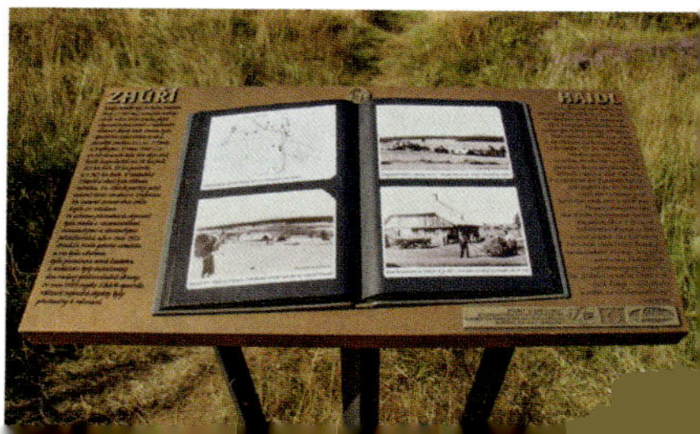

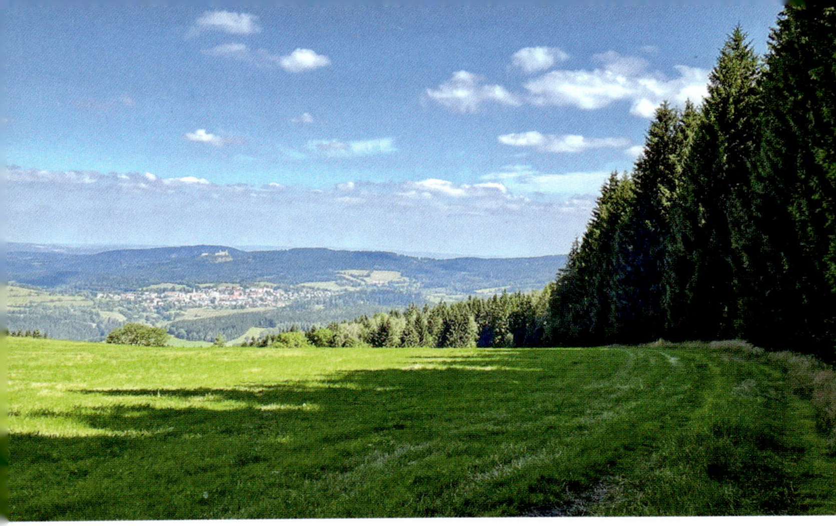

Ein weiter Blick auf Kašperske Hory eröffnet sich oberhalb von Flusárna.

Von der Touristeninformation in **Horská Kvilda** ❶ gehen wir auf der alten Trasse des Goldenen Steigs entlang der Staatsstraße nordwestwärts. Nach 500 m haben wir das Traditionshotel Rankl erreicht, die Mitte der Streusiedlung Horská Kvilda. Das Hotel Rankl ist der ehemalige Gasthof Polau, der in Karel Klostermanns Buch »Im Böhmerwaldparadies« Ort der Handlung ist. Hier treffen wir auf eine grüne Markierung. Von links, aus Modrava und dem Vydratal, kommt die alte »Guldenstraß« herauf, ein weiterer Salzhandelsweg. Am Hotel Rankl biegen wir mit Grün rechts ab und kommen auf einen bezaubernden Wiesenweg, der sich bald in einen ziemlich steinigen Hohlweg verwandelt. Die Trasse des Goldenen Steigs hat hier ihr originales Aussehen bzw. ihren originalen Zustand des 16. Jh. behalten. Nach etwa 1,5 km kommen wir zur Staatsstraße 169 von Kvilda nach Rejštejn und gehen auf ihr mit Grün durch den Wald nach rechts. Wir erreichen nach etwa 1 km am Wegweiser **»Zhůří«** ❷, wo wir den Wald verlassen, die Abzweigung eines breiten Waldwegs. Etwa 150 m danach biegt ein Asphaltweg rechts auf eine flache Anhöhe ab. Nur ungefähr 25 m weiter, bei einer kleinen Rastbank (grüne Mar-

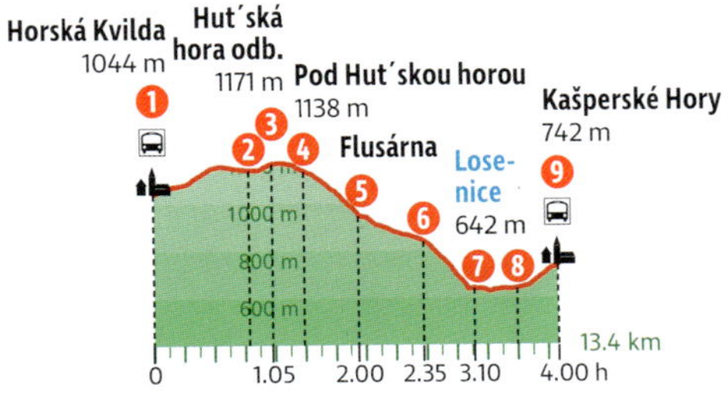

kierung kaum zu erkennen bzw. leicht zu übersehen), verläuft über die Wiese ein kaum erkennbarer Pfad schräg hinauf zu einer Baum- und Buschgruppe und weiter zum erwähnten Asphaltweg, der zum Berg Hut´ská hora (Hutberg) führt. Auch der Wiesenpfad ist ein nachgewiesener Originalweg des Goldenen Steigs, kurz vor der Asphaltstraße wird er zu einem steinigen Hohlweg. Schon während des Aufstieges können wir einen der schönsten Böhmerwaldblicke genießen: über die Hochebene hinüber zum markanten Doppelgipfel des Rachel. An der Asphaltstraße ist der Punkt **Hut´ská hora odb.** ❸ erreicht. Es lohnt sich, etwa 200 m weiter zu gehen: Am höchsten Punkt, kurz vor dem Hutberg, wo einst das untergegangene Dorf Zhůří (Haidl) stand (Rastplatz, Infotafeln etc.), beeindruckt die grandiose Fernsicht.

Wir gehen zurück zum **Hut´ská hora odb.** ❸ und biegen mit Grün links auf dem Goldenen Steig in den Wald ab. Auf einem schmalen Pfad bzw. einem Wiesenweg laufen wir durch eine zauberhafte Mischwaldlandschaft. Bald geht es abwärts. Auf einem holprigen Waldweg kommen wir an einem dem heiligen Christophorus gewidmeten Bildstock und einer Quelle vorbei. Knapp 600 m später erreichen wir den Punkt **Pod Hut´skou horou** ❹. (Ein Abstecher führt mit Gelb nach rechts zu einem Denkmal, das an den Absturz eines Kleinflugzeugs der Air France am 24. Dezember 1937 erinnert.)

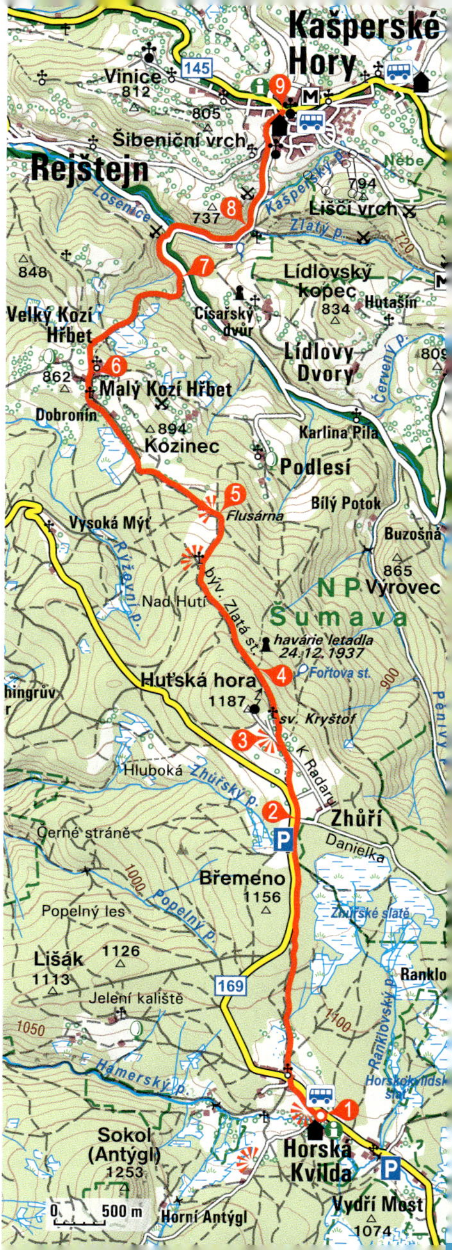

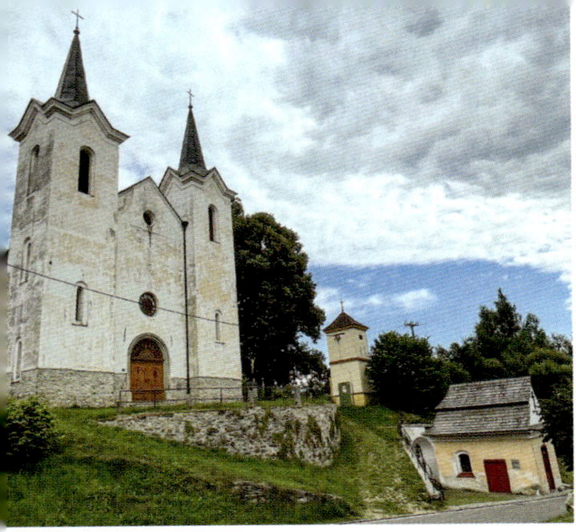

Die Wallfahrtskirche Maria Schnee in Kašperské Hory.

Nun geht es mit Grün in deutlichem Gefälle weiter abwärts. Etwa 1,5 km weiter ist auf etwa 1000 m Höhe das Ende des Walds und eine breite Lichtung erreicht. Vor uns öffnet sich ein atemberaubender Blick hinüber auf Kašperské Hory und die oberhalb thronende Burg Kašperk. Wir biegen rechts ab und laufen am Waldrand weiter abwärts. Nach etwa 500 m erreichen wir die Kreuzung **Flusárna** 5. Die Einöde Flusárna (Fließhaus) existiert nicht mehr. Hier wurde bis zum Ersten Weltkrieg durch Laugung aus Holzasche Pottasche erzeugt, die als Flussmittel für die Glaserzeugung unverzichtbar ist.
Mit Grün biegen wir nach links ab, gehen über die Lichtung bzw. den Wiesenhang hinüber und wieder in den Wald hinein. Es geht weiter bergab. Nach etwa 700 m mündet unser Waldweg in einen breiteren geschotterten Fahrweg ein, auf dem wir nach rechts gehen und nach etwa 1 km das weltferne Örtchen **Kozí Hřbet (Kleinziegenrück)** 6 erreichen. Mit Grün gehen wir hier vor der kleinen Kirche (Infotafel) und einem Brunnenhäuschen nach links, vorbei an einem winzigen Teich. Auf einem Wiesenweg geht es zunächst nur flach bergab, dann aber merklich steiler weiter. Zwischendurch verengt sich der Weg zu einem kaum noch ausmachbaren Trampelpfad, dann geht es weiter über eine weit ausholende Kurve auf einem Waldpfad und am Schluss wieder auf einem Wiesenpfad hinab ins Tal des Bachs **Losenice** 7. Auf der wenig befahrenen Talstraße gehen wir nach links und biegen nach etwa 300 m mit Grün nach rechts auf einen weiteren befestigten Weg ab, überqueren die Losenice und gleich danach den Zlatý potok, den Goldbach. Bald kommen wir an dem wegen seiner Größe und Architektur seltsamen, in diesem engen Tal unheimlich und unwirklich erscheinenden Wellnesshotel Šumava vorbei. 200 m danach, am Wegweiser **Zlatý potok** 8, wenden wir uns auf der Teerstraße nach links und gehen durch ein enges Tal knapp 1 km hinauf Richtung Kašperské Hory. Am Ortseingang steht rechts am Hang die archaisch wirkende neoromanische Wallfahrtskirche Maria Schnee (Panny Marie Sněžné), erbaut um 1865, vor ihr die leicht schiefe Kapelle Unserer Lieben Frau von Klattau (17. Jh.). Mit Grün laufen wir nun weiter über die Nerudova und die Baarova zum Marktplatz von **Kašperské Hory** 9.

An lichten Birkenwäldchen vorbei geht es hinab ins Losenice-Tal.

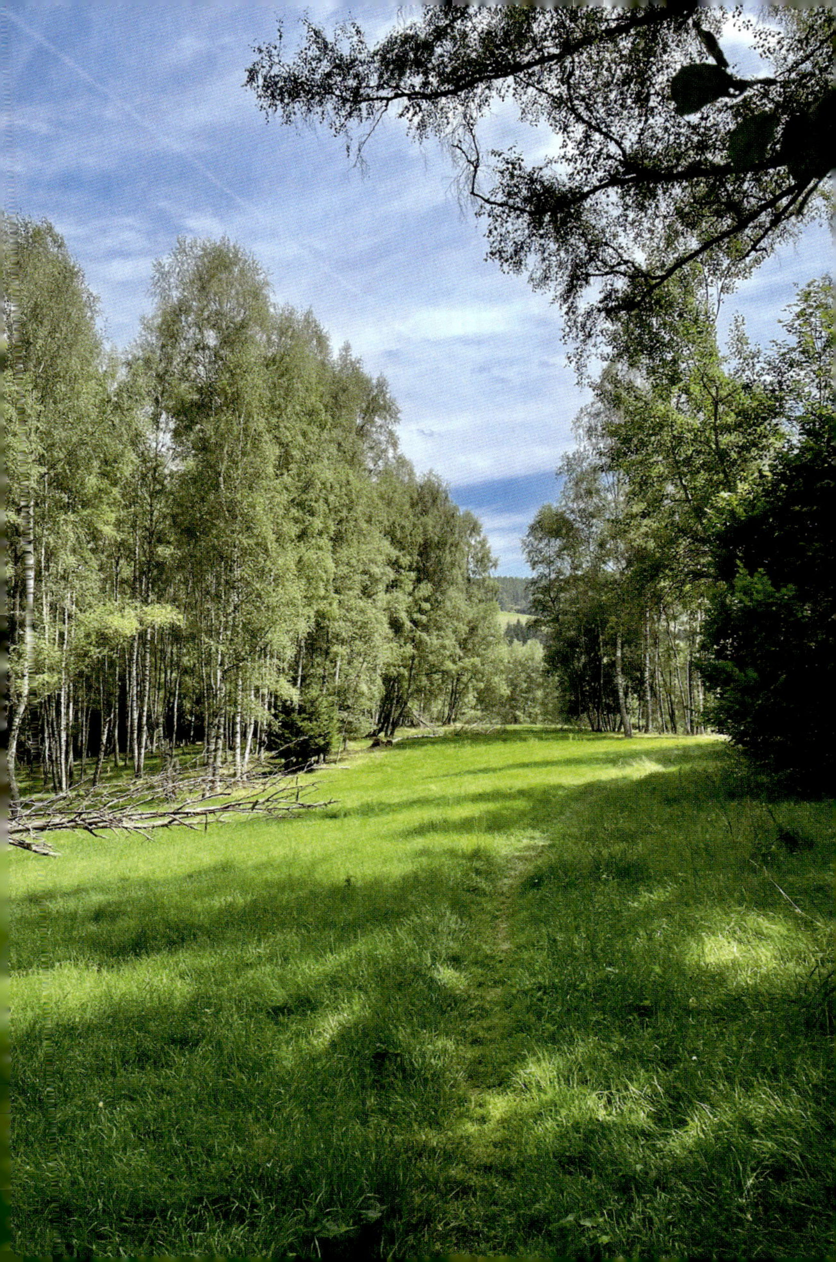

TOP

18 Auf der »Guldenstraß«

↗ 300 m | ↘ 300 m | 12.4 km

3.30 h

Auf einem weiteren alten Handelsweg zu einem wilden Bergbach

Die Region zwischen Horská Kvilda und dem Vydratal zählt zu den reizvollsten auf den Böhmerwaldhochflächen. Moorgebiete, der markante Gipfel des 1253 m hohen Sokol (Antýgl, Antiglberg) und das tief eingeschnittene Vydratal sind betonende Elemente der Landschaft, durch die sich ein historischer Handelsweg zieht. Wie auf dem Goldenen Steig wurde auch hier Salz transportiert, aber eben nicht über das Gebiet der Passauer Bischöfe (die ordentlich Maut verlangten), sondern auf der Guldenstraß, die eine Art bayerischer Konkurrenzweg war. Bei Horská Kvilda (Innergefild) vereinigte sich die Guldenstraß mit dem Bergreichener Zweig des Goldenen Steigs. Von den Höhen schweift der Fernblick bis hinüber zum Rachel oder westwärts zum Poledník (Mittagsberg). Eines der schönsten Böhmerwaldtäler ist zweifellos das des Hamerský potok, des Hammerbachs, einem rechten Zufluss der Vydra. Ein Naturgenuss ohnegleichen! Vielleicht ist deshalb auch der Weg entlang des Bachs für Fahrräder gesperrt.

Ausgangspunkt: Touristeninformation in Horská Kvilda, 1047 m. Bus 665 von Kvilda oder Vimperk 1-bis 2-mal tgl. und Bus 462 Plzen–Sušice–Kvilda.
Anforderungen: Nicht allzu schwere Tour mit einigen längeren, jedoch leichten Anstiegen. Der Abschnitt hinab zur Lokalität Pechler führt steiler bergab, jedoch auf breitem Weg.
Einkehr: Horská Kvilda: u. a. Hotel Restaurant Rankl, Hausnummer 18, Tel. +420 388 435 044, hotelrankl.cz); an der Straße Fílípova Huť–Korýtko: Penzion Korýtko (Tel. +420 607 654 204, korytko.cz); Antýgl (Variante): Hotel Antýgl (Tel. +420 370 990 900, antygl.cz).
Variante: Von Pechler Abstecher mit Blau nach links zur Vydra und nach Antýgl hinab (knapp 30 Min. hin und zurück).

Von der Touristeninformation in **Horská Kvilda** ❶ gehen wir 100 m auf der Asphaltstraße leicht bergauf und biegen dann nach links auf der Radtrasse 1042 in das Tal des Hammerbachs ab. Um den Bach findet man überall kleine Erdwälle bzw. flache Haufen, in den Karten als »sejpy«, Seifen, gekennzeichnet. Es handelt sich um Reste von Halden, wo entlang des Bachs im Mittelalter Goldwäsche betrieben wurde. Vor 500 Jahren war der Hammerbach wegen seiner goldhaltigen Sande Grund für ein starkes »Berggeschrey«, wie man früher das Auffinden erzreicher Gesteine nannte.

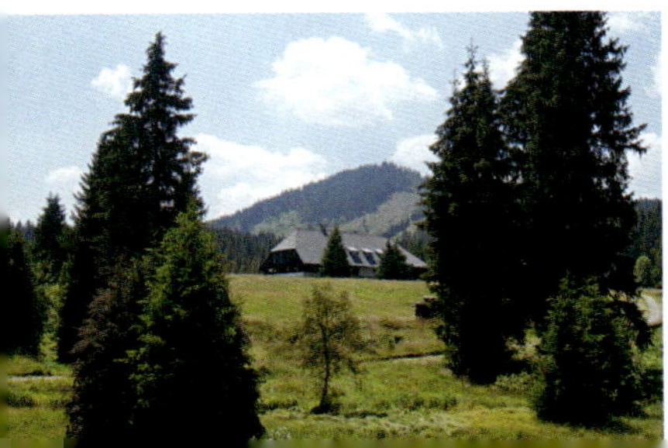

Blick aus dem Hammerbachtal hinüber zum Sokol (Antýgl).

In die Radtrasse führt von rechts ein grün markierter Wanderweg heran. Hier befindet sich ein Bauernhof, wo schottische Bergrinder gezüchtet werden. Wir gehen nach links weiter, jetzt bereits auf der »Guldenstraß«, die im

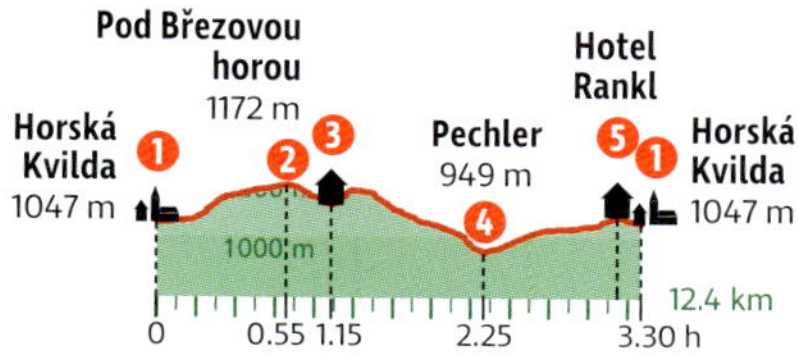

Tschechischen genauso heißt wie der aus Passau kommende Handelsweg: Zlatá stezka. Der Weg steigt leicht an, wir kommen an der Pension Hones vorbei (nahe davon hübsche Hauskapelle) und zweigen dann halb links mit Grün von der Radtrasse ab, bleiben dabei aber auf der Guldenstraß. Nun geht es am Westhang des Bergs Březová hora (Birkenberg), 1193 m, aufwärts, die Bewaldung weist hier, wie anderswo im Böhmerwald auch, starke Sturmschäden durch den Orkan Kyrill im Jahr 2007 auf. Dennoch ist es eine landschaftlich reizvolle Strecke, rechts grüßt der markante Sokol herüber.

Dann kommen wir zum höchsten Punkt der gesamten Wanderung, der Lokalität **Pod Březovou horou (Am Birkenberg)** ❷, wo wir auf einen gelben Weg treffen, der hier von links einmündet. Wir gehen geradeaus weiter

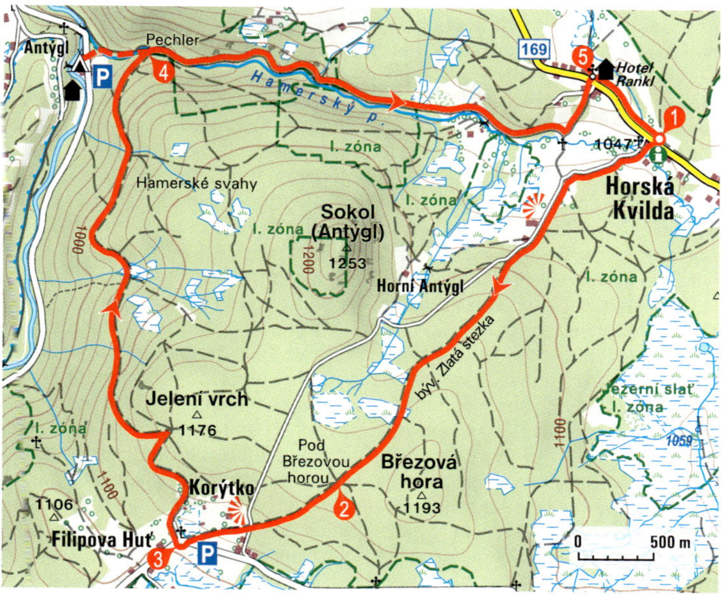

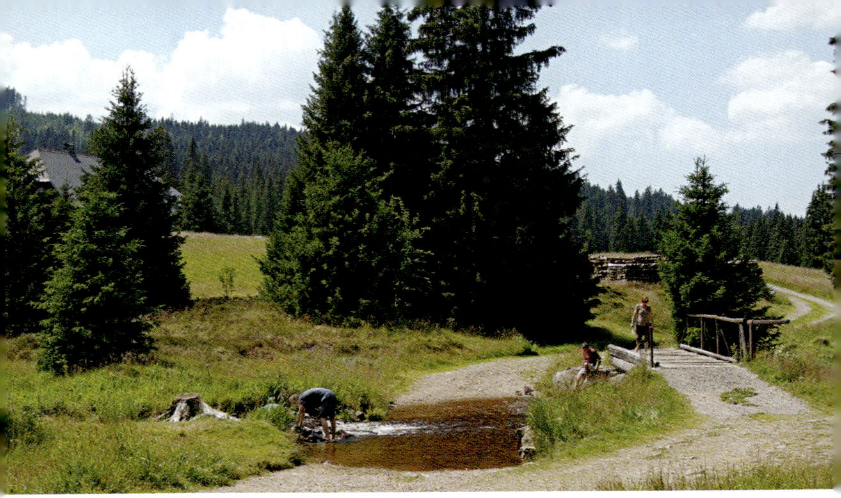

Furt und Badestelle am Hammerbach in der Nähe von Horská Kvilda.

(Gelb läuft mit Grün parallel) und es geht bergab. Dann öffnet sich der Wald zu einem überwältigenden Böhmerwaldpanorama, dominiert vom Kleinen und Großen Rachel, schon auf bayerischem Gebiet gelegen. Wir kreuzen einen Asphaltweg und gehen weiter mit Grün geradeaus bergab in Richtung Korýtko; links grüßt die Pension Korýtko herauf. Bei der **Teerstraße Kvilda–Modrava** ❸ folgen wir Gelb nach rechts und in leichtem Anstieg in Richtung Pechler. Der Weg steigt bis zum Waldrand an, wendet sich nach links, führt über eine ganz idyllische Lichtung und um eine Schonung herum, dann treffen wir auf einen Querweg und gehen mit Gelb nach links weiter. Nun geht es mit schönem Blick über das Vydratal hinüber zum Poledník mit seinem auffälligen Turm abwärts. Auch der Rachel lugt immer wieder herüber, nur müssen wir dorthin den Blick etwas rückwärts wenden. Bald wird der Weg steiler und führt direkt zum Hammerbach hinab und zur Lokalität **Pechler** ❹, wo einst zwei Bauernhäuser und eine Kapelle standen. Unser Weiterweg steigt mit Blau nach rechts das berühmte Hammerbachtal hinauf. Unzählige kleine Kaskaden, große und kleine Blöcke im Bachbett, umgeben von Mischwald, verleihen diesem Tal den Zauber Eichendorffscher Waldromantik, die uns wegen der nur geringen Steigung ganz besonders intensiv umströmt. Nach etwas mehr als 3 km passieren wir eine Schranke, gleich danach kann man an einer Furt mit Badestelle den Hammerbach überqueren oder hier zumindest die Füße bequem kühlen; wir gehen aber geradaus weiter und kommen erneut an den alten, abgeflachten Seifen, den Halden der Goldwäscher vorbei. Gleich danach mündet der blaue Weg in den grünen ein, wir gehen links hoch zum **Hotel Restaurant Rankl** ❺ und von dort auf der Asphaltstraße zurück nach **Horská Kvilda** ❶.

↗ 160 m | ↘ 160 m | 15.9 km

TOP 19

4.00 h

Třijezerní slať (Dreiseefilz) – Roklanský potok (Rachelbach)

Durch das schönste Tal des Böhmerwalds

Sicherlich ist das grenznahe Modrava (Mader) mit seinen nur 70 ständigen Bewohnern einer der am exponiertesten gelegenen Orte im Böhmerwald. Große Teile seiner Umgebung gehören zur inneren Kernzone des Nationalparks und dürfen auch zu Fuß nicht betreten werden. Die gesamten Maderer Filze (Modravské slatě), mit 3615 ha Fläche der größte Hochmoorkomplex des Böhmerwalds, sind der Allgemeinheit nicht zugänglich, u. a. zum Schutz des Auerhahns und des Birkhuhns. Dennoch zieht Modravas Umgebung wegen des Dreiseenfilzes und des von Wiesen und Sümpfen gesäumten Tals des Rachelbachs (Roklanský potok) viele Besucher an. Der Rachelbach entspringt auf böhmischer Seite unweit des Rachelsees nahe der nicht mehr zugänglichen Rachelhütte (Roklanská chata). Nach insgesamt 14 km vereinigt er sich bei Modrava mit dem Maderbach (Modravský potok) zur Vydra (Widra). Modrava wie auch Pürstling (Březník) unterhalb des Lusen sind Handlungsorte von Karel (Karl) Klostermanns 1891 veröffentlichtem Roman »Aus der Welt der Waldeinsamkeiten« (Ze světa lesních samot).

Ausgangspunkt: Parkplatz im Zentrum von Modrava, 982 m. Busverbindung Linie 974 von Sušice, im Sommer auch Verbindung von Kvilda.
Anforderung: Wanderung fast ausschließlich auf asphaltierten Wegen mit einem kürzeren, allerdings steil ansteigenden Teilabschnitt. Auch hier hat die Nationalparkverwaltung trotz der unmittelbaren Zone 1 viele der einst idyllischen Waldwege (mit Grasstreifen in der Mitte) neu und breit befestigt; andererseits darf manche ältere Plattenstraße auch zu Fuß nicht betreten werden – eventuell aufgrund von EU-Vorgaben, dass gewisse Anteile der Wanderwege eines Landes behindertengerecht sein müssen.
Einkehr: Modrava: Penzion Arnika, Top-Einkehr, rustikal, Sonnenterrasse (Tel. +420 602 444 447, penzion-arnika.cz); Penzion Modrava (Tel. +420 776 888 088, modrava.com); Pivovar Lyer, Brauerei, selbst gebraute Biere der Marke Lyer (Tel. +420 776 888 088, pivovarmodrava.cz).
Sehenswürdigkeiten: Modrava: Klostermannova chata (Klostermannbaude), vom tschechischen Touristenclub 1924 erbaute Touristenherberge in eigentümlicher Architektur. Sie steht unter Denkmalschutz, ist aber Hotel geblieben; Muzeum Dřevák, Museum der Holzverarbeitung, gleich bei der Brauerei (Tel. +420 722 634 107, sumavanet.cz/drevak).
Variante: Kurz nach Javoří Pila (Ahornsäge) 6 Abzweig am Punkt Trnavý potok für den Aufstieg auf den Oblík, 1225 m, mit guter Fernsicht. Hin und zurück knapp 6 km/180 Hm.

Die Wiesen am Rachelbach sind im Abendlicht besonders stimmungsvoll.

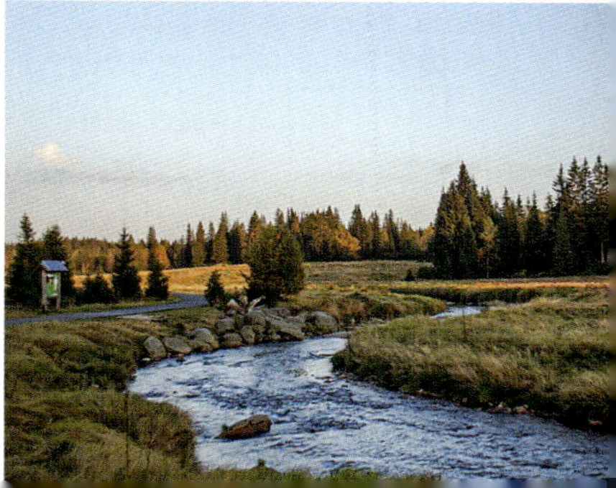

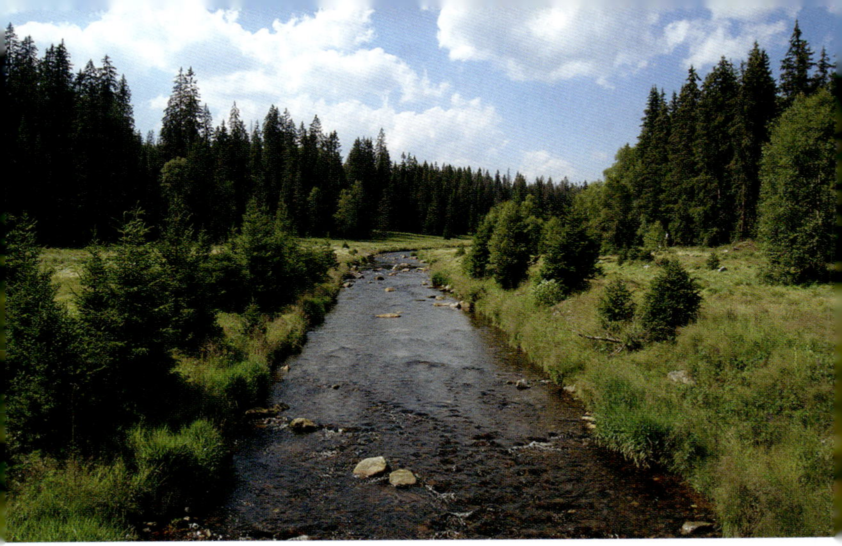

Traumverloren: das Tal des Rachelbachs bei Modrava.

Vom Parkplatz in **Modrava** ❶ gehen wir links vom Rachelbach aus dem Ort hinaus, gehen aber nicht über die Brücke zur Pension Modrava (die alte Bienertsäge, ein Fachwerkhaus mit Türmchen), sondern passieren die Brauerei und wechseln danach über eine neue Brücke auf die linke Flussseite (in Fließrichtung gesehen). Schon auf den ersten Metern zeigt sich das Tal in seiner ganzen Schönheit. Nach der Brücke gehen wir mit Rot nach links flussaufwärts auf der neuen und verbreiterten Asphaltstraße (Radtrasse 2113). Sie tut allerdings der grandiosen Landschaft keinen Abbruch. Es gibt aber ab diesem Punkt zwischen Asphaltstraße und Fluss eine Art Fußpfad, der in etwa bis zum Wegpunkt 2 bestehen bleibt. Etwa 750 m nach der Brücke zweigt am Punkt **U Hraběcihu mostu** ❷ nach links ein breiter Weg über ein ebenfalls neues Brückchen in die ansonsten unzugänglichen, oben erwähnten Moorgebiete ab, u. a. zum Mühlenmoor (Mlynárska slať): Auf diesem Weg ist es möglich, sich den geheimnisvollen verbotenen Kernzonen des Nationalparks zumindest bis zu bestimmten Punkten anzunähern.

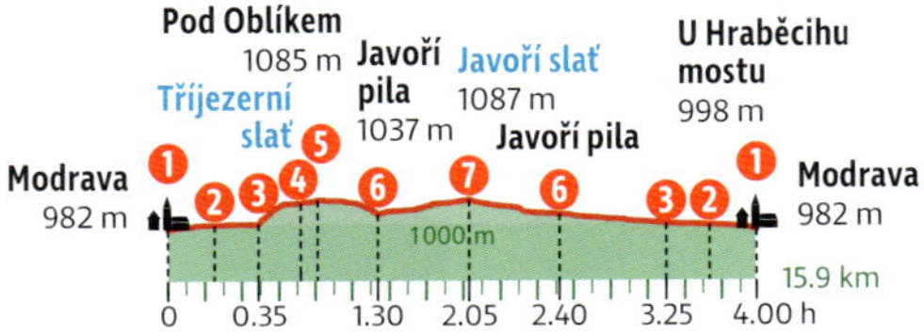

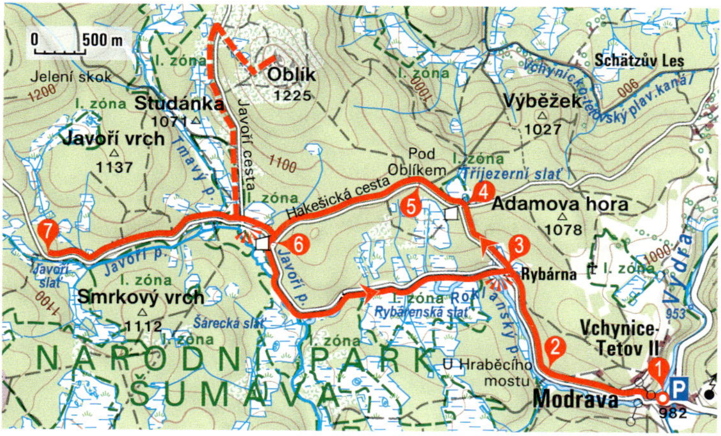

Wir gehen aber weiter mit Rot geradeaus und kommen am Gehöft Rybárna (Fischerhütten) vorbei. Dahinter gabelt sich der Weg ❸. Wir verlassen Rot und steigen auf einem weiteren Asphaltweg sehr steil nach rechts (Radweg 2122) hoch, bis wir nach etwa 1 km auf einen gelb markierten Querweg treffen. Geradeaus liegt direkt vor uns das verhältnismäßig kleine Moor **Třijezerní slať (Dreiseefilz)** ❹, das in Teilen auf einem Bohlenweg begangen werden kann. Entlang des Wegs sind viele typische und seltene Moorpflanzen mit Täfelchen gekennzeichnet und beschrieben.

Vom Moor gehen wir mit Gelb etwa 500 m westwärts zum Punkt **Pod Oblíkem** ❺. Hier treffen wir auf Blau und folgen ihm nach links nach Westen, bis wir nach gut 1,5 km und einem kleinen Abstieg schnell die **Javoří pila (Ahornsäge)** ❻ erreichen. Von der einstigen Säge und Gastwirtschaft ist heute nichts mehr zu sehen. Wir befinden uns hier wieder im Tal und stehen am Rand einer überirdisch schönen Aue am Javoří potok (Ahornbach), oberhalb von dessen Mündung in den Roklanský potok (Rachelbach). (Bald nach der Ahornsäge Abzweig der Variante zum Oblík mit herrlichem Ausblick.)

Vom Abzweig an der Javoří pila gehen wir mit der roten Markierung ungefähr 2,5 km den Fluss entlang aufwärts bis zum Punkt **Javoří slať (Ahornmoor)** ❼ – ein sehr empfehlenswertes Wegstück, das auch bezauberndste Landschaftsbilder bietet; vor allem erreicht man hier verschiedene Teilgebiete der Zone 1 des Nationalparks.

Wir kehren zurück zur **Javoří pila** ❻ und wandern knapp 5,5 km flussabwärts. Bei der Weggabelung ❸ erreichen wir wieder die bekannte Route und gehen über den Punkt **U Hraběcihu mostu** ❷ nach **Modrava** ❶ zurück. Die Schönheit des Tals lässt sich kaum in Worte fassen!

↗ 100 m | ↘ 100 m | 9.7 km

20 Von Modrava (Mader) nach Antýgl (Antigl)

2.30 h

Zur Vydra und zum Chinitz-Tettauer Schwemmkanal

Diese Wanderung durch die nördliche Umgebung Modravas ist von besonderem Reiz und führt zu mehreren sehr attraktiven Punkten. Zunächst bieten sich entlang der Westhänge der Vydra herrliche Ausblicke, durch ein kleines Sumpfgebiet geht es zum nahen Chinitz-Tettauer Schwemmkanal (Vchynicko tetovsky plavný kanal), dann kann man in Antýgl typische Böhmerwaldarchitektur bewundern und letztlich an einer schönen Badestelle sich in den Wassern der Vydra abkühlen – die Tour bietet von allem etwas, ist abwechslungsreich und sicherlich auch für Kinder ein besonderer Genuss.

Ausgangspunkt: Parkplatz im Zentrum von Modrava, 982 m. Busverbindung Linie 974 nach Sušice, im Sommer auch Verbindung nach Kvilda.
Anforderungen: Leichte Wanderung auf Feldwegen, Wiesenpfaden und Asphaltstrecken, nur kurzer Anstieg.
Einkehr: Modrava: Penzion Arnika, Top-Einkehr, rustikal, Sonnenterrasse (Tel. +420 602 444 447, penzion-arnika.cz); Penzion Modrava (Tel. +420 776 888 088, modrava.com); Pivovar Lyer, Brauerei, selbst gebraute Biere der Marke Lyer (Tel. +420 776 888 088, pivovarmodrava.cz); Hotel Antýgl mit Restaurant (Tel. +420 370 990 900, antygl.cz).

Vom Zentrum von **Modrava** ❶ gehen wir über die Brücke des Roklanský potok (Rachelbach), an der alten Bienertsäge (jetzt Penzion Modrava) vorbei und steigen gleich gegenüber der Penzion Arnika mit Rot einen Wiesenhang hinauf. Von oben bietet sich ein schöner Blick über Modrava, man wird aber auch bemerken, wie sehr sich das noch vor zehn Jahren beschaulich-kleine Böhmerwalddorf ausgebreitet hat. Oben mündet Rot in einen breiten Fahrweg ein, wir gehen nach rechts (Fahrrad-Verbots-Schild). Dann geht es entlang von kleinen Waldstücken und Wiesenparzellen leicht bergab. Wir queren ein kleines Bächlein – etwa hier standen die Streusiedlungen Chinitz und Tettau, nach denen der nahe Schwemmkanal benannt

Badevergnügen in der Vydra nahe der Rechle-Brücke.

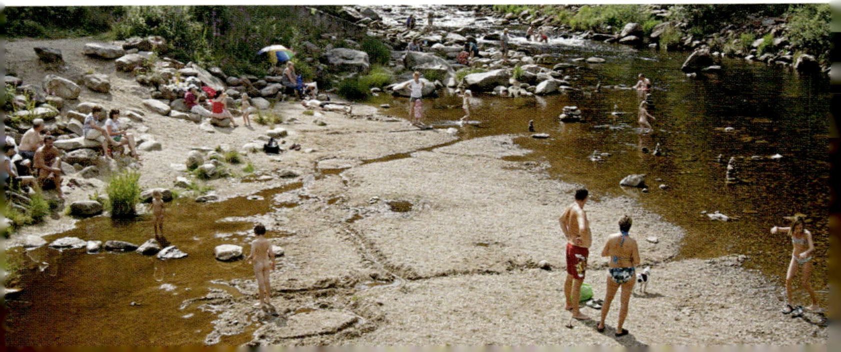

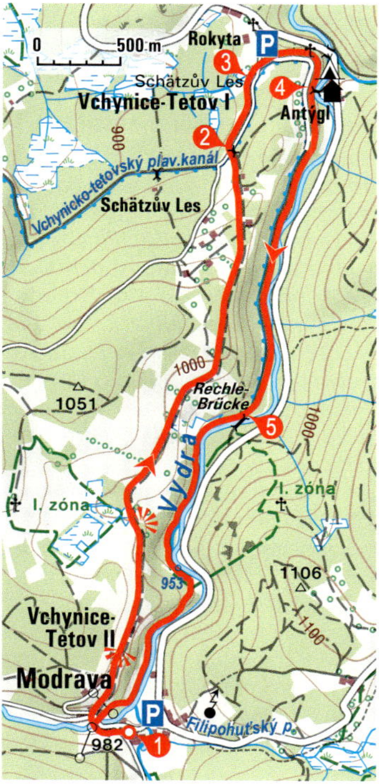

ist. Unser rot markierter Weg wendet sich nach rechts. Wir gehen ein kurzes Stück auf Bohlen durch ein kleines Sumpfgebiet, dann steigt der Weg an und wir erreichen den Wald. Auf einem steinigen Pfad geht es dann allmählich abfallend zur Trasse des **Radwegs 2114** ❷.
Hier treffen wir auf den Schwemmkanal, biegen jetzt mit Grün nach rechts ab und gehen den Kanal aufwärts – obwohl man die ganze Zeit den Eindruck hat, weiter leicht bergab zu laufen. Wir kommen an einem historischen, sehr hübschen Kanalbrückchen vorbei. An der Lokalität **Schätzův Les** ❸ beim Weiler Rokyta biegen wir parallel zum Kanal mit Grün nach rechts ab und erreichen eine weitere Asphaltstraße, in die wir mit Grün rechts einbiegen, dabei weiter parallel zum Kanal bleiben. Bald machen Kanal und Straße eine scharfe Rechtswendung, links unterhalb des Wegs werden nun das in sehr schöner alter Volksarchitektur gehaltene **Gutshaus Antýgl** ❹ und der zugehörige Campingplatz sichtbar. (Hier können wir zu einem kleinen Imbiss kurz hinuntersteigen, müssen dabei aber die Vydra auf einem Brückchen überqueren.) Unser Weg bleibt oben, passiert das Hotel Antýgl und führt mit Grün weiter am Kanal entlang. Nach etwa 2 km erreichen wir die Hradlový most (Rechle), die **Rechle-Brücke** ❺. Hier, am Abzweig aus der Vydra, beginnt der Schwemmkanal. An der Brücke gibt es eine hübsche Badestelle, die Vydra ist hier flach und breit, sodass auch Kinder gefahrlos baden können.
Wir gehen unmittelbar vor der Brücke nach rechts über den hier beginnenden Schwemmkanal und folgen dann dem Fußpfad entlang der Vydra flussaufwärts. Der Weg am linken Ufer (in Fließrichtung) ist zwar schmal, doch geht es recht abwechslungsreich leicht bergauf und bergab. Bei der Pension Arnika, unweit der Brauerei, erreicht man wieder **Modrava** ❶.

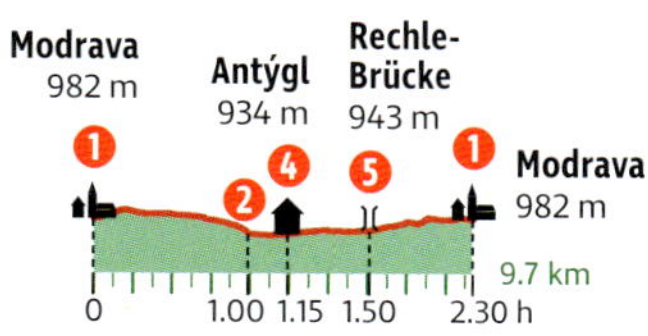

TOP

21

↗ 330 m | ↘ 330 m | 15.1 km

Moor Cikánska Slať (Zigeunerfilz) – Březník (Pürstling)

4.15 h

Zu einer der weltfernsten zugänglichen Stellen des Böhmerwalds

Wie überall um Modrava sind auch die Landschaften südlich des Orts von zauberischer Schönheit: das Tal des Modrávský potok (Maderbach), das geheimnisvolle Zigeunerfilz und besonders das Tal des Luzný potok (Lusenbach). Der Blick über das Tal zum Lusen hin ist trotz aller Waldschäden einer der großartigsten des Böhmerwalds. Etwa seit dem Jahr 2000 ist der direkte Weg zum Lusen gesperrt, was auch in Zukunft so bleiben wird. Da auch der Umweg über den Großen Spitzberg zurzeit nicht zugänglich ist, besteht von tschechischer Seite kein Zugang zum Lusen. Gesperrt sind auch die Asphaltwege der vormaligen Grenztruppe, die etwa von Březník aus um den Berg Studená hora (Kaltstaudenberg), 1298 m, herum und weiter zur heute verfallenen Rachelhütte am Berg Medvedí hora (Bärensteindl), 1224 m, bzw. entlang des Baches Březnícky potok (Pürstlingbach) verlaufen.
Das Gebiet zwischen Mader und Lusen ist zumindest außerhalb der Sommersaison fast menschenleer, die Abgeschiedenheit und Unberührtheit der einstigen Grenzzone macht dabei den besonderen Zauber der Hochebene aus. Von der einst bestehenden Siedlung Březník (früher Pürstling) existiert nur noch das alte Hegerhaus – von den Nachkriegsjahren bis 1990 diente es der tschechoslowakischen Grenztruppe, heute beherbergt es das Informationszentrum des Nationalparks und ein Gasthaus. Es ist einer der Haupthandlungsorte von Karel Klostermanns Roman »Aus den Waldeinsamkeiten«. Březník bietet übrigens zwei klimatische Superlative: Es ist der regenreichste (1600 mm Jahresdurchschnitt) und mit 3,7 Grad Durchschnittstemperatur der kälteste Ort Böhmens.

Ausgangspunkt: Parkplatz im Ortszentrum von Modrava (Mader), 982 m. Buslinie 974 von Sušice, im Sommer auch Verbindung von Kvilda.
Anforderung: Überwiegend leichte Tour auf Waldpfaden und Bohlenwegen, zu großen Teilen aber auf Asphaltwegen. Am Anfang verhältnismäßig steiler Anstieg.

Einkehr: Modrava: Penzion Arnika, Top-Einkehr, rustikal, Sonnenterrasse (Tel. +420 602 444 447, penzion-arnika.cz); Penzion Modrava (Tel. +420 776 888 088, modrava.com); Pivovar Lyer, Brauerei, selbst gebraute Biere der Marke Lyer (Tel. +420 776 888 088, pivovarmodrava.cz); Březník: Restaurant und Infozentrum (Mai–Sept. tgl. 10–17 Uhr).

Von **Modrava** ❶ steigen wir direkt rechts neben dem Beginn der Asphaltstraße auf einem schmalen, zunächst steilen, grün markierten Pfad auf. Dies ist der alte Pürstlinger Steig (Stará březnická cesta), die einstige Hauptverbindung zwischen Mader und Pürstling, bevor nach 1900 der Fahrweg durch das Maderbachtal gebaut wurde. Wir gelangen nach gut 150 m zu einer breiten Kreuzung, wo ein teilbefestigter Weg links hinab zur

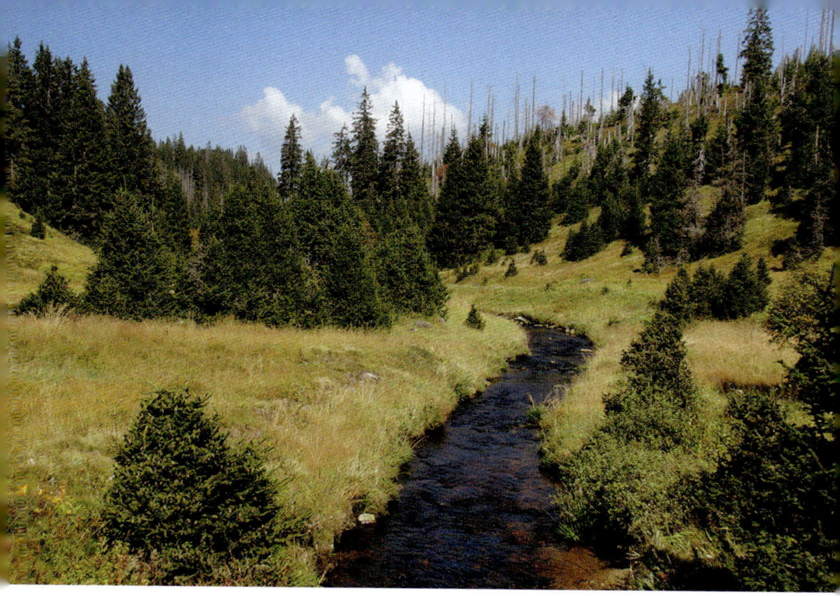

Eine Landschaft von unwirklicher Schönheit: das Tal des Lusenbachs bei Březník.

erwähnten Fahrstraße führt, wir aber gehen mit Grün geradeaus und jetzt mit geringerem Anstieg weiter. Schon von hier sind die Waldschäden durch Sturm und Borkenkäfer, die in den letzten zehn Jahren die höheren Böhmerwaldlagen heimgesucht haben, unübersehbar. Der Weg wendet sich in weitem Bogen nach rechts, steigt entlang des Südosthangs des Modravská hora (Blohausberg), 1157 m, wieder stärker an und senkt sich dann erneut hinab. Wir erreichen am Moor Mala Cikánska Slať (Kleines Zigeunerfilz) einen Teil der Kernzone 1 des Nationalparks; es liegt deutlich tiefer als seine Umgebung. Wir durchschreiten es auf einem Bohlenweg und verlassen die Kernzone nach etwa 500 m beim »Ortsschild« von **Cikánska Slať** ❷.
Jetzt steigt der Weg wieder an. Nach längerem, jedoch sehr aussichtsreichem Aufstieg auf einem guten, teilweise asphaltierten Weg gelangen wir zum sogenannten Trampuskreuz, **U Trampusova křížku** ❸, wo die inzwischen verschwundene Holzfällersiedlung Josefstadt bestand. Nach rechts führt ein Weg in die »verbotenen« Böhmerwaldgefilde der Zone 1.

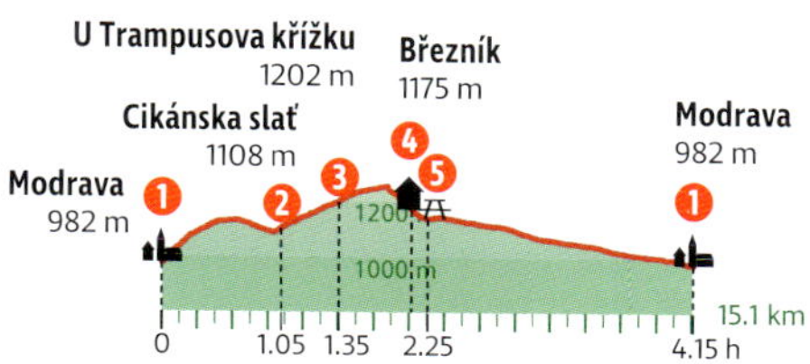

Nach weiterem Anstieg gelangen wir auf 1260 m Meereshöhe zum höchsten Punkt der Wanderung, wo schon der Lusen mit seiner kahlen Bergkuppe aus der Ferne herüberblickt. Die Wälder in der erreichten Höhe sind fast alle geschädigt bzw. schon abgetragen – bedauerlich, doch ermöglicht es einen weiten Rundblick.

Dann senkt sich die Straße hinab nach **Březník** 4, wo wir am Infozentrum des Nationalparks (mit kleiner Klostermann-Ausstellung und gutem Gasthaus) Rast machen und den unvergleichlich schönen Blick auf den Lusen und das Tal des Lusenbachs genießen.

Dann gehen wir auf der Asphaltstraße zu der Stelle hinunter, wo Lusenbach und Pürstlingbach zusammenfließen und dabei den Maderbach (Modravský potok) bilden. Hier stoßen wir auch auf einen kleinen Rastplatz und eine **Wegekreuzung** 5. (Leider ist der herrliche Pfad durch das Tal des Lusenbachs hinüber zur Blauen Säule und zum Lusen gesperrt – aufgrund des, auch nach Meinung zahlreicher Naturfreunde, zu rigorosen »Auerhahnkults« des Umweltministeriums – die Nationalparkverwaltung hätte den Weg zeitweilig gerne freigegeben.)

Der Abstieg von der Wegekreuzung nach Modrava erfolgt bequemerweise auf der nur flach abfallenden Teerstraße entlang des Modravý potok (Maderbach). Trotz der geschädigten und toten Bäume, die das Tal in seinem oberen Abschnitt säumen, ist es ein sehr malerischer Weg, der nach rund 7,5 km in **Modrava** 1 endet.

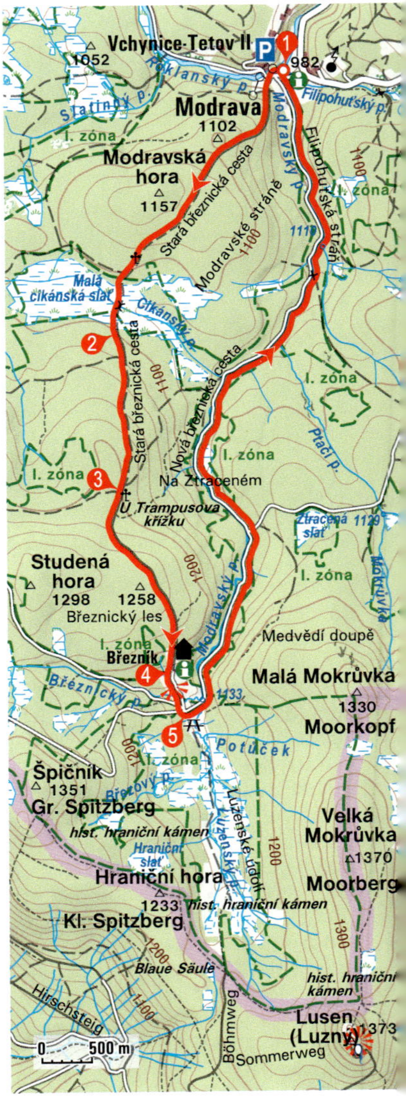

↗ 320 m | ↘ 320 m | 16.3 km

4.30 h

Von Kvilda (Außergefild) zur Moldauquelle (Pramen Vltavy)

22

Auf dem Goldenen Steig zur Quelle des böhmischen Nationalflusses

Für die meisten Tschechen ist es vaterländische Pflicht, einmal im Leben an der Quelle des bedeutendsten böhmischen Flusses zu stehen. Die Moldau (Vltava) ist nicht zuletzt auch durch Smetanas berühmtes Orchesterwerk (1874) ein Synonym für Böhmen geworden. Der Fluss entspringt in zwei Quellen: nahe der bayerischen Grenze, etwa 6 km südlich von Kvilda auf 1170 m Höhe als Warme Moldau (Tepla Vltavá) – was als Hauptquelle gilt – und als Kalte Moldau (Studená Vltavá) im Bayerischen Wald östlich von Freyung am Haidelberg, 1167 m. Die Kalte Moldau mündet bei Chlum (Humwald), südlich von Volary (Wallern), nach etwa 18 km in die Warme ein. Der vereinigte Fluss ergießt sich nach 440 km bei Melník nördlich von Prag in die Elbe.

Kvilda entstand in der Mitte des 14. Jh. als Handelsstation am Goldenen Steig. Als eigenständiger Ort existiert es seit etwa 1500. Von größter Bedeutung wurde nach 1820 die Herstellung von Resonanzholz für Musikinstrumente. Das dazu geeignete Holz besitzt aufgrund seines langsamen Wachstums, wie es auf den Böhmerwaldhöhen der Fall ist, sehr enge Jahresringe. Die Tour verläuft über den Bergreichensteiner Zweig des Goldenen Steigs, der von Passau über Mauth und Kvilda (Außergefild) nach Bergreichenstein verlief.

Ausgangspunkt: Kvilda, Parkplatz an der Moldaubrücke, 1046 m. Bus Nr. 665 über Horská Kvilda von/nach Vimperk, Nr. 667 über Borova Lada und Zdíkov von/nach Vimperk, Nr. 702 desgleichen aber weiter bis Prag, Nr. 280 über Vimperk nach Tábor. Im Sommer verkehren weitere Linien, auch nach Modrava.
Anforderungen: Leichte, aber längere Wanderung mit einigen steilen Teilabschnitten, jedoch fast immer auf breiten unbefestigten Wegen und Teerstrecken.
Einkehr: Kvilda: Hotel Šumava Inn, mit Restaurant (Hausnummer 26, Tel. +420 388 402 511, sumavainn.cz); Pension Pekárna Kvilda, mit Hausbrauerei und Restaurant (Hausnummer 75, Tel. +420 723 948 612, pekarnakvilda.cz); Bučína: Hotel Restaurant Alpská Vyhlídka (Tel. +420 380 428 888, alpskavyhlidka.cz).
Sehenswürdigkeiten: Kvilda: neugotische Kirche St. Stephan mit als Gedenkstätte wiederhergestelltem altem deutschen Friedhof dahinter; Heimatmuseum u. a. mit Ausstellung zur Geschichte von Bučina und Kvilda (in der Saison Di–So 10–12.30, 13.30–16 Uhr, Hausnummer 17, Tel. +420 727 911 123, sumava.net/kvilda); Bučína: ehemalige Grenzbefestigungen am Eisernen Vorhang.
Variante: Empfehlenswerte Zusatzrunde nach Knížecí Pláně. Von Bučína etwa 300 m, vorbei am Hotel Alpská Vyhlídka, Richtung Grenze, dann mit Rot links in den Wald. Nach etwa 1 km beim Punkt Chaloupky mit der gelben Markierung nach links etwa 700 m zum Punkt Furík und zur Asphaltstraße von Bučina. Auf ihr mit Gelb weiter nach rechts gehen. Ab dem Abzweig zum alten deutschen Friedhof von Knížecí Pláně (Fürstenhut) mit Blau auf der Asphaltstraße bis zum Restaurant Hájenka, dem einzigen Gebäude, das von Knížecí Pláně noch bzw. wieder steht. Zurück bis Furík und dann direkt über die befestigte Allee hinauf nach Bučina (7 km, 150 m im Auf-/Abstieg und 2 Std. zusätzlich).

Vom Parkplatz an der Moldaubrücke in **Kvilda** ❶ gehen wir mit Blau und Grün auf dem Asphaltweg leicht bergauf. Nach wenigen Minuten wandern wir mit Blau auf dem Fahrweg rechts das Moldautal aufwärts. Blau führt uns entlang der breiten Talaue bis zum Wald, im Wald geht es mit mäßigem Anstieg bergan. Etwa 150 m hinter dem Punkt **Nad Vltavskou cestou** ❷ überqueren wir auf einem Brückchen die Warme Moldau; bald weicht der Wald zurück, die Baumschäden werden immer stärker. Nach etwa 2 km stehen wir auf 1190 m Höhe an der **Moldauquelle** ❸. Die unscheinbare Quelle, einige Meter links unterhalb des Weges, ist hier nicht natürlich gebildet, sondern ein von Menschenhand gemachtes Becken, in dem verschiedene Rinnsale der umliegenden Hänge zusammenlaufen. Infotafeln erläutern den Moldaulauf, der sich vor einigen 10.000 Jahren nicht zur Elbe, sondern zur Donau hinwandte.

Wir gehen zum Punkt **U Pramene Vltavy (Bei der Moldauquelle)** ❹ und wenden uns mit Rot nach links Richtung Bučína. Nach etwa 300 m steigt die Straße ziemlich steil den Hang des Berges Stráž empor. Am Punkt **Pod Stráží** ❺ mit hübschem Picknickplatz erreicht die Wanderung auf 1258 m ihre höchste Stelle.

Dann geht es allmählich bergab, nach etwa 500 m biegen wir mit Rot nach rechts auf einen ebenso breiten, jedoch grober geschotterten Weg ab. Auf ihm erreichen wir weiterhin bergab gehend die Teerstraße Kvilda–Bučína, Letzteres ist sogar mit einem zweisprachigen Ortsschild angekündigt. Wir folgen der Straße nach rechts bergab und stehen inmitten eines nicht mehr vorhandenen Dorfs – in der einst auf 1162 m höchstgelegenen Gemeinde des Böhmerwalds, **Bučína (Buchwald)** ❻. Der Kahlschlag durch die Grenztruppen hat in den 1950er-Jahren kein Haus übrig gelassen. Wir kommen an einer Gedächtniskapelle vorbei, rechts oberhalb davon steht der imposante Bau des Hotels Alps-

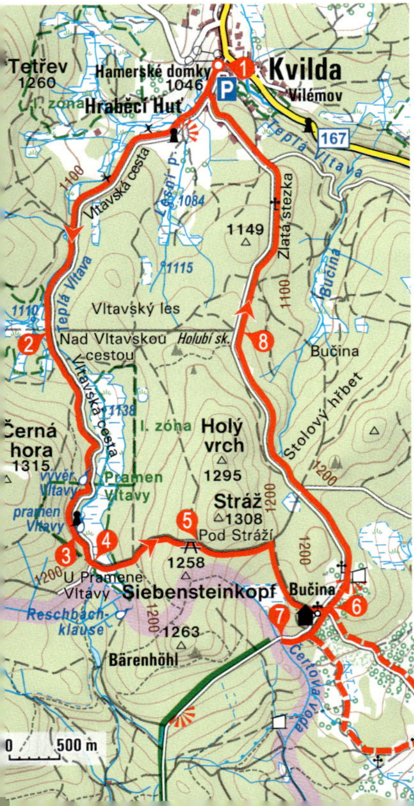

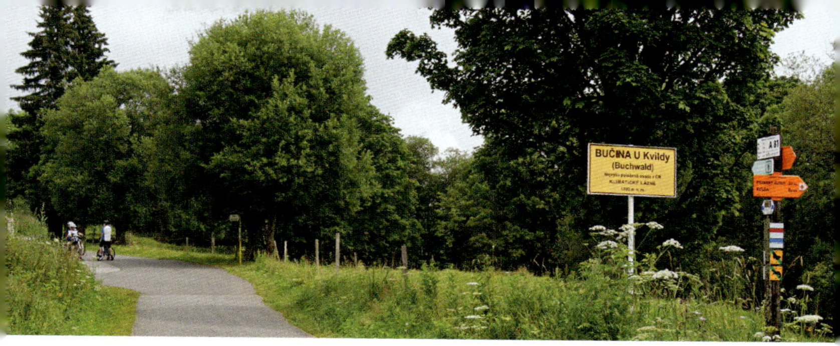

Ortseingang von Bučína, dem einst höchstgelegenen Dorf des Böhmerwalds.

ká Vyhlídka (Alpenblick; mit 1180 m über Meereshöhe das höchstgelegene Hotel der Tschechischen Republik). Unmittelbar rechts an der Straße sehen wir die beklemmenden Grenzsicherungsanlagen aus der Zeit vor 1990. Wir gehen noch etwa 300 m weiter bergab bis zur eigentlichen **böhmisch-bayerischen Grenze** 7. Hier gibt es einen Übergang für Fußgänger und Radler, von der bayerischen Seite aus darf man mit dem Pkw zu bestimmten Zeiten bis direkt zu diesem Grenzpunkt fahren (ansonsten gibt es hier einen Linienbusanschluss nach/aus Finsterau). Wer möchte, kann von hier aus mit Rot noch knapp 3 km bis zum 1860 für die Holztrift errichteten künstlichen See Reschbachklause spazieren – eine hübsche Ergänzung ist dies allemal (der Weg dorthin geht aus lokalen Wanderkarten hervor).

Für den Rückweg nach Kvilda bleiben wir von **Bučína** 6 aus auf der Asphaltstraße (grüne Markierung). Der Weg verläuft nun auf einem Teilstück des Goldenen Steigs. Etwa 300 m nördlich von Bučína befindet sich rechts vom Weg einer der an einigen Stellen in den höheren Lagen zu findenden Notübernachtungsplätze, wo man bei Dunkelheit oder Unwetter mit oder ohne Zelt versuchen kann, die notwendige Zeit abzuwarten. Bei gutem Wetter jedoch hat man von hier aus einen Alpenblick, der dem vom Hotel Alpská Vyhlídka keineswegs nachsteht. Wir gehen mit Grün weiter nordwärts, die Straße senkt sich dabei allmählich bergab. Wir passieren den Abzweig (rechts) der Židovská cesta, des »Judensteigs« (der hinüber nach Borova Lada bzw. Knížecí Pláně führt). Am Punkt **Pod Holubí skalou** 8 sieht man links einige Betonpyramiden, die einst als Fahrzeugsperren dienten, um hier in Grenznähe mögliche Durchbrüche zu verhindern; dann geht es nach einem längeren, aber angenehmen Wegstück durch die Wälder nach **Kvilda** 1 zurück.

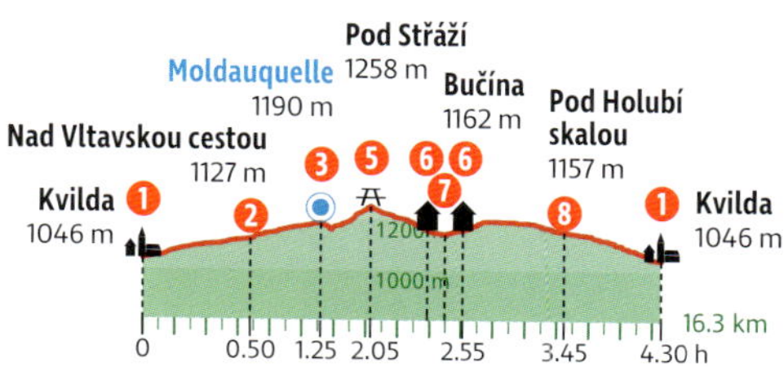

↗ 230 m | ↘ 230 m | 16.0 km

23 Vom Moor Chalupská Slať (Königsfilz) zum Alpenblick

4.15 h

Abwechslungsreiche Wanderung voll schönster Naturimpressionen um Borová Lada (Ferchenhaid)

Unter den zugänglichen Mooren des Böhmerwalds ist das 137 ha große Chalupská Slať (Königsfilz) sicherlich eines der schönsten. Es liegt nicht im Wald versteckt, sondern im breiten Tal des Vydří potok. Zudem besitzt es einen zauberhaften kleinen See, der einige schwimmende Inseln aufweist und mit 1,3 ha Fläche Böhmens größter Moorsee ist. Über einen Bohlensteig ist nur ein sehr kleiner Teil des Moores begehbar, das Naturerlebnis ist dennoch beeindruckend. Östlich des Moores steigt die Landschaft sanft zu den Bergen Kamenná, 1101 m, und Bukovec, 1099 m, hin an. Von dessen Südseite lassen sich bei guter Sicht die Alpen erkennen. Auf dieser Wanderung mit den vielfältigsten Naturimpressionen lassen sich Moor und Alpenblick auf das schönste verbinden. Borová Lada ist ein nur kleiner touristischer Ort, er wird jedoch als Ausgangspunkt für die unterschiedlichsten Wanderungen (sowohl zum Moor als auch zur Hochebene um Knižecí Pláně/Fürstenhut) viel besucht.

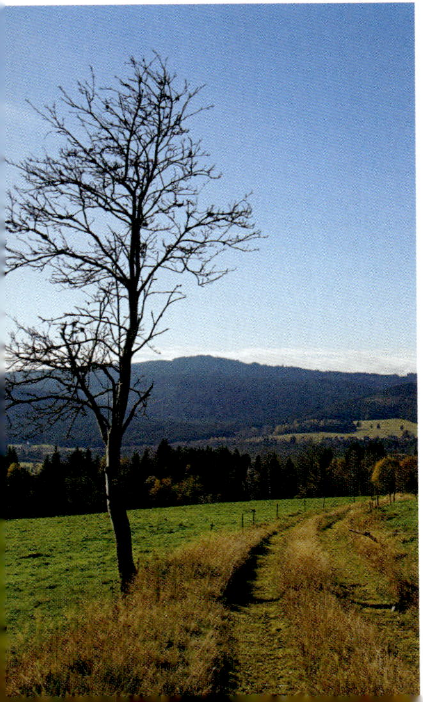

Ausgangspunkt: Borová Lada (Ferchenhaid), Parkplatz an der Moldaubrücke, 895 m. Buslinie 667 von/nach Kvilda und Vimperk, 702 und 280 von/nach Vimperk, von dort nach Tábor und Prag.
Anforderungen: Leichte Wanderung auf Waldpfaden und Asphaltwegen. Der Anstieg zum Bukovec ist etwas steiler; der Abstieg vom Alpenblick kann nach Regen etwas sumpfig werden.
Einkehr: Borová Lada: u. a. Gasthof Borůvka (Tel.+420 776 411 478); Gasthof U Černého vlka (Tel. +420 732 136 575); Nové Hutě: U Studeného Potoka (Tel. +420 601 371 616, ustudenehopotoka.cz); Restaurant Klostermann (Tel. +420 338 434 126, pensionklostermann.cz); Restaurant U Sabata (Tel. +420 724 358 974).
Sehenswürdigkeiten: Borová Lada: Eulengehege (Soví Voliéry), 300 m vom Parkplatz entfernt (Mai–Sept. Di–So 10–16.30 Uhr, npsumava.cz); Nový Svét (Neugebäu) an der Straße Borová Lada–Šindlov: restaurierter alter deutscher Friedhof (Hrbitov) und Kirchenruine.

Landschaft nördlich von Borová Lada.

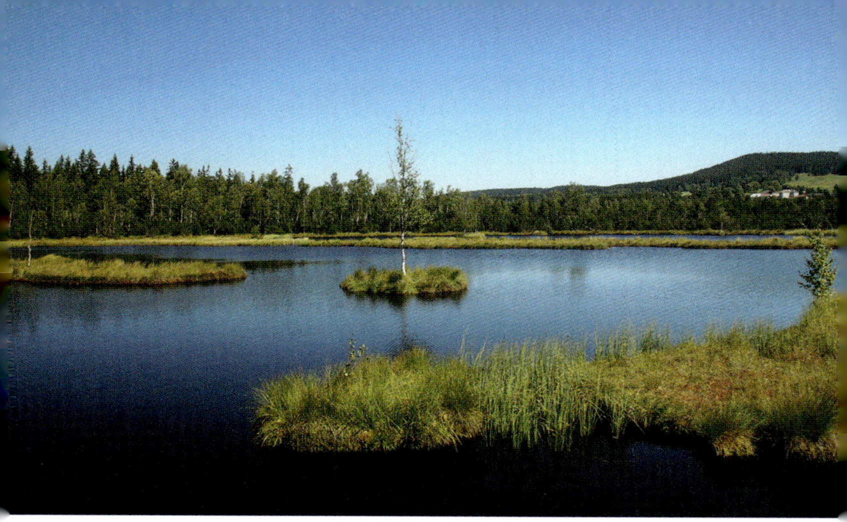

Der Moorsee im Königsfilz mit seinen schwimmenden Inseln.

Vom Parkplatz in **Borová Lada** ❶ gehen wir in Richtung Ortsmitte und dann mit grüner Markierung auf der Teerstraße in Richtung Kvilda. Nach 1 km biegen wir an einem weiteren Parkplatz beim Weiler Svinná Lada (Seehaid) mit Grün (gleichzeitig die Radtrasse 1040) nach rechts in Richtung Moor Chalupská Slať ab. Wir passieren einige hübsche Böhmerwaldhäuschen, gleich danach können wir über einen Bohlenweg rechts ins Moor hineingehen. Der etwa 400 m lange Bohlenweg endet am **Moorsee** ❷.
Wir gehen auf dem Bohlenweg wieder zurück und wenden uns auf der grün markierten Asphaltstraße nach rechts, passieren das Informationszentrum des Nationalparks und folgen weiter mit Grün der Teerstraße, rechts von uns erstreckt sich das Moor. Man hat von hier einen guten Blick über die Feuchtwiesen des Moorgebiets, das natürlich auch Teil der Zone 1 des Nationalparks ist. Nach knapp 1,5 km macht der Weg eine scharfe Linkskurve, steigt kurz etwas an und schlägt wieder seine alte Richtung ein. Nun verläuft er auf etwas höherem Niveau entlang des Moorgebiets nordwärts. Nach weiteren 2 km sind wir am Nordwestrand des Moors angekommen und erreichen die Straße Nové Hutě (Kaltenbach)–Šindlov (Schindlau) am Punkt **Pod Zvěřínem** ❸ mit dem Gasthof U Studeného Potoka. (Zu den Gasthöfen Klostermann und U Sabata sind es knapp 1,5 km.)

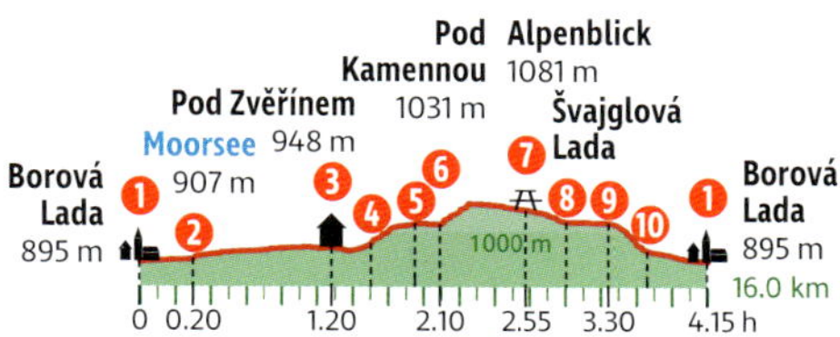

Unsere Route biegt nach rechts ab; wir verlassen Grün und gehen auf der Teerstraße erst bergab, dann wieder hinauf, bis wir nach ziemlich genau 1 km auf die Straße Borová Lada–Paseka stoßen. An der Kreuzung befand sich einst der Weiler **Šindlov** **4**, von dem aber am Hang nur drei verstreute Häuser und eine malerische kleine Kapelle übrig geblieben sind. Mit der roten Markierung steigen wir jetzt den Hang bis zum Waldrand hinauf, dann weist uns die rote Markierung über einen Wiesenpfad nach rechts, dem wir bis zu einer Baumgruppe in der Mitte folgen, und gehen oberhalb der Bäume nach rechts weiter. Auch von hier genießt man einen prächtigen Blick über das Moor und das Tal.
Rot leitet uns entlang eines Feldrains oberhalb eines anscheinend verlassenen Gehöfts vorbei, auf gleicher Höhe bleibend gelangen wir zum Waldrand nahe des zweiten der beiden Strommasten. Nun leitet uns Rot nach links und gleich auf einen romantischen Waldpfad. Kurz darauf kommen

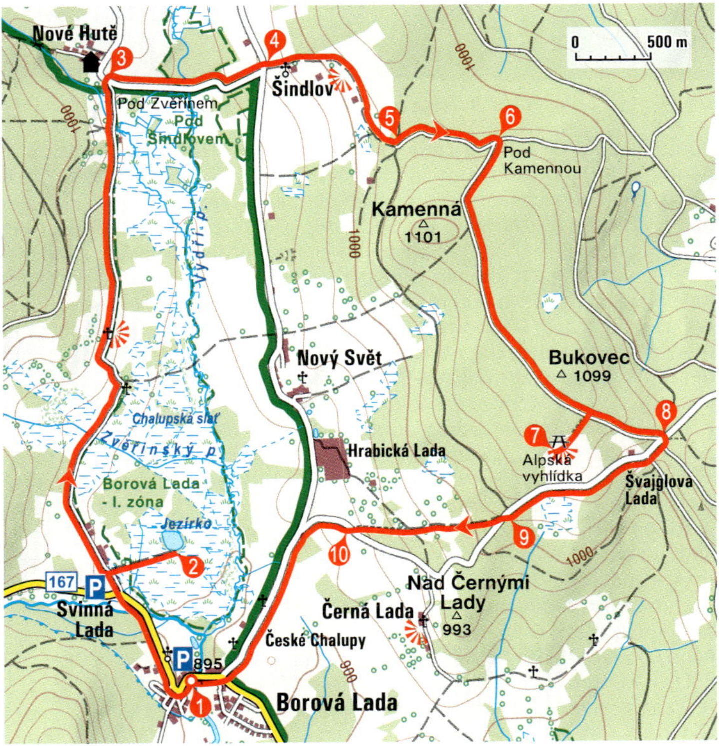

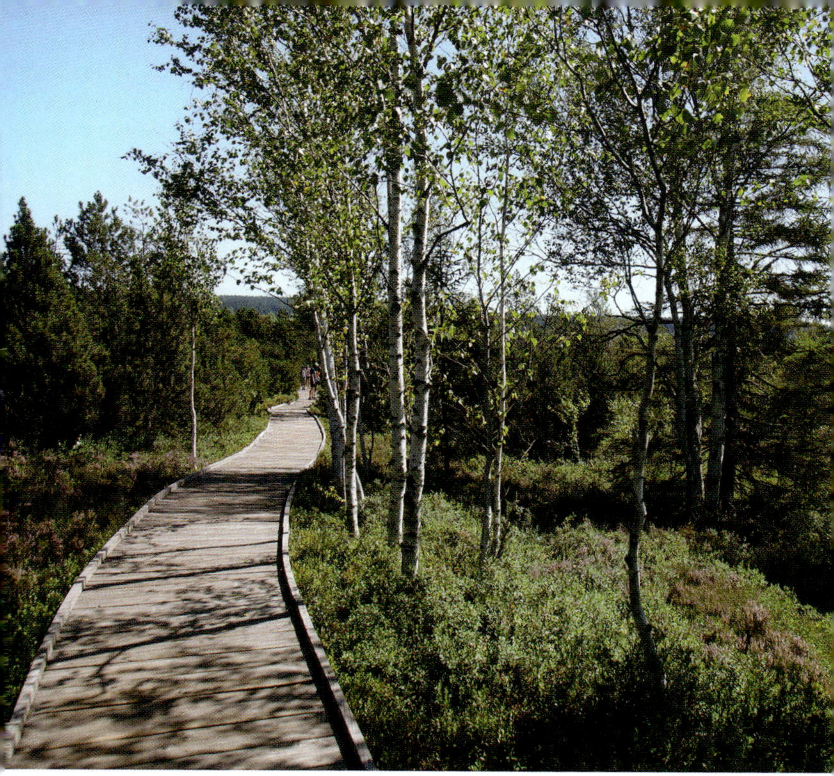

Ein Steig aus Holzplanken führt durch das zauberhafte Königsfilz.

wir zu einer Waldwegkreuzung 5 und gehen über sie halb links hinweg und mit Rot auf einem breiten Waldweg weiter. Gut 800 m bleiben wir in etwa auf der gleichen Höhe und biegen dann an einer breiten Einmündung, dem Punkt **Pod Kamennou** 6, mit Rot nach rechts ab (Gelb, das uns auch seit Šindlov begleitet hatte, führt geradeaus weiter). Jetzt geht es verhältnismäßig steil zum Berg Bukovec hinauf. Ein längeres Stück geht es jetzt bis auf fast 1100 m Höhe bergauf, wir wandern knapp unterhalb des flachen Gipfels des Bukovec vorbei, dann wird der Weg flacher und beginnt sich zu senken. Nach dem Punkt Pod Bukovcem biegen wir mit roter Sondermarkierung zum Alpenblick nach rechts ab, gehen ein kleines Stück durch den Wald und erreichen eine paradiesische Aue. Hier gehen wir nach rechts am Waldrand entlang, bis wir nach etwa 250 m zu einem kleinen Rastplatz **Alpská vyhlídka (Alpenblick)** 7 kommen, wo die Berge besonders nahe scheinen.

Wir kehren zurück zur Waldstraße und wandern auf ihr nach rechts hinunter zur Straße Borová Lada–Vimperk beim verschwundenen Dorf **Švajglová Lada** 8. Hier verlassen wir Rot und folgen der Teerstraße mit Grün nach rechts, kommen unterhalb der Wiese mit dem Alpenblick an einer großen alten Linde vorbei und gehen weiter bis zum Wald. Etwa 300 m nach dem Waldrand biegt ein Waldweg mit Grün nach rechts von der Teerstraße ab 9 und führt über einen etwas steinigen Waldweg bergab, erreicht jedoch rasch eine idyllische Wiesenlandschaft. Auf einem bisweilen recht

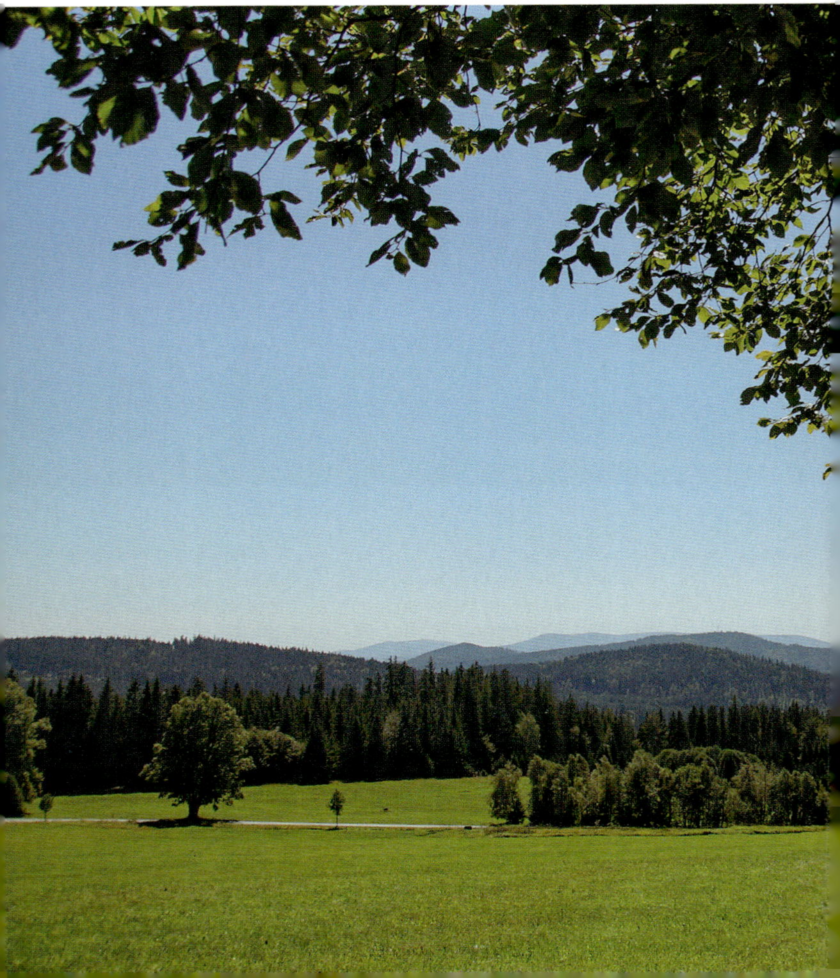

sumpfigen Wiesenpfad gehen wir mit Grün weiter abwärts, halten und an einer ebenso sumpfige Wiesenwegkreuzung geradeaus und passieren einige kleine Häuschen, bis wir die Teerstraße, die wir unlängst verlassen haben, wieder erreichen ⑩. Wir folgen Grün nach rechts, gelangen zur Straße Borová Lada–Šindlov, biegen hier nach links ab und erreichen nach knapp 1,5 km wieder **Borová Lada** ①.

Vom »Alpenblick« erkennt man bei guter Sicht den Dachstein.

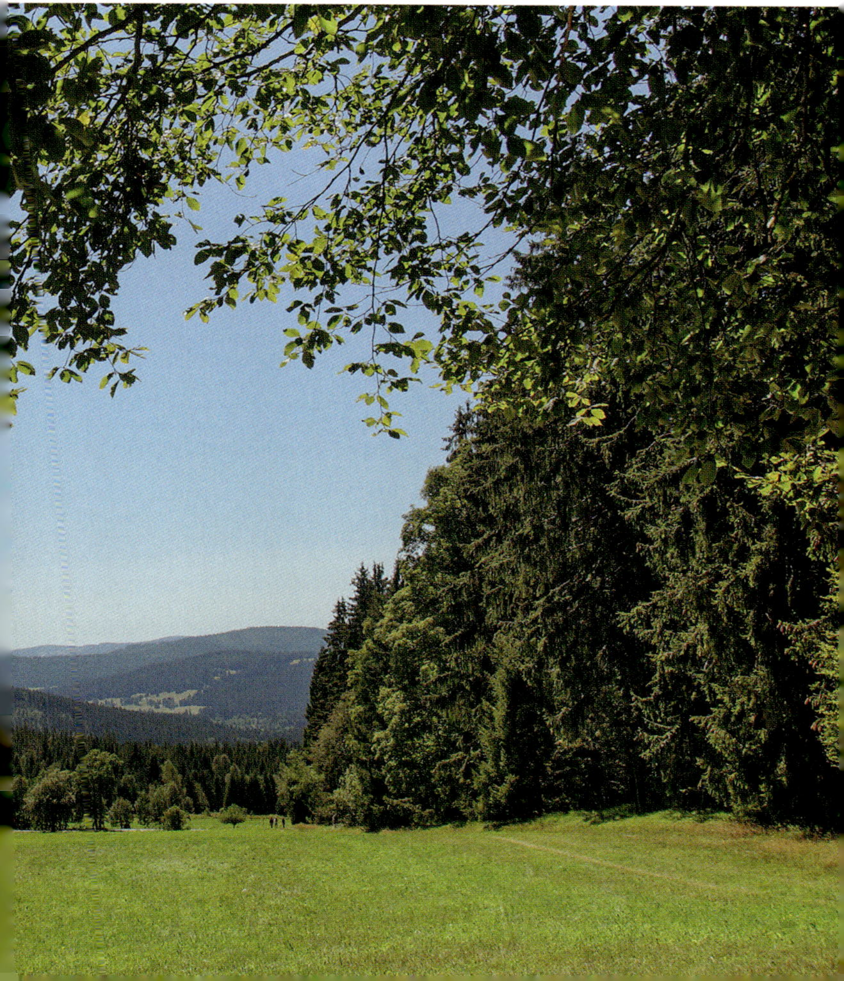

TOP

24

↗ 190 m | ↘ 190 m | 12.7 km

Durch einsame Gefilde nach Knížecí Pláně (Fürstenhut)

3.30 h

In eine Welt der Stille und Einsamkeit

Auch Knížecí Pláně, das ehemalige Fürstenhut, ist wegen seiner Grenznähe abgerissen worden. Bis 1990 unzugänglich, waren die Gebiete nahe der Grenze indirekt zu einer Art Naturschutzgebiet geworden, gewissermaßen zu einer unbetretbaren Kernzone eines Nationalparks. Auch über 25 Jahre nach dem Fall der Grenze wirken jene Regionen immer noch so verwunschen, wie wenn die Zeit über sie keine Wirkung gehabt hätte. Eine Begegnung mit dem entlegenen Knížecí Pláně zählt zweifellos zu den Höhepunkten eines Böhmerwaldaufenthalts. Fürstenhut, gelegen auf 1022 m, entstand erst 1792 und war Ende des 19. Jh. mit etwa 500 Bewohnern eines der größten Dörfer der höheren Lagen. Seit 1864 gab es eine eigene Kirche, vorher ging man nach Bučina (Buchwald) zum Gottesdienst. Heute erinnern nur mehr ein Gasthaus und der abseitig gelegene Friedhof mit den Fundamentresten der Kirche an den untergegangenen Ort. Die einsame Hochfläche ist von großem melancholischem Zauber erfüllt, der jeden empfindsamen Besucher berühren dürfte.

Ausgangspunkt: Borová Lada (Ferchenhaid), Parkplatz, 895 m. Buslinie 667 von/nach Kvilda und Vimperk, 702 und 280 von/nach Vimperk, von dort nach Tábor und Prag.
Anforderungen: Nicht allzuschwere Wanderung, teils auf Asphaltwegen, teils auf schmalen, an manchen Stellen sumpfigen Wald- und Wiesenwegen.
Einkehr: Borová Lada: u. a. Gasthof Borůvka (Tel. +420 776 411 478); Gasthof U Černého vlka (Tel. +420 732 136 575); Knížecí Pláně: Gasthaus und Penzíon Hájenka (tgl. 10–17 Uhr, in den Wintermonaten nur Sa und So, Tel. +420 774 978 767, +420 606 059 440, knizeciplane.cz).
Varianten: 1. Von großem Reiz ist die Tourverlängerung westwärts nach Bučína (Buchwald). Dafür an der Straße Knížecí Pláně– Bučina rechts bis Furík und dann direkt über die befestigte Allee hinauf nach Bučina und von dort mit Rot wieder nach Knížecí Pláně (1,5 Std. zusätzlich).
2. Die hier vorgeschlagene Hauptroute ist eine einfache und bequeme, dennoch landschaftlich reizvolle Möglichkeit, nach Knížecí Pláně zu kommen. Anspruchsvoller, aber auch recht einsam ist der Anstieg von Strážný (Kuschwarda), von Südosten her: Von Strážný steigt man mit Gelb bis zum Punkt Na Kapličce auf, geht hier geradeaus mit Rot weiter bergan, und dann geht es lange durch das Grenzgebiet, vorbei an verschiedenen Wüstungen zum Moor Zd'árecka Slat' (mit Bohlenpfad, landschaftlich überwältigend) und zum Bach Cervený potok, anschließend in steilem Schlussanstieg zum Friedhof von Knížecí Pláně. Weiter mit Rot zur Straße Bučina–Knížecí Pláně, von dort mit Blau nach rechts zum Gasthaus Hájenka in Knížecí Pláně. Von hier mit der blauen Markierung ostwärts, nach 2 km rechts auf den grünen Weg (Jelení stezka, Hirschensteig) und durch Wälder und Lichtungen etwa 10 km zurück nach Strážný. (Ganztagestour, 25 km Länge, 380 m im An- und Abstieg, 7–8 Std. reine Gehzeit).

Von **Borová Lada** ❶ gehen wir mit Gelb auf dem asphaltierten Weg in Richtung Knížecí Pláně bergauf. Nach knapp 1,5 km zweigt Gelb rechts ab und führt über einen Wiesenpfad zum Waldrand hinauf. Auf dem anfangs verhältnismäßig steilen Weg passiert man das Gehöft **Nová Boubská** ❷ sowie ein Wegkreuz, dann wird der Weg flacher und wir gelangen auf 1010 m zu einer breiten Kreuzung, auf der es mit Gelb geradeaus leicht ansteigend weitergeht. Wir betreten tiefen Wald, kommen zu einer kleinen Lichtung, danach senkt sich der Weg leicht abwärts. Wir überqueren einen kleinen Bachlauf und erreichen schließlich eine größere Lichtung. Hier gehen wir nach links hinunter und kommen nach etwa 100 m zur Kreuzung mit dem Weg **Židovská cesta (Judensteig)** ❸. Wir gehen hier mit Gelb geradeaus etwas bergab weiter, erreichen ein zauberhaftes Waldstück, dessen Bäume sich fast wie eine Allee um unseren Pfad schmiegen, berühren einige Teile der Schutzzone 1 und erreichen die **Teerstraße aus Borová Lada** ❹. Hier biegen wir mit Gelb nach rechts ab und gehen dann mit Gelb in der nächsten Kurve, wo sich der Teerweg nach links zum bereits sichtbaren Gasthaus Hajenka wendet, geradeaus weiter (Wegweiser zum Friedhof, »hrbitov«), über die einsame, sturmzerzauste Hochfläche, auf der man sich an die schottischen Highlands erinnert fühlt. Der gleichsam verzauberte Pfad führt durch völlige Einsamkeit. Er steigt etwas an, wird von einer Ahornallee gesäumt, wendet sich dann in einem weitgeschwungenen Bogen nach links und gelangt zur **Straße Bučina–Knížecí Pláně** ❺. Wir überqueren sie und gehen nun mit Rot weiter, das nach etwa 250 m scharf nach rechts zum alten **Fürstenhuter Friedhof** ❻ abbiegt. Von hier kann man bei gu-

Auf dem alten Friedhof von Knížecí Pláně (Fürstenhut).

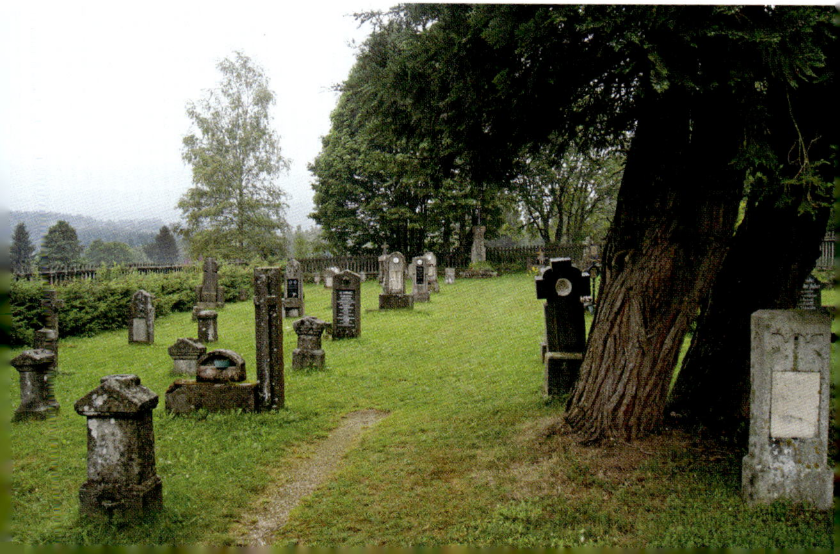

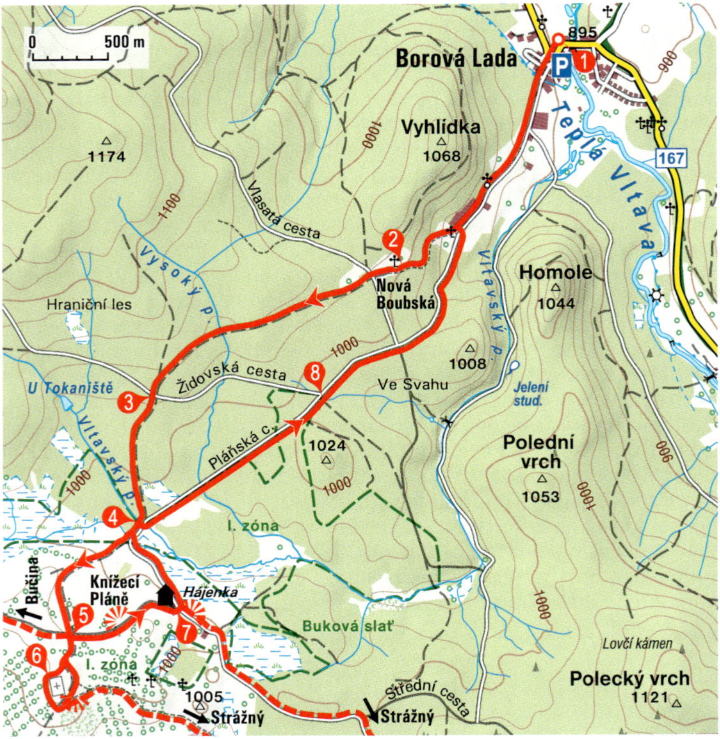

tem Wetter den Lusen erblicken, überhaupt ist das Panorama grandios. Doch bei Nebel wirkt die einsame Region gleichsam wie ein Ort der Dämonen. Die ganze Hochebene nimmt dann einen völlig anderen Charakter an. Auf dem Friedhof gehen wir nach links und kommen leicht abwärts an seiner Südostecke zu den Fundamenten der Kirche (mit altem Schwarzenbergischen Wappen an den Resten der Treppe). Hinter diesen befindet

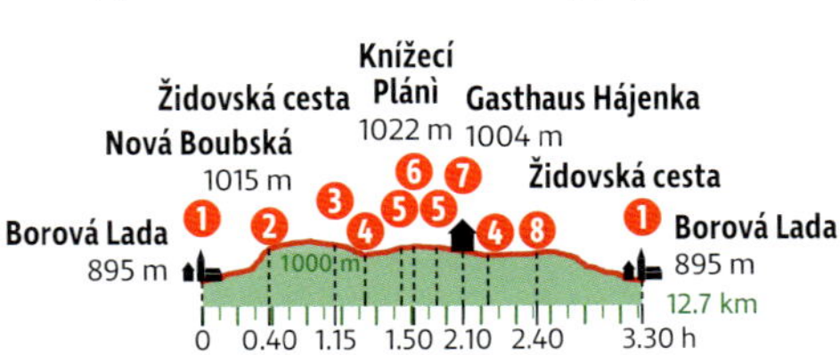

sich das originalgetreu renovierte alte Kriegerdenkmal. Unweit davon kommt auf einem Wiesenpfad der rot markierte Weg aus Strážný herauf (siehe Variante 2). Wir kehren mit Rot zurück zur Straße Bučina–Knížecí Pláně 5 und gehen auf ihr mit Blau in Richtung Gasthaus Hájenka. Links und rechts der Straße deuten Steinhaufen und Fundamentreste die niedergerissenen Häuser des alten Fürstenhuts an, in der Ferne werden bei klarer Sicht Dreisesselberg und Plöckenstein (Plechý) sichtbar. Kein Haus blieb nach den 1950er-Jahren vom alten Fürstenhut übrig, das heutige **Gasthaus Hájenka** 7 entstand nach 1990 auf den Fundamenten des alten Hegerhauses.

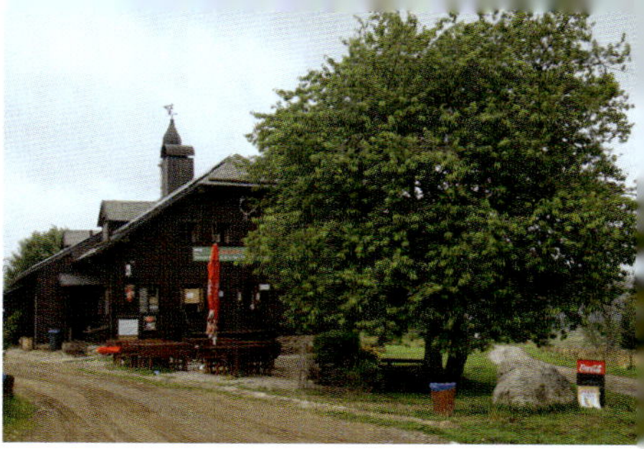

Knížecí Pláně besteht letztendlich nur aus dem Gasthaus Hájenka.

Von hier folgen wir der Radwegtrasse 1040, d. h. der Teerstraße nach Borová Lada nach links bergab und gelangen, vorbei am Abzweig zum Friedhof, zum **Abzweig** 4 vom Hinweg. Wir gehen nun geradeaus und wandern vorbei an einer weiteren Kreuzung mit der **Židovská cesta** 8, dem Judensteig, direkt hinunter zum Ausgangspunkt in **Borová Lada** 1.

Die Hochebene von Knížecí Pláně ist einer der einsamsten Orte im Böhmerwald.

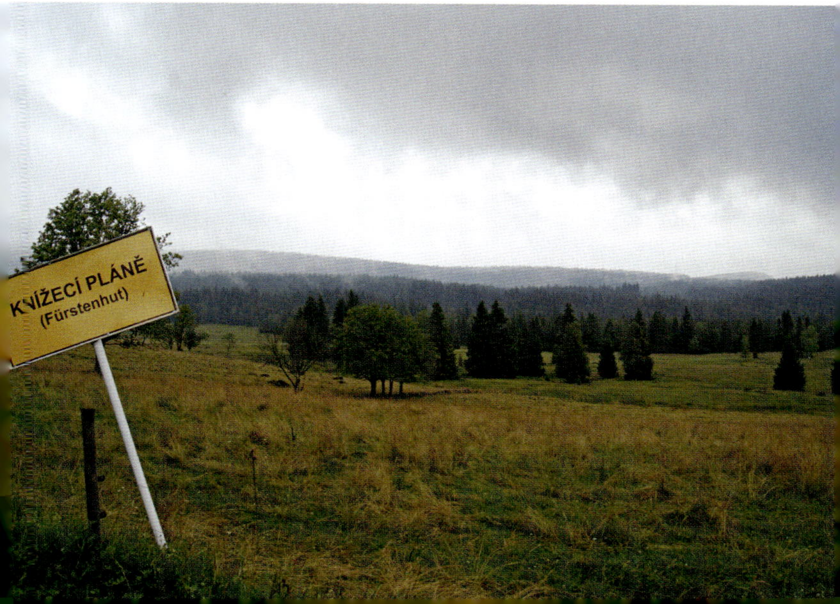

TOP

25 Zum Urwald am Boubín (Kubany)

↗ 300 m | ↘ 300 m | 8.0 km

2.45 h

Begegnung mit einer schier undurchdringlichen Waldwildnis

Zu den bedeutendsten Naturdenkmälern des Böhmerwalds gehört der »Urwald« (Boubínský prales) am Boubín (Kubany). Bis zu Beginn des 19. Jh. existierte um den 1362 m hohen Berg noch ein großes, undurchdringliches Mischwaldgebiet. Schon 1824 hatte daher der Forstmeister Jaromír (Joseph) John vorgeschlagen, 140 ha dieses Waldes als geschützte Zone auszuweisen. 1858 erfolgte auf direkte Anweisung des Fürsten Johann Adolf II. von Schwarzenberg die Ausrufung des Schutzgebiets; damals (zeitlich nach einem schon 1838 unter Schutz gestellten Felsengebiet bei Pohorská Vés nahe Český Krumlov) das zweite ausgewiesene Naturschutzgebiet im Land. Doch ein für den ganzen Böhmerwald vernichtender Sturm zerstörte 1870 bis auf 46 ha den gesamten Urwald. Zum 100-jährigen Jubiläum der Ausrufung des Reservats wurde 1958 der Rest des ursprünglichen Urwalds mit weiteren 620 ha Wald zu einem neuen, erweiterten Naturschutzgebiet zusammengelegt. Man spricht hierbei oft vom drittältesten der böhmischen Naturschutzgebiete, was sich aber nur auf die Gründungen der Nachkriegszeit bezieht. Im Urwald am Boubín finden sich heute noch Relikte des ursprünglichen Bergmischwalds sowie 300- bis 400-jährige Nadelbaumbestände. Zu den seltenen Pflanzen im Boubín-Urwald zählt u. a. die Böhmerwaldlorchel (Pseudorhizina sphaerospora); nur an drei Fundorten kommt dieser Pilz in Böhmen vor.

Ausgangspunkt: Parkplatz an der Pension Ida (kein Restaurant) an der Straße Zátoň (Schattawa)–Idina Pila (Informationszentrum des Nationalparks), 840 m. Bahnhof Zátoň-Boubín, etwa 600 m vom Parkplatz und etwa 1 km vom Nationalpark-Infozentrum entfernt, an der Bahnlinie Strakonice–Volary.
Anforderungen: Wanderung teils auf steinigen und schmalen Waldpfaden, teilweise steile An- und Abstiege. Bei Nässe und in der Dämmerung ist unbedingt von der Tour abzuraten.
Einkehr: Imbiss am Startpunkt; in Zátoň: Penzíon Pod Pralesem (Tel. +420 606 083 025, penzionpodpralesem.cz).
Variante: Abstecher auf den Boubín, 1362 m, und zum dortigen Aussichtsturm. Der Gipfel des weithin sichtbaren und die Landschaft bestimmenden Bergs ist bewaldet und lässt keine Fernblicke zu, außer man besteigt den 21 m hohen und jederzeit zugänglichen Aussichtsturm (109 Stufen), den es seit 2005 gibt (kubovahut.cz). Die Variante beginnt am Punkt Knížecí cesta; von dort mit Blau zunächst einen Waldpfad hinauf, dann zunächst fast ohne Anstieg auf einem Waldweg bis zur Kreuzung Na Křížkách (etwas mehr als 1 km). Nun mit Blau nach links. Ab jetzt wird es steil, knapp 250 Hm sind auf 1,5 km auf schmalem Steig zu bewältigen; vom Boubín aus zurück nach Na Křížkách und von dort mit Grün westwärts nach 6 an der Hauptroute (7,2 km und ca. 1.50 Std. zusätzlich). Etwas bequemer erreicht man den Boubín von Kubova Hut´ aus (an der Straße nach Vimperk und an der Bahnlinie Strakonice–Volary).

Hinweis: Die Nationalparkverwaltung hat im Frühjahr 2023 den Rundweg um das eingezäunte Kerngebiet des Urwalds bis auf Weiteres gesperrt (ab 3 und einschießlich der Variante mit dem Aufstieg zum Boubín). Gründe sind starke Baumschäden und die Gefahr durch herabstürzende Äste oder umfallende Stämme. Diese Sperrung könnte nach Mitteilung des Nationalparks mehrere Jahre andauern. Der Aufstieg zum Boubín ist daher bis auf Weiteres nur von Kubova Hut´ aus möglich. Bitte holen Sie beim Nationalparkhaus in Idina Pila aktuelle Informationen ein, auch zu eventuellen temporären Aufhebungen des Verbots.

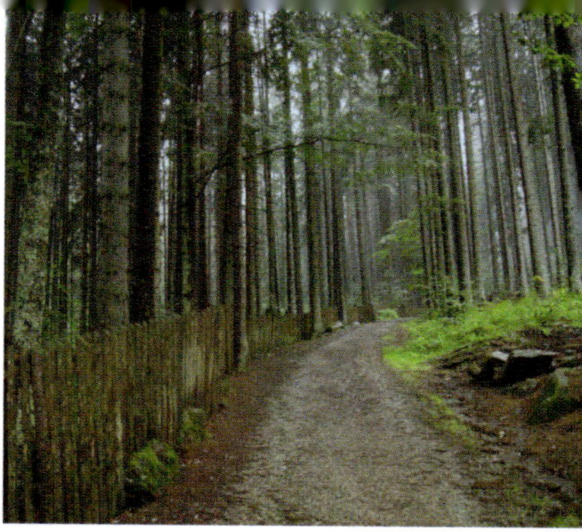

Die Wälder um den Boubín wirken zu jeder Jahreszeit düster und geheimnisvoll.

Vom **Parkplatz 1** folgen wir mit Grün der leicht ansteigenden Teerstraße, unterqueren die Bahnstrecke Lenora–Vimperk und kommen zum Nationalpark-Infozentrum **Idina Pila 2**. Nun mit Grün bergauf; der Weg biegt scharf nach links ab und erreicht den Punkt Amortovka. Wir folgen Grün nach rechts; nach etwa 1 km Anstieg kommen wir an den verträumten **Boubínské jezírko (Kubany-See) 3**. Von hier gehen wir mit Blau nach rechts auf einem breiteren Waldweg weiter (parallel zu einer grünen, diagonalen Markierung): Es ist ein Lehrpfad, der parallel zu einem Schutzzaun um den Kernbereich des Urwalds herumführt. Der Weg wird steiler, dann gehen wir rechts am besagten Zaun entlang. Er schützt

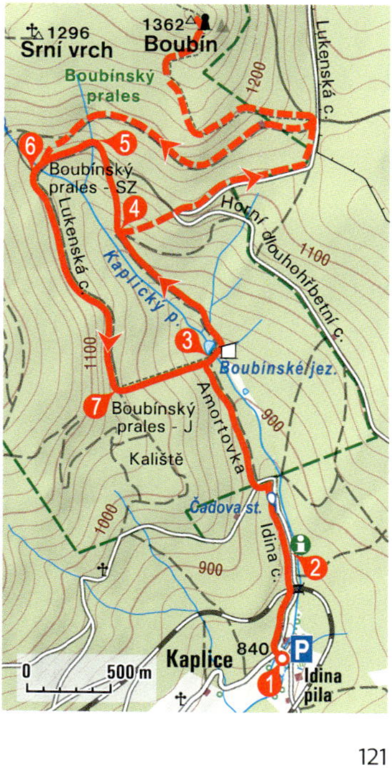

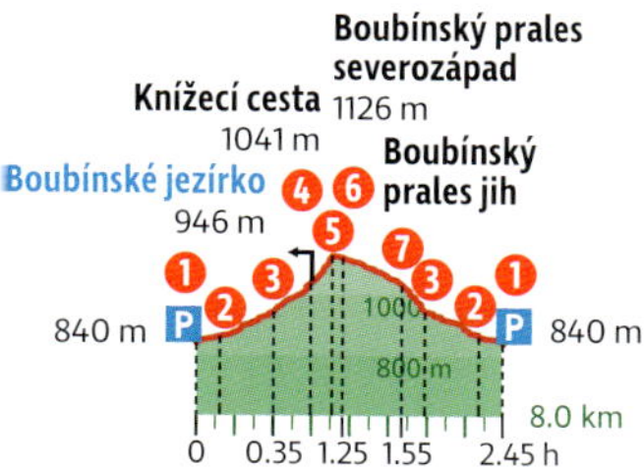

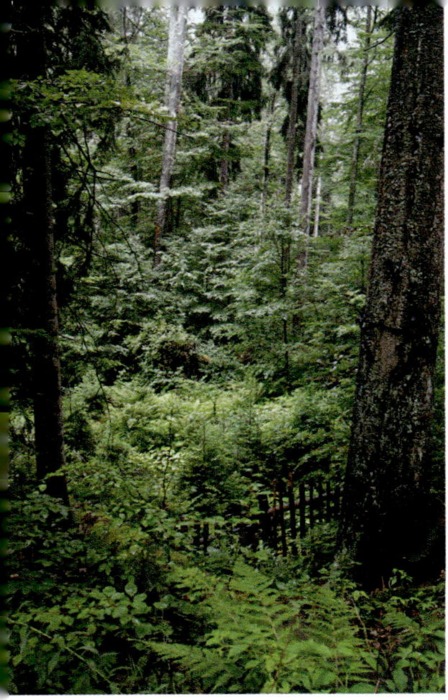

Im Urwald des Boubín.

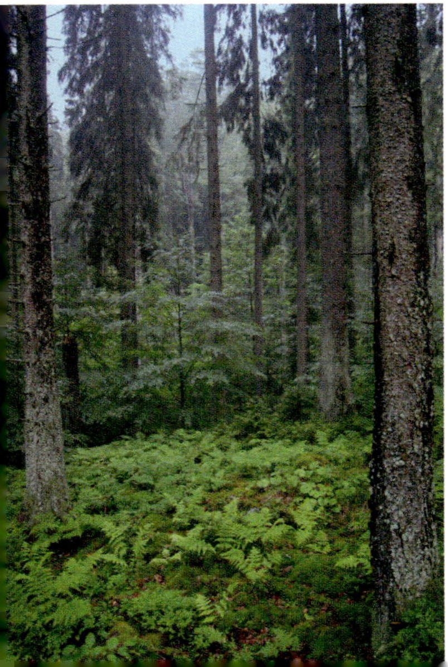

hier den inneren Bereich des Urwalds, der nicht betreten werden darf, doch ohnehin kaum begehbar ist. Oft glaubt man kaum, in Mitteleuropa zu sein, das schier undurchdringliche Baum-, Farn- und Buschwerk lässt eher an tropische Urwälder denken. Nach nochmals 1 km biegt Grün am Punkt **Knížecí cesta (Fürstenweg)** 4 in einer scharfen Rechtskurve halb links ab. (Mit Blau führt der Fürstenweg zum Gipfel des Boubín, 1362 m, – siehe Variante.) Wir gehen mit Grün auf einem schmalen, teils sumpfigen, teils sehr steinigen Pfad über Wurzelwerk bergan. Nach knapp 1 km weiteren Aufstiegs biegen wir links in einen breiten **Waldweg** 5 ein und bleiben weiter mit der grünen, diagonalen Markierung neben dem Zaun. Nach etwa 400 m – der Weg wendet sich in großem Bogen nach links – zweigt nach einem Bächlein am Punkt **Boubínský prales severozápad (Urwald Nordwest)** 6 ein weiterer und diesmal grün (aber nicht diagonal) markierter Weg nach rechts hoch zum Gipfel des Boubín ab. Wir bleiben jedoch weiter auf dem breiteren Waldweg parallel zum Zaun in etwa auf der gleichen Höhe und kommen nach 1,5 km auf 1036 m zum Punkt **Boubínský prales jih (Urwald Süd)** 7. Von hier steigen wir mit der grünen Diagonale in rechtem Winkel nach links steil hinab, weiterhin entlang des Zauns. Der Weg abwärts ist wegen fehlender Markierungen an den Bäumen nicht immer auszumachen, nach Stürmen liegen hier oft Bäume quer, die man entweder überklettert oder umgeht. Im Wesentlichen hält man sich parallel zum Zaun. Wieder am **Boubínské jezírko** 3 gehen wir nach rechts und vorbei am **Idina Pila** 2 zum **Parkplatz** 1 zurück.

↗ 270 m | ↘ 260 m | 11.7 km

3.15 h

Von Volary (Wallern) zur Ruine Hus 26

Auf dem Goldenen Steig zu einer Burgruine und durchs Blanicetal

Von Passau verliefen drei Wege nach Böhmen, auf denen Salz transportiert wurde: ein westlicher über Außergefild (Kvilda) nach Bergreichenstein (Kašperské Hory); ein zweiter über Philippsreuth mit der Feste Kunzwart (Kunžvárt) und über Obermoldau (Horní Vltavice) nach Winterberg (Vimperk); der dritte, östlichste führte bei Bischofsreut über die Grenze, dann auf der alten Säumerbrücke in Volary über die Moldau und weiter nach Prachatice (Prachatitz). In Volary entstanden viele Holzhäuser im hier ungewohnten alpinen Stil. Der Grund: Im späten 16. und 17. Jh. siedelten sich im Ort auf Einladung der böhmischen Herrscher Bauern vor allem aus der Steiermark an, um Viehzucht zu betreiben. Neben dem historischen Salzweg sind wir bei dieser Tour auf dem Prachatitzer Zweig des Goldenen Steigs unterwegs.

Sehr abwechslungsreich ist das Vorland des Böhmerwalds zwischen Volary und Prachatice, sehr sehenswert dort die Ruine Hus. Ihre Umgebung prägen tiefe Täler, idyllische Badeseen und wiesenüberzogene Hügelketten. Die Burg über dem Tal der Blanice (Flanitz) entstand um 1340. Sie hat ihren Namen keineswegs von Johann Hus, dem Reformator, sondern von einer alten Flurbezeichnung: »uf der Gans«. Und Gans heißt auf tschechisch »hus«.

Ausgangspunkt: Hauptplatz bzw. Kirche in Volary, 760 m. Bahnverbindungen von/nach Nové Údolí und Vimperk/Prachatice. Busse u. a. von/nach Prachatice und Lenora (Linie 612), Stožec (Linie 638) und Nová Pec (Linie 635).

Endpunkt: Blažejovice, 772 m. Rückkehr zum Ausgangspunkt mit Bus 612 (Richtung Volary) oder 635 (Richtung Nová Pec), Fahrzeit 9 Min, Bushaltestelle an der Staatsstraße in Fahrtrichtung Volary schräg gegenüber dem kleinen Lokal. Alternativ zu Fuß von Blažejovice über die Radtrasse 126 nach Zbytiny und von dort im Zug nach Volary (Richtung Nové Údolí), 3,7 km, 60 Hm, 1,5 Std.

Anforderungen: Mit knapp 12 km Länge keine übermäßig ausgedehnte Tour. Überwiegend leichte Wanderung auf breiten Waldwegen und Asphaltstrecken, nur die Partien entlang des Flusses Blanice und der Abschnitt um die Burg Hus sind bei Regen aufgrund der Rutschgefahr auf dem Gestein und im Morast ziemlich gefährlich. 1983 stürzte an der Ruine ein Mann zu Tode.

Einkehr: Volary: u. a. Hotel Restaurace Bobík (Náměstí 325, Tel. +420 398 990 909, hotelbobik.eu); Restaurant U Potůčku (Česká 123, Tel. +420 388 334 001, restauraceupotucku.); Kiosk am Badesee Křišťanovický rybník (Sommerbetrieb); Blažejovice: Motorest u Bobana (Mo–Fr 9–18 Uhr, Sa/So 11.30–18 Uhr, Tel. +420 734 273 965).

Sehenswürdigkeiten: Historische Bauernhäuser im alpinen Stil in Volary (16./17. Jh.), u. a. entlang der Straße Česka, das historische Haus Nr. 71 ist das Regionalmuseum (Mai–Sept. Di–So 10–12 und 12.30–17 Uhr, Tel. +420 388 302 210, mestovolary.cz); die Menhire »Volarské menhiry« am nordwestlichen Stadtrand an der Straße Česká. Der Steinkreis aus elf Menhiren wurde hier wieder aufgestellt, da er seit den 1950ern auf einer Hochfläche im Erzgebirge verfiel und dann einem Straßenbau weichen sollte.

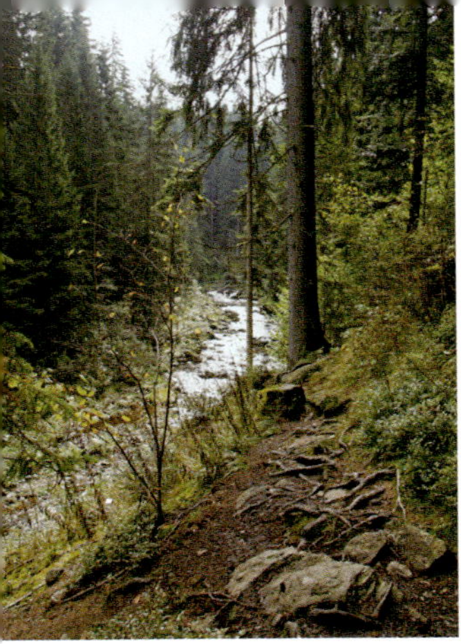

Im Tal der Blanice nach der Ruine Hus.

Vom Hauptplatz in **Volary** ❶ gehen wir hinter der Kirche mit Gelb nach links in die Straße 5. Května (Straße des 5. Mai) und biegen nach etwa 150 m mit Gelb nach rechts in die Zlatá stezka (Goldener Steig) ein. Die sehr schöne Allee steigt deutlich an. Bald passieren wir den alten jüdischen Friedhof sowie den Friedhof der jüdischen Opfer des Todesmarsches vom Januar bis Mai 1945. Wir kommen auch am Ortsfriedhof vorbei. Dann wird der Weg fast zum Hohlweg, doch die schöne Baumrahmung bleibt. Er steigt leicht an, macht bei einer Kapelle, wo sich eine größere Laubenkolonie befindet, einen Knick nach rechts. Etwa 400 m danach gelangen wir am Waldrand zu einer **Infotafel** ❷. Hier zweigt nach links ein Weg ab, der im Zickzack als Kreuzweg auf den Kalvarienberg führt. Oberhalb des Kalvarienbergs, aber noch unterhalb des Gipfels des Steinberg (Kamenáč), 899 m, befindet sich ein schöner Aussichtspunkt. Wir gehen aber an der Infotafel links und unterhalb des Kalvarienbergs auf dem Goldenen Steig weiter. Der Weg wendet sich nach links, aus dem Wald heraus, und wir erreichen einen Sattel. Dann geht es wieder bergauf. Unmittelbar links des Wegs erhebt sich der Ořechovka, 919 m. Wir bleiben auf gleicher Höhe. Dann treffen wir in spitzem Winkel auf einen breiteren Weg und gehen mit Gelb nach links. In der Folge geht es etwa 300 m leicht abwärts. Am Punkt Vysoký les biegen wir nach rechts ab. Etwa 1,2 km weiter erreichen wir die Verbindungsstraße Volary–Blažejovice und den Punkt **U Cudrovic** ❸. Auf der Asphaltstraße gehen wir nach rechts und kommen nach etwas mehr als 1 km zu der Stelle, an der das nicht mehr existierende Cudrovice (Zuderschlag) stand. Kurz darauf biegt bei einem kleinen **Friedhof** ❹ Blau nach links Richtung Burg Hus ab. Zunächst geht es am Waldrand entlang. An einer Gabel leitet uns Blau nach rechts und in weitem Bogen nach rechts weiter, dabei führt der Pfad immer mehr bergab. Dann kommen wir zu einer mit einem Gittertor versehenen **Felsenhöhle** ❺. Rechts folgen einige weitere kleine Höhlen. An dieser Stelle wendet sich Blau nach links, doch unmittelbar dahinter geht es im rechten Winkel rechts steil bergab (auf Markierung achten!) hinunter ins Blanicetal. Wir gehen nun auf einem schmalen und bei Nässe schlüpfrigen Pfad etwa 300 m am Fluss entlang, bis wir zu einem Brückchen kommen. Wir überqueren hier die Blanice, steigen

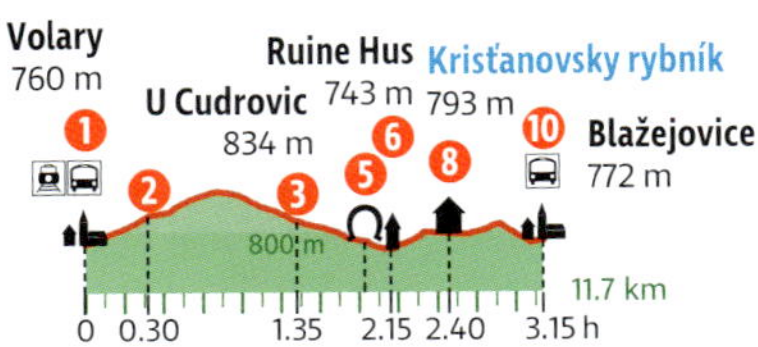

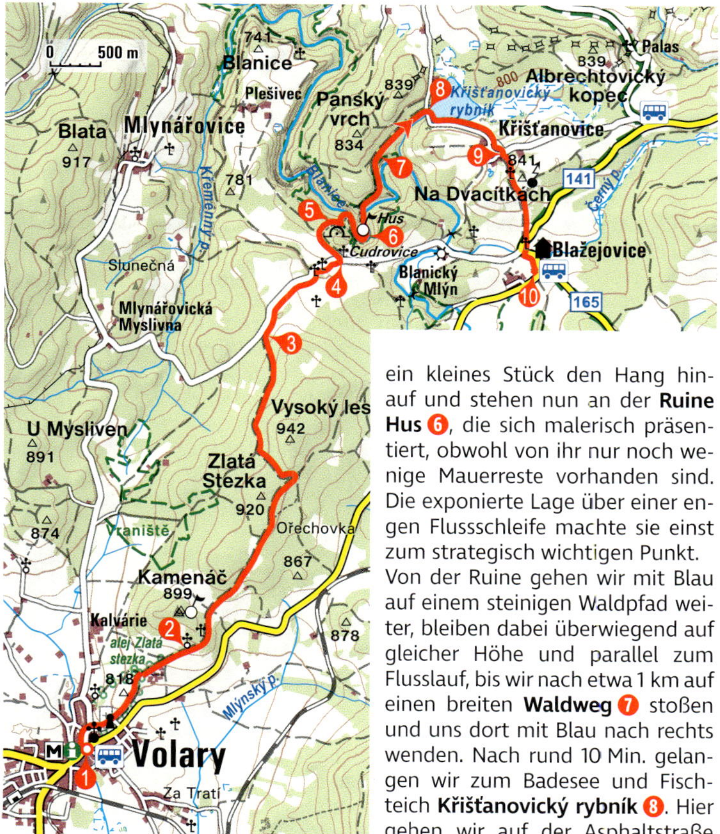

ein kleines Stück den Hang hinauf und stehen nun an der **Ruine Hus** ❻, die sich malerisch präsentiert, obwohl von ihr nur noch wenige Mauerreste vorhanden sind. Die exponierte Lage über einer engen Flussschleife machte sie einst zum strategisch wichtigen Punkt.

Von der Ruine gehen wir mit Blau auf einem steinigen Waldpfad weiter, bleiben dabei überwiegend auf gleicher Höhe und parallel zum Flusslauf, bis wir nach etwa 1 km auf einen breiten **Waldweg** ❼ stoßen und uns dort mit Blau nach rechts wenden. Nach rund 10 Min. gelangen wir zum Badesee und Fischteich **Křišťanovický rybník** ❽. Hier gehen wir auf der Asphaltstraße nach rechts am hübschen Seeufer entlang und erreichen nach etwa 1 km die Dorfmitte von **Křišťanovice** ❾. Wir treffen hier auf eine gelbe Markierung und gehen mit ihr nach rechts den flachen Hügel Na Dvacítkách hinauf. Von oben haben wir einen wunderbaren Blick hinauf zum Libín und über das idyllische Blanicetal. Unser Weg führt nun durch einen von Bäumen gesäumten Hohlweg und danach über einen Wiesenpfad hinunter zur Staatsstraße 141. Auf ihr gehen wir nach rechts, links am Ort Blažejovice vorbei bis zur Einmündung der Staatsstraße 165 aus Zbytiny, wo sich links eine kleine, rustikale Einkehrmöglichkeit befindet. Schräg gegenüber befindet sich die Bushaltestelle von **Blažejovice** ❿, von der wir mit dem Bus Richtung Volary zurückfahren.

↗ 20 m | ↘ 20 m | 2.5 km

27 Prachatice (Prachatitz)

0.45 h

Ein Bummel durch eine der schönsten Städte im Böhmerwald

Sicherlich kann die 11.000-Seelen-Stadt Prachatice an Attraktivität des Stadtbilds mit dem darin unerreichbaren Český Krumlov (Krummau) nicht konkurrieren, dennoch ist ein Besuch dieser einst bedeutenden, reichen Handelsstadt am Goldenen Steig keineswegs uninteressant. Den besonderen Reiz machen hier die vielen spätmittelalterlichen, mit Sgraffiti, d. h. mit in verschiedenfarbige Putzschichten eingekerbten Ornamenten und Bildern verzierten Bürgerhäuser aus, die sich um die gewaltige Jakobskirche mit ihrem steil aufragenden Dach scharen und großartige Gebäudeensemble am Marktplatz bilden. Prachatice ist seit dem 11. Jh. als Handelsplatz nachweisbar und war im Spätmittelalter eine reiche Stadt insbesondere der Salzkaufleute. Doch nach 1650 begann der Niedergang. Die Habsburger, die seit 1526 auch Böhmen regierten, errichteten ein eigenes Salzmonopol. Die begehrte Ware kam nun ausschließlich aus den Salzminen des Salzkammerguts. Prachatitz wurde bloßer Verwaltungssitz – doch immer noch zeugen viele Bauwerke von seiner großen Zeit zwischen 1300 und 1600.

Ausgangspunkt: Großer Platz (Velké náměsti) in Prachatice, 580 m.
Anforderungen: Einfacher Spaziergang durch eine hübsche historische Kleinstadt.
Einkehr: U. a. Hospůdka U Lachtana, (Velké nám. 5, Tel. +420 732 909 777); Hotel Koruna, mit Restaurant Almara (Velké nám. 48, Tel. +420 388 310 177, pthotel.cz); Pivovar Prachatice, Übernachtungsmöglichkeit (Horní 174, Tel. +420 606 096 994, pivovarprachatice.cz).

Ausgangspunkt unseres Stadtrundgangs ist der **Velké náměsti** ❶, der Große Platz. An seiner Südwestecke befindet sich der Renaissancebau des Alten Rathauses (Nr. 1), zwei Häuser daneben steht das Neue Rathaus (Nr. 2–3, mit Turm, von 1902), beide sgraffitoverziert. Gegenüber sieht man das ebenfalls reich mit Sgraffiti verzierte sog. Rumpalhaus (Nr. 41) von 1500 mit seinen Lauben. Diagonal gegenüber erhebt sich an der Nordseite des Platzes das Fürstenhaus (Nr. 69), das in seinen Sgraffiti einen Elefanten aufweist; gleich rechts daneben (Nr. 13) steht das Syter-(Sitr-)Haus von 1604, heute Stadtmuseum.
Wir gehen von der Platzmitte aus nach Nordosten und biegen vor der **St.-Jakobs-Kirche** ❷ nach rechts in die Křištanova ab. Die Kirche selbst wurde zwischen 1390 und 1410 errichtet, dann erfolgte wegen des Hussitensturms eine Baupause; das Kircheninnere mit Gewölben und Emporen wurde dann erst zwischen 1505 und 1520 fertiggestellt. Am Haus Děkanská 32 (Straße geht gleich rechts neben der Kirche ab) befindet sich das vielleicht schönste Sgraffito der Stadt, eine Darstellung des Abendmahls (1563).

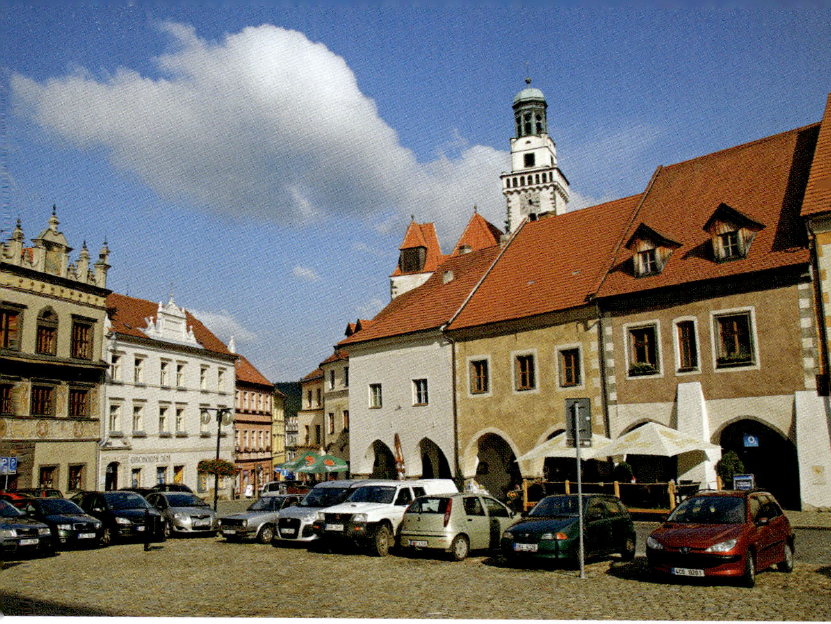

Am Marktplatz von Prachatice, hinten die St.-Jakobs-Kirche.

Wir gehen durch die Křištanova weiter, vorbei an vielen schönen gotischen und Renaissanceportalen und biegen dann nach rechts in die Poštovní (Poststraße) ein, gleich danach geht es links in die Solní, die Salzgasse, und bei nächster Gelegenheit rechts in die Horní (Berggasse), die sich entlang des alten Mauerrings zieht. Haus Nr. 142 links ist das ehemalige Klarissinnenkloster, jetzt **Borromäuskloster** ❸. Hier stand auch das Geburtshaus von Johann Nepomuk Neumann (1811–1860), des später heiliggesprochenen Bischofs von Philadelphia.

Die Horní wird hier zur Neumannova, die zu einem schmalen Durchgang führt, hinter dem wir uns nach links wenden (vor uns das prächtige Heydel-Haus) und vor dem Tor Dolní brána stehen, dem Unteren Tor, meist **Písecka brána (Piseker Tor)** ❹ genannt. Es besteht aus zwei Einzeltoren, das innere ist das ältere – ihm wurde nach der Erweiterung der Stadtbefestigung um 1530 ein zweites kunstvolleres mit Zinne vorgesetzt. Die sgraffitoreiche Außenseite zeigt u. a. Wilhelm von Rosenberg zu Pferd. Hinter dem Tor steht rechts eine barocke Erkerkapelle. Wir gehen schräg über den breiten Unteren Platz (Dolní nám.) zum modernen Postgebäude, dort

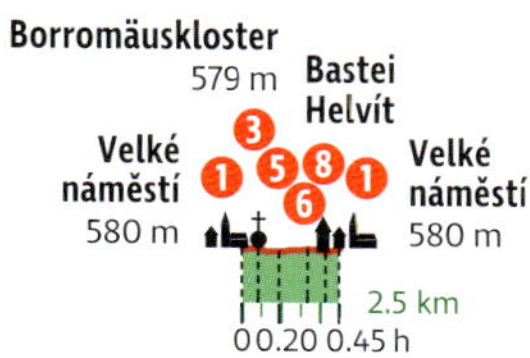

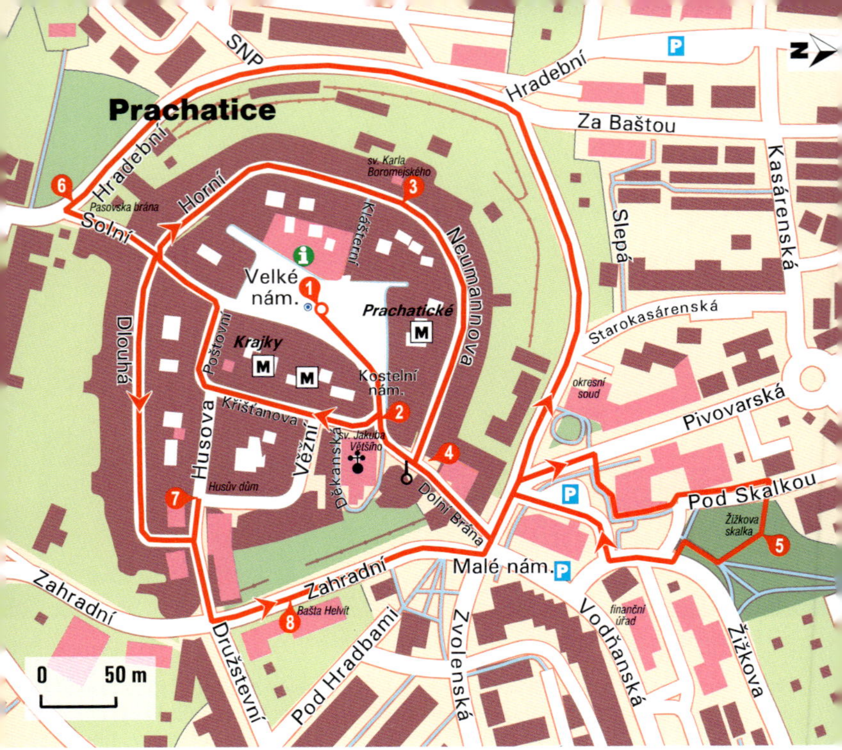

rechts um dieses herum und hoch auf die markanten Quarzfelsenklippen **Žižkova skalka (Žižka-Felsen)** 5. Von hier belagerte der Hussitenführer einst die Stadt – heute genießt man ganz friedlich einen beeindruckenden Blick auf ebendiese. Es lohnt, direkt rechts entlang der Quarzrippe und weiter über die Straße Skalka leicht bergan bis zum Friedhof zu gehen – von der Anhöhe hat man einen grandiosen Blick auf Prachatice und hinüber zum Berg Libín.

Dann gehen wir zurück auf den Platz vor dem Piseker Tor und folgen nun nach rechts der Straße Hradební entlang der alten Stadtbefestigungen bergan und nach links um die historische Innenstadt herum.

Nach etwa 500 m liegt rechts vom Weg ein kleiner Park, links zweigt die Solní ab – über sie verläuft übrigens der Goldene Steig. Hier, am Haus Nr. 127, befand sich das 1859 abgerissene Obere Tor (Horní brána), oft auch **Pasovska brána (Passauer Tor)** 6 genannt. Ganz in der Nähe stehen zwei barocke Kapellen. Wir gehen über die Solní in die Stadt hinein, biegen jedoch gleich rechts in die Dlouhá (Lange Gasse) ein, die überwiegend von

Häusern aus dem 19. Jh. geprägt ist. Die Dlouhá mündet in die Husová (Husgasse). Hier ein Stückchen nach links befindet sich an der nächsten Ecke das in der Renaissance umgestaltete **Hus-Haus** 7, wo der Reformator Johann Hus in seiner Studienzeit um 1395 gewohnt hat. Wir kehren um und folgen der Husová südwärts und biegen dann links in die Zahradní ein, die schon außerhalb der Stadtbefestigung verläuft. Wir treffen auf die alte **Bastei Helvít** 8, gehen an ihr vorbei bis zum Dolní nám. (Unterer Platz) und dort links durch das **Písecka brána** 4 zurück zum **Velké náměsti** 1.

Das neue Rathaus in Prachatice.

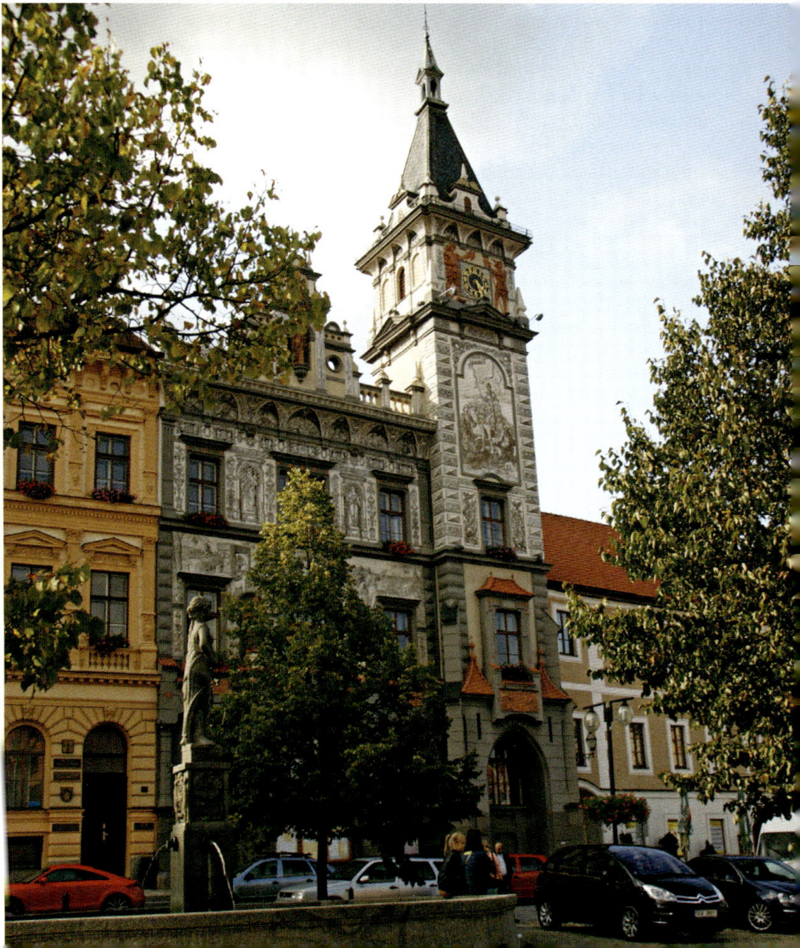

↗ 170 m | ↘ 170 m | 16.8 km

28 Schloss Kratochvíle und die Netolicer Teichlandschaft

4.15 h

Eine Genusswanderung ohnegleichen

Zugegeben, wir befinden uns mit dieser Tour vom Böhmerwald im engeren Sinne schon etwas entfernt. Aber die wundervollen Netolicer Teichlandschaften lohnen zusammen mit dem Schloss Kratochvíle den Besuch sehr. Der vorletzte Rosenberger Wilhelm von Rosenberg (1535–92), tschech. Vilém z Rožmberka, ließ 1583–89 auf dem Gelände eines niedergerissenen Klosterhofs das Schloss Kratochvíle (Kurzweil) erbauen, eine der bedeutendsten Renaissance-Schlossanlagen ganz Böhmens. Wilhelm von Rosenberg begann dabei – gleichsam als Gesamtkunstwerk –, in der Umgebung des Schlosses einen riesigen Landschaftspark anzulegen, der aber mehr praktischen Nutzen haben sollte, als bloßer Ästhetik zu dienen. Dabei wurden sowohl viele Fischteiche angelegt als auch große Wälder für die Jagd neu aufgeforstet. Vollendet wurde das Projekt nie, aber beim Besuch dieser Gegend ist auch nach über 400 Jahren das landschaftsplanerische Konzept unübersehbar.

Ausgangspunkt: Parkplatz am Schloss Kratochvíle, 435 m, 3 km westlich von Netolice. Hier hält die Buslinie 610 (Prachatice–České Budějovice), Netolice ist über die Buslinie 640 mit České Budějovice und Vimperk verbunden.
Anforderungen: Leichte, aber längere Tour auf Asphalt-, Feld- und Waldwegen. Der erste Abschnitt nach dem Schloss ist bei Nässe schwierig, ebenso der letzte, von Peklo herab nach Netolice.
Einkehr: Restaurant U Kratochvíle, direkt am Schloss (Tel. +420 725 975 111); Hospůdka Podroužek (Abstecher), 200 m nach 9 rechts und mit Gelb 750 m zum Autocamp Podroužek Netolice (Tel. +420 737 015 196, tgl. 12–22 Uhr). Netolice (an der Variante): Hotel Rychta nahe der Pfarrkirche (Staré Město 131, Tel. +420 602 140 463, hotel-rychta.com).
Sehenswürdigkeiten: Zentrum von Netolice: hübsche Laubenhäuser; Schloss Kratochvíle (zu den Öffnungszeiten siehe zamek-kratochvile.cz), auch das Betreten des Schlossgartens kostet Eintritt.

Vom Parkplatz am **Schloss Kratochvíle** 1 gehen wir zunächst in Richtung Schloss und direkt empor zur Staatsstraße 145, folgen dieser etwa 300 m nach rechts und biegen hinter einem allein stehenden Haus, vorbei an zwei Garagen, mit Gelb ansteigend in den Wald ein. Durch teilweise etwas morastiges Gelände erreichen wir den höchsten Punkt, danach öffnet sich der Wald: Links erstreckt sich eine idyllische Wiese, Gelb führt durch eine Lindenallee südwärts weiter. Die Allee ist ein Relikt jenes erwähnten Landschaftskunstwerks des Wilhelm von Rosenberg und säumte damals eine der Schlosszufahrten. Bald danach wendet sich Gelb an einem Bildstock nach links, etwa 200 m weiter wieder nach rechts (von links kommt die Radtrasse 1104 herauf), dann geht es abwärts bis zur Kreuzung **U Pekla** 2, von wo wir einen großartigen Blick über die Netolicer Lande haben (Infotafel zum Landschaftsgesamtkunstwerk Wilhelms von Rosenberg).

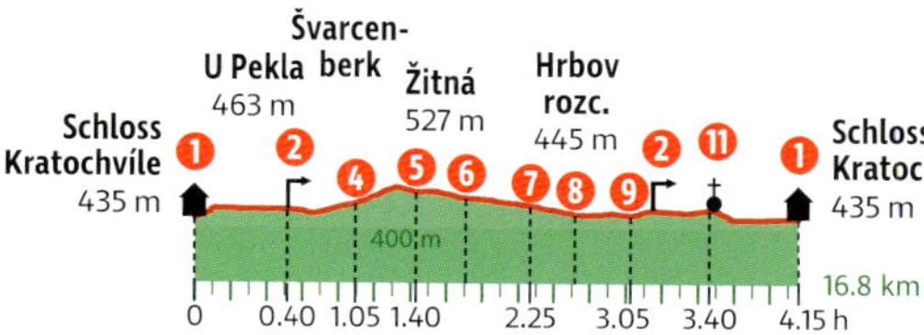

An der Kreuzung gehen wir mit Grün nach rechts auf einem Asphaltweg etwas bergab. Wo dieser Weg eine scharfe Linkskurve ❸ macht, gehen wir mit Grün geradeaus weiter. Durch eine schöne Feldlandschaft kommen wir auf holprigem Weg nach etwas mehr als 1 km zum Gutshof **Švarcenberk** ❹. Hier biegen wir nach links ab und nach etwa 150 m nach rechts und wandern an einem bewaldeten Hang entlang in das knapp 2 km entfernte **Žitná (Schittna)** ❺. In der Dorfmitte gehen wir mit Grün nach links und südwärts auf der Radtrasse 1088 aus dem Ort heraus. Nach etwa 500 m zweigt Grün links ab und führt uns nun deutlich bergab. Nach etwa 800 m biegen wir bei einem **Gehöft im Talgrund** ❻ abermals mit Grün nach links ab. Wir wandern durch eine kleine Birkenallee, vor uns ragt die runde Kuppe des Velký hradeček, 571 m, auf. Dann beschreibt der grün markierte Weg eine deutliche Linkswendung und verläuft durch herrlichste Landschaften und entlang eines Teichs weiter talwärts. Nach einem Rechtsknick kommen

Schloss Kratochvíle.

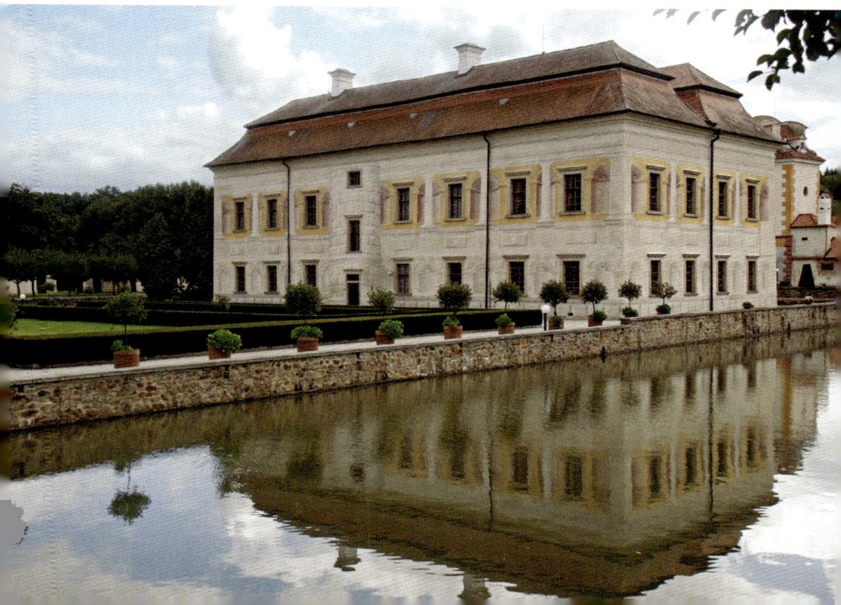

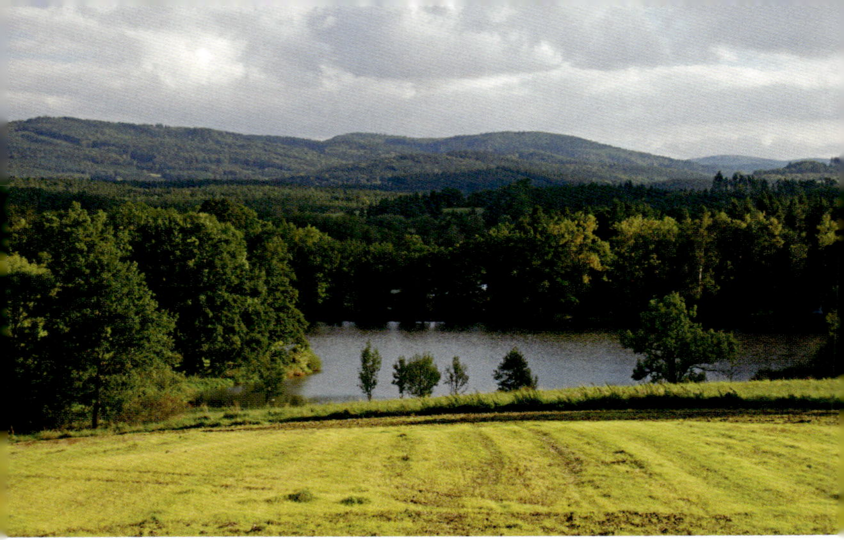

Teichlandschaft bei Netolice (unterhalb von U Pekla).

wir zu einem **Wildgehege 7**, danach machen wir einen großen Schlenker nach links, wenden uns jedoch bald wieder in die ursprüngliche Richtung und kommen zum Chudy-Teich, wo wir an einem Bänkchen Rast machen können. Bald danach treffen wir auf einen Querweg, gehen hier etwa 50 m nach rechts und biegen am Punkt **Hrbov rozc. 8** mit Rot nach links in einen ausgefahrenen Wiesenweg ein. Durch Viehgatter geht es auf einem sehr ausgefahrenen und bei Nässe morastigen Weg weiter, dieser wird nach und nach zum Pfad. Entlang des Teichs Velký hrbovský rýb. gelangen wir zum Teich Malý hrbovsky rýb. und dann auf einem Damm zwischen beiden Teichen hindurch zu einem **breiten, befestigten Weg 9**.
Hier gehen wir mit Rot nach links etwas ansteigend, vorbei an den wenigen Häusern von Na Pile, zum bereits bekannten Punkt **U Pekla 2**, biegen jetzt aber mit Rot rechts auf einen schmalen Steig ab und wandern immer am Waldrand entlang. Wir erreichen eine Wochenendhaussiedlung und gehen an deren Ende mitten im Dörfchen **Peklo 10** mit Rot nach links auf Asphaltweg bergan. Auf der Anhöhe folgen wir Rot nach rechts auf einen Wiesenpfad. Dieser führt bergab zu einem **Bildstock bzw. Kreuz 11**. Hier könnte man mit Rot geradeaus über die Wiese nach Netolice und zum Marktplatz gehen. Wir aber nehmen den Pfad nach links über die Wiese, kommen im Neubaugebiet zunächst auf die Straße Na Bahnech, biegen nach links in die Na Zahradní ab, kommen zur breiten Bavorovska, gehen hier links bis zur Staatsstraße 145 und auf ihr nach links zum Parkplatz am **Schloss Kratochvíle 1**.

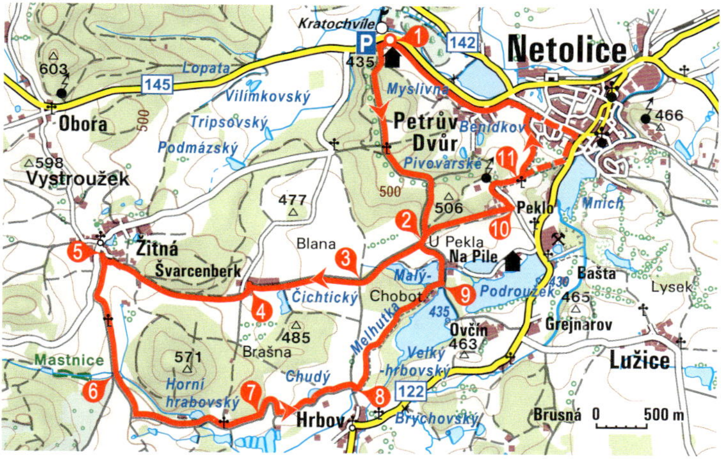

Torturm von Schloss Kratochvíle.

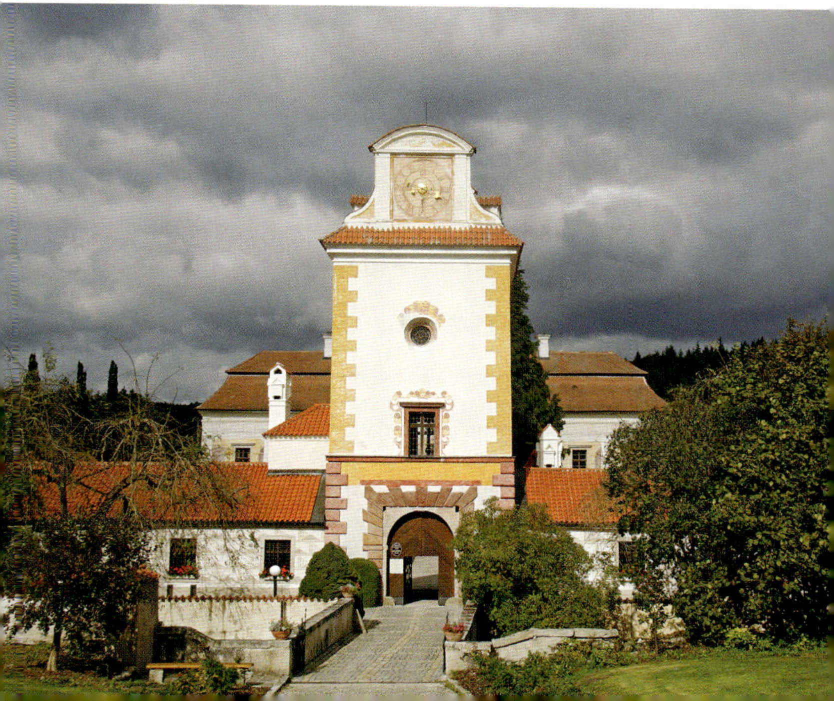

↗ 510 m | ↘ 510 m | 15.8 km

29 Auf dem Winterberger Zweig des Goldenen Steigs

5.00 h

Über den alten Handelsweg zu einer eindrucksvollen Burgruine

Diese Wanderung folgt in ihrem Hauptteil dem Winterberger Teilstrang des Goldenen Steigs (Zlatá stezka), des legendären alten Säumerpfads. Festgelegte Routen, auf denen der Warenverkehr von Bayern bzw. Österreich nach Böhmen verlief, bestanden nachweislich seit dem 11. Jh. Salz aus der Gegend von Reichenhall in Bayern war dabei die wichtigste Ware, da nirgendwo in Böhmen Salzvorkommen existieren. Von Passau aus verliefen drei Wege nach Böhmen: ein westlicher über Kvilda (Außergefild) nach Kašperské Hory (Bergreichenstein); ein zweiter über Philippsreuth mit der den Weg bewachenden Feste Kunzwart (Königswart, oft auch Kunžvárt oder Kuschwarda) über Horní Vltavice (Obermoldau) nach Vimperk (Winterberg); der dritte und östlichste führte nach Prachatice, wobei er an der alten Säumerbrücke bei Volary (Wallern) die Moldau überquerte. Am mittleren der drei Pfade, den wir auf dieser Wanderung kennenlernen, entstand um 1350 nahe der Moldaufurt oberhalb von Strážný, dem früheren Kuschwarda, die Burg Kunžvart, die die Handelsstraße bewachen sollte. Gegen Ende des 16. Jh. kam der Salzhandel auf dem Goldenen Steig zum Erliegen. Entlang des alten Handelswegs lassen sich wunderbare Blicke bis hinüber nach Bayern erhaschen, und die Ruine Kunžvárt ist von ganz zauberischem Reiz.

Ausgangspunkt: Parkplatz an der Moldaubrücke in Horní Vltavice, 798 m. Busse von Vimperk und Strážný (Linie 668).
Anforderungen: Mittelschwere Tour auf Wald- und Wiesenpfaden, dazwischen ein kürzerer Abschnitt auf Asphalt. Der Anfangsaufstieg und der Abstieg nach Strážný sind verhältnismäßig steil, ebenso der Anstieg zur Ruine Kunžvárt. Der Schlussteil führt teils durch sumpfige Wiesengründe – bei Regen möglichst meiden!
Einkehr: Horní Vltavice: u. a. Restaurant im Hotel Salivar (Tel. +420 721 995 989, hotel-salivar.cz); Strážný: u. a. Rybárna Strážný, Fischlokal (Hausnummer 45, Tel. +420 602 480 531, rybarna-strazny.cz); Restaurant Pension U sousedů (Hausnummer 38, Tel. +420 775 130 871, pensionusousedu.cz).

Am Ortsrand von **Horní Vltavice** ❶ folgen wir gegenüber der Moldaubrücke (daneben ein schönes altes Böhmerwaldhaus) Grün und Gelb ein kurzes Stück den Asphaltweg hinauf, gehen dann mit Gelb über die Wiese weiter bergan und unter einer Liftanlage hindurch mit leichter Linkswendung bis zum Waldrand. Wir befinden uns hier bereits auf der Trasse des Goldenen Steigs, der schon in alter Zeit die Moldau an dieser Furt überquerte. Deutlich ist von oben zu sehen, dass unser Wiesenweg in der Verlängerung in direkter Linie auf die heutige Brücke zuläuft. Am Waldrand erscheint – nun deutlich – die gelbe Markierung, die uns bis auf Weiteres begleitet. Wir gehen durch den Wald weiter und erreichen eine stark nach links abfallende

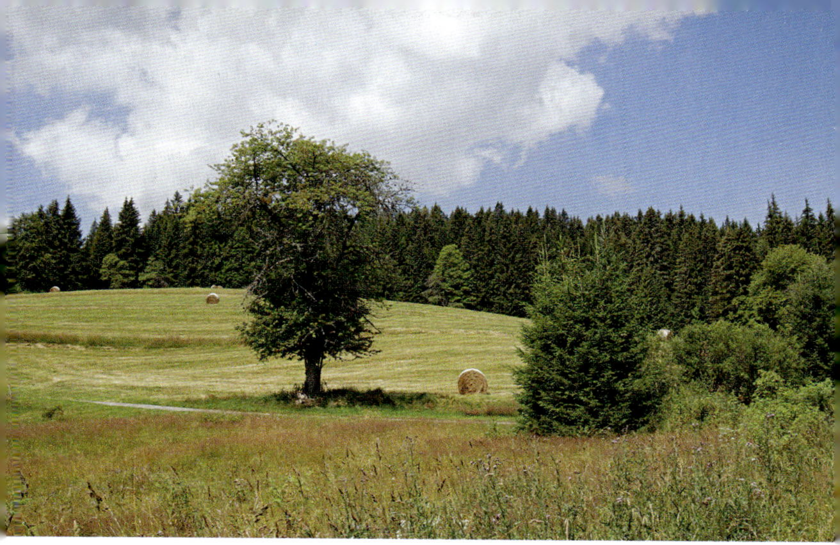

Landschaft beim Gehöft Orlovka.

idyllische Lichtung mit Birkenhain. Oberhalb dieser Lichtung erreichen wir die Wüstung **Havránka** 2, wo sich einst das Dorf Rabenhütte befand, von dem noch Mauerreste und verwilderte Obstbäume künden.
Es geht weiter verhältnismäßig steil bergauf, am höchsten Punkt, 1035 m, kommen wir am Sattel unterhalb des Berges Žlíbský vrch (Röhrenberg), 1133 m, zu einer breiten **Kreuzung** 3. Hier gehen wir mit Gelb geradeaus und auf einem recht steinigen Pfad bzw. sehr schadhaften Weg teils steil bergab. Vor uns breitet sich das Grenzgebiet um Strážný aus, der Blick reicht sogar bis ins Bayerische hinüber, wo links auf den Hügeln Haidmühle sichtbar ist. Links passieren wir ein großes Damwildgehege und erreichen hier den bis auf die zum Gehege gehörigen Gebäude nicht mehr existierenden Weiler **Žlíbký (Röhrenberg)** 4. Der Name Röhrenberg erinnert übrigens daran, dass hier entlang des steilen Wegs die Saumtiere in Trögen getränkt wurden – das Wasser wurde dazu in besonderen Leitungen herangeführt.
Weiter bergab passieren wir den Punkt U Kaple mit seiner verfallenen Kapelle. Weiter auf einem sich allmählich bessernden Weg absteigend kommen wir nach Kořenný (Schlös-

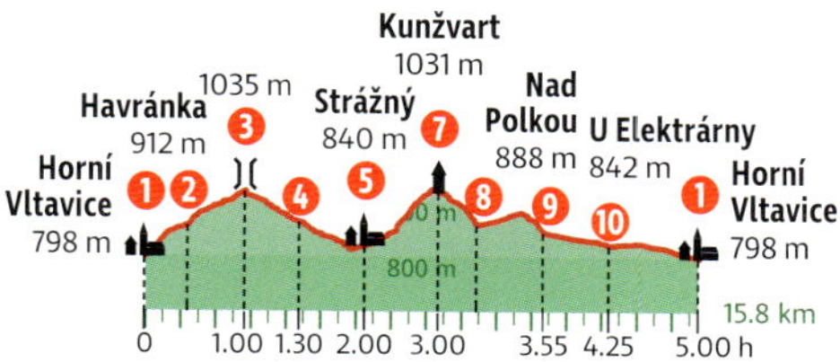

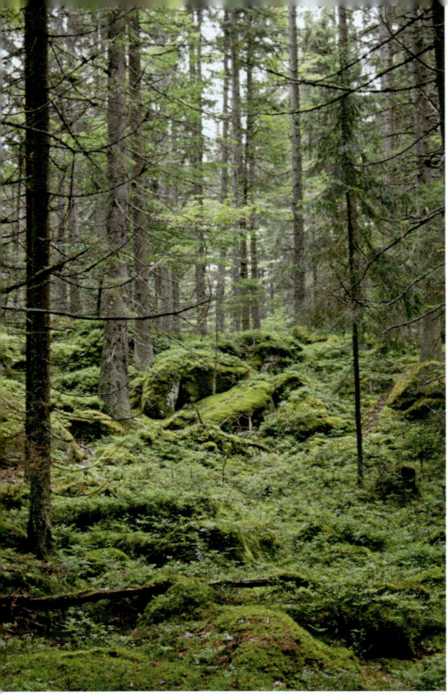

Dichter Wald nahe der Ruine Kunžvart.

selbachl), das schon zu Strážný gehört. Hier stehen viele schmucke neue Häuser, das alte Schlösselbachl ist jedoch in den 1950er-Jahren untergegangen. Dann treffen wir auf eine Asphaltstraße bzw. die Radtrasse 1037. Hier gehen wir mit Gelb nach links etwas bergauf in Richtung Strážný, biegen aber nach etwa 400 m bereits hinter dem zweiten der historischen Böhmerwaldhäuser der lockeren Siedlung **Strážný** 5 mit Blau nach rechts ab. Wir verlassen damit die Trasse des Goldenen Steigs und steigen nun bergauf in Richtung Ruine Kunžvárt. Wir wandern rechts unterhalb des Hügels Kamenný vrch, 944 m, mit seiner Kapelle vorbei. Danach führt der Weg wieder etwas bergab und in den Wald, dann steigt er deutlich bergauf bis zum Punkt **Kunžvart rozc.** 6, einem Sattel am Osthang des Bergs Strážný (Schlösselberg), 1115 m. Nach rechts gelangt man mit Blau in 5 Min. zur Ruine der Burg **Kunžvart** 7 auf 1031 m hinauf. Von hier gibt es eine bezaubernde Rundsicht, besonders hinüber zum Berg Žlíbský vrch. Die Burg war einst durch ihre auf zwei Seiten steil abfallenden Wände vor jeder feindlichen Einnahme geschützt. Zentraler Teil war der mächtige, auch heute noch beeindruckende Wohnturm; es war keine Repräsentationsburg, keine höfische Anlage, nur eine spartanisch ausgestattete Wachburg. 1578 brannte sie aus und befindet sich seither im Verfall.

Zurück am Sattel **Kunžvart rozc.** 6 gehen wir mit Gelb steil abwärts zum Gehöft **Orlovka** 8, wo wir wieder auf den Radweg 1037 treffen. Auf ihm gehen wir mit Gelb (bzw. parallel mit dem grün markierten Radweg) nach links und bergauf. An einem Abzweig geht es rechts zur Wüstung Samoty (Adlerhütte), dann ein längeres Stück weiter bergan, bis endlich auf einem Sattel am Punkt U Křížku eine breite Wegegabel erreicht ist. Wir biegen mit Gelb/Grün halb links ab. Die nun bergab führende Straße wird zum Schotterweg, und nach etwa 800 m kommen wir zur Kreuzung **Nad Polkou** 9, wo wir mit Blau rechts abbiegen. Weiterhin leicht bergab, schon nahe des Tals der links unterhalb von uns fließenden Moldau, erreichen

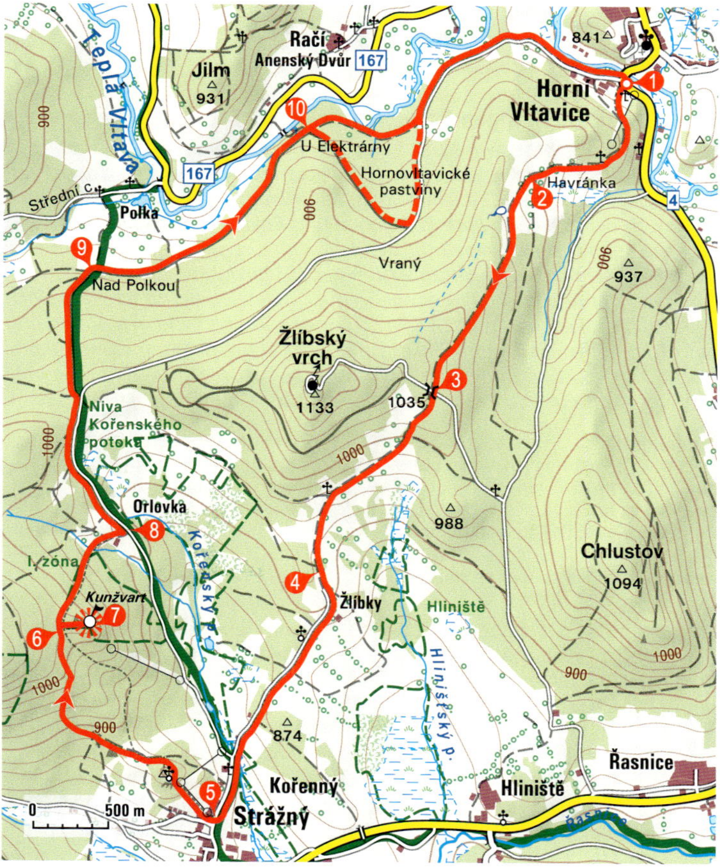

wir nach gut 2 km den Punkt **U Elektrárny** ⑩ oberhalb einer alten Transformatorenstation. Der Schotterweg biegt hier rechts ab, wir aber gehen mit Blau über einen höchst reizvollen Pfad durch Wald, Wiese, Sumpf und über einige wackelige Stege geradeaus weiter (bei Regen setzen wir unsere Wanderung allerdings über den Schotterweg fort), bis wir nach knapp 1 km wieder festen Boden unter die Füße bekommen. Von rechts kommt bald der erwähnte Schotterweg wieder heran. Auf ihm gehen wir nun nach links; bald werden die ersten Häuser von Horní Vltavice sichtbar, und gleich stehen wir wieder an der Moldaubrücke in **Horní Vltavice** ❶.

↗ 110 m | ↘ 110 m | 10.0 km

30 Strážný (Kuschwarda) und das Moor Splavské rašeliniště

2.30 h

Streifzug mit vielfältigen Natureindrücken im früheren Grenzgebiet

Strážný, das alte Kuschwarda, ist von alters her ein Grenzort. Gegründet um 1670 als Handelsstation, war es nach Passieren der Grenze die erste böhmische Siedlung auf dem Goldenen Steig. Auch wenn durch Kuschwarda nach 1945 noch der Verkehr zwischen Böhmen und Bayern flutete, blühte der Ort in jenen Jahren keineswegs auf. Denn hier im Grenzgebiet fand nun kein Handel mehr statt. Kuschwarda, erst in den 1950er-Jahren in Strážný (so viel wie »wachsamer Ort«) umbenannt, verfiel, vieles wurde abgerissen. Nach dem Fall der Grenzen wurde Strážný zu einer höchst lebendigen Ansiedlung mit Tankstellen, billigen Einkaufsmöglichkeiten, Vietnamesenmärkten, Nachtclubs etc. Die Umgebung des Ortes ist trotzdem unberührt – sowohl die Hügellandschaft in Richtung Grenze als auch die Moorgebiete im Süden.

Ausgangspunkt: Ortsmitte Strážný, 823 m. Viele Parkmöglichkeiten. Busanbindung (Linie 668) von Vimperk über Lenora und Horní Vltavice.
Anforderungen: Leichte Wanderung mit nur geringen Anstiegen auf Waldwegen, ein Teil führt über Asphaltwege, ein kleiner Abschnitt über sumpfige Wiesenpfade.
Einkehr: Strážný: u. a. Rybárna Strážný, Fischlokal (Hausnummer 45, Tel. +420 602 480 531, rybarna-strazny.cz); Restaurant Pension U sousedů (Nr. 38, Tel. +420 775 130 871, pensionusousedu.cz).

Wir gehen mit der gelben Markierung entlang der alten Durchgangsstraße vorbei an zahlreichen Billigläden südwestwärts aus **Strážný** ❶ heraus, queren ein Bächlein und biegen noch unterhalb der Tankstelle beim Casino mit Gelb halb rechts auf einen unauffälligen schmalen Weg ab. Wir sind damit auf dem Winterberger Zweig unterwegs. Gut 600 m geht es jetzt nicht übermäßig steil bergauf, dann zweigt nach links ab und führt sogleich zur hübschen Lichtung **Na Kapličce** ❷ (mit Notübernachtungsplatz).
Von der Lichtung aus folgen wir Rot durch einen aufgelockerten Wald in Richtung Mlaka. Bald kommt von links Gelb vom Gipfel des Bergs Obecní vrch herunter. Gleich danach biegen Gelb und Rot gemeinsam an einer Gabelung halb links ab, und wir gehen mit Rot auf einem steinigen und wurzeligen Pfad hinab zu einer Teerstraße, die wir am Punkt **U Krmelce** ❸ erreichen. (Lohnend ist hier ein Abstecher mit Gelb geradeaus Richtung Grenze durch die Sümpfe – auf dem historischen Handelsweg). Wir folgen Rot nach links zur Staatsstraße 4, unterqueren sie, gehen nach links ein Stückchen zu ihr parallel und biegen dann mit Rot rechts ab.

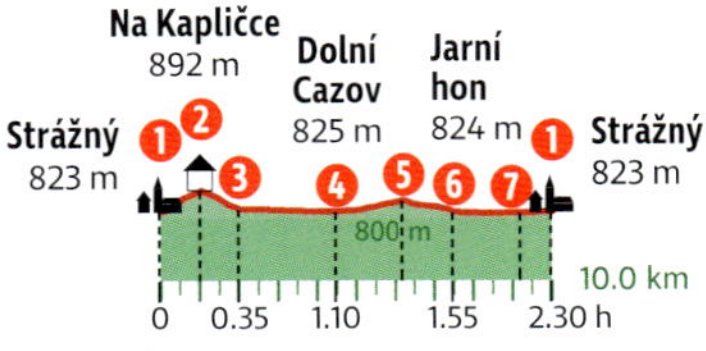

Jetzt sind wir schon im Einzugsgebiet des Moors Splavské rašeliniště. Leider kann es nirgendwo betreten werden. Auf einem alten Plattenweg der Grenztruppen wandern wir am Moor entlang, der birkengesäumte Weg steigt etwas an und wir erreichen eine Kreuzung, wo sich einst **Dolní Cazov 4**, das ehemalige Dörfchen Unter-Zassau, befand.

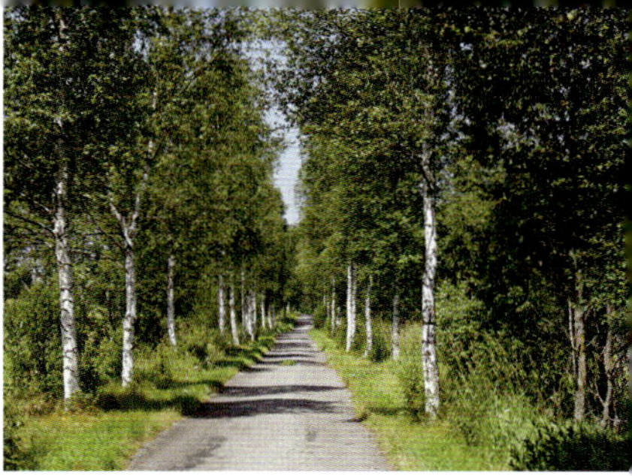

Eine wundervolle Birkenallee säumt den Südrand des Moors Splavské rašeliniště.

Hier biegen wir nach links (Nordosten) in einen unmarkierten, leicht ansteigenden Teerweg (Loipenstrecke nach Hamerský les) ein; weiter oben hat man einen herrlichen Blick über das Moor und hinüber nach Nordwesten zum Berg Strážný vrch (Schlösselberg) wie zum Pomezný (Scheiblingsberg). Zuletzt mit kurzem steilen Anstieg gelangen wir nach knapp 2 km zur **Straße Hlíniště–České Žlebý 5**; auf ihr gut 1 km nach links zum Punkt **Jarní hon 6**. Hier biegen wir mit Grün nach links auf einen schmalen Wiesenweg ab, queren bald auf einer Brücke aus unbehauenen Stämmen den Bach Hlíníštský potok. Der Wiesenweg beginnt hier zuzuwachsen, doch ist zumindest die grüne Markierung vielerorts deutlich erkennbar. Der Pfad wird zur Birken-, dann zur Lindenallee und wir nähern uns langsam wieder der Staatsstraße 4. Unmittelbar davor folgen wir mit Grün dem Asphaltweg nach rechts, gehen über die sehr stark befahrene **Staatsstraße 4 7** und geradeaus nach **Strážný 1**.

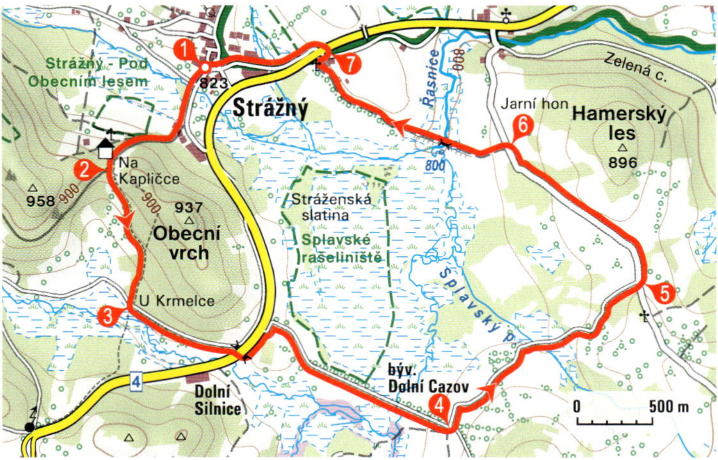

↗ 100 m | ↘ 120 m | 13.0 km

31 Von Lenora (Eleonorenhain) nach Volary (Wallern)

3.15 h

Vom Säumermoor zu Bauernhäusern im alpinen Stil

Das Tal der oberen Moldau, bevor sie zum Lipno-See angestaut wird, ist eine der schönsten Landschaften des Böhmerwalds. Sehr reizvoll ist der Abschnitt zwischen Lenora und Volary, wo das Moldautal sicherlich nicht so breit und so landschaftsdominant wie weiter flussabwärts ist, aber dafür trifft man hier auf das Säumermoor (Soumarský rašeliniště). Seinen Namen hat es von den Säumern des Goldenen Steigs (östliche Trasse), der hier an der Säumerbrücke (Soumarský most) die Moldau überquerte. Das 85 ha große Moor, das sich in einem toten Moldauarm bildete, ist fast in seiner ganzen Ausdehnung über einen Bohlenpfad begehbar. Nicht zuletzt besitzen die Orte Lenora und Volary auch einiges Sehenswertes: Lenora ist ein alter Glasmacherort, und insbesondere in Volary sind alte Bauernhäuser in alpinem Stil erhalten geblieben. Hier hatten sich in der ersten Hälfte des 16. Jh. Viehzüchter aus der Steiermark und Tirol (später oft »Wallerer« genannt) niedergelassen.

Ausgangspunkt: »Schlösschen« (Gutshaus) in Lenora, am westl. Ortseingang, 778 m. Parkmöglichkeit. Busverbindung von Volary (Linien 637 und 612), ebenso Zugverbindung von Volary bzw. Strakonice (via Vimperk).
Endpunkt: Volary, 759 m. Rückfahrt nach Lenora per Bahn. Abfahrten (Richtung Strakonice) im Allgemeinen alle 2 Std., Fahrkarten beim Schaffner und an Automaten auf dem Bahnhof. Busse fahren nur einmal tgl. Taxidienst Volary (Tel. +420 723 633 063), Taxidienst Jan Havel (Volary, Tel. +420 607 868 505).
Anforderungen: Wanderung auf Asphalt- und Waldwegen und schmalen Wald- und Wiesenpfaden; an der Moldau und in den Moldauwiesen kann es nach Regen sumpfig sein, oft muss man sich durch hüfthohes Gras kämpfen; der Teilabschnitt ab dem erwähnten zweiten Bunker bis zum Bahndamm kann daher bei Nässe nicht begangen werden.
Einkehr: Lenora: Restaurace U Grobiána (Stožická 12, Tel. +420 607 616 691, 724 021 939, restauraceugrobiana.cz); Soumarský Most: Soumarská hospoda (Hostinec U Maxů; Tel. +420 774 643 436, soumarska-hospoda.cz); Imbiss am nahen Campingplatz an der Moldau; Volary: u. a. Restaurant U Potůčku (Česká 123, Tel. +420 388 334 001, restauraceupotucku.cz).
Sehenswürdigkeiten: Die in der Literatur oft erwähnte überdachte Moldaubrücke (Rechle) am östlichen Ortsrand von Lenora wurde neu errichtet. Sie diente seit dem 19. Jh. der Holzzählung bzw. der Erfassung der Anzahl treibender Stämme auf dem Fluss. Von der Brücke konnte man mit Sperrbalken die Trift unterbrechen. In Lenora steht etwa 250 m oberhalb der Bahnlinie an exponierter Stelle (am blau markierten Weg links) ein Denkmal des Andreas Hartauer (1839–1915), Dichter und Komponist des berühmten Böhmerwaldlieds. Direkt an der Durchgangsstraße gleich hinter der Kurve befindet sich rechts (Richtung Volary) ein Gemeindebackofen (19. Jh.); bei Ortsfesten wird hier ein Spezialbrot gebacken und verkauft. Muzeum Volary, Ausstellung zur Geschichte der Tiroler Zuwanderer, altes Tirolerhaus (Česka ul. 71, 1. Mai–30. Sept. Di–So 10–17 Uhr, mestovolary.cz).

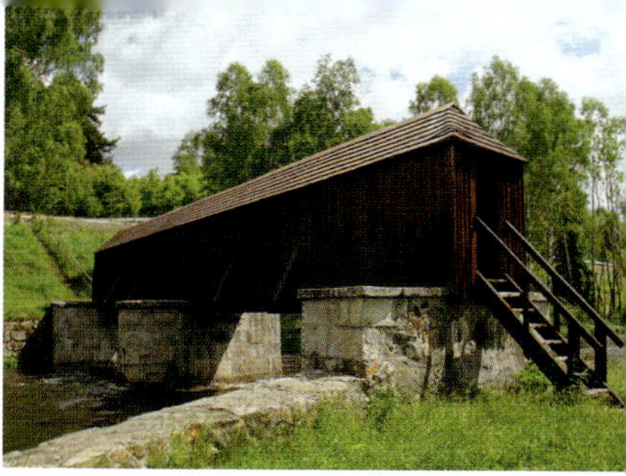

Rechle-Brücke über die Moldau bei Volary.

Vom »Schlösschen« in **Lenora** ❶ gehen wir mit Blau eine kleine baumbestandene Straße bergab, unten mit Blau nach rechts, queren die Moldau über die Rechle-Brücke (dort gibt es eine gute Bademöglichkeit) und steigen dann leicht bergan bis zum Waldrand. Hier, am Punkt **Zelená cesta** ❷, biegen wir mit Grün nach links in Richtung Volarské šance (Wallerner Schanzen) ab. Nach etwas mehr als 2 km Waldstrecke kommen wir zur Asphaltstraße nach České Žleby (Böhmisch Röhren) und damit zum **Goldenen Steig** ❸. Nahe dieser Wegkreuzung liegen etwa 200 m westlich – auf einer Anhöhe im Wald und nicht ganz einfach zu finden – die erwähnten Schanzen. Die Erdbefestigungen wurden 1618–1620 von den protestantischen böhmischen Ständen während des Aufstands gegen das Haus Habsburg erbaut, um den Goldenen Steig gegen die kaiserlichen Truppen zu verteidigen.

Wir überqueren die Asphaltstraße, bei der Gabelung gleich danach gehen wir nach links; der Weg ist hier teilweise befestigt. An der nächsten Gabel halten wir uns wieder links und kommen in das Areal des sehr beliebten Campingplatzes Soumarský Most. Parallel zum Fluss gehen wir durch den Platz und dann durch den Ausgang zurück auf die Asphaltstraße. Hier wenden wir uns nach rechts und überqueren die Moldau auf der berühmten **Soumarský most (Säumerbrücke)** ❹. Hier passierte die östliche Teiltrasse des Goldenen Steigs zwischen Passau und Prachatitz die Moldau.

Die Moldau nahe der Soumarský most.

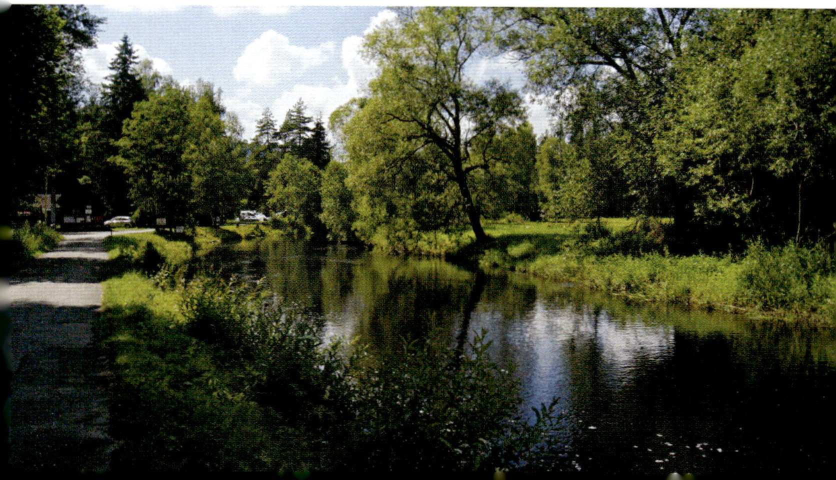

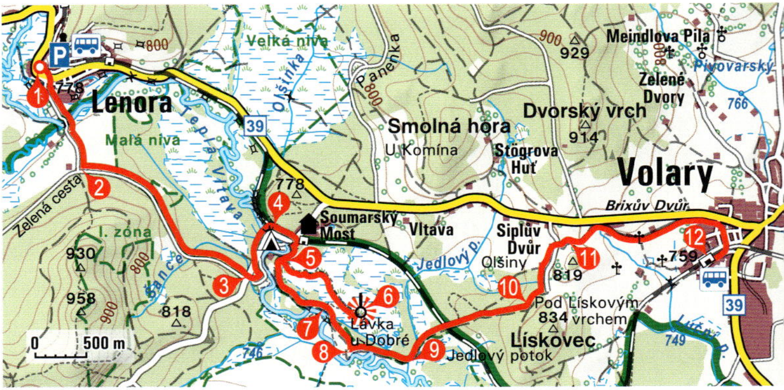

Vor dem Bahnübergang (dahinter gleich links das gute Restaurant Soumarská hospoda) gehen wir nach rechts, erneut in den Campingplatz hinein, und folgen hier zunächst der grünen Markierung. Wir biegen nach etwa 150 m nach links von Grün ab und gehen dann auf einem etwa 1,5 m langen **Lehrpfad** 5 nach links direkt ins Säumermoor hinein. Der Lehrpfad endet an einem **Aussichtsturm** 6 im Süden des Moors. Obwohl man von diesem Turm direkt hinüber zum Moldauufer und damit wieder zur grünen Markierung gelangen kann, gehen wir jedoch zurück bis zum Anfang des Lehrpfads 5 und setzen die Wanderung mit Grün nach links fort. Denn sonst versäumen wir einige der herrlichsten Panoramen.

Der Weg führt weiter durch den Campingplatz, doch bald stehen wir an der Moldau, wo sich das Flusstal in wirklich einzigartiger Schönheit zeigt. Der Weg verändert sich rasch zum »wildromantischen« Waldpfad. Links sehen wir einen Bunker. In dieser Gegend trifft man mehrmals auf solche Bunker. Sie wurden in den 1930er-Jahren als Verteidigungsanlagen erbaut; in der damaligen Tschechoslowakei fürchtete man in den grenznahen Regionen den Einfall der deutschen Wehrmacht – was ja dann im September 1938 nach dem Münchner Abkommen mit kampfloser Landnahme auch geschah.

Bald passieren wir die Stelle, wo der Moorlehrpfad aus Richtung Aussichtsturm einmündet 7. Die Idylle des Moldautals ist hier in ihrer Schönheit kaum zu beschreiben. Der Fluss entfernt sich nach rechts und wir kommen an einem zweiten Bunker vorbei. Jetzt wird der Weg sumpfig, verlässt den Waldrand, wendet sich nach rechts und verläuft als kaum noch erkennbarer Pfad durch bisweilen sehr hohes Gras. Erst am **Moldausteg** 8, Dobra lávka, gewinnen wir kurzzeitig wieder festen Boden unter den Füßen. Über das Brückchen führt der Fernwanderweg Tschechischer Goldsteig herüber. Wir gehen aber nicht über die Brücke, sondern halten uns auf dem grünen Pfad nach links und gehen in der Folge bis Volary auf dem Fernwanderweg.

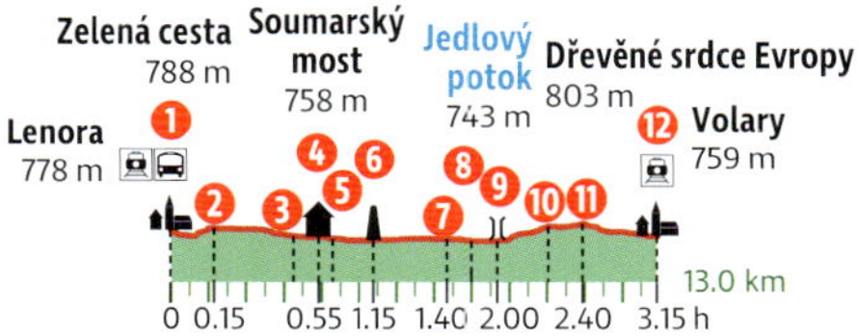

Nun geht es auf einem schmalen Trampelpfad (bei hohem Gras kaum auszumachen!) wieder durch ein vor allem nach Regen ziemlich sumpfiges Areal. Im Zickzack gehen wir hinüber zum Waldrand. Dort geht es über Wurzelwerk und an einem Bunker vorbei weiter, dann wieder hinaus in die Sümpfe. Wir wenden uns nach links, laufen auf einem maroden Brückchen über das Rinnsal des **Jedlový potok** ⑨ und erneut durch sumpfiges Terrain unmittelbar an der Kernzone 1 des Nationalparks entlang. Erst wenn wir die Bahnlinie Lenora–Volary überquert haben, ist dieser schwierigste Teil der Tour bewältigt. Wir gehen mit Grün weiter geradeaus, leicht ansteigend bis zum Punkt **Pod Liskovým vrchem** ⑩. Hier kommt Blau von rechts heran, wir gehen mit beiden Markierungen geradeau weiter. Unser Weg verlässt den Wald und wendet sich in rechtem Winkel nach links. Etwa 300 m danach biegt Blau (mit Grün) im spitzen Winkel nach rechts ab. Der Weg macht einen Knick nach links und dann steht an unserem grünen Weg an einem schönen Rastplatz die Skulptur **Dřevěné srdce Evropy** ⑪, das »Hölzerne Herz Europas«, von wo man einen herrlichen Blick in die Lande hat.
Es geht nach Brixův Dvůr hinein, wo wir auf auf die originale Trasse des Goldenen Steigs treffen. Mit Grün laufen wir auf der Trasse (parallel zur Staatsstraße 39) und der alten Fahrstraße in Richtung Volary. Kurz vor der Stadt gehen wir auf der Staatsstraße weiter, die hier Soumarská (Säumerstraße) heißt. Dann biegen wir mit Grün nach 150 m nach rechts in die Straße U Nádráží ein. Über sie gelangen wir nach 350 m zum Bahnhof von **Volary** ⑫, von wo wir mit dem Zug nach Lenora zurückfahren.

Das »Hölzerne Herz Europas« bei Brixův Dvůr.

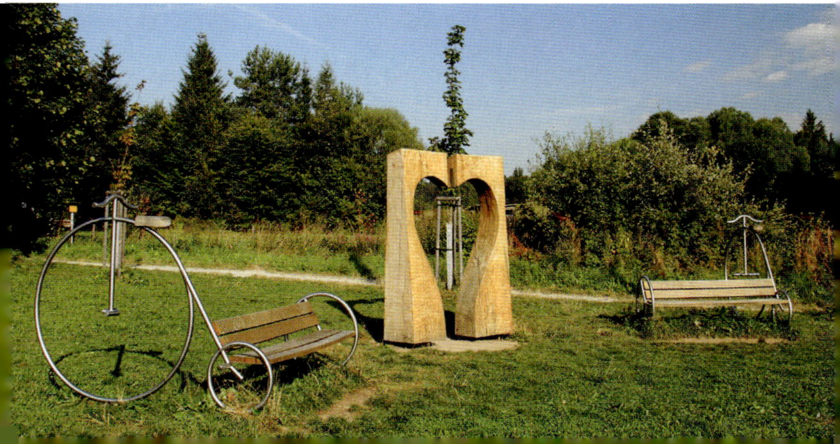

↗ 20 m | ↘ 20 m | 11.9 km

32 Pěkná (Schönau) – Moldau – Černý Kříž (Schwarzes Kreuz)

2.45 h

Der bequemste Weg ins zauberhafte Moldautal

Wer aus welchen Gründen auch immer wenig Zeit für eine längere Wanderung hat, oder als gehetzter Automobiltourist trotzdem plant, sich auf einer Fußreise der Waldromantik zu ergeben, wird diese Tour gerne machen. Es gibt keine Steigungen, nur Asphaltwege, dabei Naturgenuss ohne Ende und am Schluss noch die Einkehr in ein schönes Lokal, das Ganze überkrönt mit einer kurzen, doch umso eindrucksvolleren Eisenbahnfahrt. Die Fahrt mit dem Bummelzug durch die Moldauniederung berührt wunderbare, selbst zu Fuß nicht zugängliche Regionen und ist ein einzigartiges Erlebnis.

Ausgangspunkt: Parkplatz am Ortsrand von Pěkná, unmittelbar an der Staatsstraße 39 zwischen Volary und Horní Planá, 750 m. Buslinien 635 (Prachatice–Nová Vec) und 636 (Nová Vec–Volary).
Anforderungen: Genussvoller Spaziergang über Asphaltwege, auch für Rollstuhlfahrer bestens zu empfehlen.
Einkehr: Černý Kříž: Gasthaus Penzion Černý Kříž, gegenüber dem Bahnhof (Tel. +420 723 314 134, cernykriz.wz.cz).
Hinweise: Die Züge Richtung České Budějovice (bzw. Horní Planá; nicht nach Čičenice!) und damit zum Bhf. Pěkná fahren von Černý Kříž zurück zum Bahnhof Pěkná in den Sommermonaten im Allgemeinen tgl. im 2-Std.-Takt. Fahrkarten beim Schaffner oder am Automaten. Außerhalb der Saison ist die Zughäufigkeit weitaus geringer.
Die Moldaubrücke war wegen möglicher Instabilität ihres Fundaments zuletzt zwar offiziell gesperrt, wird allerdings von Radfahrern, Wanderern und sogar Autos trotzdem benutzt. Bitte holen Sie vor Ort aktuelle Informationen ein.

Am Ortsrand von **Pěkná** ❶ queren wir die Staatsstraße 39 und gehen auf der Radtrasse 1031 (gelbe Markierung) leicht bergab. Es eröffnet sich ein großartiger Blick über das Moldautal und zum Böhmerwaldkamm vom Stožec (Tussetberg) im Nordwesten über den Perník (Lebzellenberg) bis zum Plechý (Plöckenstein). Nach knapp 1 km überqueren wir die **Moldau** ❷ (schöne Badestelle). Dann geht es durch Wald ganz leicht bergan; nach nochmals knapp 1 km kommen wir zum **Bahnhof Pěkná** ❸ an der Bahnlinie České Budějovice–Český Krumlov–Horní Planá–Černý Kříž.

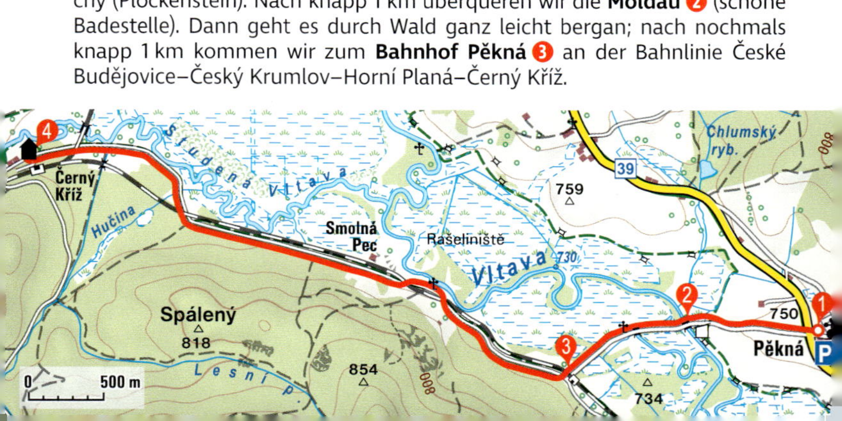

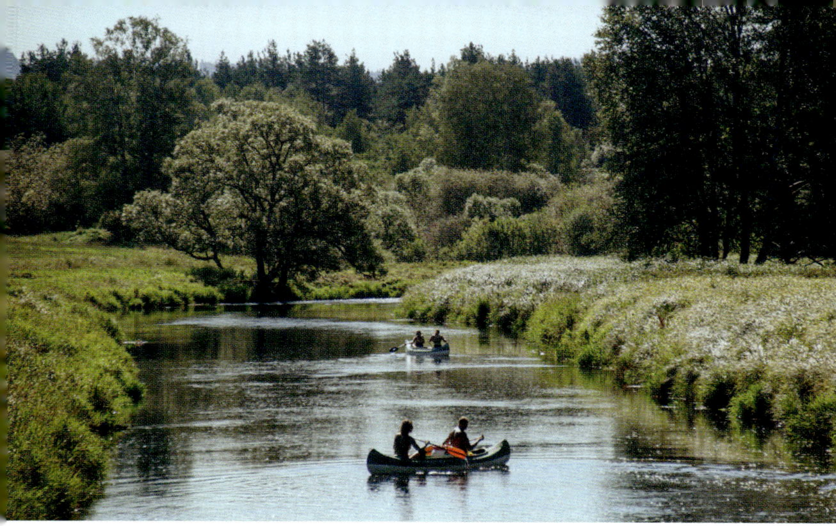

Ab der Moldaubrücke kann man den Fluss auch mit dem Paddelboot erkunden.

Hier wenden wir uns nach rechts auf einen weiteren Asphaltweg (Radtrasse 33) und gehen entlang der Moldauniederung und des Moldaumoors flussaufwärts. Die Bahnlinie zieht sich rechts von uns durch die Niederung. Nach nochmals 1 km quert die Bahnlinie zweimal hintereinander unseren Asphaltweg, links oberhalb liegen die wenigen Häuser von Smolná Pec (Pechofen). Die Moldau schlängelt sich hier unmittelbar an der Straße entlang.
Beim Weitergehen entfernt sich der Fluss plötzlich im rechten Winkel. Dem Flussverlauf mit den Augen folgend sehen wir die (unzugängliche) Einmündung der Kalten Moldau (Studená Vltava) in die Warme Moldau (Teplá Vltava), die hier von links herankommt. Ab hier spricht man flussabwärts nur noch von »der« Moldau, weiter oberhalb gibt es zwei Moldauflüsse.
Bald nähert sich unser Weg rechts dem Unterlauf der Kalten Moldau, sie ist viel schmaler, ja graziler als die vereinigte Moldau weiter abwärts. Der Fluss begleitet uns nun das letzte Stück. Nochmals quert die Eisenbahnlinie die Asphaltstraße, begibt sich auf ihre linke Seite, unsere Straße nähert sich nach rechts erneut dem Tal der Kalten Moldau. Nun kommt von rechts eine weitere Bahntrasse heran; auch diese überqueren wir. Bald darauf erreichen wir das Gasthaus in **Černý Kříž** ❹ und den Bahnhof.
Für den Rückweg kann man alternativ zunächst zurück zum **Bahnhof Pěkná** ❸ fahren und von dort aus auf bekanntem Weg nach **Pěkná** ❶ zurückspazieren.

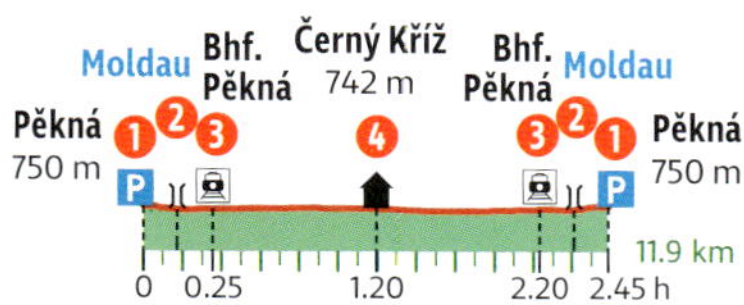

↗ 260 m | ↘ 260 m | 13.8 km

33 Zur Tussetkapelle (Stožecká kaple)

3.45 h

Zu Besuch bei einer Kapelle inmitten tiefer Wälder

Die Umgebung des kleinen Dorfes Stožec (Tusset) ist wegen ihrer landschaftlichen Reize berühmt – nicht zuletzt aber auch wegen der Wallfahrtskapelle am Südhang des 1065 m hohen Stožec. 1791 hatte an dieser Stelle ein Wallerner Bürger in tiefer Waldeinsamkeit aus Dankbarkeit eine kleine Kapelle errichtet, nachdem das Felsquellwasser von dieser Stelle sein Augenleiden kuriert hatte. Schnell sprach sich die Wirkung des wundertätigen Wassers herum, Wallfahrer zogen in Scharen heran. 1804 wurde die Kapelle erweitert, 1860 erhielt sie ihre heutige Gestalt. Nach dem Krieg begann die Tussetkapelle zu verfallen, nach der Wende baute man sie jedoch wieder auf. Dabei wurden auch die Marienwallfahrten (jährlich am 15. August) neu belebt. Etwas oberhalb der Kapelle befindet sich der Tussetfelsen (Stožecká skala). Von der kreuzgekrönten Klippe hat man eine wunderbare Sicht auf diesen stillen Winkel des Böhmerwalds. Etwas unterhalb des Kreuzes, am Pfad hoch zur Klippe, lassen sich einige wenige Reste von Mauerwerk entdecken: Es sind die Relikte eines Wachturms aus dem 14. Jh., von dem aus der Goldene Steig kontrolliert wurde. Vom alten Dörfchen Tusset ist allerdings kaum noch etwas vorhanden. Der heutige Ort, der als Ausgangspunkt für Wander- und Radtouren einer der meistbesuchten Böhmerwaldorte ist, ist sehr aufgelockert, eine eigentliche Mitte ist nicht auszumachen, bestenfalls an der Kreuzung vor dem Restaurant Pstruh.

Ausgangspunkt: Stožec, Parkplatz in der Dorfmitte, 780 m.
Anforderungen: Leichte Wanderung auf Feld- und Asphaltwegen, nur der Aufstieg zur Kapelle ab Pod Stožeckou skálou führt über holprige Waldpfade. Den Aufstieg von der Kapelle zum Tussetfelsen sollte man bei Nässe unterlassen.

Einkehr: Stožec: Restaurace Pstruh (Tel. +420 388 335 111, pstruh.eu); Černý Kříž: Gasthaus Penzion Černý Kříž, gegenüber dem Bahnhof (Tel. +420 723 314 134, cernykriz.wz.cz).
Sehenswürdigkeit: Nationalpark-Informationszentrum in Stožec (Hausnummer 68, Tel. +420 388 335 014).

In **Stožec** ❶ gehen wir mit Gelb auf der Asphaltstraße in Richtung České Žleby und biegen nach knapp 200 m mit Gelb nach rechts auf einen Feldweg ab, der durch eine zauberhafte Wiesenlandschaft führt. Der Feldweg steigt nach und nach etwas an, und nach gut 2 km kommen wir zur Kreuzung **Stožecká luka** ❷ (Tussetwiese). Hier biegen wir mit Blau nach rechts ab. Der

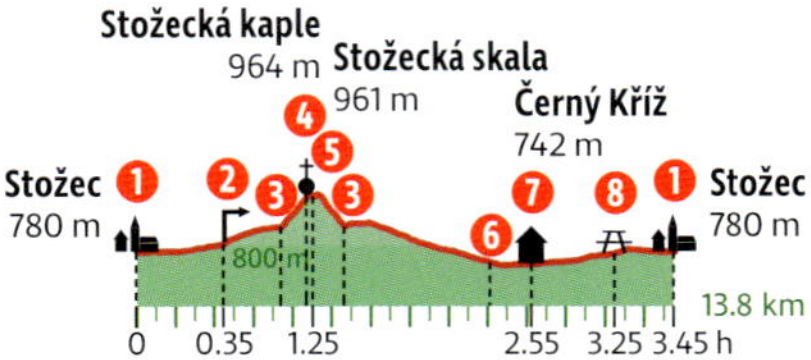

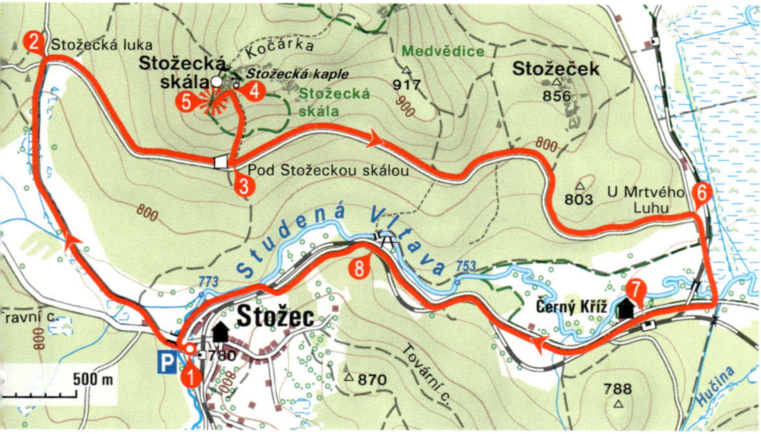

Weg steigt jetzt etwas an und wir erreichen nach etwa 1,5 km den Punkt **Pod Stožeckou kaplí** ❸, übersetzt: Unter der Tussetkapelle, mit einem Rastplatz und einer Schutzhütte. Von hier steigen wir knapp 1 km auf schmalem Waldpfad, markiert mit einem blauen Dreieck, zur **Stožecká kaple** ❹, der Tussetkapelle, auf. Sie ist weiträumig von einem Zaun umgeben, der sie vor Schäden durch Wild schützen soll, aber an einem kaum erkennbaren Durchlass passiert werden kann. Um die Kapelle herrscht eine wirklich eigentümliche, spirituelle Aura, wie sensible Besucher oft bestätigen.

Links von der Kapelle kann man noch (etwa 30 Hm) zum **Stožecká skala** ❺, dem Tussetfelsen, aufsteigen. Es ist etwas beschwerlich, aber die Aussicht nach Süden lohnt. Der Stožec selbst liegt in der Kernzone des Nationalparks und kann nicht bestiegen werden. Wir gehen zurück zum Punkt **Pod Stožeckou kaplí** ❸ und von hier ostwärts mit Blau weiter. Auf

Die Tussetkapelle wirkt fast wie eine norwegische Stabkirche.

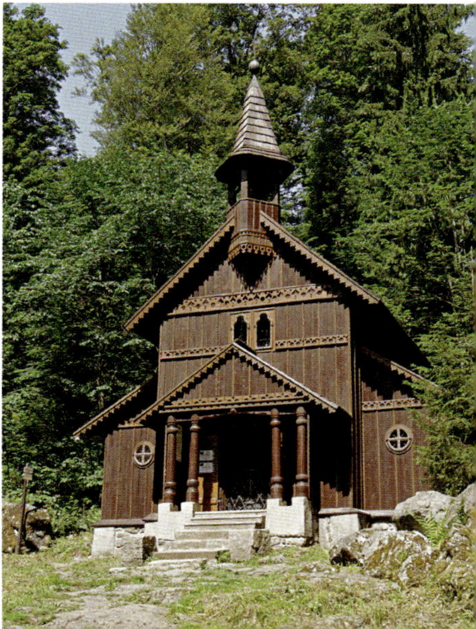

breiter Waldstraße spazieren wir für einige Zeit auf gleichbleibender Höhe. Nach etwa 1,5 km ignorieren wir einen mittlerweile unmarkierten Abstieg zur Moldau. Anschließend geht es ein längeres Stück abwärts, bis wir am Waldrand in der Moldauniederung stehen: Vor uns erstreckt sich das Moor Mrtvý luh (Totes Luch bzw. Totes Filz), das aber nicht betreten werden darf. Am Punkt **U Mrtvého Luhu** 6 gehen wir mit Blau nach rechts, an einer Wiese entlang und überqueren die Bahnlinie Stožec–Černý Kříž–Nova Pec. Danach geht es geradeaus weiter über eine neue Brücke über die Kalte Moldau (Studená Vltava), die unweit von hier mit ihrer großen und bedeutenderen Schwester, der Warmen Moldau, zusammenfließt. Die Einmündung selbst liegt innerhalb des Toten Luchs und ist nicht zugänglich. Wir kommen nun auf eine Asphaltstraße, an der Ecke steht das schwarze Kreuz, das der Lokalität Černý Kříž den Namen gegeben hat. Wir gehen auf der Teerstraße nach rechts und gelangen nach etwa 300 m zum Gasthaus Penzion **Černý Kříž** 7, gegenüber liegt der Bahnhof Černý Kříž.
Weiter auf dem Asphaltweg kommen wir mit der blauen Markierung nach etwas mehr als 2 km an eine Stelle, wo die Moldau auf einer schmalen Holzbrücke überquert werden kann und wo ein hübscher **Rastplatz** 8 liegt. Hier kommt der oben erwähnte, inzwischen markierungslose Stichweg von der Tussetkapelle herunter zur Moldau. Wir bleiben auf dem Weg entlang der Moldau und erreichen nach gut 1 km den Ausgangspunkt in **Stožec** 1. Am Ortseingang kann man links noch Station im Infozentrum des Nationalparks machen.

Die Moldau bei Černý Kříž.

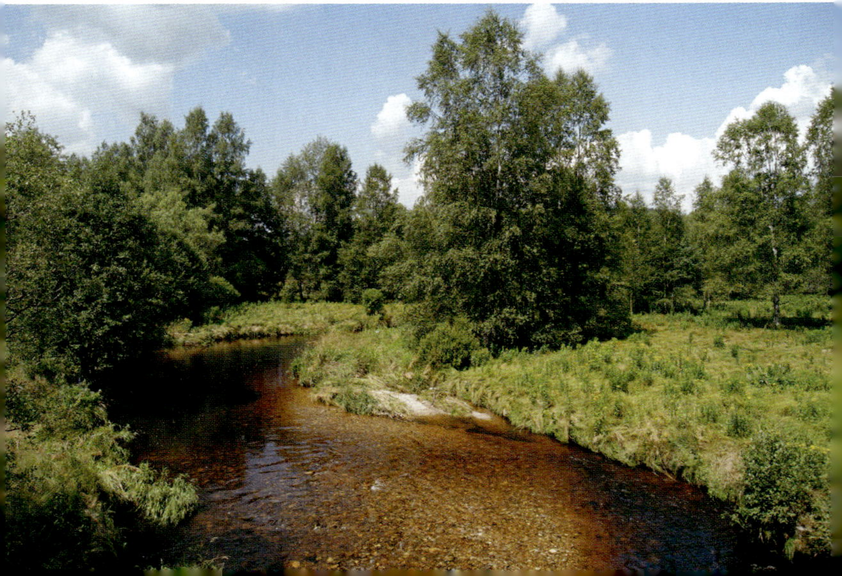

↗ 250 m | ↘ 250 m | 17.8 km

4.30 h

Stožec – Nové Údolí – České Žleby (Böhmisch Röhren)

34

Erloschene Orte und die kürzeste internationale Bahnstrecke der Welt

Stožec (Tusset) liegt abseits von Durchgangsstraßen in einer der schönsten Böhmerwaldregionen. Der Ort entstand erst 1769 als kleine Holzfällersiedlung, 1854 wurde hier die zweite große Fabrik von Resonanzholz für Musikinstrumente im Böhmerwald angesiedelt (die erste war einige Jahrzehnte vorher in Kvilda gegründet worden). Sie war bis 1945 in Betrieb. 1910 erhielt Tusset Anschluss an die Böhmerwaldbahn, deren schon fertiggestellte westliche Trasse Strakonice (Strakonitz)–Volary (Wallern) über Stožec zum Grenzbahnhof Nové Údolí (Neuthal) und hinüber ins bayerische Haidmühle verlängert wurde. Nach 1945 wurde der grenzüberschreitende Zugverkehr eingestellt, wegen des Grenzgebietes endeten die Züge in Stožec, die Fahrt bis Nové Údolí war nur Grenzsoldaten gestattet. Immer wieder wird davon geredet, die Strecke hinüber nach Haidmühle zu reaktivieren. Von Nové Údolí fährt eine Draisine über eine Distanz von 105 m (!) kurz auf bayerisches Gebiet – Fahrtdauer: 24 Sekunden. Fahrpreis: freiwillige Gaben. Damit ist dies die weltweit kürzeste internationale Bahnlinie. Die Regionen nördlich von Nové Údolí sind menschenleer. Alle Dörfer sind abgetragen. Fundamentreste und Ruinen säumen die Wege allenthalben – melancholische Wanderer schätzen das Gebiet umso mehr.

Ausgangspunkt: Stožec (Tusset), 780 m.
Anforderungen: Leichte, längere Wanderung auf Asphaltwegen sowie gut begehbaren Waldwegen. Der Abschnitt von Mlaka hoch nach České Žleby ist relativ steil und verläuft auf einem schadhaften Asphaltweg.
Einkehr: Stožec: u. a. Restaurant Pstruh (Tel. +420 388 335 111, pstruh.eu); Nové Údolí: Hotel Nové Údolí, Tel. +420 388 335 222, noveudoli.cz), Krčma Vagon, in den alten Waggons am Bahnhof; České Žleby: u. a. Restaurant Hotel Florián (Tel. +420 725 827 016, hotel-florian.eu); Hotel České Žleby, ca. 1 km südöstlich an der Route kurz vor U Mlýnů (Tel. +420 773 380 189, hotelceskezleby.cz).
Sehenswürdigkeiten: Nové Udolí: alte Eisenbahnwaggons mit Kneipe Krčma Vagon; Ausstellung zur Böhmerwaldbahn am Grenzbahnhof (noveudoli.eu).
Variante: Die Tour lässt sich ab Krásná Hora um ca. 3 km abkürzen.

In **Stožec** ❶ gehen wir auf einer Teerstraße mit der gelben Markierung in Richtung Nové Udolí. Der Weg steigt nur mäßig an, rechts von uns plätschert die Kalte Moldau (Studená Vltava), links von uns verläuft die Bahnlinie. Sie kreuzt nach knapp 1 km beim Punkt U Křížku unseren Weg, bleibt dann aber meist in nur geringer Distanz rechts unterhalb des Weges im Tal der Kalten Moldau. An besagtem Punkt zieht nach links die Radtrasse 1029 zum Schwarzenbergischen Schwemmkanal empor, wir gehen jedoch halb rechts mit Gelb weiter. Immer wieder erhaschen wir idyllische Blicke

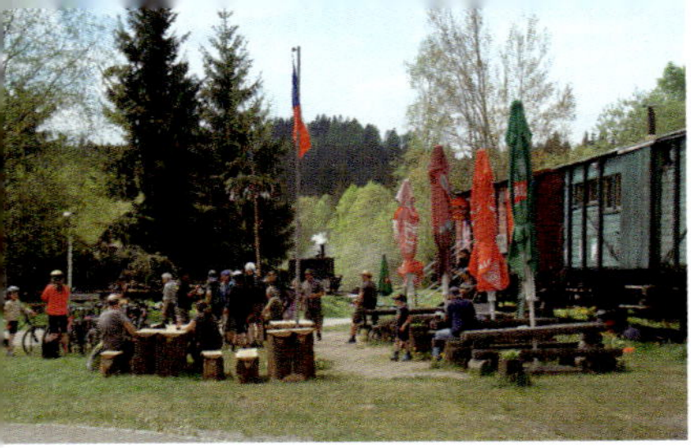

In den alten Waggons am Bahnhof befindet sich eine urige Einkehrmöglichkeit.

auf das Flusstal und die Bahnlinie, überqueren ein Brücklein über einen kleinen Moldauzufluss, passieren eine beeindruckende Baumruine und kommen nach gut 3,5 km zu einem Kammweg, wo früher der Ortseingang von **Nové Údolí** 2, Neuthal, lag. Wer möchte, kann hier nach links einen Abstecher zum gut 3,5 km entfernten Rosenauerstein machen, der an den Schöpfer des großartigen Schwarzenbergischen Schwemmkanals, Josef Rosenauer, erinnert. Auch beginnt der 30 km lange Schwemmkanal nahe dieser Stelle. Der Anstieg ist nicht allzu anstrengend.

Wir wenden uns am Kammweg mit Gelb nach rechts. Es geht bergab, vorbei am prächtigen neuen Hotel Nové Údolí, und dann erreichen wir schon den berühmten **Bahnhof von Nové Údolí** 3. Fast stündlich fahren von hier die Züge hinab nach Stožec, weiter nach Volary und darüber hinaus. Wir bestaunen die grenzüberschreitende Eisenbahnlinie (s. o.), spazieren kurz über die bayerische Grenze oder besuchen die Ausstellung in einem alten Waggon.

Dann gehen wir ein kleines Stück mit roter Markierung parallel zur Bahnlinie zurück, überqueren sie und gehen mit Rot leicht abwärts Richtung Nordwest bis zum Waldrand und überqueren dabei die hier noch ganz junge Kalte Moldau. Es beginnt ein längeres, stetig ansteigendes Stück. Nach etwa 2 km kommt Gelb von links heran, der Weg wendet sich mit Rot nach rechts, steigt weiter an und wir kommen auf eine sehr schöne Wiesenlandschaft am Punkt **V Podkové** 4. Ein Gedenkstein erinnert an das verschwundene Dorf Schönberg (Krásná Horá), an dessen östlichem Ortsrand wir uns hier befinden. Wir gehen mit Rot nach links weiter, von jenseits des Tals grüßen die bayerischen Orte Theresienreut und Bischofsreut (auf der Anhöhe) herüber. Es geht nun hinab und wieder hinauf, wir passieren eine Hausruine (alte Polizeistation von Schönberg, nach 1948 Grenzwache), und gleich danach befindet sich rechts ein **Denkmal** 5, das an Jindřich Vrabec erinnert. Der Landgendarm wurde an dieser Stelle im Juli 1928 vom Blitz erschlagen. Man steht hier mitten im untergegangenen Schönberg – allenthalben erinnern um uns herum Obstbäume und Fundamente daran, dass sich hier einst eine Siedlung befand. Eine große Wegegabel danach bezeichnet die genaue Dorfmitte von **Krásná Hora** 6. (Wer die Tour abkürzen will, kann

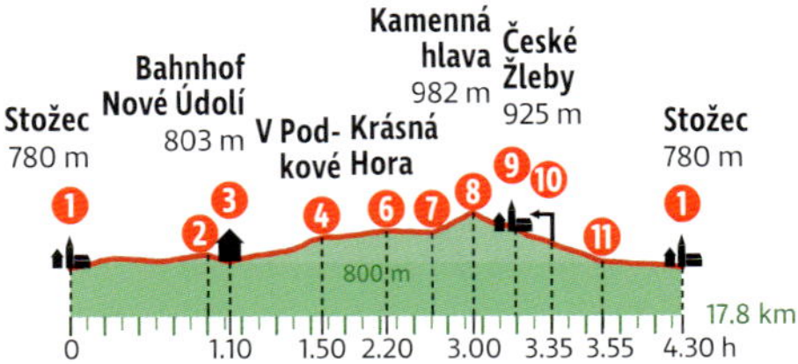

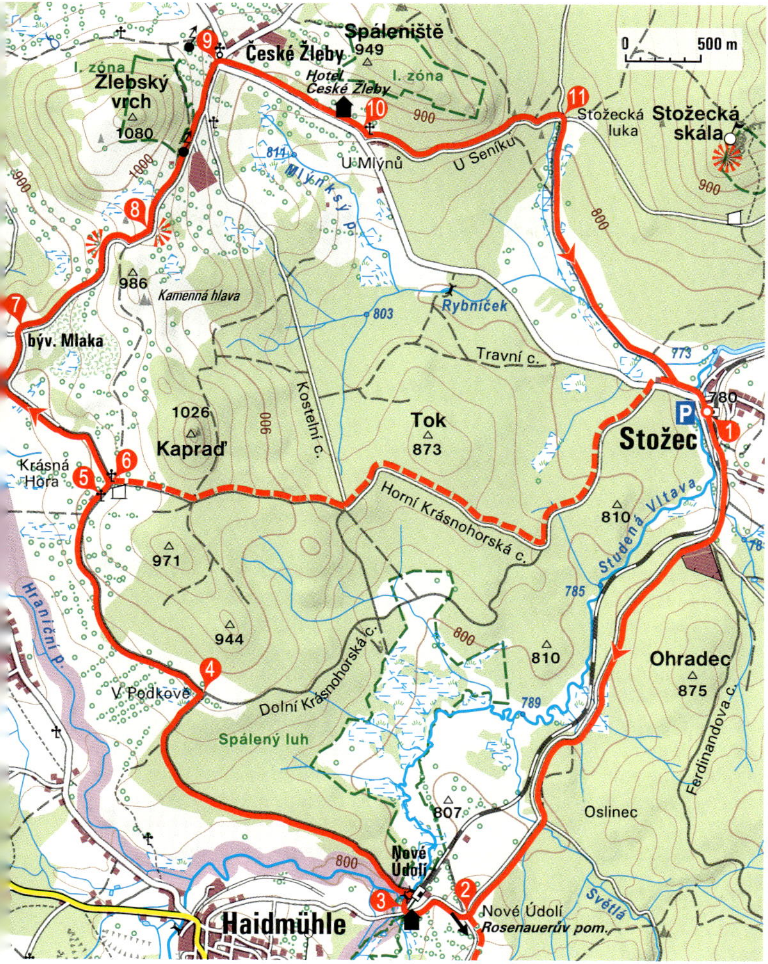

hier nach rechts bergauf gehen und erreicht nach knapp 7 km Stožec. Der Weg führt überwiegend durch Wald, doch ist er nicht reizlos.) Wir gehen mit Rot nach links weiter bergab, nach einer scharfen Rechtskurve wieder bergauf und erreichen die Wüstung **Mlaka** ❼ (ehemals Moorhäuser). Hier treffen wir auf die östliche (Prachatitzer) Trasse des Goldenen Steigs (von links, von

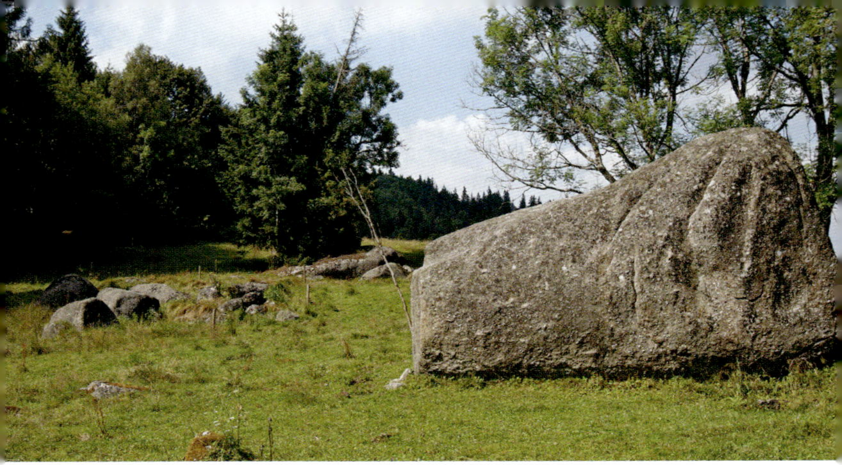

Zahlreiche gewaltige Felsblöcke prägen die Wüstung Kamenná hlava, das alte Dorf Steinköpflhäuser ist dagegen verschwunden.

der Grenze kommt der Fernwanderweg Tschechischer Goldsteig herauf) und gehen auf ihr und mit dem Fernwanderweg mit Gelb nach rechts durch eine schöne Eschenallee. Auch hier ist unverkennbar, dass sich an dieser Stelle einst eine Siedlung befand. Unser gelber Weg steigt nun verhältnismäßig steil an, an seinem Belag erkennt man, dass der vormalige Goldene Steig hier als Kolonnenweg der Grenztruppen diente. Kurz unterhalb des höchsten Punkts befindet sich links eine Aussichtsplattform. Wir genießen den Blick hinüber ins bayerische Mitterfirmiansreut und bis zum Lusen, der bei guter Sicht seinen kahlen Gipfel hervorlugen lässt.

Wir steigen weiter auf und sind plötzlich von großen Felsblöcken umgeben. Ganze Blockmeere verstecken sich rechts im Wald. Riesige Felsbrocken liegen links und rechts, ungewöhnlich ist ihre Einbettung in die Wiesen. Wir haben hier auf der Anhöhe die Wüstung **Kamenná hlava** 8 erreicht. Links gibt es eine Infotafel neben zwei großen Felsklötzen. Die größte Steingruppe befindet sich aber nicht direkt am Weg, sondern sehr schwer zugänglich im Buschwerk rechts oberhalb der Aussichtsplattform.

Jetzt geht es hinab nach **České Žleby** 9. Am Ortsbeginn steht links eine jener Pferdetränken, die dem Ort am Goldenen Steig seinen Namen gaben. Das Wasser wurde den Steintrögen über verschiedene Leitungen zugeführt. Vor dem Friedhofstor befindet sich ein weiterer Trog. In der Dorfmitte biegen wir mit Blau nach rechts auf die Teerstraße nach Stožec ab, gehen knapp 1 km bergab und biegen dann mit Blau an einer **Abzweigung** 10 gleich nach dem Hotel České Žleby nach links in den Wald ab. Mit leichtem Gefälle kommen wir zur Kreuzung **Stožecká luka (Tussetwiese)** 11 und gehen hier nach rechts und mit Gelb über die Wiesenlandschaft nach **Stožec** 1 hinein.

↗ 340 m | ↘ 350 m | 16.2 km

TOP

4.30 h

35 Auf dem Bärensteig (Medvědí stezka)

Herrliche Waldromantik und ein kaum bezwingbares Felsenlabyrinth

Das Waldgebirge von Stožec über Jelení bis nach Nová Pec bietet mit dem Schwarzenbergischen Schwemmkanal und der Felsenstadt mit ihren vielen markanten Felsen am Osthang des Perník zwei reizvolle touristische Attraktionen. In dieser Region wurde am 14. November 1856 der letzte Bär des Böhmerwalds erlegt. Es war allerdings keine besonders heroische Tat: Um der fast 20 Jahre alten, 120 kg schweren Bärin (bei solchen Tieren heißt das sehr alt und abgemagert) habhaft zu werden, wurden 122 Treiber und 46 Jäger aufgeboten. 1967 wurde ein naturkundlich-kulturgeschichtlicher Lehrpfad angelegt, der Bärensteig. Er führt auf 14 km Länge von Černý Kříž (Schwarzes Kreuz) nach Jelení (Hirschbergen) und weiter über den Gipfel des Perník nach Ovesná (Habersdorf), nördlich von Nová Pec. Auf der gesamten Strecke ist er sehr abwechslungsreich und bietet schönste Wandererlebnisse.

Ausgangspunkt: Bahnhof Černý Kříž, 747 m. Zug ab Nová Pec oder Ovesná (jeweils in Richtung Nové Údolí). Abfahrt in der Regel alle 2 Std., Fahrkarten beim Schaffner.
Endpunkt: Bahnhof Nová Pec, 731 m. Rückfahrt zum Ausgangspunkt mit dem Zug in der Saison alle 2 Std.
Anforderungen: Der erste Abschnitt bis Jelení führt über breite Waldwege und -pfade, der zweite Tourabschnitt verläuft um den Perník auf nach Regen teilweise unpassierbarem Gelände; innerhalb des Felsenlabyrinths zwischen Perník und Ovesná ist der Pfad (ganz im Gegensatz zur sonstigen Situation in Böhmens Wandergebieten) sehr schlecht markiert, man muss konzentriert an Bäumen und Felsen die Wanderzeichen suchen, um nicht vom Weg abzukommen. Bei Dämmerung und schlechtem Wetter ist von der Teilstrecke Jelení–Ovesna unbedingt abzuraten.
Einkehr: Černý Kříž: Pension Černý Kříž (Tel. +420 723 314 134, cernykriz.wz.cz); Jelení: Občerstvení U Jirásků, nur kleine Gerichte (Hausnummer 46, Tel. +420 721 034 413); Občerstvení Jelení Vrchy, Imbisslokal (Hausnummer 43); Nová Pec: u. a. Restaurant Jotra, nahe dem Bahnhof (Nové Chalupy 1, Tel. +420 388 328 193, wellnesshotelmarlin.cz).
Hinweis: Fährt man mit der Bahn von Ovesná nach Nová Pec (vorher über Abfahrzeiten informieren), verkürzt sich die Wanderung um gut 30 Min. Gehzeit.

Vom Bahnhof **Černý Kříž** ❶ führt uns die gelbe Markierung erst 200 m in Richtung Westen, dann überqueren wir die Gleise und wenden uns mit Gelb links wieder zurück bis auf Höhe des Bahnhofs. Dort biegen wir mit Gelb nach rechts (Süden) in einen breiten Waldweg, den Bärensteig, ein. Nach etwa 1 km, an der Einmündung eines von links kommenden kleineren Waldbachs in den Bach Hučína, biegen wir mit Gelb nach links ab ❷, überqueren die Hučína und wenden uns unmittelbar danach wieder nach rechts. Der Waldweg steigt etwas an und führt – teilweise auf einer neuen, direkteren Linie – ein Stück geradeaus. Wir wandern nun ein längeres Stück

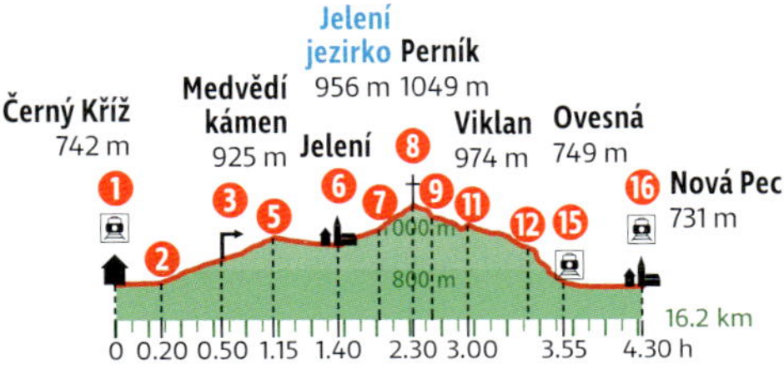

durch eine schöne aufgelichtete Waldlandschaft, der Weg nennt sich hier Rudolfova stezka, Rudolfsteig, benannt nach dem unglücklichen Sohn Kaiser Franz Josephs.

In einer scharfen Linkskurve zweigt Gelb nach rechts auf einen schmalen Waldsteig ab 3, ein Schild verweist auf den Lehrpfad Medvědí stezka / Bärensteig (neue Trassenführung!). Es wird nun steiler, aber bald erreichen wir wieder den breiten Waldweg, von dem wir abgezweigt waren 4. Hier gehen wir mit Gelb nach rechts und kommen mit leichtem Anstieg nach etwa 1300 m zum Punkt **Medvědi kámen (Bärenstein)** 5. Der Gedenkstein an den letzten Böhmerwaldbären liegt aber nicht direkt am Weg, sondern etwa 75 m unterhalb davon – ein Pfad führt zu ihm hinab.

Wir gehen mit Gelb weiter, bis wir nahe des oberen Tunnels des Schwarzenbergischen Schwemmkanals (liegt rechts in etwa 200 m Entfernung) auf einen blau und grün markierten Weg stoßen. Hier gehen wir nach links und erreichen nach etwa 500 m **Jelení** 6. Hier gehen wir mit Gelb nach links auf einem Asphaltweg bergan. Nach etwa 2 km biegt Gelb auf einen schmalen Pfad nach rechts zum See **Jelení jezirko (Hirschensee)** 7 ab. Der sehr reizvoll gelegene, jedoch künstliche See diente einst als Wasserausgleichsbehälter für die Holzschwemmung. Aus ihm führt ein eigener Kanal hinunter zum großen Schwarzenbergischen Kanal.

Auf dem Bärensteig – ganz in der Nähe liegt unterhalb des Wegs der Bärenstein.

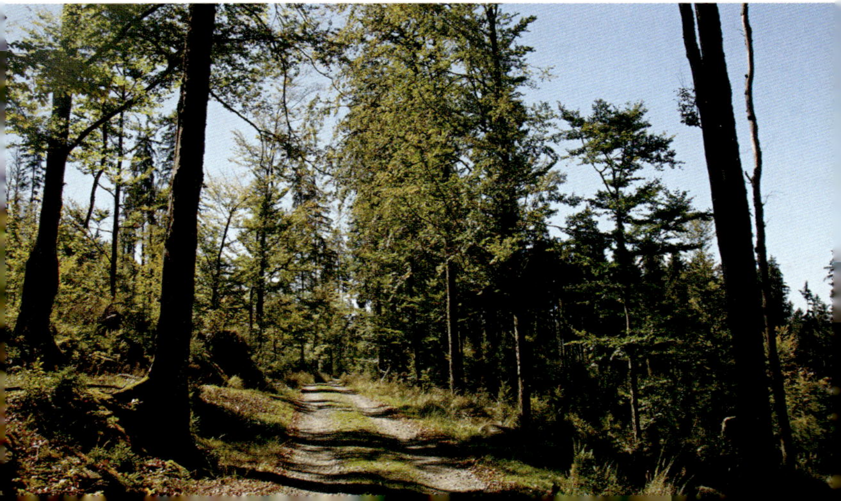

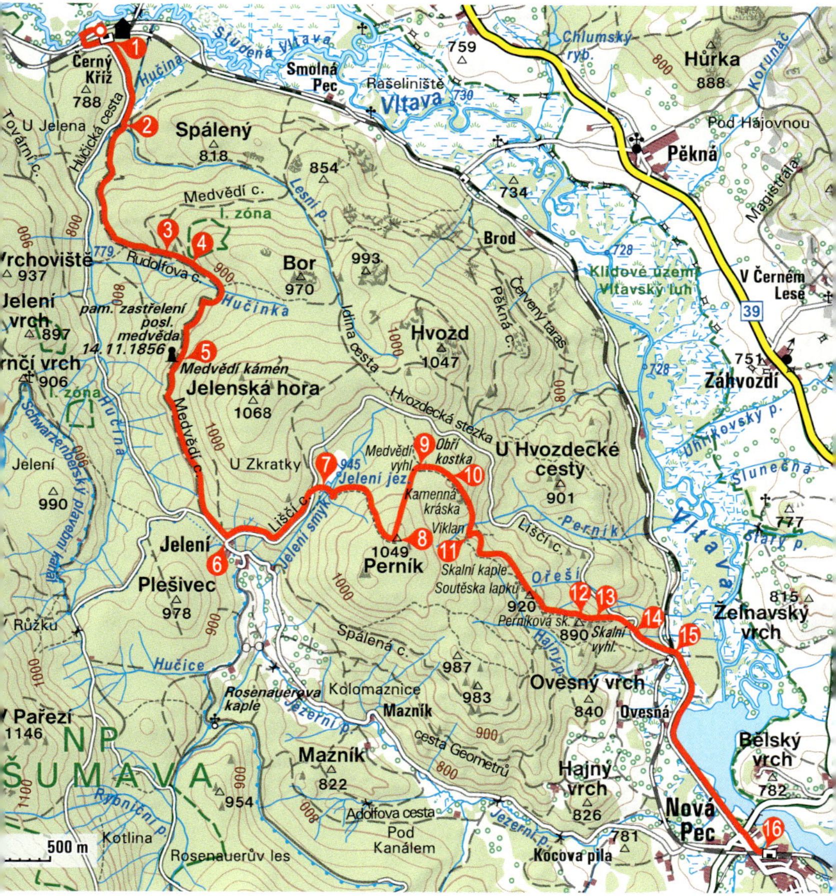

Wir gehen mit Gelb am See vorbei, kommen zu einem breiten steinigen Weg (teilweise ein Bachbett) und gehen dann nach links leicht bergauf. Nach etwa 150 m biegen wir mit Gelb schräg nach rechts ab, es geht steiler als bisher empor und direkt in den Wald hinein. Jetzt muss man sehr aufpassen, um die gelbe Markierung nicht zu verlieren, denn der Pfad durch den Wald ist nicht mehr ohne Weiteres zu erkennen, und die Markierung ist eher lückenhaft. Schließlich erreichen wir den Gipfel des **Perník (Lebzellenberg)** **8**, 1049 m. Von den Felsklippen auf seinem Gipfel hatte man frü-

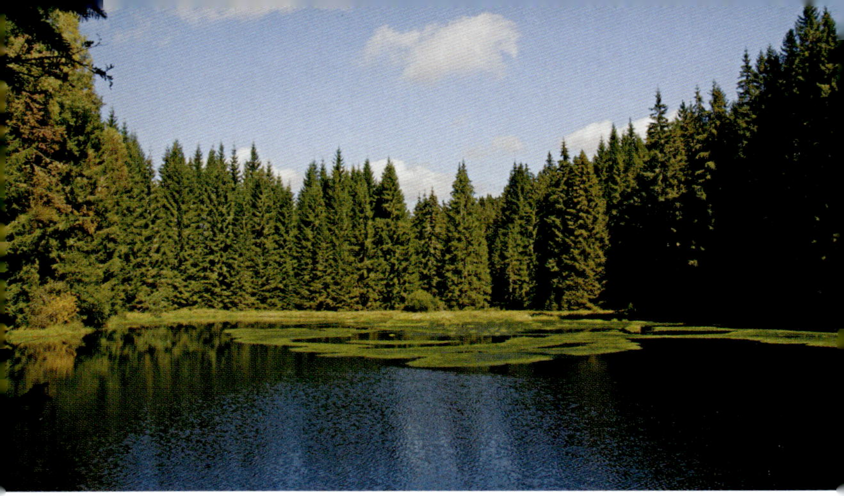

Ein verwunschener Ort: der See Jelení jezirko.

her eine viel gerühmte Rundsicht, doch die Vegetation hat das inzwischen zunichte gemacht.

Gelb macht jetzt eine Art Linkskurve um den Gipfel herum und führt dann lange geradeaus (in etwa nach Norden) bergab. Der Weg ist teilweise sehr morastig, bei Regen kaum begehbar. Nach etwa 600 m kommen wir an einer Wegkreuzung zu einer **Felsengruppe** ❾. Hier gehen wir mit Gelb nach rechts (jedoch nicht auf den breiteren, unmarkierten Weg).

Nun beginnt das zauberhafte Felslabyrinth am Perník, gleich hinter der ersten Felsengruppe liegt links der Fels Obří kostka (Riesenknochen). Jetzt müssen wir aber wieder besonders achtgeben: Nach etwa 250 m biegt Gelb an einer ganz unscheinbaren Stelle ❿ vom Waldpfad nach rechts ab, die Markierung ist kaum auszumachen. Nun geht es auf Zickzackpfaden zu den schönsten Felsformationen, darunter **Viklan** ⓫, Kaple (Kapelle) oder das Gotische Portal (Gotický portal). In der Folge verläuft der Weg weitgehend ohne Markierung, gelbe Punkte sind selten zu sehen und im Wald gibt es, von den Felsen abgesehen, kaum Orientierungspunkte. Oft muss man auch gebückt durchs Unterholz gehen.

Hinter dem Punkt **Perníková skala** ⓬ gehen wir geradeaus und erreichen kurz darauf ein **Felsentor** ⓭. Links daran vorbei führt der Weg nun steiler bergab. Endlich kommen wir zu einem **Asphaltweg** ⓮ und gehen auf ihm nach rechts weiter abwärts, bis wir auf die Straße Nová Pec–Černý Kříž stoßen. Vor den Bahngleisen wenden wir uns – unmittelbar am Bahnkörper gehend – nach rechts zum Bahnhaltepunkt **Ovesná** ⓯. Von hier fahren wir entweder mit dem Zug nach Nová Pec oder gehen zu Fuß auf der Straße knapp 2,5 km bis zum Bahnhof von **Nová Pec** ⓰.

2.00 h

Um Želnava (Salnau)

Eine abwechslungs- und aussichtsreiche Wanderung auf einem kulturgeschichtlichen Lehrpfad

Želnava (Salnau), oberhalb der Moldau noch vor deren Aufstauung gelegen, bietet in seiner Umgebung auf engstem Raum verschiedenste Landschaftsformen: Wiesenhügel, Sumpfgebiete und lichtdurchflutete Mischwälder. Die Gemeinde Želnava hat daher einen Lehrpfad mit acht Stationen angelegt, an denen über die Geschichte und manche Besonderheiten und Kuriositäten der Region informiert wird. Dabei hat man auf den Informationstafeln als Wanderbegleiter die fiktive Figur des Liblín geschaffen. Das ist ein uralter Name für den Salnauer Berg (Želnavský vrch), 815 m. Der Sage nach hatten sich hier im 7. Jh. Langobarden niedergelassen. Einer ihrer Stammesführer, Liblín, soll bei einer Wolfsattacke sein Leben verloren haben. Angeblich geistert seine Seele immer noch um den Berg – seit 1300 Jahren. Somit ein langjähriger Kenner der Gegend, dient er bestens als Begleiter auf dem Lehrpfad.

Ausgangspunkt: Želnava, St.-Jakob-Kirche, 792 m. Anfahrt mit Buslinien Nr. 568 Horní Planá–Nová Pec, Nr. 635 Nová Pec–Prachatice und Nr. 636 Nová Pec–Volary.
Anforderung: Leichte Wanderung auf Feldwegen, Wiesenpfaden und auf Waldsteigen. Der Abschnitt nahe der Moldau ist nach Regen schwer passierbar, da zu sumpfig.
Einkehr: Keine.
Sehenswürdigkeiten: Želnava: Friedhof an der St.-Jakob-Kirche mit alten deutschen Gräbern, Grabinschriften und schönen schmiedeeisernen Grabkreuzen.

Weidelandschaft bei Slunečna.

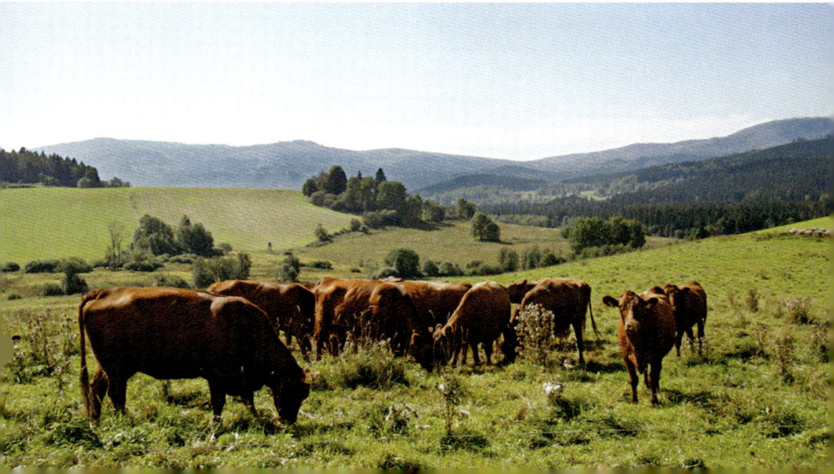

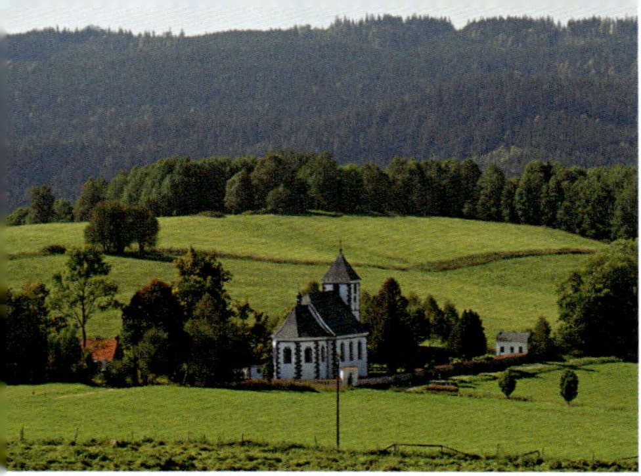

Blick von der Salnauer Fichte aus auf die Kirche von Želnava.

Von der auf einem Hügel gelegenen und weithin sichtbaren St.-Jakobs-Kirche in **Želnava** 1 gehen wir auf der dem Dorf abgewandten Seite auf einem Feldweg mit grüner Markierung westwärts. Nach knapp 600 m machen wir einen Abstecher auf den **Želnavský vrch** 2: Wir gehen nach links, im Bogen um den Berg herum und dann zu seinem flachen Gipfel. Dort gibt es Reste von Fernmelde- und Beobachtungsanlagen der ehemaligen Grenztruppen, auch ein 24 m hoher Wachturm stand hier. Aber man hat einen wirklich großartigen Blick hinüber zur Seewand des Plöckensteinsees (Plešné jezero), zum Plöckenstein (Plehý) und auf das Moldautal mit seinen Flussschleifen um Nová Pec.

Dann gehen wir wieder zurück zum Abzweig und schlagen den Feldweg nach links ein. Er führt bergab in Richtung Moldau und kann hier schon recht sumpfig sein. Am tiefsten Punkt geht es über ein Brückchen über den Bach **Starý potok** 3, danach wendet sich der Weg nach rechts, wird fast zum Hohlweg, steigt an. Vom höchsten Punkt aus wandern wir direkt über die Wiese (hier können saisonal Viehgatter vorhanden sein) bis nach **Slunečná (Sonnberg)** 4. Wir überqueren die Staatsstraße 39 und gehen zunächst geradeaus, doch wenden wir uns dann mit der Lehrpfadmarkierung (weiter auf Asphalt) nach links. Nach etwa 750 m biegt nach einer Rechtskurve unser Lehrpfad rechts auf einen **Wiesenpfad** 5 ab und steigt jetzt zwischen Viehgattern deutlich bergauf, aber mit welch herrlichen Blicken über den Böhmerwald! Am höchsten Punkt erläutert eine **Infotafel** 6 die Geschichte der Sinti und Roma im Böhmerwald.

Danach geht es bergab. Wir passieren drei Viehgatter, die wir hinter uns wieder sorgfältig schließen. Dann führt der Weg in den Wald hinein und wendet sich halb rechts. Wir überqueren ein Brückchen, gehen bis zum Waldrand und kommen zu einer **Infotafel** 7, die an die 69 m hohe, bekannte Salnauer Fichte erinnert, die aber gefällt werden musste. Nun wandern wir im leichten Auf und Ab am Waldrand entlang, wobei uns Bohlenpfade über den unsicheren Untergrund geleiten. Stets grüßt dabei die Salnauer Kirche freundlich herüber, bis wir schließlich zur **letzten Station des Lehrpfads** 8 kom-

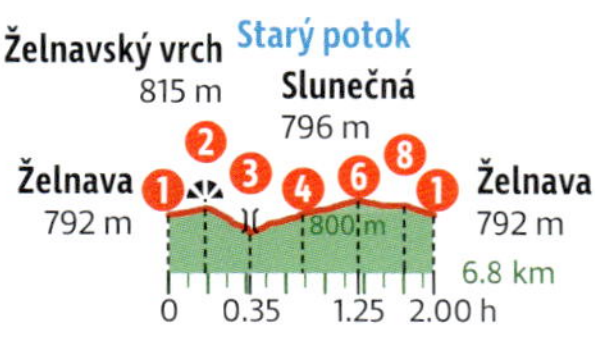

men. Sie erinnert an eine Sowjetdelegation, die in den 1960er-Jahren in die Gegend kam, das Leben der Bevölkerung studierte und auch den Truppenübungsplatz Boletice besuchte. Ganz überrascht sehen wir nämlich an dieser Stelle eine Tafel, die darauf hinweist, dass hier der Truppenübungsplatz (Vojenský Újezd) beginnt. Seit dem höchsten Punkt der Wanderung befinden wir uns schon auf dem Areal des Truppenübungsplatzes. Allerdings ist neben anderen Teilgebieten auch sein westlicher Rand – wie hier um Želnava – zumindest auf dem Lehrpfad zum Betreten freigegeben. Das riesige Gebiet, das über 20 km Durchmesser hat und sich bis kurz vor Krummau hinzieht, kann nämlich nur am Wochenende und nur auf bestimmten, dafür explizit freigegebenen Wegen begangen werden.

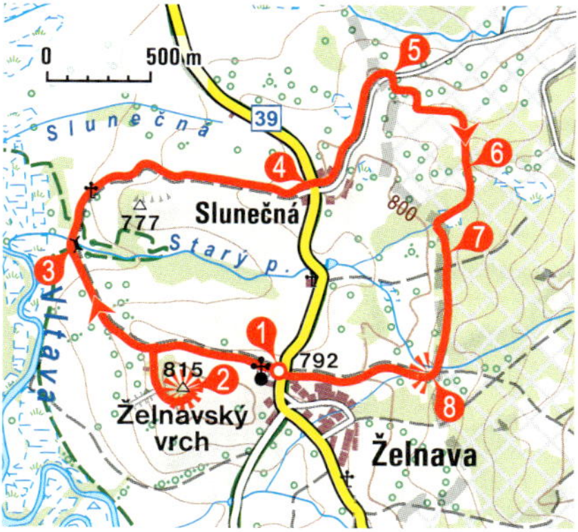

Wir wenden uns daher von dieser Stelle ab und gehen nach rechts auf direktem Weg hinunter, wo wir nach etwa 750 m unseren Ausgangspunkt an der St. Jakobs-Kirche in **Želnava** ❶ erreichen.

Morgendämmerung über der Moldauniederung nordwestlich von Želnava.

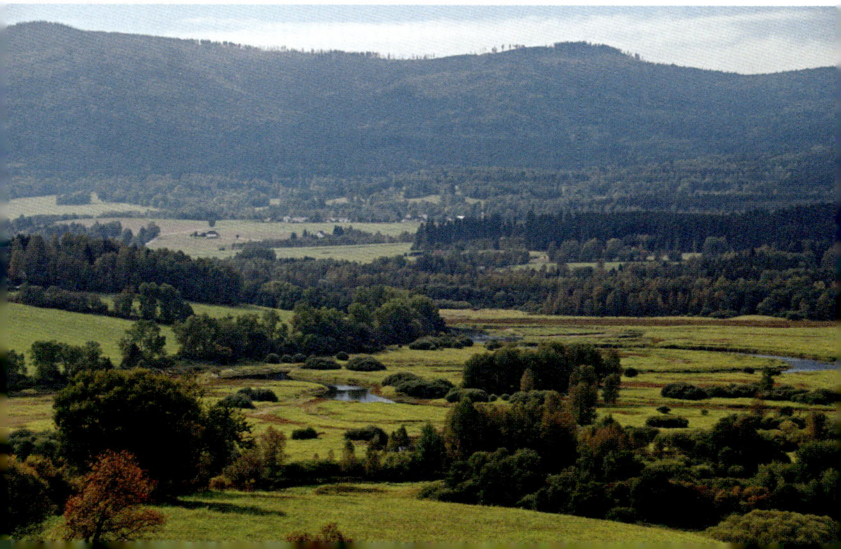

↗ 110 m | ↘ 110 m | 7.9 km

37 Schwarzenbergischer Schwemmkanal

2.00 h

Eine technische Meisterleistung des 18. und frühen 19. Jh.

Gegen Ende des 18. Jh., als die langsam einsetzende Industrialisierung mehr und mehr Holz für ihre Bauten benötigte, überlegte man seitens der Forstverwaltung, wie der Holztransport insbesondere aus den schwer zugänglichen höheren Lagen des Böhmerwalds vereinfacht und mengenmäßig gesteigert werden könnte. Holz war für die fürstliche Wirtschaft eine der wichtigsten Handelswaren. Der in fürstlichen Diensten stehende Ingenieur Joseph Rosenauer (1735–1804) legte dafür 1775 ein erstes Konzept eines Schwemmkanals vor, der auch die Wasserscheide Elbe–Donau, die über den Böhmerwald verläuft, umgehen konnte. Denn der Großteil des Holzes sollte über die Donau in Richtung Wien und Ungarn transportiert werden. Über den Kanal sollte das Holz aus den oberen Lagen ohne großes menschliches Zutun heruntergeschwemmt werden. 1789 begann man vom Mühlviertel her mit den Grabungen, wobei vorhandene natürliche Gewässer ausgebaut wurden. Erst an der Wasserscheide am Rosenhügel (Růžový vrch), 731 m, westlich der Ruine Vitkův kámen (Wittinghausen) musste man mit dem Bau eines eigenständigen Kanalsystems beginnen, da ja alle natürlichen Gewässer nördlich der Wasserscheide über die Moldau zur Elbe hin fließen. Bis 1793 war das Teilstück bis Hirschbergen (heute Jelení) fertiggstellt. Der ganze Kanal in seiner vorgesehenen Ausdehnung hoch bis zur bayerischen Grenze war erst lange nach Rosenauers Tod im Jahr 1823 vollendet. Die landschaftlichen Gegebenheiten machten es dabei nötig, bei Hirschbergen einen 419 m langen Tunnel zu errichten. Der bis zu 2,80 m breite Kanal ist im Allgemeinen nur 80 cm tief und hat eine Gesamtlänge (bis zur Mündung in die Große Mühl) von 51 km. Die Stämme wurden auf etwa 2–3 m Länge gesägt; wenn getriftet wurde, hatten viele Holzarbeiter den Schwemmvorgang zu begleiten und mussten mögliche Stauungen und Verkeilungen an Ort und Stelle schnell beseitigen. Die letzte Schwemme nach Österreich, bis Haslach, fand 1916 statt. Dann begann der Kanal zu verfallen und verfüllte sich nach und nach mit Geröll. Nach 1990 erfolgte die Rekonstruktion auf beiden Seiten der Grenze.

Ausgangspunkt: Parkplatz in Jelení (Hirschbergen) am unteren Ausgang des Kanaltunnels, 895 m.
Anforderung: Leichte Wanderung auf Teer- und unbefestigten Waldwegen, mit einigen steileren An- und Abstiegen.
Einkehr: Jelení: u. a. Občerstvení U Jirásků, nur kleine Gerichte (Hausnummer 46, Tel. +420 721 034 413); Občerstvení Jelení Vrchy, Imbisslokal (Hausnummer 43).
Tipp: Ausstellung zum Schwarzenbergischen Schwemmkanal in Jelení (am Kanal, am blau markierten Weg nahe dem südlichen Ortsende).

Der obere Tunneleingang des Schwarzenbergischen Schwemmkanals bei Jelení.

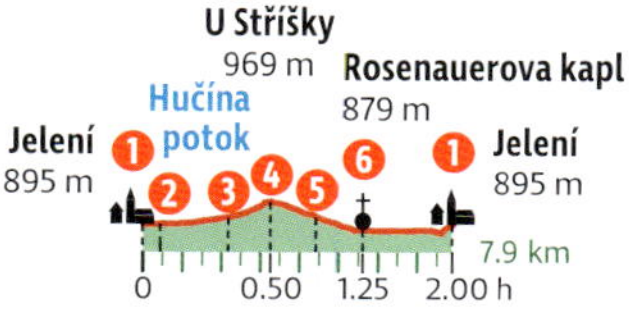

Vom Parkplatz am unteren Tunnelausgang in **Jelení** ❶ steigen wir unmittelbar rechts vom Tunnelportal auf einem Pfad empor, gehen auf diesem direkt oberhalb des Tunnelverlaufs immer geradeaus, kommen an Ruinen ehemaliger Betriebsgebäude vorbei und stehen nach etwa 400 m über dem oberen Tunnelportal. Wir müssen nun nach rechts mit kleinem Umweg zum Portal hinabsteigen: Wir erreichen einen breiten Wanderweg, auf dem wir uns mit Blau nach links wenden und unmittelbar danach vor dem **oberen Tunneleingang** ❷ stehen. Wir wandern nun auf der befestigten Straße gut 2 km am hier noch ziemlich verfüllten Kanal entlang, wobei der Weg kaum ansteigt. Dann erreichen wir den

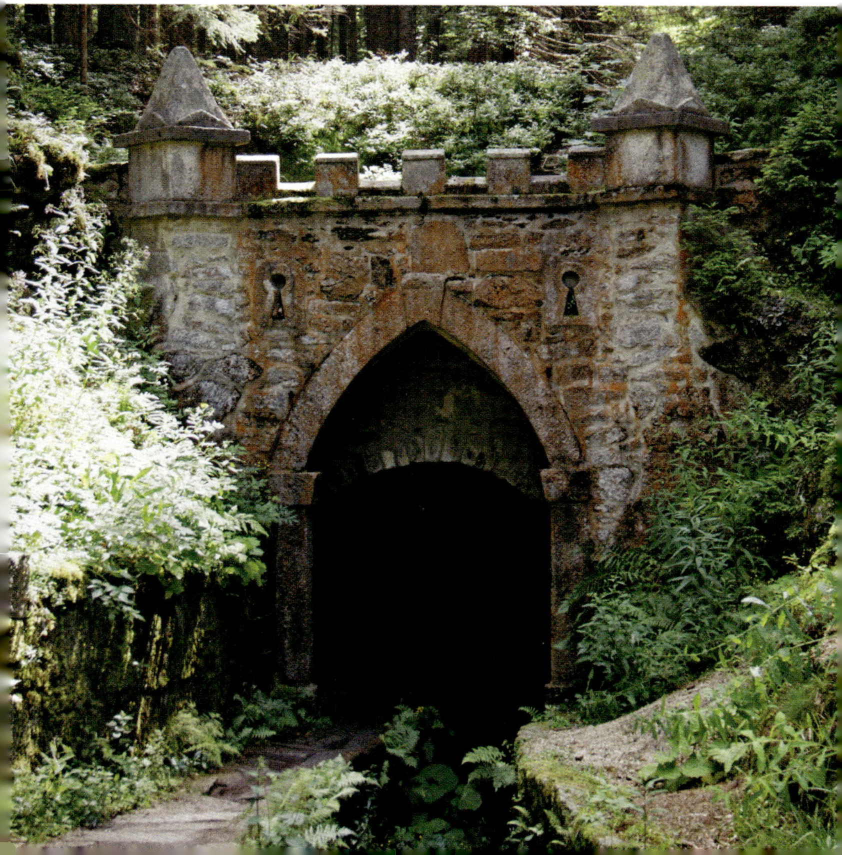

Hučína potok (Hutschenbach) ❸ und biegen mit Grün nach links ab und verlassen die doch eintönige Straße am Kanal. Wer allerdings nicht genug von diesem bekommen hat, geht solange er möchte am Kanal entlang weiter aufwärts – muss aber auf derselben Strecke zurücklaufen.
Der grüne Weg steigt nun ziemlich an und gelangt nach knapp 1 km zum Punkt **U Stříšky** ❹. Grün führt hier weiter bergan zum Plöckensteinsee. Wir aber gehen nach links mit der Radtrasse 1028 steil bergab. (Hinweis: Auf manchen Karten ist U Stříšky etwa 200 m weiter nördlich bzw. südlich des Abzweigs der Radtrasse eingezeichnet, auf einigen überhaupt nicht, oder wird als U Pramenů bezeichnet.)
Die Radtrasse bringt uns hinunter auf eine hübsche Lichtung, wo nach den Stürmen und Borkenkäferattacken der letzten Jahre neue Schösslinge heranwachsen, und erreichen dann die Kreuzung **U Rosenauerova lesa** ❺. Hier wenden wir uns nach links und wandern entlang eines idyllischen Bächleins, des Jezerní smyk (Seebach), der sich aber bald zu einem Zuflusskanal des Schwarzenbergischen Hauptkanals wandelt. Weiter abwärts mündet unser Weg in einen größeren Querweg ein, wo wir wieder zum Hauptkanal kommen und mit Blau nach links gehen. Bald ist die **Rosenauerkapelle (Rosenauerova kaple)** ❻ erreicht. Hier können wir die Seebachschleuse bewundern, eine interessante technische Konstruktion: Ein aus dem oben erwähnten Seebach abzweigender Kanal kreuzt den Hauptkanal, bzw. sein Wasser kann in wechselnden Mengen nach Bedarf dem Kanal zugeführt werden. Solche Schleusen findet man entlang des gesamten Kanalverlaufs an verschiedenen Stellen.
Wir gehen mit Blau weiter in Richtung Jelení vrch. Wo sich rechts der Wald öffnet, haben wir einen großartigen Blick über das Tal Jelenske udolí (Hirschental) und hoch zum Perník. Dann ist bald auch schon Jelení vrch erreicht. Am Ortseingang ist rechts in einer **Scheune** ❼ eine Dauerausstellung zum Schwarzenbergischen Schwemmkanal eingerichtet. Wir gehen geradeaus, im Ort die Anhöhe hinauf und stehen sogleich wieder am Ausgangspunkt in **Jelení** ❶.

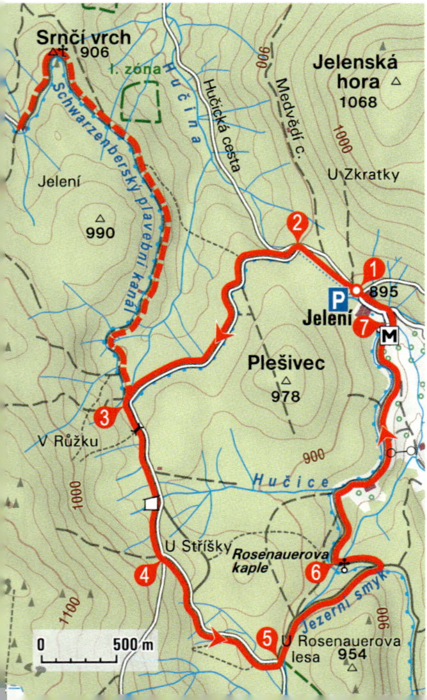

Am Bach Jezerní smyk oberhalb der Rosenauerkapelle.

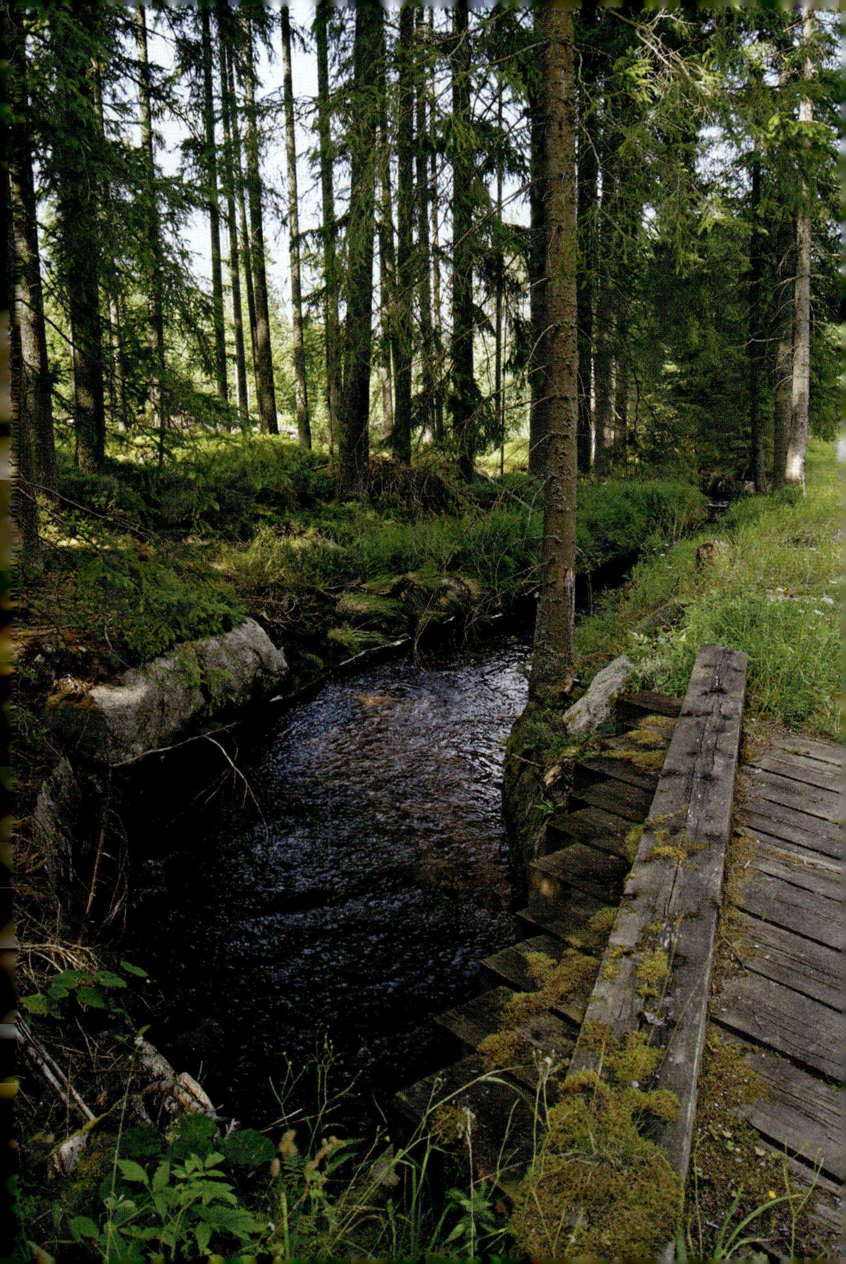

TOP

38

↗ 600 m | ↘ 600 m | 15.8 km

Plöckensteinsee (Plešné jezero) und Plöckenstein (Plechý)

5.00 h

Auf Adalbert Stifters Spuren zum höchsten Berg des Böhmerwalds

Der Plöckensteinsee ist der südlichste der fünf Gletscherseen des Böhmerwalds. Er besitzt eine Fläche von 7,84 ha, liegt auf 1089 m Meereshöhe und ist bis zu 18 m tief. Wie die vier anderen Seen – Schwarzer See, Teufelssee, Lakasee, Stubenbacher See – entstand auch er durch die erodierende Wirkung eines abschmelzenden Gletschers in verwitterten Graniten und Gneisen. Die Seewand ragt hier mit fast 300 m so hoch wie bei keinem anderen der Seen über der Wasserfläche auf und ist als einzige Seewand der fünf Seen offiziell zugänglich. In Stifters Novelle »Der Hochwald« (1842) spielt ein Teil der Handlung an diesem See und in den umliegenden Wäldern. Am Anfang dieser Erzählung sagt Stifter, der See sei wie ein »... unheimlich Naturauge, tiefschwarz, überragt von der Stirne und Braue der Felsen, gesäumt von der Wimper dunkler Tannen – drin das Wasser regungslos wie eine versteinerte Träne«. Stifter zum Gedenken wurde 1877 oberhalb der Seewand ein 14 m hoher granitener Obelisk errichtet, zwei Seiten der Steinsäule sind mit Zitaten aus der Erzählung »Der Hochwald« versehen – der Blick von hier hinab auf den See und über das Waldmeer weit über den Moldaustausee hinaus ist einer der berühmtesten des Böhmerwalds. Leider umragen den See heute nur noch borkenkäfergeschädigte tote Bäume. Noch 2006 war er genauso wie der Plöckenstein selbst von einem lebendigen Nadelwald umgeben. Am Gipfel versperrten damals Bäume die Sicht in alle Richtungen. Selbst der Abstieg führte ab Plechý durch dichtesten Wald. Tempi passati.

Ausgangspunkt: Parkplatz in Láz, 788 m, Ortsteil von Nová Pec, 2 km südwestlich des Zentrums von Nová Pec, an der Station der Bergwacht.
Anforderungen: Der Anstieg bis zum See verläuft größtenteils über asphaltierte Wege, nur der letzte, etwa 2 km lange Abschnitt auf steinigen und steileren Waldpfaden. Der weitere Aufstieg zur Seewand und zum Obelisken ist sicherlich das Schwierigste, was im Böhmerwald möglich ist: Der Pfad führt über grobes Geröll und Steinblöcke hinweg, dabei ist er sehr steil, erfordert Trittsicherheit und auch etwas Schwindelfreiheit. Bei Nässe ist unbedingt abzuraten. Auch der teils steile Abstieg vom Plöckenstein auf dem Grenzkamm ist nicht ganz einfach, bei Nässe besteht große Rutschgefahr.
Einkehr: Nur in Nová Pec oder am Parkplatz in Láz das Imbisslokal U Juráška (Tel. +420 737 804 315, u-juraska.business.site) und den Laden/Kiosk Pod Jasanem (Tel. +420 777 339 411); beim Aufstieg gibt es am Punkt Říjiště einen im Sommer tagsüber geöffneten Kiosk (Tel. +420 728 669 967, rijiste.cz).
Variante: Am Punkt Pod Plechým ⑩ nach links auf einem schmalen Weg mit Gelb hinüber zum Punkt Pod Kamenným mořem ⑥. Der Weg ist aber nicht ganz bequem, er ist steil und führt über grobe Felsblöcke. Außerdem werden die Markierungen in Zukunft wohl nicht mehr gepflegt. Diese Variante ist in Länge und Zeitaufwand genauso lang wie die Haupttour.

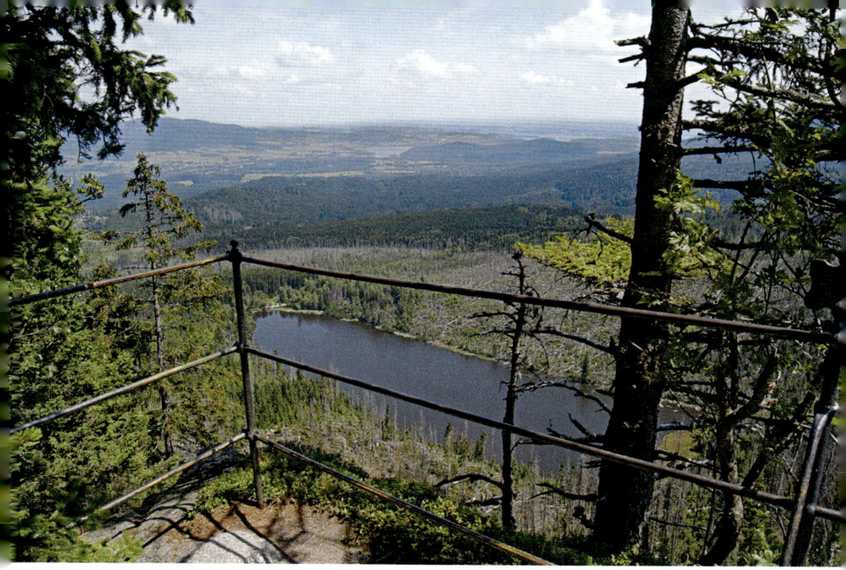

Vom Stifter-Obelisk bietet sich ein überwältigender Blick über den Plöckensteinsee.

Vom Parkplatz in **Láz** ❶ gehen wir mit der grünen Markierung auf einem guten Asphaltweg vorbei an malerischen Viehweiden leicht ansteigend bis zum **Schwarzenbergischen Schwemmkanal** ❷. Hier biegen wir mit Grün rechts ab und laufen nun knapp 2 km entlang des Kanals bis zu einer größeren Gabelung. Hier kreuzen sich **Rossbach (Koňský potok)** ❸ und der Kanal mittels eines Aquädukts. Der Rossbach bzw. der Rossbachkanal (Rossbach-Riese) speist den Kanal, fließt jedoch unterhalb des Aquädukts weiter ins Tal, dem Jezerní potok zu.

An dieser Gabel gehen wir mit Grün nach links weiter und entlang des Rossbachs etwa 1 km aufwärts bis zum Abzweig beim Punkt **Říjiště** ❹ (Hirschröhren), wo es einen Kiosk und einen Rastplatz gibt. Hier biegen wir mit Grün rechts ab und kommen nach gut 1 km zum Punkt **Pod Plešným jezerem** ❺. Auch hier gibt es einen Rastplatz (mit Toiletten, da hier auch einer der Notübernachtungsplätze existiert). Wir verlassen an dieser Stelle die Asphaltstraße und gehen mit Grün nach links auf dem Seesteig (Jezerní stezka) in den Wald. Er führt über Stock und Stein und später entlang eines kleinen Bachs (Kamenný potok) etwa 1 km ziemlich steil bergauf bis zum Punkt **Pod Kamenným mořem** ❻. Hier biegen wir mit Grün rechts ab. Jetzt nur noch mit geringerem Anstieg kommen wir an den gewaltigen Felsblöcken der Moränen des Seegletschers vorbei, dann lichtet sich der Wald nach und nach, die toten Bäume säumen allenthalben unseren Weg, und wir stehen ganz unerwartet vor dem **Plešné jezero** ❼, dem Plöckensteinsee, über dem

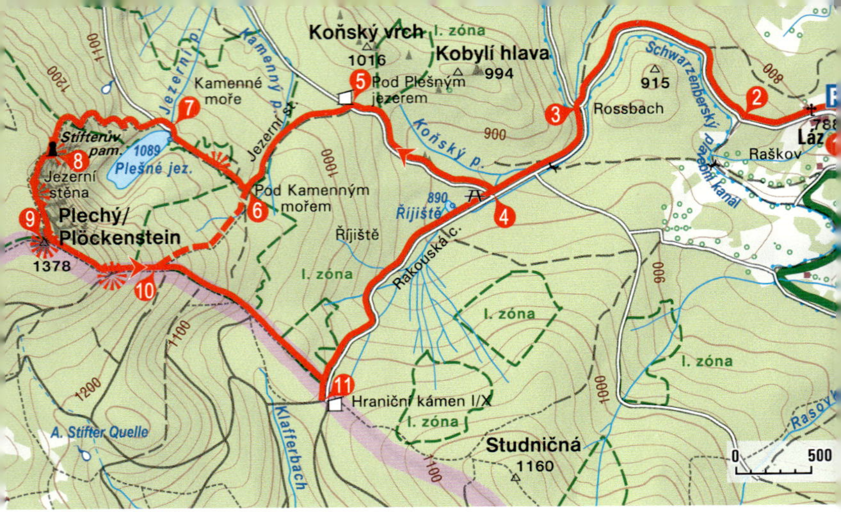

majestätisch die Seewand aufragt – ein sicherlich jeden Wanderer beeindruckender Blick, der vor allem durch die toten Bäume noch eindringlicher ist. Am Seeufer erinnert ein Stein an den Besuch des damals achtjährigen Prinzen Johann von Schwarzenberg am 13. August 1868.

Wo aus Jelení die Asphaltstraße (alter Weg der Grenztruppe) heraufkommt, biegen wir links auf einen (jetzt unmarkierten, in älteren Karten gelb dargestellten) schmalen steinigen Pfad ab, der uns zur Seewand und zum Obelisk bringt. Der Pfad führt über grobe Steinblöcke, teils unmittelbar am Abgrund entlang und fordert erhöhte Aufmerksamkeit und gute Kondition. Über 200 Hm müssen hier innerhalb eines gar nicht so langen Wegstücks bewältigt werden – es ist sicherlich der abenteuerlichste Bergpfad, der sich im Böhmerwald finden lässt bzw. für die Öffentlichkeit zugänglich ist. Dann endlich ist der **Stifter-Obelisk** 8 an der Seewand erreicht. Trotz aller Waldschäden ist der Blick über die Lande unvergesslich.

Wir wandern oberhalb der größtenteils entwaldeten Seewand mit Gelb weiter; am nahen Aussichtspunkt Kučerova vyhlidka bietet sich noch einmal ein grandioser Blick über den See. Nach geringem Anstieg stehen wir bald auf 1378 m vor den Klippen des **Plechý** 9. Direkt über den Gipfel verläuft die böhmisch-österreichische Grenze. Dieser Berg darf nicht mit dem 1361 m hohen Bayerischen Plöckenstein (tschechisch Trojmezna), der etwa 3 km westlich auch auf dem Grenzkamm liegt, verwechselt werden. Der Grenzkamm und der Plöckenstein waren noch vor 20 Jahren dicht bewaldet, keinerlei Fernsicht war vom Plöckenstein aus möglich. Heute wirkt es durch das Fehlen jedweden Baumbestands fast apokalyptisch – wenngleich man großartige Ausblicke genießen kann.

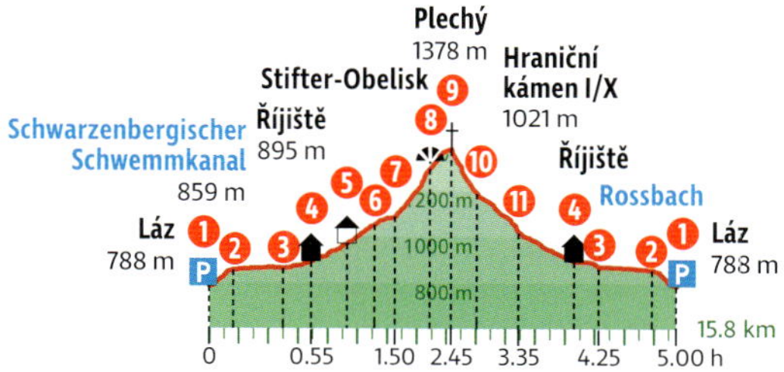

Vom Plechý steigen wir mit Rot auf sehr steinigen Pfaden direkt auf dem Kamm abwärts. Etwas südöstlich des Gipfels zweigt beim Punkt **Pod Plechým** ⑩ die Variante ab. Wir aber gehen mit Rot direkt auf dem Grenzkamm hinab bis zum Grenzübergang **Hraniční kámen I/X** ⑪, dem Grenzstein I/X. Hier treffen wir auch wieder auf den roten Weg. Jetzt betreten wir erneut böhmisches Territorium und gehen über die asphaltierte Radtrasse, die »Rakouská cesta«, den »österreichischen Steig«, hinab zum Punkt **Řijiště** ④, von wo wir mit Grün auf dem Hinweg direkt zum Parkplatz in **Láz** ① zurückkehren.

Der eindrucksvolle Stifter-Obelisk hoch über dem Plöckensteinsee.

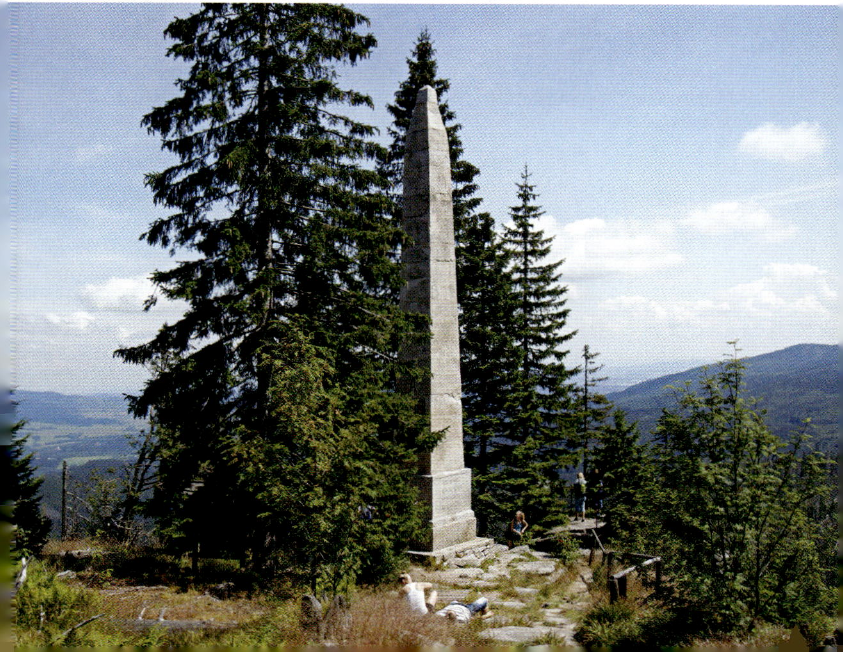

↗ 110 m | ↘ 110 m | 5.4 km

39 Ein Spaziergang um Horní Planá (Oberplan)

1.30 h

Wo der große Dichter Adalbert Stifter geboren wurde und aufwuchs

Adalbert Stifter (1805–1868) gilt als der größte Dichter des Böhmerwalds. Dabei spielen die Handlungen nur etwa der Hälfte seiner Werke dort, im südlichen Teil um Oberplan und Friedberg. Was die literarische Bedeutung angeht, ist Stifter zweifellos die herausragendste Gestalt aller hier geborenen Poeten. Der Dichter, ein Vertreter des »poetischen Realismus«, gilt als besonders sprachgewaltig. Oft tritt die äußere Handlung zugunsten der psychologisierenden Zeichnung der Helden und eindrucksvoller Schilderungen landschaftlicher Besonderheiten zurück. Stifters Geburtsort Oberplan (Horní Plana) ist ein alter Marktort, im Wesentlichen durch Gebäude aus dem 19. Jh. geprägt. Sehenswert sind der steil ansteigende Marktplatz mit der St.-Margareten-Kirche und der Bergpark (Stifterpark) oberhalb davon sowie die barocke Wallfahrtskapelle Dobrá Voda (Gutwasserkapelle) auf dem Gutwasserberg. Die Wanderung führt durch Horní Plana und in seine nächste Umgebung und bietet schöne Ausblicke auf die Stadt und den Moldaustausee.

Ausgangspunkt: Horní Planá, Marktplatz (Náměstí), 763 m. Bahnlinie České Budějovice–Nové Údolí; Bus 566 von Frymburk, Bus 525 von Český Krumlov und 568 von Nová Pec.
Anforderungen: Leichte Wanderung auf Teerstraßen, Feldwegen und Wiesenpfaden.
Einkehr: Horní Planá: u. a. Restaurant Penzion U Kohoutů, am Marktplatz (Tel. +420 723 567 467, penzion-kohout-lipno.cz); Restaurant Šumava (Jiráskova 217, Tel. +420 775 963 660, penzionsumava.cz); Restaurant U Hastrmana, an der Fähre (Jiráskova 172, Tel. +420 723 980 950, hastrman.com).
Sehenswürdigkeiten: Stifter-Geburtshaus (ganzjährig Di–So 9–12 und 12.30–17 Uhr, Palackého 21, Tel. +420 380 738 473); Stifter-Park mit Stifter-Denkmal (oberhalb der Stadtkirche); Wallfahrtskirche Dobrá Voda oberhalb des Parks.

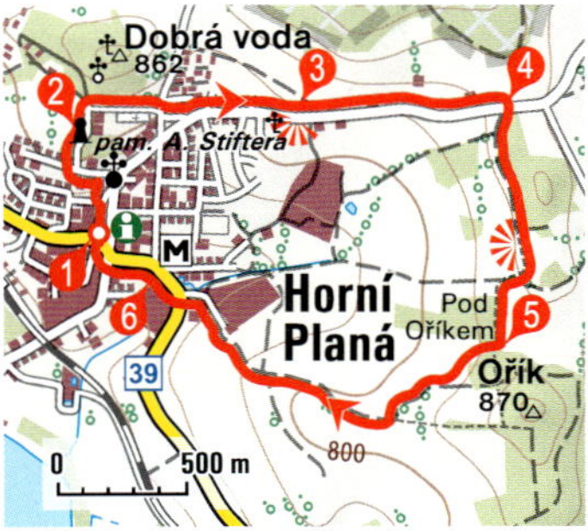

Wir beginnen unsere Wanderung auf dem **Marktplatz von Horní Planá 1**, gehen bis unterhalb der Kirche hinauf (rechts unterhalb der Kirche die Schule, die Stifter als Kind besuchte) und steigen links an einigen baufälligen Häusern eine Treppe empor zur Straße Dobrovodska. Wir überqueren sie und schlagen schräg gegenüber einen Pfad hoch in den Stifter-Park ein. An der höchsten Stelle befindet sich das

Stifter-Denkmal ❷ von 1906 mit einer Bronzetafel mit einem Zitat aus dem »Hochwald«. Hinter dem Park steigt die Landschaft weiterhin an, dort liegt – von der Straße kaum einsehbar – die Wallfahrtskirche Dobrá Voda. An der breiten Querstraße hinter dem Park gehen wir mit Grün nach rechts, oberhalb des Friedhofs vorbei (auf ihm, gleich neben dem Osteingang, das Grab von Stifters Eltern) und weiter geradeaus über eine kleine Kreuzung bis zur Straße nach Hodňov (Ul. Svermová). Hier gehen wir mit Grün nach links stadtauswärts bergan. Hinter dem alten Wasserwerk rechts können wir vom **Alpská vyhlídka (Alpenblick)** ❸ aus bei gutem Wetter das Tote Gebirge im Ausseer Land mit seinen bleichen Kalkmassiven erblicken, den Mittelgrund bildet noch auf böhmischem Gebiet der Wittingsberg (Vitkův kámen) mit der Ruine Wittinghausen. Nach gut 800 m biegen wir an der höchsten Stelle mit Grün rechts ab ❹. Unweit von hier stand die in der Nacht zum 10. November 1969 durch einen Sturm gefällte Stifter-Fichte, die der Dichter selbst in späteren Jahren gepflanzt haben soll – so wird es zumindest erzählt.

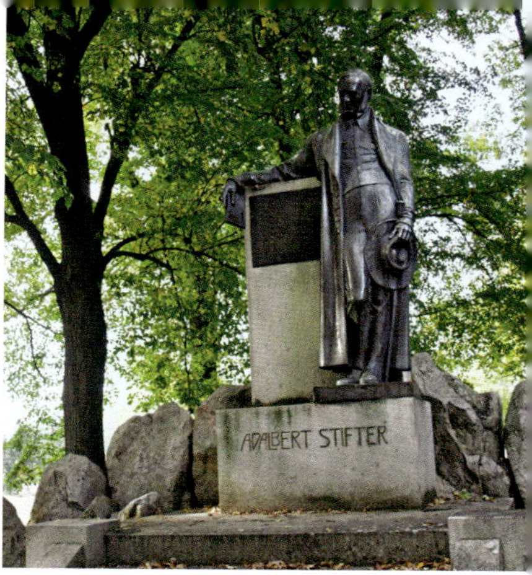

Stifter-Denkmal oberhalb von Horní Planá.

Wir wandern mit Grün vom Ort der Stifter-Fichte auf einem stillen Wiesenweg auf dem Kamm südwärts. Er führt kurz bergab; unvermutet stehen wir vor einer großen Wiese, gehen aber vor der Wiese auf einem schmalen Pfad (grün) nach rechts, vorbei am Torso der Stifter-Buche. Der Weg wendet sich bald nach links, über die Wiese hinweg (hier sehr schöner Blick auf Horní Planá), dann geht es auf ein Waldstück zu. Im Wald kommen wir zur Kreuzung **Pod Oříkem** ❺. Hier folgen wir Grün nach rechts hinab zum Waldrand, wo wir auf eine weitere große Wiese kommen. In weitem Bogen führt uns Grün nach links und um die Wiese herum, immer weiter bergab. Links vom Weg lädt ein niedlich zu nennender kleiner Aussichtsstum zum Aufstieg ein. Wir nähern uns Horní Planá von Südosten, von links kommt spitzwinklig ein anderer Weg heran, wir halten uns rechts bzw. geradeaus, in Richtung eines kleinen Industriebetriebs, und gehen bei ihm nach links abwärts. Schnell haben wir die Staatsstraße 39 erreicht, gehen auf ihr nach rechts, treffen sogleich auf **Stifters Geburtshaus** ❻ und kehren stadteinwärts zum **Marktplatz von Horní Planá** ❶ zurück.

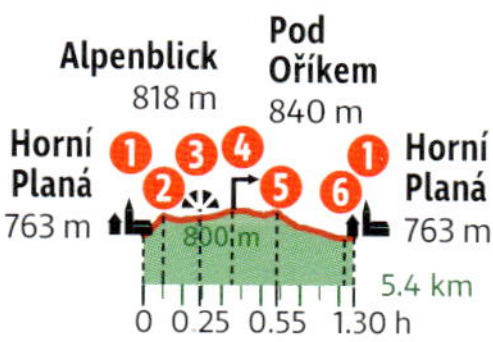

↗ 130 m | ↘ 130 m | 13.0 km

40 Horní Planá (Oberplan) – Zadní Zvonková (Hinter-Glöckelberg)

3.15 h

Ein beschaulicher Rundgang zu einer wiedererstandenen Kirche auf der wenig besuchten Westseite des oberen Lipno-Stausees

Durch den 1959 fertiggestellten Lipno-Stausee, der die obere Moldau bis hinauf nach Nová Pec (Neuofen) aufstaut und deutlich verbreitert, gerieten die Orte auf dessen Westseite in ein noch größeres Abseits. Waren sie ohnehin wegen ihrer grenznahen Position nicht mehr besiedelt bzw. abgetragen, so konnten sie nach dem Bau des Stausees überhaupt nicht mehr erreicht werden. Zu ihnen zählte Zvonková (Glöckelberg) mit seinen beiden (allerdings ein ziemliches Stück voneinander entfernten) Ortsteilen Zadní Zvonková (Hinter-Glöckelberg) und Přední Zvonková (Vorder-Glöckelberg). Von Hinter-Glöckelberg waren 1990 nur noch die stark beschädigte Kirche und das vormalige Mesnerhaus übrig. Der Geistliche Engelmar Unzeitig (1911–1945) übernahm 1940 die Pfarrei Glöckelberg; er starb im KZ Dachau. In der Kirche gedenkt man heute bei Gottesdiensten und Begegnungen des wackeren Gottesmanns. Mit Glöckelberg ist auch Johannes Urzidil (1896–1970) verbunden, deutschböhmischer Prager Dichter. Er verbrachte in den 1930er-Jahren alljährlich hier die Sommermonate. Im alten Mesnerhaus neben der Kirche gibt es zu ihm eine kleine Ausstellung, der größte Teil des Mesnerhauses ist aber der Dorfgeschichte von Glöckelberg gewidmet.

Ausgangspunkt: Horní Planá, 725 m, Fährstation (Přívoz), Parkmöglichkeiten. Anbindung an die Bahnlinie České Budějovice–Nové Údolí; Bus 566 von Frymburk, Bus 525 von Český Krumlov und Bus 568 von Nová Pec.
Anforderungen: Leichte Wanderung auf Asphalt- und Waldwegen.
Einkehr: Bližší Lhota (Vorderstift): u. a. Imbiss Stánek Bubák; Zadní Zvonková: Pension Marie, tagsüber kleine Speisen (Juli–Aug. tgl. 11–17.30 Uhr, Mai, Juni und Sept. nur Fr–So, Tel. +420 607 836 894, lipno-ubytovani-sumava.cz).

Sehenswürdigkeiten: Zadní Zvonková: alte deutsche Gräber auf dem Friedhof, Ausstellung zur Dorfgeschichte und zu Johannes Urzidil im Mesnerhaus (Juni–Sept. nur Sa und So 10–16 Uhr).
Hinweis: Die Fähre von Horní Planá nach Bližší Lhota (auch für Kraftfahrzeuge) verkehrt im Allgemeinen tgl. um 6.15 und 7.00 Uhr, dann stdl. 7.30–19.30 Uhr und zurück entsprechend, vom 16. Juni–15. Sept. auch noch Spätfahrten um 20.30 bzw. 20.35 Uhr. Infos unter Tel. +420 380 724 418. Fahrkarten am Kassenautomaten.

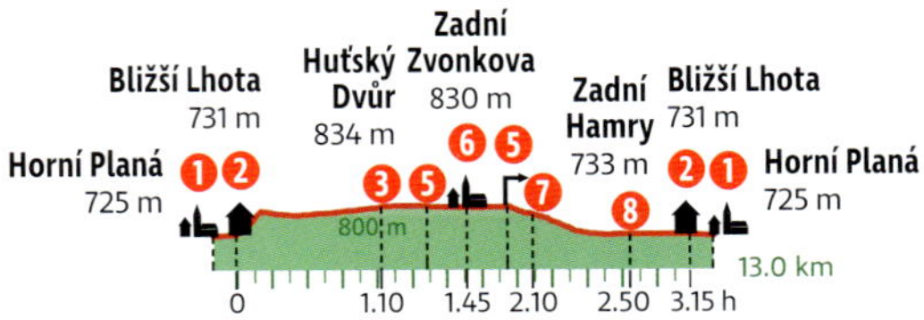

Wir setzen von der Fährstation in **Horní Planá** ❶ in 10 Min. hinüber nach **Bližší Lhota (Vorderstift)** ❷. Dort gehen wir geradeaus über die Kreuzung und mit Grün auf einem Asphaltweg verhältnismäßig steil empor und wandern in weitem Bogen links um den Berg Lhotský vrch (Ochsenberg), 884 m, herum. An der höchsten Stelle überblicken wir die einsamen Gefilde auf der Westeite des Stausees bis hoch zum Gebirgskamm und dem Hochficht, 1336 m. Dann führt der Weg etwas bergab, wieder hinauf und nochmals bergab. Die hinreißende Landschaft ist dabei völlig unbesiedelt, es lässt sich keinerlei Haus oder dergleichen ausmachen. Nach zwei weiteren kleinen Auf- und Abstiegen erreichen wir die Wüstung **Huťský Dvůr (Hüttenhof)** ❸. Hier treffen wir auf den Schwarzenbergischen Schwemmkanal, der von rechts herankommt, daneben verläuft ein blau markierter Fahrweg. Wir gehen mit Blau (und Grün) nach links, der Kanal ist zunächst noch teilweise verfüllt bzw. zugewachsen, er ändert jedoch weiter südlich seinen Zustand zum Guten.

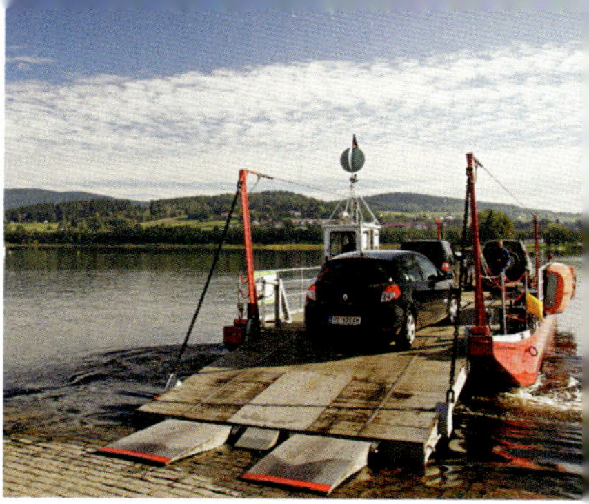

An der Fährstation in Bližší Lhota.

Eine verträumte Stelle am Moldaustausee nahe der Fähre in Horní Planá.

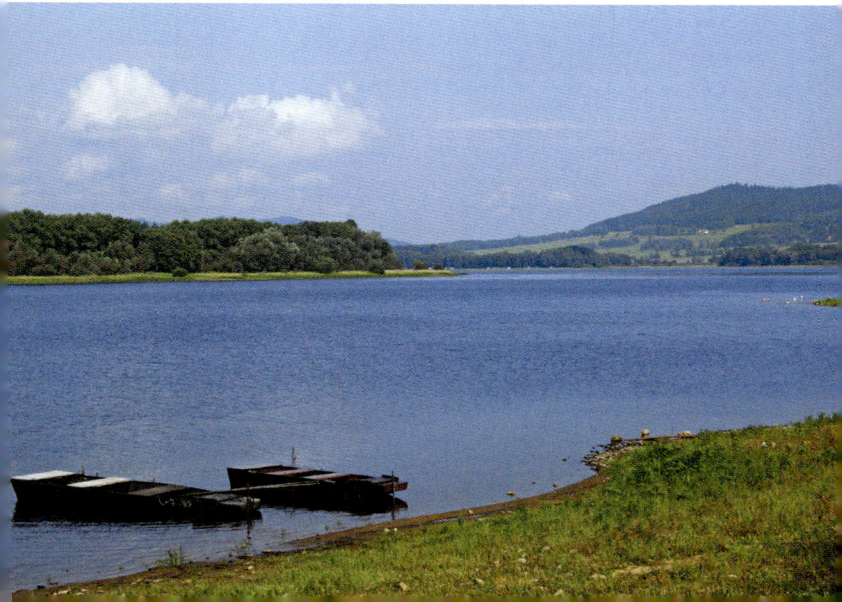

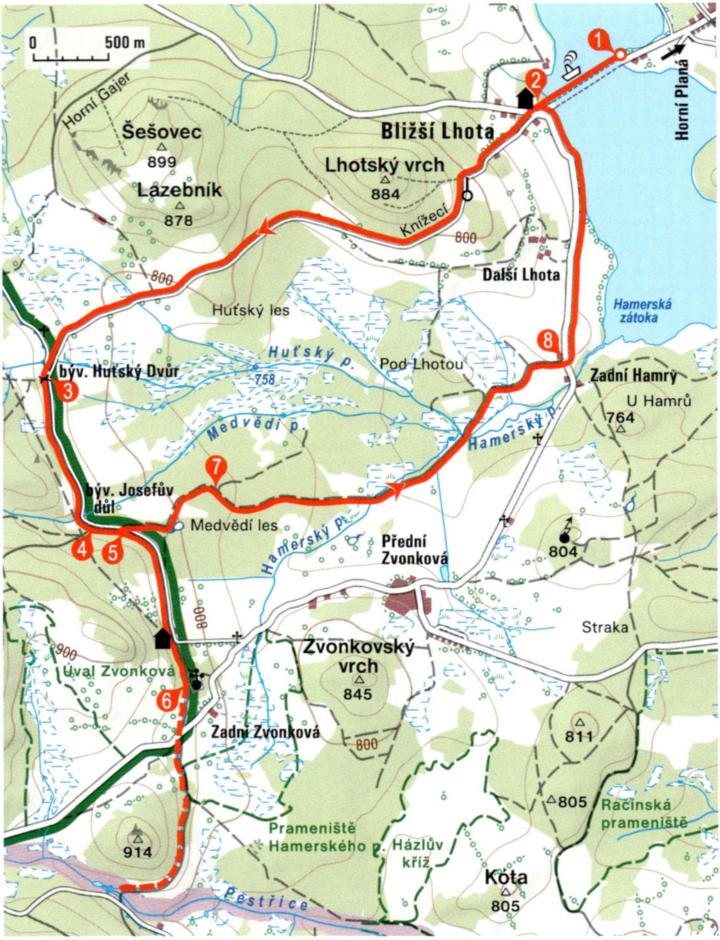

Wir wandern durch eine schöne Bergahorn-Allee, passieren zwei beeindruckende Linden und erreichen an der sogenannten Bärenloch-Schleuse einen regulierten Zufluss des Kanals. Gleich dahinter liegt die Wüstung **Josefův Důl (Josefstal)** ❹. Hier stand einst eine Glashütte, die insbesondere Buntglas herstellte. Grün zweigt jetzt nach rechts gleichsam ins Nichts ab, wir gehen mit Blau weiter am Kanal entlang. Gleich danach biegt nach links in spitzem Winkel ein unmarkierter Waldweg ab **5**, der ein Stückchen unterhalb des Kanalwegs parallel zu diesem verläuft, bis er ostwärts abbiegt. Wir merken uns diesen Abzweig, da wir auf dem Rückweg diesen Weg wählen. Wir gehen aber zunächst mit Blau nach rechts weiter. Bald kommen wir aus dem Wald heraus, freundlich begrüßt uns links die Pension Marie. Wir folgen Blau noch ein kleines Stückchen und erreichen die Dorfmitte des untergegangen **Zadní Zvonková** **6**, von dem nur Kirche und Mesnerhaus übrig sind. Wer möchte, kann mit Blau noch 2 km entlang des Kanals bis zur österreichischen Grenze gehen, an der sich die Wasserscheide zwischen Elbe und Donau befindet.

Für den Rückweg gehen wir am Kanal entlang wieder zurück zum zuvor gemerkten **Abzweig** **5**. Hier biegen wir in spitzem Winkel nach rechts in den erwähnten unmarkierten Weg ein. Wir folgen ihm ostwärts und wandern entlang einer großen Lichtung bis zu einer breiten **Wegegabel** **7** im Wald. Hier nehmen wir den rechten Weg und gehen auf ihm leicht bergab ins Tal des Bachs Hamerský potok (Hammerbach). Entlang des sehr hübschen kleinen Bachs steigen wir dann leicht bergauf und kommen zum Gehöft **Zadní Hamry (Hintere Hammermühle)** **8**, das an der Teerstraße nach Bližší Lhota liegt. Wir biegen nach links auf die Teerstraße ein und gehen Richtung Fähre. Unterwegs haben wir herrlichste Blicke auf Horní Planá und den oberen Teil des Lipno-Stausees. Nach 2 km haben wir wieder die Fährstation in **Bližší Lhota** **2** erreicht und setzen nach **Horní Planá** **1** über.

Kirche, Mesnerhaus und Friedhof in Zadní Zvonková (Hinter-Glöckelberg).

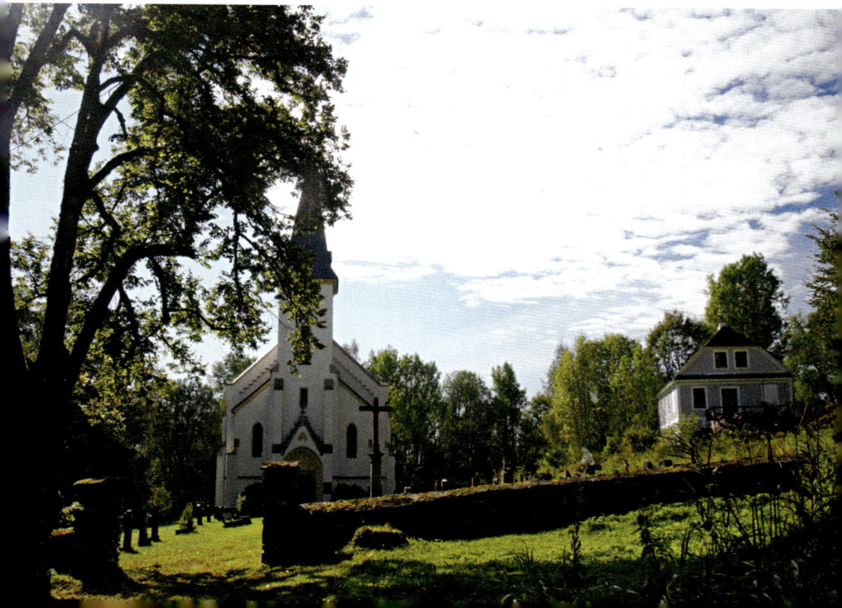

↗ 140 m | ↘ 140 m | 12.8 km

41 Přední Zvonková (Vorder-Glöckelberg) und Umgebung

3.15 h

Der Moldaustausee aus ungewohnter Perspektive

Wie das Gebiet um Zadní Zvonkova (Hinter-Glöckelberg) ist auch die südlich anschließende Region um Přední Zvonková eine fast menschenleere Landschaft, gelegen in dem bis 1990 unbetretbaren Gebiet zwischen Moldaustausee und Grenze. Empfindsame Wanderer werden aber gerade die Stille und Verlassenheit der Gegend als deren besonderen Reiz empfinden. Zu der melancholischen Stimmung tragen nicht zuletzt die unzähligen Weidenbäume bei. Die Wanderung bietet großartige, ungewohnte Blicke auf den Stausee, der sich hier mit schier unendlich erstreckenden Wiesen und Weidezäunen umgibt – Landschaften voller stärkster Poesie.

Ausgangspunkt: Přední Zvonková, 769 m, Bufet U Kiss Áka. Buslinie 632 aus Nová Pec.
Anforderungen: Leichte Wanderung auf Asphalt- und Waldwegen mit nur einem kurzen, steileren Abstieg; ein kleinerer Abschnitt führt durch Wiesen – bei Nässe kann es hier ziemlich sumpfig werden.

Einkehr: Přední Zvonková: Bufet U Kiss Áka, szeniges und vielbesuchtes Lokal, am Weg nach Valtrov (Hausnummer 142, Tel. +420 775 272 923, bufetukissaka.eatbu.com); Zadní Zvonková: Pension Marie, tagsüber kleine Speisen (Juli–Aug. tgl. 11–17.30 Uhr, Mai, Juni und Sept. nur Fr–So, Tel. +420 607 836 894, lipno-ubytovani-sumava.cz).

Von der Bushaltestelle beim Bufet U Kiss Áka in **Přední Zvonková** ❶ gehen wir mit Rot auf der Radtrasse 1033 ostwärts, vorbei an kleinen Häuschen, einst vermutlich für die Mitarbeiter der hiesigen Kolchose erbaut. Nach knapp 2 km biegt Rot auf holprigem Weg scharf nach rechts in den Wald ein ❷. Wir kommen zu einer Lichtung, der Weg wendet sich nach rechts, führt wieder in den Wald hinein, und nach etwa 700 m verlassen wir den Wald erneut und betreten eine **weite Wiesenlandschaft** ❸.
Der Weg wendet sich nun nach links und wird zum teils kaum noch erkennbaren Wiesenpfad, die rote Markierung ist nicht einfach zu entdecken. Wir gehen an einer Baumreihe entlang; bald wird der Pfad wieder zum Weg und führt etwas bergauf auf den Waldrand zu, links am Berg Pestřický vrch (Hüttberg), 842 m, vorbei. Bald kommen wir zu einer überwucherten, gespenstischen Hausruine (links); sie ist ein Rest des untergegangen Dorfes **Račín (Ratschin)** ❹. Oberhalb von ihr steht rechts noch ein neueres Gebäude, links breiten sich in unvergleichlichem Blick die zum Moldaustausee sanft einfallenden Hänge aus, Rich-

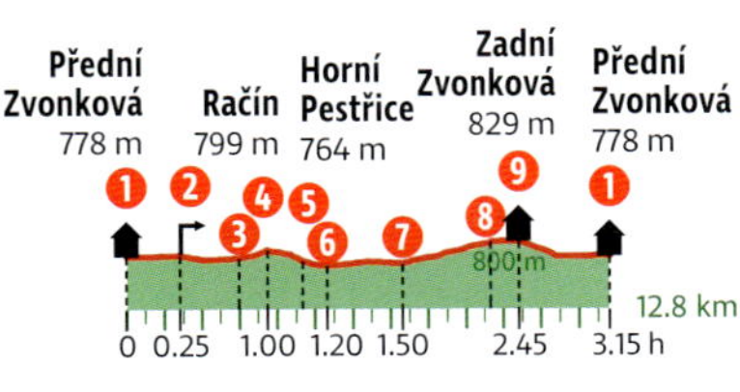

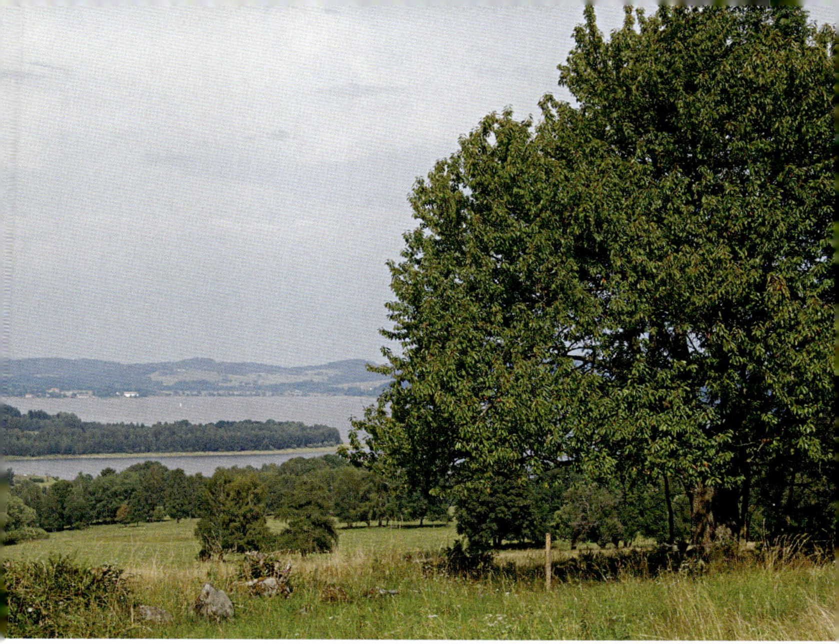

Blick von oberhalb der Wüstung Račín auf das Westufer des Moldaustausees.

tung Nordwesten können wir den Plechý (Plöckenstein) und den Dreisesselberg sehen.
Verhältnismäßig steil geht es nun mit Rot auf einem birkengesäumten Weg durch eine paradiesische Landschaft abwärts. An der Wüstung **Horní Pestřice (Oberstögenwald)** ❺ stoßen wir auf einen breiten Weg (es ist wieder die Radtrasse 1033), von dem wir erneut prächtige Aussichten auf den Stausee, insbesondere sein Westufer, haben. Hier gehen wir mit Rot nach rechts und weiterhin mit herrlichsten Seeblicken bergab. In einer Kurve treffen wir bei einem kleinen Hain auf eine Weggabelung, wo wir uns nach rechts wenden und nach etwa 50 m erneut nach rechts auf die Trasse des **Radwegs 1033a** ❻ in Richtung Zadní Zvonková einbiegen. (Für einen durchaus lohnender Abstecher kann man hier noch ein Stück geradeaus gehen, hinunter bis zum Tal des Baches Pestřice; kurz davor nach links und man gelangt über einen Wiesenpfad zum Ufer des Stausees.)
Unser Weg führt nun westwärts, südlich um den schon erwähnten Berg Pestřický vrch herum. Dies ist ein besonders reizvoller Abschnitt: Links unterhalb des Wegs säuselt der Pestřice-Bach dahin, gleich oberhalb von ihm verläuft die Grenze zu Österreich. Eine wunderbare Wald- und Wiesenlandschaft umgibt uns. Bald wird der Feld- zu einem Wiesenweg voller Ro-

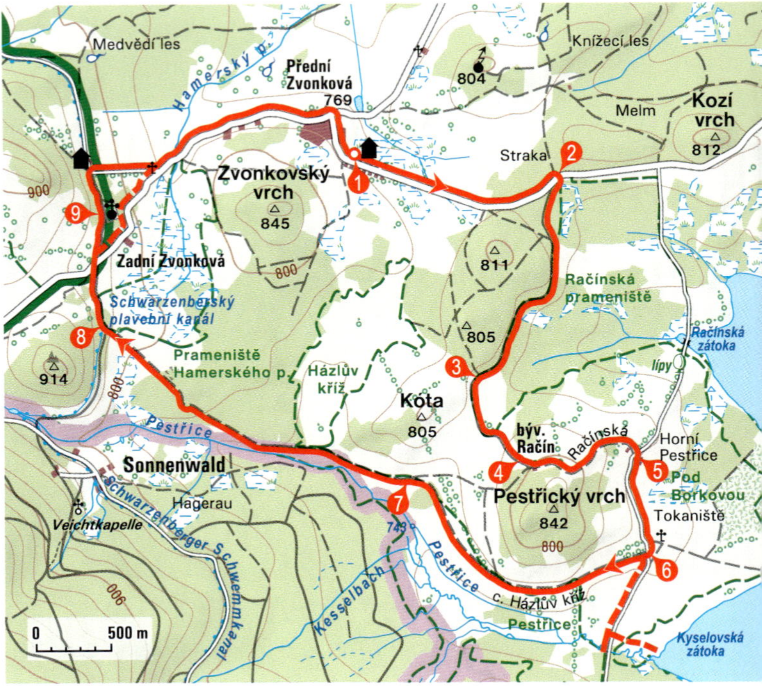

mantik, schnell jedoch bekommen wir wieder, an der Einmündung in einen **breiteren Waldweg** ❼, festeren Boden unter die Füße. Hier biegen wir nach links in den Wald ab. Unser Weg steigt mäßig, aber sehr lange an. Wenn wir den Wald wieder verlassen, können wir links oberhalb das österreichische Dörfchen Sonnenwald sehen und erreichen gleich danach den **Schwarzenbergischen Schwemmkanal** ❽, der unweit von hier aus Böhmen hinausfließt. Wir folgen dem Kanalweg (blau markiert) nach rechts, bis wir zur Teerstraße Přední Zvonková–Guglwald (Österreich) kommen. Hier könnten wir nach rechts abbiegen und über die Teerstraße mit der roten Markierung nach etwa 2 km wieder zurück zum Ausgangspunkt kommen. Reizvoller ist es jedoch, weiter geradeaus am Kanal entlangzuspazieren, vorbei an der Kirche von **Zadní Zvonková** ❾ bis zur Pension Marie. Unmittelbar vor dieser biegen wir in rechtem Winkel auf einen breiteren Weg bergab und erreichen im Talgrund wieder die oben erwähnte Teerstraße, wenden uns hier nach links und erreichen in Kürze wieder unseren Ausgangspunkt in **Přední Zvonková** ❶.

↗ 320 m | ↘ 320 m | 14.5 km

TOP

4.00 h

Přední Výtoň – Vítkův kámen (Wittinghausen)

42

Zur höchstgelegenen Burg Böhmens

Wie alle Gebiete auf der Westseite des Moldaustausees schlummerte auch die Burg Vítkův kámen (auch: Vítkův Hrádek) bis 1990 den Dornröschenschlaf. Die Unerreichbarkeit verlieh ihr einen Nimbus als mythisch-mystischer Sehnsuchtsort, was auch nach der Öffnung der Grenzen der Fall blieb; dazu trug bei, dass die Burg in Adalbert Stifters »Hochwald« (1842) einer der Handlungsorte ist. Vítkův kámen, obwohl äußerlich mehr als schlicht – in der Form nur ein ausgehöhlter Kubus – zählt zu den meistbesuchten touristischen Punkten im südlichen Böhmerwald. Auf 1053 m auf dem gleichnamigen Berg (Vítkův kámen) thronend, ist sie die höchstgelegene Burg Böhmens. Von ihren Zinnen hat man den vielleicht schönsten Blick über den Moldaustausee, hinüber zum Hochficht, zum Plechý (Plöckenstein) und bis zum Dreisesselberg. Und auch vom Tal herauf ist der in der Sonne glänzende kleine Würfel ein markanter Landschaftspunkt. Von der ursprünglichen Burg aus dem 13. Jh. ist heute nur noch der quaderförmige Wohnturm vorhanden, um die Burgerhaltung und den Gaststättenbetrieb in ihr kümmert sich ein rühriger kleiner Verein.

Ausgangspunkt: Přední Výtoň (Vorder-Heuraffl), Parkplatz am Kreisverkehr in der Dorfmitte, 738 m. Buslinie 562 von Vyšší Brod, 564 von Loučovice und Linie 801 nach Frymburk.
Anforderungen: Nicht allzu schwere Wanderung, jedoch durchgehender leichter Anstieg. Der Anstieg von Přední Výtoň zum Berg Bukový vrch führt über Wiesenwege, die bei Nässe sehr morastig sein können.
Einkehr: Přední Výtoň: u. a. Restaurant Penzion Výtoň (Tel. +420 777 202 292, penzionvytonlipno.info) und einige Imbissmöglichkeiten am Seeufer; Svatý Tomáš: Hotel Svatý Tomáš (Tel. +420 380 709 811, hotel-svatytomas.cz), Bistro Krmelec (am Weg zur Burg) und Imbiss in der Burgruine (tgl. 10–16 Uhr, Nov.–März nur Sa, So und Feiertage 10–16 Uhr, vitkuvhradek.cz).
Sehenswürdigkeiten: Wer mit dem Auto unterwegs ist, sollte unbedingt das weltferne und völlig verlassene Tal Rychnovske údolí (Reichenauer Tal) besuchen: von Frýdava kommend südwärts hinunter bis Pasečná, dort am unteren Ortsausgang rechts, gleich danach bei einem Betriebsgelände scharf rechts (leicht zu übersehen; geradeaus: österreichische Grenze). Auf guter Asphaltstraße (Radtrasse 1019) kann man viele Kilometer durch eine fast unheimliche Landschaft fahren. Nach knapp 2 km macht der Weg hinter Pasečná eine scharfe Rechtswende, gleich danach eine nach links, und nach nochmals etwa 1,3 km steht links der leicht zu übersehende Mauerrest eines Hauses, gleich danach eine Art unbefestigter Parkplatz; ein Weg führt nach links zur Kirchenruine des verschwundenen Ortes Deutsch Reichenau (Rychnůvek). Einkehrmöglichkeit: Pension Dobík (Tel. +420 605 247 304 bzw. +420 777 133 801, dobik.cz) an der Straße Pasečná–Spáleniště. Am Ende des Tales, nach etwa weiteren 5 km, trifft man an der großen Wegkreuzung U Korandy auf den Schwarzenbergischen Schwemmkanal (Infotafel und Schleuse).

Südlich von U Korandy verschwindet der Schwemmkanal, vermutlich wurde sein Granitbett im Zuge des Grenzregimes entfernt, nur knapp 8 km abwärts von U Korandy mündet er über den kanalisierten Zwettlbach in die Große Mühl. Von U Korandy kann man nach rechts hinunter zum Moldaustausee fahren (Straße seit Kurzem für den Pkw-Verkehr freigegeben) und an dessen Ufer zurück nach Přední Výtoň.

Hinweise: 1. Přední Výtoň: Sehr gute Bademöglichkeiten am Sandstrand am Moldaustausee (Lipno-Stausee). 2. Keine der zurzeit erhältlichen detaillierteren Wanderkarten in den Maßstäben 1:25.000 und 1:40.000 weist das Wandergebiet um die Ruine Vítkův kámen und die grenznahen Regionen westlich und südlich davon aus, die Karten enden meist wenige Kilometer westlich von Přední Výtoň, nur ein älteres Blatt 1:50.000 (SHOCart Active, Blatt 36) zeigt das Gebiet, wie auch die zweiteilige KOMPASS-Wanderkarte Böhmerwald 1:50.000.

Variante: Ab Uhlíště auf der Asphaltstraße mit Gelb in Richtung Frýdava, nach knapp 1,5 km an einer breiten Einmündung (Pod Plešným) auf unmarkiertem Weg nach rechts (Gelb verlässt kurz vorher die Asphaltstraße nach links), nach ca. 200 m an einer großen Einmündung über eine Teerstraße nach links durch den Wald abwärts. Dann direkt auf die Pfarrkirche von Přední Výtoň zu und an ihr vorbei nach rechts zum Ausgangspunkt. 20 Min. kürzer.

Aus **Přední Výtoň** ❶ führt die rote Markierung leicht aufwärts und links am Hotel Barboka vorbei. Wir kommen zum COOP-Supermarkt und wenden uns mit Rot nach links hinüber zur ehemaligen Kolchose (Achtung: Der noch in vielen Karten eingezeichnete alte Weg rechts am Supermarkt vorbei verläuft über Privatbesitz und kann nicht mehr begangen werden). Rot führt im Rechtsbogen um diese herum, direkt dahinter an einer kleinen Gabel nach links, und kurz darauf zweigen wir mit Rot von dem breiten, zerfurchten Erdweg nach rechts ab ❷. Über liebliche Wiesenhänge und am Feldrain entlang gelangen wir hinauf zum Punkt **Za Přední Výtoní** ❸. Auf dem recht schadhaften Fahrweg steigen wir weiter bergan, es ist aber wegen der wunderbaren Sicht nach Süden ein unvergleichlicher Genuss. An einem Wald- bzw. Holzlagerplatz treffen wir auf eine breite Schotterstraße von rechts, die hier endet ❹. Wir gehen mit Rot geradeaus auf einem schmalen Pfad in den Wald hinein; der Anstieg wird jetzt steiler. Nach etwa 800 m kommen wir zum Rand einer größeren Lichtung mit kleinen Schonungen, dahinter fällt der Weg wieder ab und kommt zu einem weiteren **Holzlager-**

Die Kirche von Přední Výtoň (Vorder-Heuraffl).

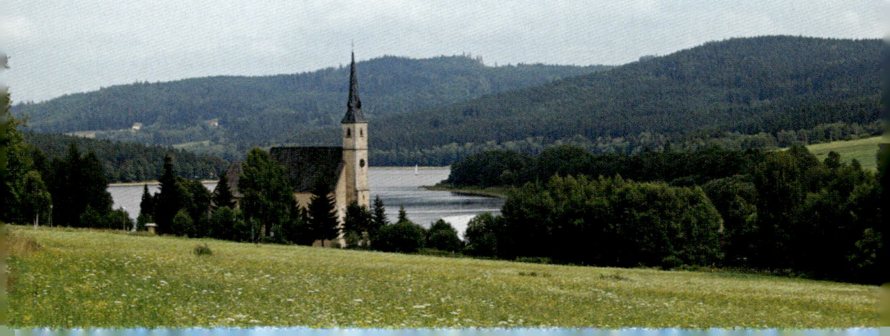

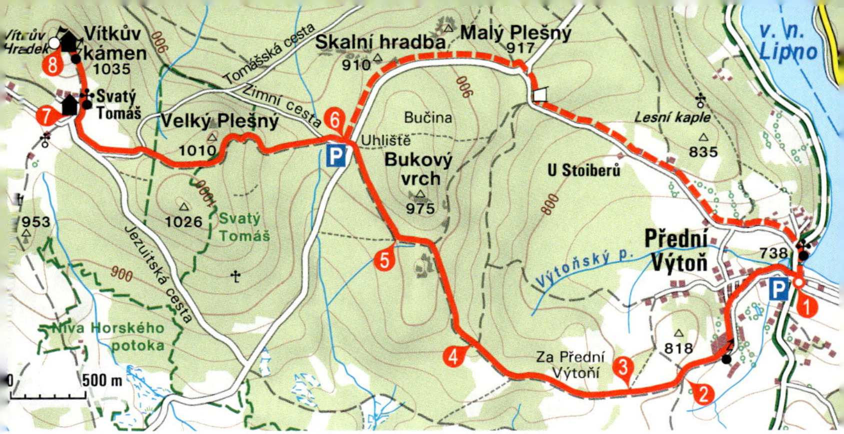

platz ❺. Hier biegen wir mit Rot rechts ab und gelangen nach etwa 1 km am Punkt **Uhliště** ❻ zur Teerstraße Frýdava–Pasečná. Wir kreuzen die Straße und gehen am Parkplatz entlang mit Rot weiter (inzwischen hat sich Gelb dazugesellt) und biegen am Ende des Parkplatzes mit Rot auf einen wurzeligen Waldpfad nach links ab, ein Teerweg biegt nach rechts ab. Mit weiterhin geringer Steigung wandern wir auf dem Waldpfad bergauf. Kurz nach der höchsten Stelle treffen wir auf die gerade erwähnte Teerstraße, gehen auf ihr mit Rot nach links und kommen gleich zur auch für den motorisierten Verkehr freigegebenen Zufahrt nach Svatý Tomáš. Wir gehen auf ihr nach rechts und kommen sogleich nach **Svatý Tomáš (St. Thomas)** ❼.

Vor 1990 existierten von dem kleinen Dorf nur noch ein Stützpunkt der Grenztruppe, die Ruine der Kirche, das verfallene Jagdhaus und einige wenige Wohnhäuser von Grenzsoldaten. Links liegt das prächtige Hotel Svatý Tomáš in dem nach einem Brand (1990) wiederaufgebauten ehemaligen Schwarzenbergischen Jagdhaus; rechts oberhalb gibt es einen Kiosk mit Imbiss. Dann kommen wir an einem heruntergekommenen ehemaligen Wohnhaus der Grenzsoldaten vorbei und erreichen danach die Kirche, die nach der Wende mithilfe ehemaliger Dorfbewohner renoviert wurde und inzwischen sogar wieder geweiht ist. Von der Kirche steigen wir noch ein Stück bergauf und kommen (neben einem Fernmeldeturm) zur Ruine **Vítkův kámen** ❽.

Wir kehren auf demselben Weg zurück nach **Přední Výtoň** ❶ oder wählen ab dem Punkt Uhliště die Variante.

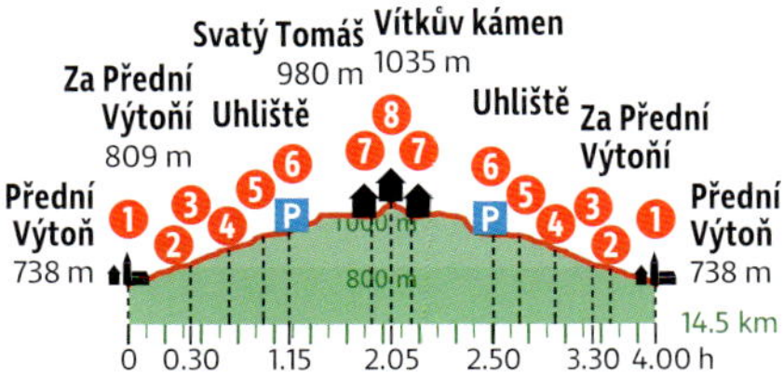

↗ 410 m | ↘ 410 m | 11.6 km

43 Von Frymburk nach Lipno

3.45 h

Oberhalb des Moldaustausees durch lichte Wälder

Der Moldaustausee gehört zu Tschechiens touristisch bedeutendsten Regionen. Schon in der kommunistischen Ära war er – zumindest sein Ostufer, das Westufer lag im Grenzgebiet – im Raum zwischen Frymburk und Lipno ein vielbesuchtes Erholungsgebiet, in das Bürger aus allen sozialistischen Ländern kamen. Bis heute hält die Beliebtheit dieser Ferienregion an, die Wasser, Wald und Sonne auf das Schönste verbindet. Der vielbegangene Baumwipfelpfad entstand 2012 als Erster in Tschechien. Der 350 m lange Pfad führt zwischen den Baumgipfeln in etwa 30 m Höhe zu einem 40 m hohen, neuneckigen, weithin sichtbaren Aussichtsturm. In seinem Inneren sind weitere 350 m zurückzulegen – »in Spiralform« beim Auf- und Abstieg.

Ausgangspunkt: Frymburk, Parkplatz am Hotel-Restaurant Leyla, 732 m, an der Staatsstraße 163. U. a. Busverbindungen von Lipno (Linie 540), von Loučovice (Linie 517 und 564), 516 von Český Krumlov, 566 von Horní Planá und 190 von Černá v Pošumaví.
Anforderungen: Nicht allzu anstrengende Tour über Wiesenpfade, Waldpfade, breite Waldwege, Feldwege und asphaltierte Strecken. Langer, aber wenig fordernder Anstieg in der ersten Hälfte der Tour.

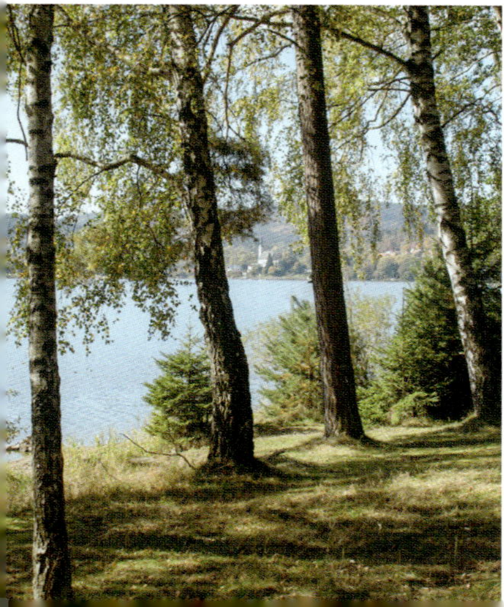

Einkehr: Frymburk: Restaurant Leyla (Tel. +420 777 075 714, hotel-lipno.cz); Lipno: u. a. Restaurant Energo, am Baumwipfelpfad (Tel. +420 777 136 136, restaurace-energo.cz); Hospůdka Bobovka Lipno, an der Talstation der Sommerrodelbahn (Slupečná 301, Tel. +420 725 500 274 und 602 780 726, slideland.cz); Grillrestaurant Modřín (Variante) (Tel. +420 607 555 767, campinglipno.cz/restaurace); Restaurant Loděnice, am Seeufer hinter dem Amenity Hotel Resort (Tel. +420 380 731 777, lipno.amenity.cz).
Sehenswürdigkeiten: Baumwipfelpfad auf dem Berg Kramolin, 900 m (Tel. +420 388 424 145, stezkakorunamistromu.cz).
Variante: Ab einem Wegweiser in Slupečná hinab zur Staatsstraße 163 und zur Trasse des Moldauradwegs. Dieser verläuft als Rad- und Fußweg mehr oder weniger parallel zur Straße. Unterwegs schöne Badestellen und Seeblicke, am Ufer eine Bronzestatue einer jungen Frau, der Fee vom Lipno-See. Später hinauf zur Staatsstraße und vorbei am Campingplatz zurück zum Hotel Leyla (ungefähr 2,3 km und ca. 40 Min. länger).

Blick über den Lipno-Stausee zur Kirche von Přední Výtoň (Variante).

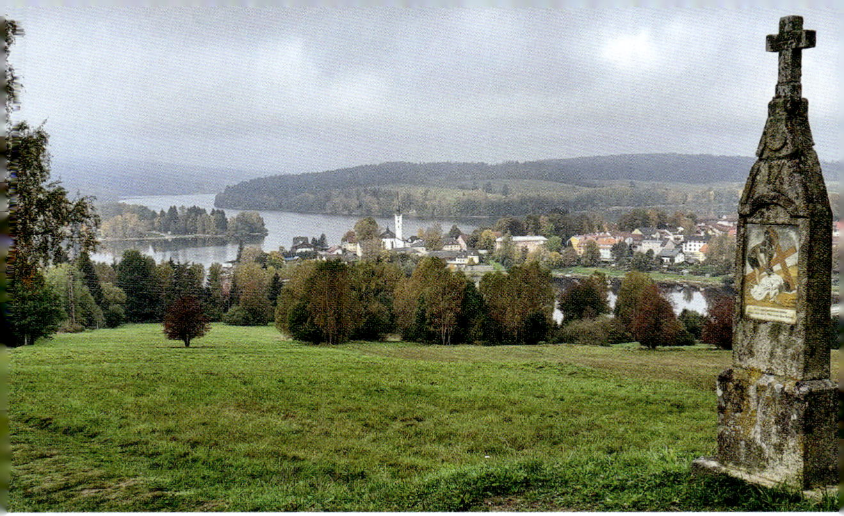

Blick vom Kreuzweg unterhalb von Na Marté auf Frymburk und den Lipno-See.

Wir beginnen die Tour an der Ostseite des Moldaustausees, Frymburk gegenüber, beim **Hotel Leyla** ❶. Dabei gehen wir am Hotel noch nicht auf den gelb markierten Weg Richtung Na Marté, sondern folgen zunächst links der Straße einem parallel verlaufenden, schmalen Pfad etwa 100 m Richtung Lipno. Dann biegen wir in rechtem Winkel nach links. Es geht nun über einen Wiesenpfad vorbei an zwölf Kreuzwegstationen bergan. An den meisten der Stationen stehen kleine Rastbänke, von denen man einen eindrucksvollen Blick zurück auf Frymburk und den Stausee genießt. Etwa 800 m steigen wir über die Wiese auf, bis wir einen Fernmeldeturm passieren und am Punkt **Na Marté** ❷ zur Kapelle »Unserer Lieben Frau der Schmerzen« kommen. Hier stoßen wir auf den gelb markierten Weg, der ebenfalls vom Hotel Leyla heraufführt. Mit Gelb geht es weiter bergan, nach einer Linkskurve treffen wir auf einen breiteren von links heraufführenden Waldweg und gehen auf ihm geradeaus im leichten Anstieg weiter. Nach etwa 200 m biegt die gelbe Markierung nach links in den Wald ab. Nun geht es auf holprigem Wurzelweg knapp 1 km weiter bergauf, bis wir wieder auf den **Waldweg** ❸ stoßen. Wir gehen auf ihm nach links weiter bergan, die Steigung ist jetzt aber moderater. Dann kommen wir auf 980 m Höhe zu einem flachen, bewaldeten Plateau mit Fernmeldeturm. Gut 400 m weiter, wo der Weg beginnt, abwärts zu führen, biegen wir vom Hauptweg mit Gelb halb

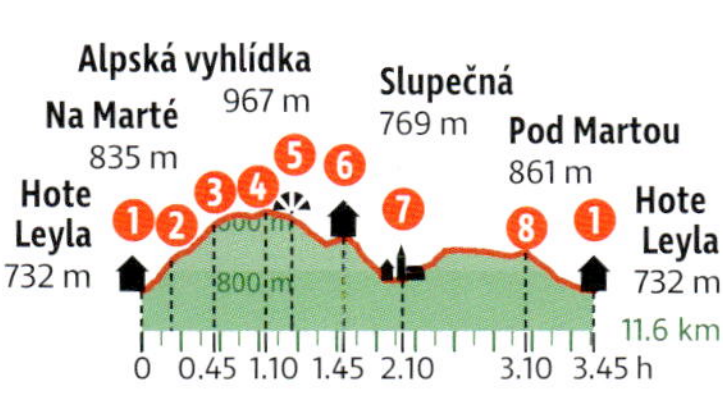

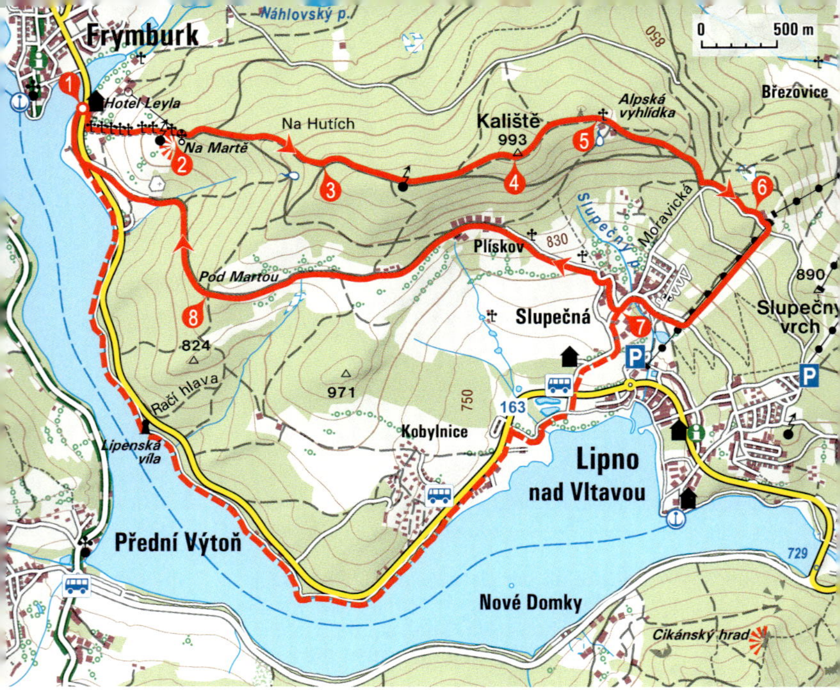

links wieder in den Wald hinein. Auf schmalem Pfad geht es zu einem weiteren flachen Plateau, dem Gipfel des **Kaliště** ❹, 993 m. Unser Weg führt rechts an dem Plateau vorbei, man kann aber kurz links etwa 50 m bis zum eigentlichen »Gipfel« gehen (Wegweiser).

Nun geht es wieder leicht bergab. Nach etwa 600 m verlassen wir den Wald und erreichen die Einöde **Alpská vyhlídka (Alpenblick)** ❺. Von dieser Lichtung aus ist eine Fernsicht aber wegen der hoch gewachsenen Bäume kaum möglich. Unterhalb geht der bisher unbefestigte Weg in befestigten Belag über, bleibt aber schmal. Nach etwa 400 m biegt Gelb nach links in den Wald ab. Wir folgen einem schmalen Waldpfad und schneiden eine Kurve des befestigten Wegs. Auf diesem geht es dann weiter bergab bis zu einer breiten Waldkreuzung. Hier wenden wir uns mit Gelb nach links und gehen rechts von einem Rastplatz mit Gelb wieder bergan. Nach etwa 200 m ist der Gipfel des Kramolin, 900 m, erreicht mit Tschechiens größtem **Baumwipfelpfad** ❻. Hier finden sich auch einige Einkehrmöglichkeiten.

Gelb weiter folgend kommen wir zu einer breiten, vom Seeufer heraufführenden Schneise mit einer Skiliftanlage. Wir gehen nun ohne Markierung entlang des Skilifts Richtung See hinab, kreuzen nach etwa 200 m eine befestigte Straße und gelangen nach etwa 600 m zu einer weiteren Teerstraße. Ihr folgen wir mit grüner Markierung nach rechts (Europäischer Fernwanderweg E10, auf dem wir bis zum Tourende bleiben) und kommen nach etwa 200 m zu einer Sommerrodelbahn, die unseren Weg über- und unterquert. Links und rechts gibt es zahlreiche kleine Pensionen und Imbisslokale, dann biegt der Weg nach rechts und wir erreichen die Ortsmitte von **Slupečná** 7.

An einem Wegweiser in Slupečná (Abzweig der Variante) folgen wir der Route auf einem Feldweg oberhalb des Sees und durch den Wald Richtung Frymburk. Dazu wenden wir uns mit Grün nach rechts, gehen immer bergan bis zum Wegweiser Za Slupečnou; hier mündet eine (blau markierte) Route vom Alpenblick. Links leuchtet der See herauf. Wir gehen nun fast eben am Hang entlang, passieren in der Siedlung Plískov u. a. hübsche Wochenendhäuser. Dann geht es in den Wald hinein und bald auf einen weiten Wiesenhang. Überall eröffnen sich herrliche Blicke.

Am Ende der weiten Wiese erreichen wir am Waldrand den Punkt **Pod Martou** 8. Der Weg wendet sich nach rechts. Es geht im Wald deutlich abwärts bis ins Tal eines kleinen Bachs. Dann steigt der Weg bei einigen idyllischen Einzelgehöften kurz an und senkt sich, jetzt befestigt, zur Staatsstraße 163 hinunter. Hier wenden wir uns nach rechts und kommen nach etwa 250 m zurück zum **Hotel Leyla** 1.

Aussichtsturm beim Baumwipfelpfad auf dem Kramolin.

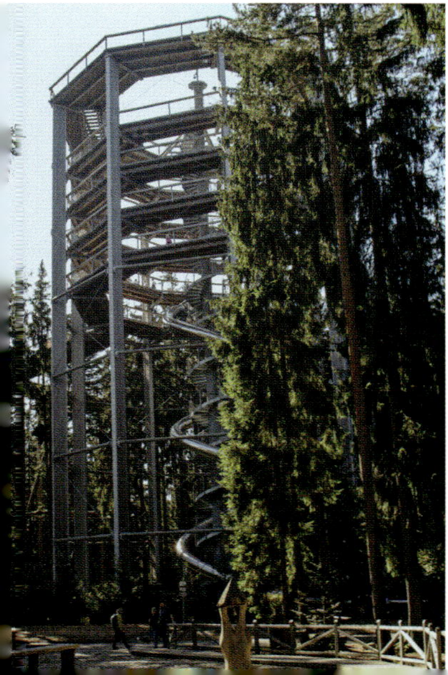

Beschauliche Anlegestelle am Ufer des Lipno-Stausees (Variante).

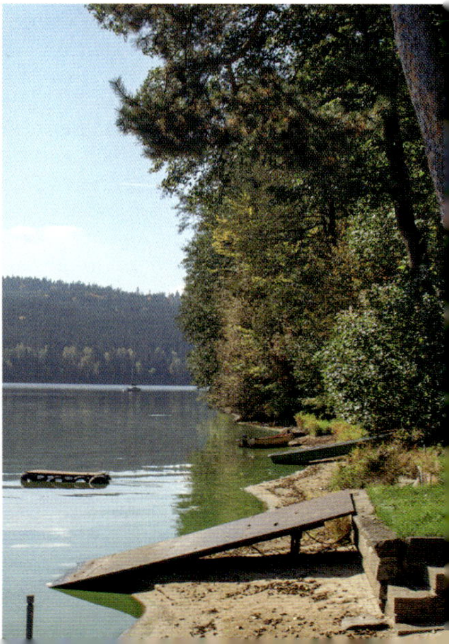

↗ 240 m | ↘ 240 m | 14.1 km

44 Um die Teufelsmauer (Čertova stěna)

3.45 h

Wolfsschluchtromantik, eine alte Legende und der Handlungsort einer berühmten Oper

Unterhalb von Lipno bis hin nach Vyšší Brod (Hohenfurth) hat die Moldau auf etwa 10 km Länge einen schmalen und steilen »Canyon« in die Granitgesteine gefurcht. Am Ende der letzten Eiszeit vor etwa 12.000 Jahren, in der große Teile des späteren Böhmerwalds vergletschert waren, wurden die Granite durch die abfließenden Schmelzwässer stark in Mitleidenschaft gezogen, Risse und Klüfte entstanden. Da auch nach dem Verschwinden der Gletscher zwischen Winter und Sommer große Temperaturunterschiede bestanden, bewirkte die mit Volumenzunahme verbundene Bildung von Eis in den Klüften eine Art von »Sprengung« der Felsen, was an einer Stelle ein großes Blockmeer entstehen ließ, das sich einen steilen Hang hinab zur Moldau zieht. Die mittelalterliche Bevölkerung betrachtete diese Steinmassen als Reste einer gewaltigen zusammengebrochenen Mauer.

Der Sage nach war Peter Vok, der letzte Rosenberger, mit seinem Pferd in die reißende Moldau geraten und konnte sich nur mit Mühe an einer Furt retten. Aus Dankbarkeit gründete er an dieser Stelle das Kloster Vyšší Brod. Der Teufel jedoch wollte das Kloster zerstören und so versuchte er, die Moldau mit einem Steinwall aufzustauen, um dann mit den aufgestauten Wassermassen das Kloster wegzuspülen. Doch für den Bau hatte er nur eine Nacht Zeit, und als der Hahn krähte, war er nur zur Hälfte fertig und riss vor Wut den schon fertiggestellten Teil ein, womit das Kloster gerettet war. Bedřich Smetana nahm in seiner letzten vollendeten Oper »Die Teufelswand« (Čertova stěna) von 1882 diese Sage auf, veränderte sie etwas und erweiterte sie mit einer Liebesgeschichte des Peter Vok.

Obwohl das Blockmeer nicht direkt begangen werden kann, wirkt es doch sehr beeindruckend. Der Waldpfad auf der anderen Moldauseite, dem Blockmeer gegenüber, führt durch einen undurchdringlichen, bei Nebel fast gespenstischen Wald, den nur die enge Moldauschlucht vom Felsblockmeer trennt und auf dem man an die berühmte Wolfsschluchtszene aus Webers Oper »Der Freischütz« erinnert wird. Der Abschnitt zwischen Loučovíce und der Teufelsmauer ist nicht weniger beeindruckend.

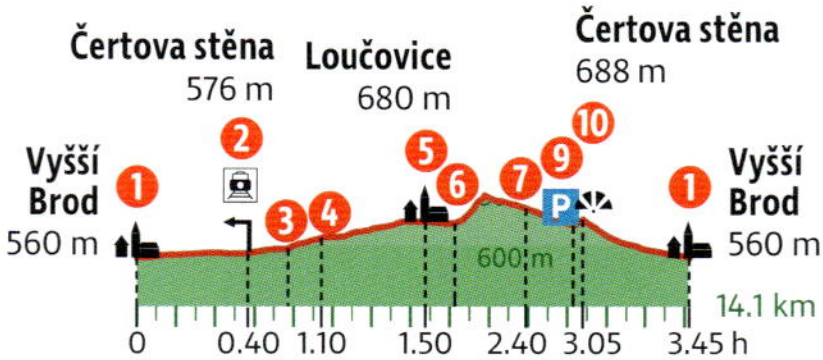

Ausgangspunkt: Bahnhof Vyšší Brod, 560 m, an der Bahnlinie Lipno–Rybník (in Rybník Anschluss an nationale und internationale Verbindungen).

Anforderungen: Teilweise leichte Wanderung auf Asphalt- und gut ausgebauten Waldwegen. Im unmittelbaren Bereich der Teufelsmauer schmaler, steiniger und wurzelreicher Waldpfad, den man bei Nässe meiden sollte. Das gilt auch für den Abschnitt nach Loučovíce am Nordhang des Bergs Vyklestilka; der Pfad führt dort über größere Steinblöcke, was bei Nässe gefährlich sein kann (Rückkehr nach Vyšší Brod ab der Staatsstraße 163 mit dem Bus möglich).

Einkehr: Vyšší Brod: Restaurant Inge, an der Moldaubrücke beim Bahnhof (Míru 379, Tel. +420 775 856 372, pensioninge.cz); mehrere am Hauptplatz, u. a. Restaurant U Candrů (Náměstí 36, Tel. +420 602 477 746, ucandru.cz);
Restaurant Hotel Šumava (Náměstí 47, Tel. +420 725 812 821, hotel-sumava.cz);
Loučovíce: Restaurant Sparta, direkt über dem Bahnhof (Tel. +420 603 437 733);
Restaurant Kilián, nahe Vitava-Brücke (Tel. +420 380 743 035, hotel-kilian.cz).

Sehenswürdigkeiten: Neben einem Besuch des Klosters Vyšší Brod ist ein Ausflug nach Malšín (Malsching) zu empfehlen (ca. 9 km nördlich von Vyšší Brod). In Malšín geht man hinter der Kirche links abbiegend in südlicher Richtung auf einem gelb markierten, kurzen Pfad bis zu einer Kapelle aus dem Jahr 1856, die in großartiger Lage auf einem Felsen hoch über der Landschaft thront. Man hat hier einen großartigen Blick bis zu den Alpen. Überhaupt ist die Gegend südlich von Malšín um das fast verlassene Dorf Bolechy in ihrer Einsamkeit sehr reizvoll. Wegen schöner Panoramablicke lohnt auch die Fahrt von Malšín westwärts etwa 1–2 km auf der Straße Richtung Frymburk.

Varianten: Abstecher von 3 aus (mit Blau und Gelb) durch wildnisartiges Gelände zur Loučovický Mlýn bzw. nach Lopatné (5 km hin und zurück, 1,5 Std. zusätzlich). Von 7 aus steil hinauf den Vyklestilka (Wiclifsberg), 887 m, mit lohnender Aussicht (4 km hin und zurück, knapp 1,5 Std.).

Hinweis: Bis Loučovice ist die Tour auch für Kinder geeignet.

Unterhalb der Teufelsmauer gebärdet sich die Moldau besonders wild.

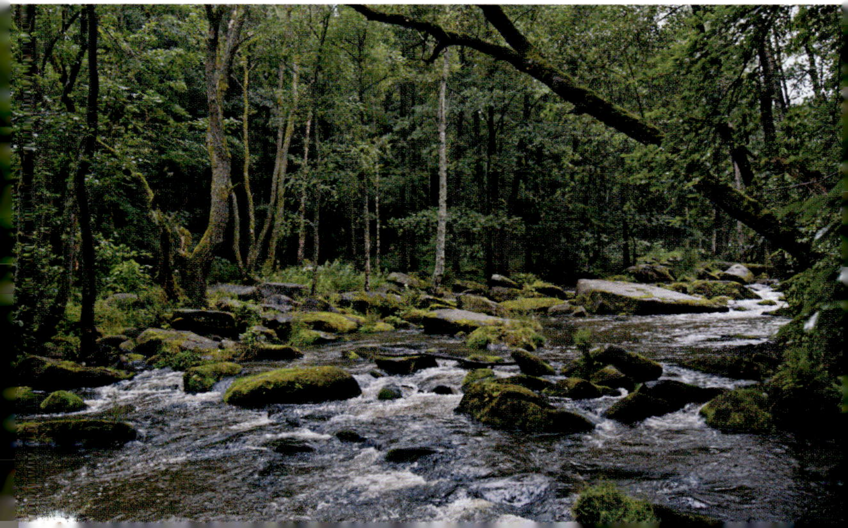

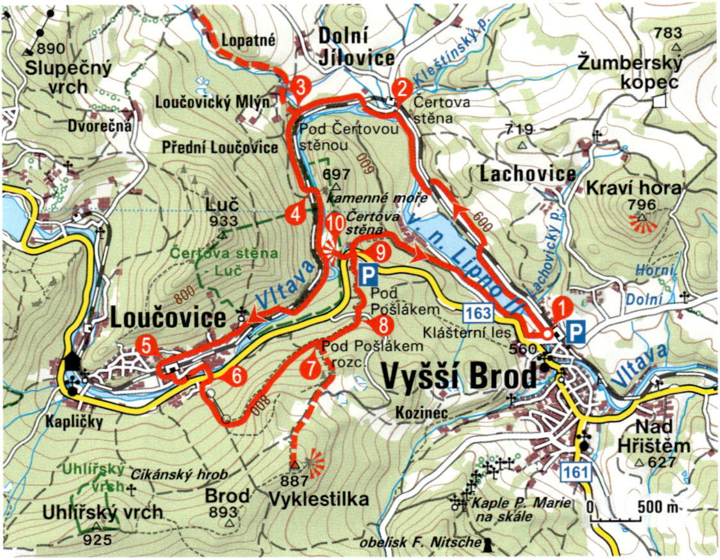

Vom Bahnhof in **Vyšší Brod** ❶ gehen wir mit Grün auf einem Asphaltweg an der hier zum unteren Teilbecken des Stausees Lipno II aufgestauten Moldau und an der Bahntrasse Lipno–Vyšší Brod entlang. Nach 3 km kommen wir zum **Bahnhof Čertova stěna** ❷. Der Asphaltweg biegt hier rechts Richtung Malšín ab, wir aber gehen auf einem breiten Waldweg mit Grün nach links, überqueren die Bahntrasse, die jetzt links von uns zwischen Moldau und Wanderweg verläuft. Nach 1 km biegt unterhalb des Dorfs Dolní Jilovice der Weg deutlich nach links ab, von rechts kommt am Punkt **Pod Čertovou stěnou rozc.** ❸ ein blau markierter Wanderweg durch das Gestrüpp entlang des Baches Hodslavský potok heran (Variante).

Wir bleiben weiter auf dem grün markierten Weg, wandern unmittelbar am Bahngleis entlang und biegen nach etwa 1 km mit Grün nach links ab ❹. Es geht über die Bahn nach unten in den Wald am Moldauufer, wo wir durch ein Gatter in das Naturschutzgebiet Teufelsmauer gelangen. Jetzt haben wir den reizvollsten Abschnitt der Tour erreicht. Über holprige Pfade geht es vorbei an großen Felsblöcken ein längeres Stück den Fluss entlang, bis wir schließlich an einem weiteren Gatter das besonders geschützte Gebiet wilder Waldromantik nach bereits 500 m wieder verlassen. Zunächst wandern wir noch ein Stück am Fluss entlang, dann wenden wir uns nach rechts und gehen über die Bahn nach oben, zurück auf den ursprünglichen Weg, auf dem wir nach Loučovice hineinlaufen. Mit Grün gehen wir entlang des

Areals einer abgerissenen Fabrik (links) und großen Wohntürmen aus der sozialistischen Zeit (rechts) bis zum Bahnhof von **Loučovice (Kienberg)** 5. Wir verlassen Grün, wechseln auf Gelb, überqueren die Gleise und gehen hinunter zur Moldau. An ihr wenden wir uns nach links, folgen dem Fluss ein Stückchen abwärts und gehen dann nach rechts über eine Brücke zur **Staatsstraße 163** 6. (Der auf älteren Karten eingezeichnete, direkt der Brücke gegenüber südwärts führende gelbe Wanderweg existiert nicht mehr.) Wir folgen der Staatsstraße 100 m nach rechts und kommen zu einem Skulpturenpark mit Figuren aus Opern von Smetana. Gleich gegenüber biegen wir hinter dem Hotel Kílián mit Blau und Gelb nach links ab und steigen bergan. An der folgenden Gabelung leitet uns Blau/Gelb nach links und verhältnismäßig steil bergauf bis zu einer Abzweigung. Gelb führt hier geradeaus weiter, wir aber gehen mit Blau nach links. Jetzt wandern wir auf einem schmalen, steinigen Pfad am Hang entlang ostwärts; diese nicht ganz einfache Strecke sollte man bei Nässe meiden (Rückfahrt mit dem Bus an der Staatsstraße 163 möglich).

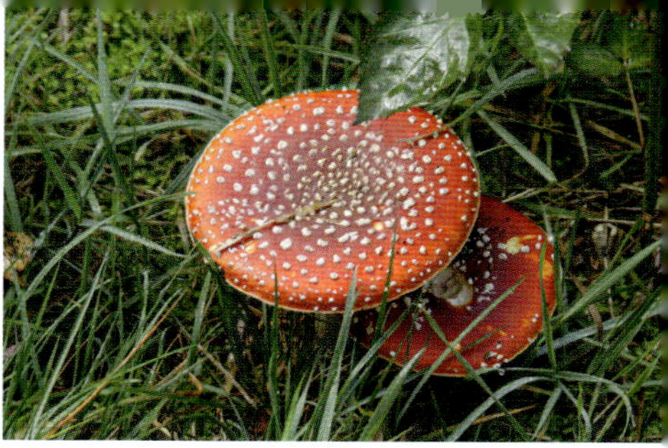

Fliegenpilz: giftiger Glücksbringer.

Die gewaltigen Felsblöcke sind Reste der sagenhaften Teufelsmauer.

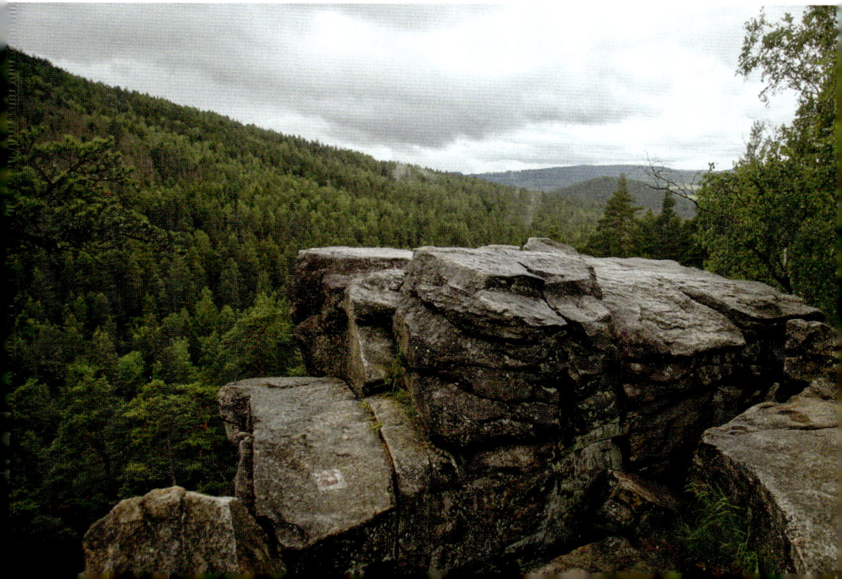

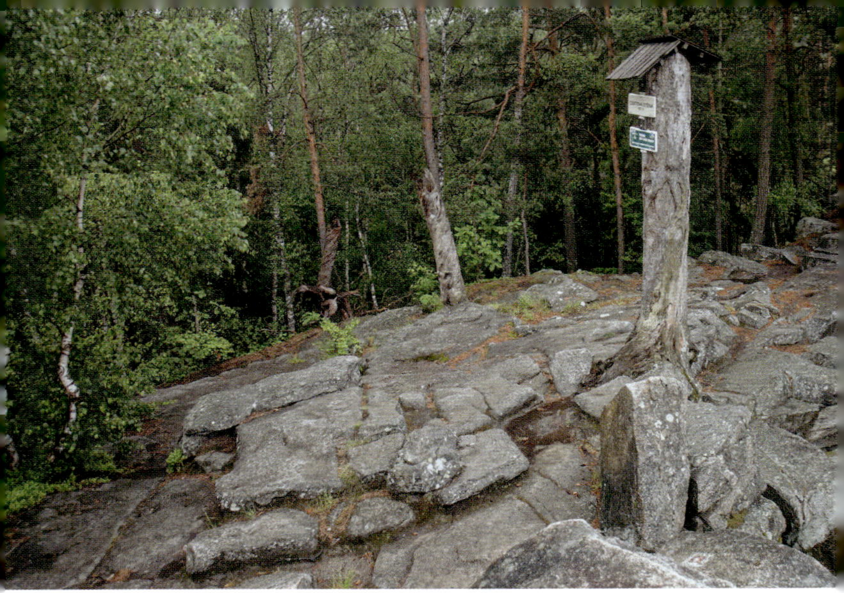

Die Wanderung führt über die Granitmassive an der Teufelsmauer.

Nach etwa 2 km ist der Punkt **Pod Pošlákem rozc.** ❼ erreicht. Hier kommt von rechts mit Rot der Opatská stezka II (auf Deutsch: Äbtepfad), ein kulturgeschichtlicher Lehrpfad, herab (Variante). Wir gehen mit Blau und Rot etwa 500 m bis zum Punkt **Pod Pošlákem** ❽. Nun folgen wir Rot nach links abwärts, kommen bald zu einer asphaltierten Waldstraße, gehen auf ihr etwa 25 m nach rechts und mit Rot gleich wieder nach links in den Wald. Nach knapp 800 m auf sehr schönen Waldpfaden kommen wir zum **Parkplatz Teufelsmauer** ❾ an der Staatsstraße 163. Wir gehen nach links über die Straße und gleich auf einem teilweise unmarkierten Pfad nach rechts bis zum Steilhang über der Moldau am **Wegweiser Čertova stěna** ❿. Der Blick auf das Blockmeer der Teufelsmauer von oben ist aufgrund des Bewuchses allerdings eingeschränkt.

Wir gehen zurück zum **Parkplatz Teufelsmauer** ❾ und direkt ihm gegenüber (auf der linken Straßenseite) mit der roten Markierung auf einem steinigen Pfad abwärts. Der Weg zieht einen weiten Bogen nach rechts. Nach knapp 500 m kommen wir auf einen breiten Waldweg und biegen hier mit Rot nach rechts ab. Nach weiteren gut 800 m treffen wir auf die Straße Elektrárna, die links hinab zum Kraftwerk am Stausee führt. Wir allerdings gehen halb rechts bzw. geradeaus mit Rot weiter. Nach einem kurzen Stück auf der Staatsstraße 163 gehen wir vor dem Großparkplatz nach links über die Moldaubrücke zum Bahnhof in **Vyšší Brod** ❶.

↗ 210 m | ↘ 210 m | 6.2 km

2.00 h

Vyšší Brod – Maria Rast am Stein – Kleine Moldau

Stimmungsvolle Wanderung durch ein urtümliches Felsental

Zu den Attraktionen rund um Vyšší Brod (Hohenfurth) zählen die Teufelsmauer, das Kloster, die Wallfahrtskirche Maria Rast am Stein (Kaple P. Marie na skále) und das malerische Tal der Kleinen Moldau (Menši Vltavice). Etwa 2 km südwestlich von Vyšší Brod befindet sich am Martinkovský vrch (Martinsberg) ein Granitstein, auf dem der Legende nach einst Maria mit dem Jesuskind auf der Flucht nach Ägypten gerastet haben soll. 1888 wurde hier eine Kapelle (in neoromanischem Stil) errichtet. In ihr befindet sich eine lebensgroße Gnadenstatue. Wegen des Pilgerandrangs wurde 1890 eine zweite, größere Kapelle erbaut. Unterhalb legte man 1898 einen Kreuzweg an, der von Vyšší Brod zu den Kapellen hinaufführt. Die Kleine Moldau entspringt an der böhmisch-österreichischen Grenze südwestlich von Vyšší Brod. Kurz vor der Stadt hat sie ein malerisches Felsental herausgebildet. Nach 6 km mündet sie unterhalb des Klosters Vyšší Brod in die Moldau. Von ihr zweigt der Abteikanal ab, der der Wasserversorgung des Klosters diente (Opatský kanál). Dieser bestand schon seit Beginn des 17. Jh., um 1900 wurde die ursprünglich hölzerne, 2 km lange Wasserleitung gemauert. Ab den St.-Wolfgang-Fällen folgt unsere Wanderung einem Abschnitt des kulturhistorischen Lehrpfads »Abtweg Nr. 1« (Opatská stezka).

Ausgangspunkt: Marktplatz von Vyšší Brod, 590 m. An der Bahnlinie Lipno–Rybník (in Rybník Anschluss an nationale und internationale Verbindungen), Bus 517 von Lipno und Český Krumlov.
Anforderungen: Unschwierige Tour, bei Nässe nicht empfehlenswert. Anstieg zur Wallfahrtskapelle über Wiesenpfade, Abstieg durchs Tal der Kleinen Moldau in dichtem Wald und auf schmalem Pfad direkt am Fluss – Achtung: Rutschgefahr auf Steinen und Wurzelwerk.
Einkehr: Vyšší Brod: Restaurant Inge, an der Moldaubrücke beim Bahnhof (Míru 379, Tel. +420 775 856 372, pensioninge.cz); mehrere am Hauptplatz, u. a. Restaurant U Candrů (Náměstí 36, Tel. +420 602 477 746, ucandru.cz);
Restaurant Hotel Šumava (Náměstí 47, Tel. +420 725 812 821, hotel-sumava.cz);
Sehenswürdigkeiten: Kloster Vyšší Brod mit Klosterkirche und Bibliothek (klastervyssibrod.cz), Rathaus von Vyšší Brod.

Portal des Klosterhofs von Vyšší Brod.

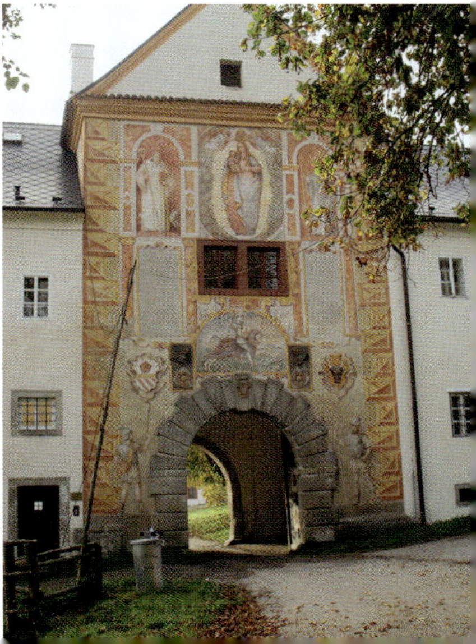

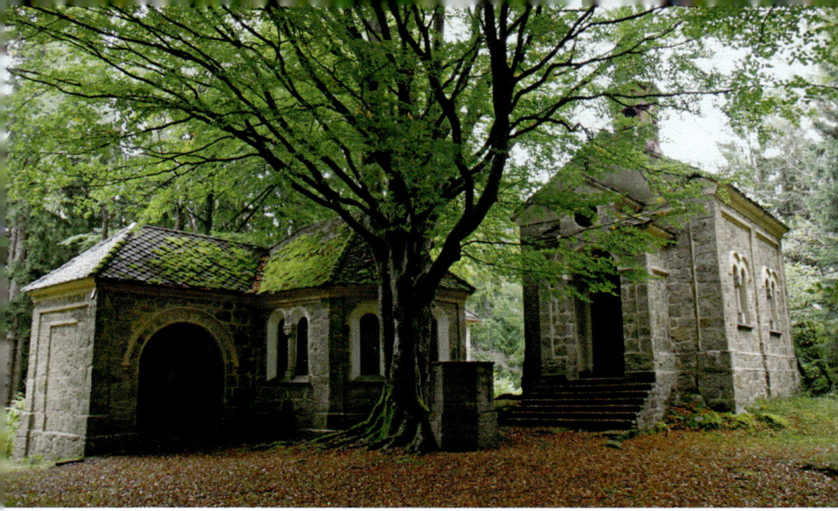

Liegt fernab der Welt in tiefem Wald: die Wallfahrtskirche Maria Rast am Stein.

Vom oberen Teil des Marktplatzes (Náměstí) in **Vyšší Brod** ❶ gehen wir gegenüber des kleinen Supermarktes mit Grün in die Straße Martínkovská und biegen dann an einer Wegegabel, wo sich die Hauptstraße etwas nach rechts wendet, halb links ab (den Weg ganz links ignorieren). Wir gehen mit Grün bergan aus Vyšší Brod heraus, an der nächsten Abzweigung geradeaus bis zu einer Art Kreisverkehr, wo die Asphaltstraße endet. Über die Wiese geht es dann geradeaus mit Grün bergan und durch ein kleines Waldstück. Dahinter öffnet sich ein breiter Berghang und wir kommen gleich zur **ersten Station des Kreuzwegs** ❷. Der Wiesenweg steigt weiter an, führt an weiteren Stationen vorbei in den Wald und erreicht schließlich einen **breiten Waldweg** ❸. Wir überqueren ihn und steigen nochmals durch ein kleines Felsenlabyrinth bergan zur **Kaple P. Marie na skále** ❹, der Wallfahrtskirche Maria Rast am Stein. Es ist in der Tat ein erhabener Ort; vor der Kapelle steht eine steinerne Kanzel, von der den Pilgern gepredigt werden kann, die hier gleichsam im Dom des Walds sitzen.

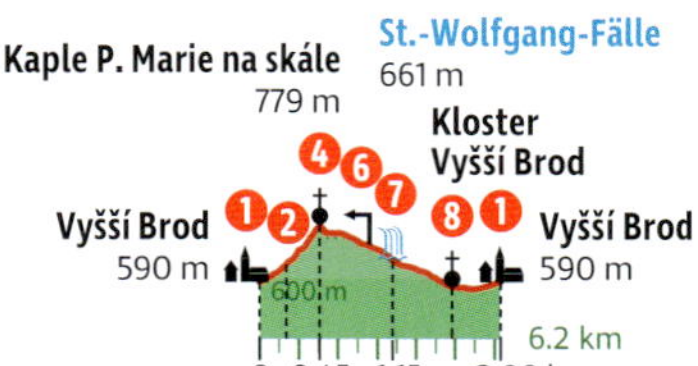

Nach ausreichender Andacht gehen wir zurück auf den **breiten Waldweg** ❸ und nun weiter mit Grün nach links, bis wir auf die **Fahrstraße Vyšší Brod–Mnichovice** ❺ stoßen. Wir folgen ihr rechts in Richtung Vyšší Brod. Von der Fahrstraße zweigt nach nur 200 m Gelb nach links in den Wald ab ❻. Auf diesem

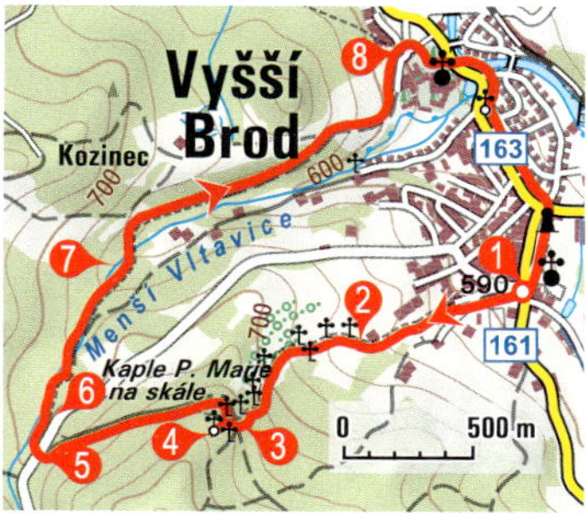

Pfad nähern wir uns nach und nach der Kleinen Moldau (Menši Vltavice), spazieren über Stock und Stein durch eine wunderbar wilde Waldeinsamkeit und kommen mit Gelb nach etwa 10 Min. an ein Brückchen über den Bach, der hier wild über die Felsen in kleinen Kaskaden hinabwirbelt; **St.-Wolfgang-Fälle 7** wird diese Stelle genannt. Der heilige Wolfgang hatte im 10. Jh. die Missionierung des südböhmischen Raums vorangetrieben. Auf der anderen Bachseite geht es weiter entlang der Kleinen Moldau bergab. Rechts stehen einzelne Gehöfte, darunter das Hammerwerk von Vyšší Brod – die Vorposten der Stadt. Der Weg verläuft durch herrlichen Mischwald. Dann treffen wir auf einen von rechts heranführenden Wassergraben, den künstlichen, Anfang des 20. Jh. ausgebauten Kanal zur Wasserversorgung des Klosters. An ihm entlang geht es bis zum **Kloster Vyšší Brod 8**. Wir betreten den Klosterhof, gehen an der Kirche nach unten und rechts bei der Kasse durch einen Durchgang wieder hinaus. Dann wenden wir uns nach rechts, wandern erst oberhalb der Staatsstraße 163 entlang, steigen dann zu ihr hinab, gehen mit Grün um den Klosterteich herum und schließlich wieder hinauf zum Marktplatz von **Vyšší Brod 1**.

Der Äbtesteig folgt durch idyllische Wälder der Kleinen Moldau.

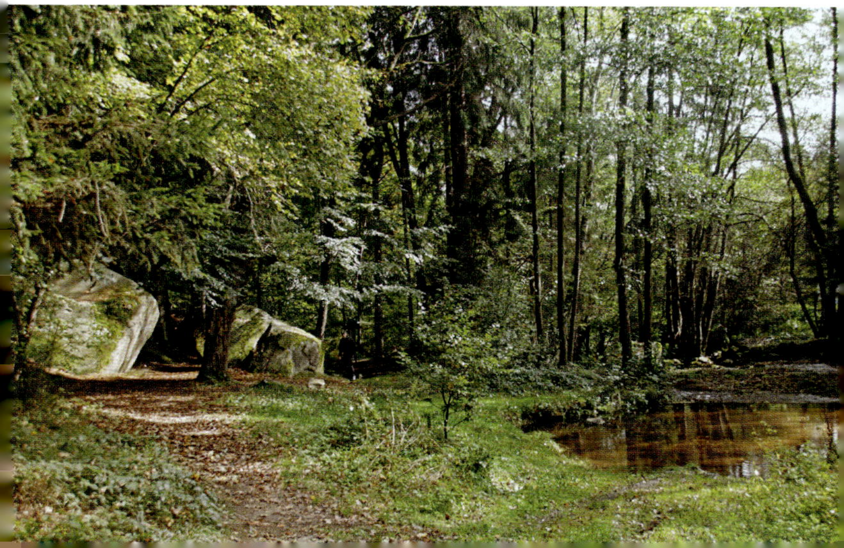

↗ 260 m | ↘ 260 m | 16.4 km

46 Um Svetlík (Kirchschlag) und Hořice (Höritz)

4.15 h

Wälder, Wiesen und ein alter Passionsspielort

Auch in seinem südlichen Teil ist das Vorland des Böhmerwalds von auffallendem landschaftlichen Reiz. Die Lande zwischen Moldaustausee und dem Kleť (Schöninger) sind vielleicht nicht so besucht wie die höheren Lagen des Böhmerwalds, bieten dem Wanderer aber eine Fülle stärkster Landschaftserlebnisse und auch die Begegnung mit Hořice, in dem seit 1816 alljährlich, jeweils zu Ostern und im August, Passionsspiele aufgeführt werden.

Ausgangspunkt: Ortsmitte von Svetlík, 778 m. Buslinie 516 von Frymburk und Český Krumlov, Buslinie 801 Prag–Frymburk.
Anforderungen: Leichte, aber längere Wanderung auf Feld- und Waldwegen, längere Abschnitte auch auf Teerstraßen. Von Hořice nach Mýtína ziemlich steiler Anstieg.
Einkehr: Svetlík: Světlická Knajpa (Tel. +420 739 361 071) und Gasthaus U Antoníčka (Tel. +420 721 228 370); Hořice: Restaurant U Pranýře, auf Deutsch: »Am Pranger« (Tel. +420 774 354 681, 602 115 119).
Sehenswürdigkeiten: Hořice: Passionsspielarena, Passionsspiel- und Stadtmuseum (am Marktplatz), Museum alter Radioempfänger (beide Museen zurzeit zugänglich nach kurzem Anruf bei Herrn Winzig, Tel. +420 606 571 714 oder +420 380 737 201), horicenasumave.cz.

In **Svetlík** ❶ gehen wir auf der Durchgangsstraße in Richtung Větřní bergab bis zum Ortsende und biegen dort mit Blau und Grün nach links auf einen Feldweg ab. Wir kommen rechts an einem Teich vorbei, dann steigt der Weg leicht an und Blau zweigt nach rechts ab. Wir gehen mit Grün nach links auf einem schmalen Weg weiter, können herrliche Blicke hinüber zum Kleť erhaschen und treten in den Wald ein. Bergab passieren wir den Punkt **U Svaté Trojice** ❷ (nicht zu verwechseln mit dem westlich gelegenen Berg gleichen Namens), die namengebende Dreifaltigkeitskapelle existiert leider nicht mehr. Dahinter senkt sich der Weg weiter, wir überqueren am Gehöft U Mlýna den Bach Čertice und wandern dann an seiner linken Seite mit Grün weiter. Auf der Anhöhe – schöne Blicke ins Umland! – kommt von rechts der breite Weg aus Slavkov heran. Wir gehen mit Grün links nach **Šebanov (Schöbersdorf)** ❸ hinab.
Mit Grün gehen wir unter der Bahnlinie hindurch, überqueren die breite Staatsstraße 39 und weiter mit Grün geradeaus bis zum Punkt **Pod Silnicí** ❹. 200 m danach zweigen wir mit Grün nach links in Richtung Hořice ab. Auf diesem Weg laufen wir wieder bis zur Staatsstraße 39 hinunter, biegen in sie nach rechts ein und gehen gleich nach der Bahnunterführung nach links auf eine Straße (gelbe Markierung), die hoch in die Ortsmitte von Hořice führt. Ab hier geht es lange Zeit kräftezehrend empor: Das Dorf liegt an einem steilen Hang. Wir kommen auf den Kirchplatz von **Hořice** ❺,

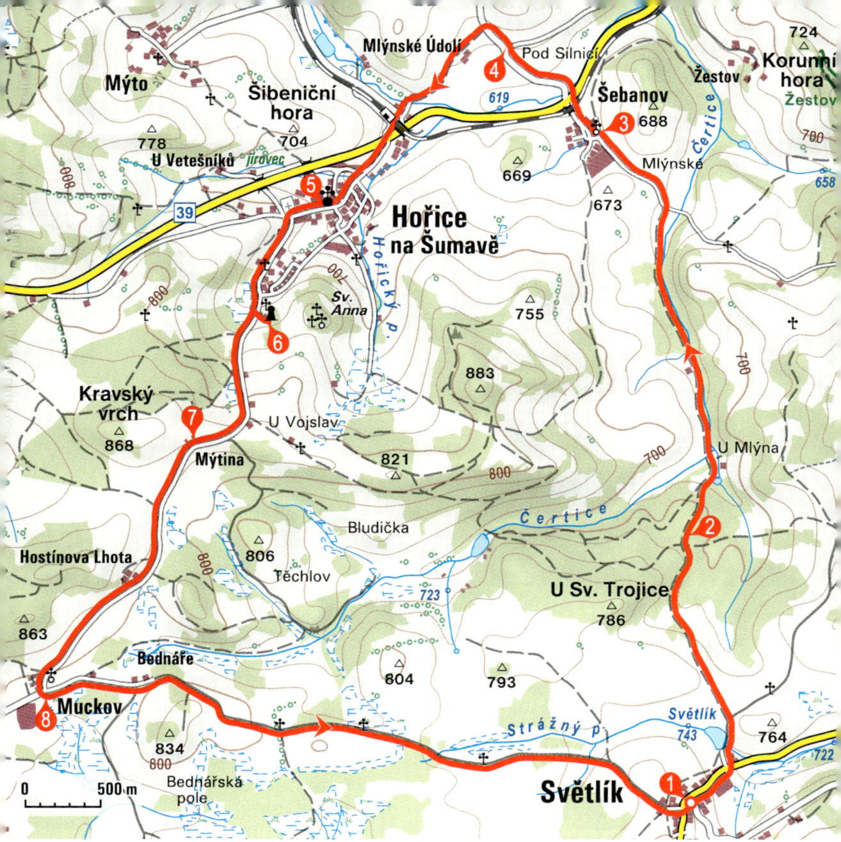

bestaunen die gotische Kirche, den mittelalterlichen Pranger sowie die Steinbrunnen. Am oberen Ende des Platzes biegen wir mit Gelb nach links ab und kommen nach etwa 1 km unterhalb der neuen **Passionsspielbühne** 6 an. Wir machen einen kurzen Abstecher zu der Anlage hinauf (man

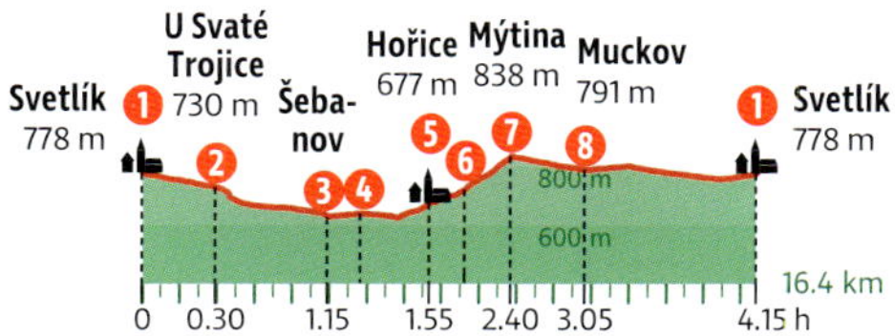

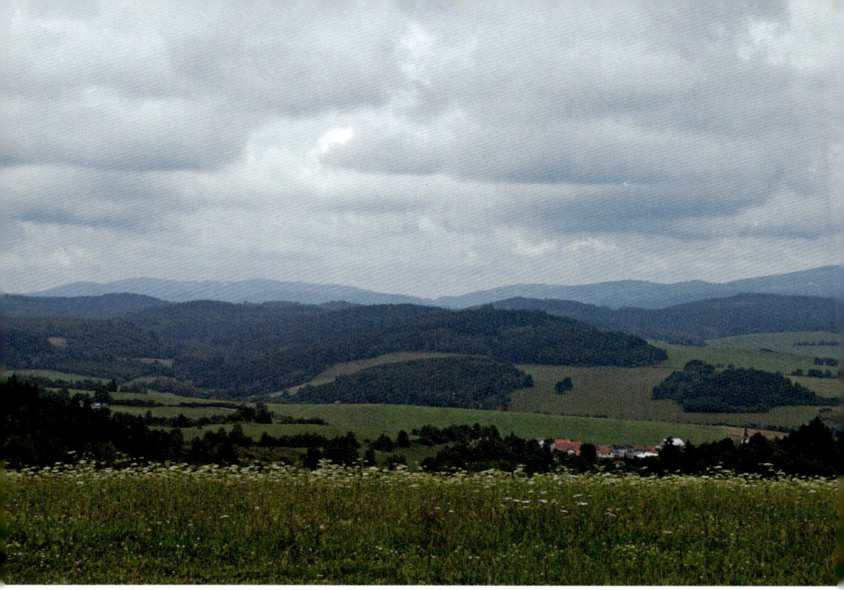

Weit schweift der Blick von den Hügeln um Hořice hinüber zum Blansky les.

könnte auch auf einem Rundwanderweg einmal um den Annaberg, wo einst das alte Theatergebäude stand, herumlaufen) und gehen dann mit Gelb weiter aus Hořice hinaus, wobei wir nun einen langen, verhältnismäßig steilen Anstieg bewältigen müssen. Doch die Mühe lohnt sich: Von der Anhöhe überblicken wir das ganze südliche Böhmerwaldvorland. Hinter uns erstreckt sich der Blansker Wald mit dem Kleť, vor uns die Hochebenen östlich des Moldaustausees, dahinter der Grenzkamm.

Gleich hinter der höchsten Stelle liegt der Weiler **Mýtina (Reichetschlag)** 7; jetzt geht es leicht abwärts bis nach **Muckov (Mutzgern)** 8, das genau genommen nur aus einer großen landwirtschaftlichen Anlage besteht. Hier biegen wir nach links in einen Asphaltweg ein (man kann schon vorher die Wegspitze über einen Wiesenpfad abschneiden) und gehen mit Blau ostwärts in Richtung Svetlík.

Der Asphaltweg wandelt sich bald zum Schotterweg, und wir durchwandern auf den gut 4,5 km bis Svetlík alle landschaftlichen Schönheiten von Böhmens Hainen und Fluren. Im Wald kommen wir am teilweise in Ruinen liegenden Gehöft Bednáře (Emmern) vorbei, dann erreichen wir wieder die weite Hochfläche. Wir passieren einen Fischteich, dahinter steigt unser blau markierter Weg nochmals kurz an, dann wird der markante, schlanke Kirchturm von Svetlík sichtbar, und bald haben wir mit Blau wieder unseren Ausgangspunkt in **Svetlík** 1 erreicht.

↗ 250 m | ↘ 250 m | 11.0 km

2.45 h

Český Krumlov (Krummau) 47

Spaziergänge in und um ein einzigartiges architektonisches Kleinod

Český Krumlov (deutsch Krummau, Krumau oder Böhmisch Krummau genannt) gehört nicht mehr unmittelbar zum Böhmerwald, ist jedoch wegen seines einzigartigen mittelalterlichen Charakters nach Prag die sicherlich meistbesuchte Stadt Böhmens. Die überwältigende Stadtsilhouette mit der sie grandios überragenden Schwarzenbergischen Burg (die zweitgrößte Burganlage des Landes nach dem Prager Hradschin), die steil aufragende St.-Veits-Kirche, die vielen sgraffitoverzierten Bürgerhäuser, die pittoreske Moldauschleife, um die sich unzählige verwinkelte, mittelalterliche Gässchen scharen, verleihen der Stadt einen unvergleichlichen Zauber, eine Aura längst vergangener, ruhmvoller Jahrhunderte, der auch Heerscharen insbesondere fernöstlicher Touristen anzieht. Diese Tour führt in einer Stadtwanderung zu allen Sehenswürdigkeiten Krummaus und anschließend auch aus der Stadt heraus und in die nächste Umgebung.

Ausgangspunkt: Marktplatz (nám. Svorností) in Český Krumlov, 495 m. Zug von České Budějovice, Nové Údolí und Prag. Busse u. a. von Horní Planá (Nr. 565) und Zlatá Koruna (Nr. 514).
Anforderungen: Wanderung auf asphaltierten Wegen im Stadtgebiet sowie außerhalb auf Feld- und Waldwegen. Ziemlich steiler Anstieg zur Kapelle auf dem Berg Křížový vrch.
Einkehr: Große Auswahl an Lokalen aller Arten in Český Krumlov. Geheimtipp: Depo, Pilsner Bier vom Tank, Zugang auch über den Schlossgraben an der Nordseite des Schlosses (Latrán 74, Tel. +420 732 110 332, 380 602 442, depokrumlov.cz); U Dwau Maryí, unvergleichliche Lage (Parkán 104, Tel. +420 380 717 228, 2marie.cz); Babylon, hübsch am Fluss gelegen (Rybářská 6, Tel. 420 773 169 744).
Sehenswürdigkeiten: Von den vielen Attraktionen sollte man unbedingt das Schloss besichtigen (innen mit Führung).

Unsere Wanderung beginnt am **nám. Svornosti** ❶, dem Marktplatz im Zentrum von Český Krumlov. Über die Radniční gehen wir abwärts bis zur hölzernen Baderbrücke (Lazebnícky most) mit herrlichem Blick auf das Schloss und die Häuser am Moldauufer. Jenseits davon beginnt das Viertel Latrán. Wir passieren die ehemalige St.-Jodok-Kirche (heute Marionettenmuseum) und steigen durch die bezaubernde Straße Latrán leicht bergan. Kurz vor dem Schlosshofportal biegen wir nach rechts in die kleine Gasse Klašterní ein. Vor dem Eingang zum **Minoriten- bzw. Klarissenkloster** ❷ gehen wir nach rechts in die Formanská, dann treffen wir auf die Straße Nové Město. Nach links gelangt man auf ihr auch zur Eggenbergschen Brauerei (Sackgasse), wir aber gehen nach rechts, biegen gleich wieder links in die Gasse Na Fortně ein und spazieren bis zum Moldauufer. Unmittelbar am Flussufer wenden wir uns auf der Straße Náplavka nach links, um die Eggenbergsche

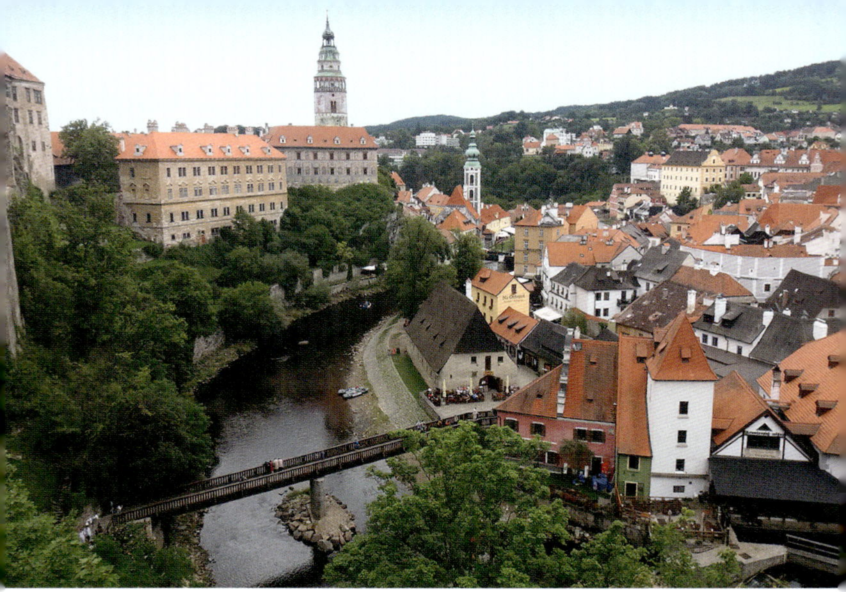

Oben: Das Krummauer Schloss dominiert das Stadtbild.
Unten: Blick vom Schlossturm auf die Altstadt.

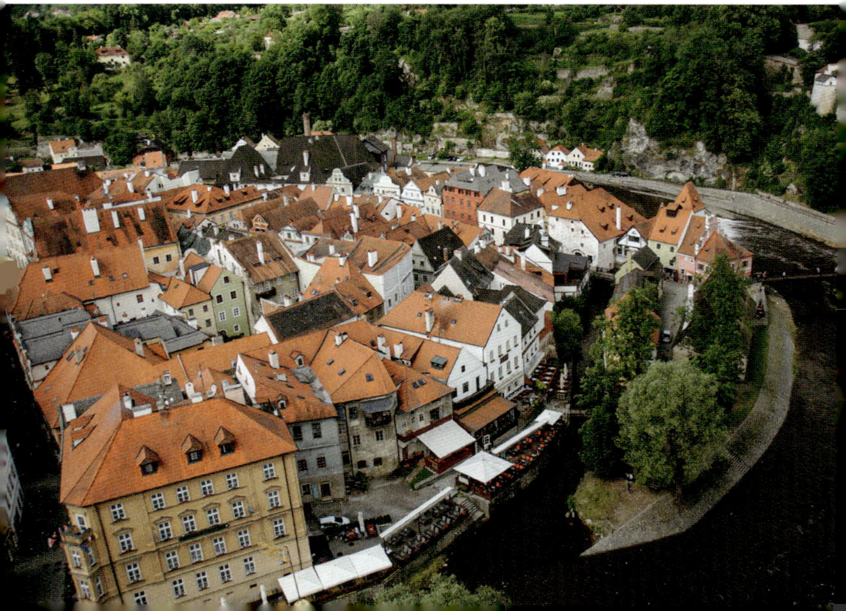

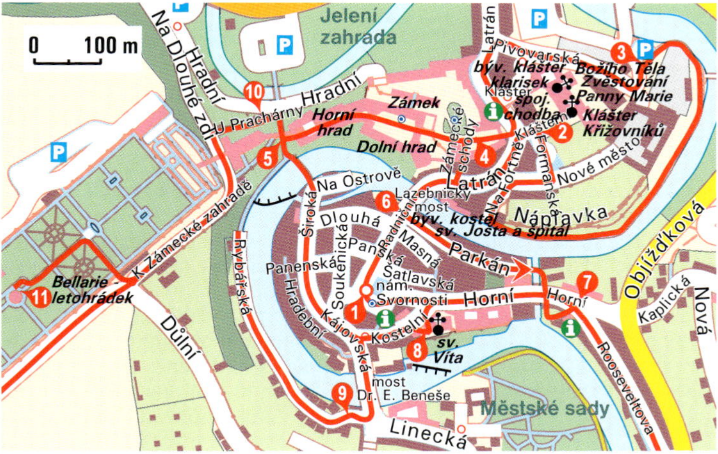

Brauerei herum und kommen schließlich an einer schmalen Straßenbrücke an einem großen Parkplatz zum Haupteingang der **Brauerei Eggenberg** ❸. Von dort gehen wir über die Straße Pivovarská hoch zur Straße Latrán, gehen nach links und wieder stadteinwärts. Wir biegen dann nach rechts in den **ersten Schlosshof** ❹ ein und steigen empor – am Bärenzwinger im Graben vorbei – in den zweiten Schlosshof. Durch einen gewölbten Gang gelangen wir in den dritten und vierten Schlosshof und dann zur berühmten, monumentalen siebenstöckigen **Mantelbrücke** ❺.

Dann gehen wir wieder zurück in den ersten Schlosshof und steigen von hier über die Schlossstiege (Zámecke schodý) hinunter zur Baderbrücke, überqueren die Moldau, biegen aber gleich danach nach links in die schmale Gasse **Parkán** ❻ ein. Auch hier trifft man auf ein idyllisches, biedermeierliches Straßenbild. Wir gehen bis zum Ende der Straße und biegen dann rechts ab und kommen unter einer steinernen Brücke hindurch (über sie führt der östliche Zugang zur Altstadt) bis zur Moldau und von hier nach links über eine steile Treppe hinauf zur Straße Horní und dem **Theater** ❼. Auf der

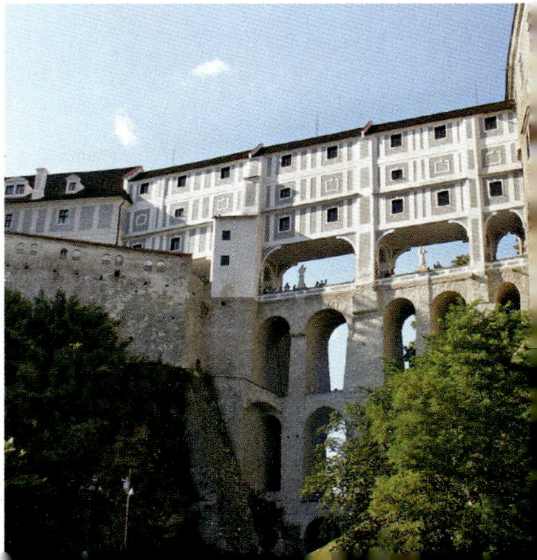

Die siebenstöckige Mantelbrücke.

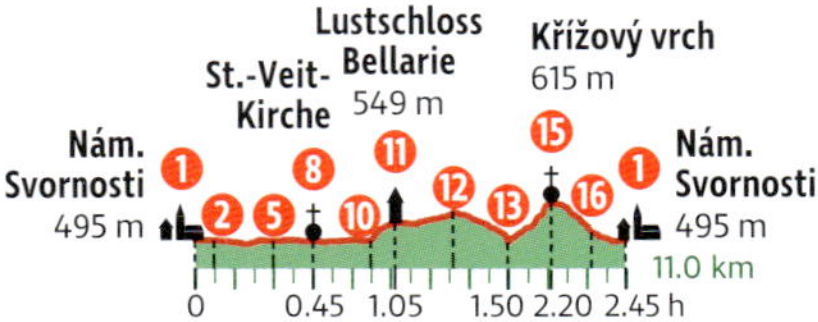

Straße Horní gehen wir nach links stadteinwärts, vorbei am Stadtmuseum und dem Hotel Ruže – gegenüber bietet sich von einer Gartenterrasse aus ein eindrucksvoller Blick auf die Stadt.

Kurz bevor wir wieder den Marktplatz erreichen, gehen wir nach links zur **St.-Veit-Kirche** ❽ und über die Kostelní hinab zur Kájovská. Hier zweigen wir nach links ab, spazieren über die Edvard-Beneš-Brücke und biegen gleich nach dem Fluss rechts in die Gasse **Rybářská** ❾ ein. Auf ihr schlendern wir ein Stückchen den Fluss entlang und sehen uns dabei die Stadt aus ungewohnter Perspektive an. Wir könnten über diese Straße bis direkt unter die Mantelbrücke gehen, wo unsere Wanderung weiterführt, wir kehren aber zunächst um und gehen über die Edvard-Beneš-Brücke wieder zur Kájovská, biegen nach links ab und gehen in ihrer Verlängerung, der Široka, nordwärts bis zur Moldau unmittelbar unterhalb des Schlossfelsens, überqueren die Moldau und gehen jetzt unter der Mantelbrücke hindurch.

Gleich hinter ihr wenden wir uns nach links und steigen über die Treppen des Pfades **U Pracháry** ❿ nach oben (blaue und gelbe Markierung). Oben wenden wir uns nach links, dann noch mal nach links geht es gleich auch ins Schloss hinein (und auf die Balustraden der Mantelbrücke). Wir wenden uns aber nach rechts und gehen an der Mauer des Schlossgartens etwa 200 m bergauf, vorbei an den Wirtschaftsgebäuden. Dann machen wir einen kleinen Abstecher in den Garten hinein, hin zum 1706–1708 erbauten barocken **Lustschloss Bellarie** ⓫, wo im Sommer Freiluft-Theateraufführungen stattfinden.

Blick durch die Straße Kostelní zur St.-Veit-Kirche.

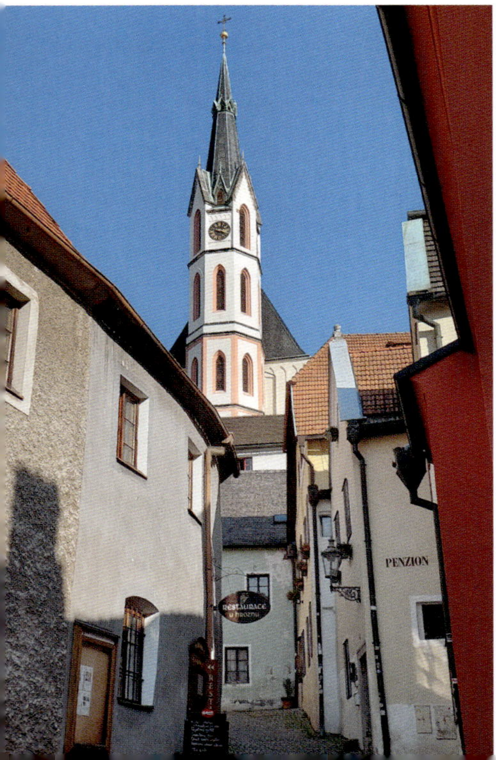

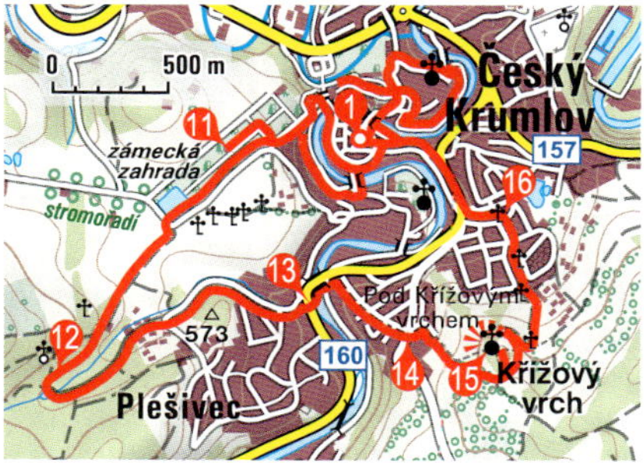

Wir verlassen den Garten und gehen weiter an seiner Außenmauer entlang bis zum oberen Ende des Gartens, wo die Mauer scharf nach rechts abbiegt. Hier gehen wir mit Blau auf einem unbefestigten Weg mit kurzem Linksschwenk geradeaus weiter. Der Weg senkt sich, wird zum Hohlweg, steigt an, und wo Blau (und Gelb) rechts abbiegen, gehen wir mit Rot geradeaus bis zu einem algenüberwucherten **Teich** 12. Hier gehen wir mit Rot nach links bergab; bei einem Spielplatz biegt Rot rechts ab, wir gehen jedoch weiter geradeaus abwärts und an einer Brücke vorbei. Nach einer weiten Rechtskurve erscheint ein Straßenschild Krásné Údolí (»schönes Tal«), und in der Tat ist dieses Tal mit seinen kleinen idyllischen Häusern sehr reizvoll.

Dann erreichen wir unten – nun wieder in der Stadt – die **Staatsstraße 160** 13 nach Rožmberk. Auf ihr gehen wir nach links, über die Moldau und an der zweiten Straße (Na Kovárně) nach der Brücke (es sind nur 30 m dahinter) wieder mit roter Markierung steil empor. Nach 500 m kommen wir zum Punkt **Pod Křížovým vrchem** 14. Wir gehen mit Rot weiter. Nun wird es ungewöhnlich steil. Die Fahrstraße verändert sich zum Wiesenweg, bald wird links die Wallfahrtskapelle auf dem Berg Křížový vrch (Kreuzberg) sichtbar. Wir bleiben rechts am Wiesenrain und gehen geradeaus bis zu einem Fernmeldemast nach oben. Hier wenden wir uns an einem Bildstock mit Rot nach links (von rechts kommt Blau herauf) und gelangen schnell zur Kapelle auf dem **Křížový vrch** 15. Die noch vor wenigen Jahren mögliche, vollendete Rundumsicht ist leider durch Buschwerk etwas geschmälert, dennoch können wir von hier aus einen unvergleichlichen, nur wenigen Touristen bekannten Blick auf die Stadt Český Krumlov genießen – kaum ein Auswärtiger besucht diesen Platz.

Wir gehen zurück zum Bildstock (es ist die oberste Station eines Kreuzwegs) und nun mit Blau nach links hinab. Wir passieren auf dem serpentinenreichen Weg die verschiedenen Kalvarienbergstationen, dürfen dabei aber immer einen schönen Blick auf die Stadt erhaschen. Geradeaus geht es mit Blau hinab, allmählich kommen wir wieder in die äußeren Bezirke von Český Krumlov hinein. An einer **Verkehrsinsel** 16 mit der untersten Kreuzwegstation biegen wir nach links unten ab und stehen in Kürze wieder an der Staatsstraße 160. Wir queren sie und gehen schräg gegenüber in die Rooseveltova, kommen zum **Theater** 7 und kommen über die Horní zum **nám. Svornosti** 1 von Český Krumlov zurück.

↗ 410 m | ↘ 410 m | 28.5 km

48 Český Krumlov (Krummau) – Truppenübungsplatz Boletice

7.15 h

Zu Besuch in einem geheimnisvollen Militärgebiet

Diese lange Wanderung führt unter anderem in den Truppenübungsplatz Boletice (VVP Boletice). Das 220 km² große Gebiet erstreckt sich von der Staatsstraße 39 Volary–Horní Planá im Westen bis zur Staatsstraße 166 (Smědeč–Kajov) im Osten. 1949 war das spätere Militärgelände vollständig von Bewohnern geräumt, dann begann man mit dem Abriss der Ortschaften. Bis vor Kurzem war das landschaftlich höchst reizvolle Hügelland, das im Berg Knížecí stolec (Fürstensitz, bzw. Fuchswiesenberg) mit 1226 m seine höchste Erhebung erreicht, völlig unzugänglich. Trotz aller militärischer Aktivität blieb hier auf großer Fläche eine weitgehend unberührte Natur erhalten. Das Gebiet bietet sich für Wanderungen und Radtouren bestens an, die völlige Einsamkeit macht es besonders anziehend. Seit etwa 2005 nutzt das Militär nur noch den zentralen Teil und auch nicht zu allen Zeiten des Jahres, sodass einige Randbereiche für die Öffentlichkeit geöffnet wurden. Die Tour beschränkt sich aber keineswegs nur auf den Truppenübungsplatz. Sie führt durch die westlichen Vororte von Český Krumlov, ins reizvolle südliche Vorland des Kleť und auf dem Rückweg durch ein zauberhaftes Wiesental am Ortsrand von Český Krumlov. In Chvalšiny (Kalsching), östlich des Militärgeländes, kam Joseph Rosenauer (1735–1804) zur Welt, der geniale Konstrukteur des Schwarzenbergischen Schwemmkanals. Ihm ist in seinem Geburtsort ein Museum gewidmet.

Das verträumte Chvalšiny.

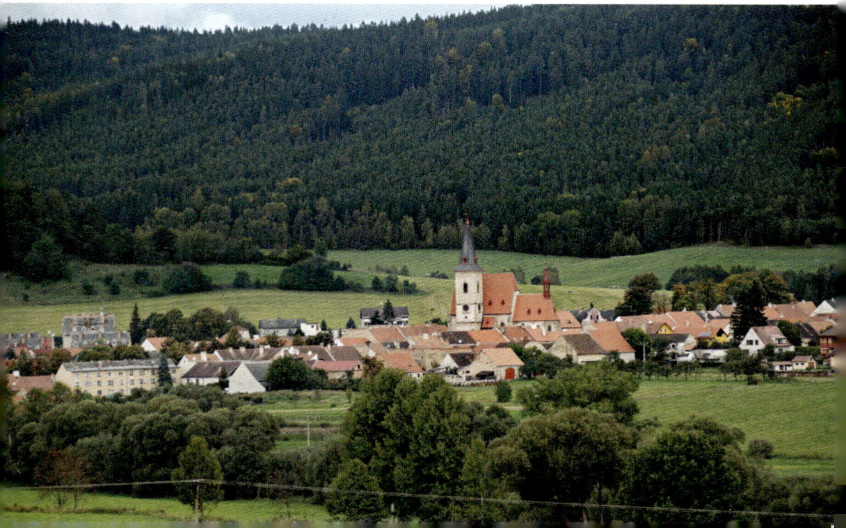

Ausgangspunkt: Český Krumlov, 490 m, Parkplätze an der Nordseite des Schlosses (Jelena, P1) an der Staatsstraße 39, außerdem P2 (Pod Poštou, via U Poráků) und P3 (Meštský park, via Tavírna und Linecká). Zug von České Budějovice, Nové Údolí und Prag. Busse u. a. von Horní Planá (Nr. 565) und Zlatá Koruna (Nr. 514).
Anforderungen: Die lange Tour verläuft auf Asphalt-, Feld- und Waldwegen sowie über Wiesenpfade. Große und lange Steigungen bzw. Abstiege bestehen nicht. Allerdings können die Teilstrecken kurz vor Chvalšiny und zwischen Chvalšiny und Červený Dvůr und die unmittelbare Umgebung des Dörfchens Boletice bei Nässe schwierig zu begehen sein, ebenso der Abstieg durch das Wiesental Výšenské Kopce. Wasserabweisende Schuhe sind nötig, auch Trittsicherheit ist erforderlich. Für die unten erwähnte Variante gilt das Gleiche.
Einkehr: Český Krumlov: große Auswahl an Lokalen aller Art; Geheimtipp: Depo, Pilsner Bier vom Tank, Zugang auch über den Schlossgraben an der Nordseite des Schlosses (Latrán 74, Tel. +420 732 110 332, 380 602 442, depokrumlov.cz); U Dwau Maryí, unvergleichliche Lage (Parkán 104, Tel. +420 380 717 228, 2marie.cz); Babylon, hübsch am Fluss gelegen (Rybářská 6, Tel. 420 773 169 744). Kajov: Restaurace Konibar, unweit der Kirche (Tel. +420 723 219 129, konibarkajov.cz); Chvalšiny: u. a. Restaurace a pizzeria U Jelena (Marktplatz/Ecke Staatsstraße, Tel. +420 722 306 383, restaurace-a-pizzerie-u-jelena.business.site).
Sehenswürdigkeiten: Český Krumlov: Grafitbergwerk (tgl. ab 9 Uhr, in den Sommermonaten bis 18 Uhr, sonst bis 15 bzw. 16 Uhr, grafitovydul.cz). Kajov: Wallfahrtskirche St. Marien mit ehem. Pilgerhospiz. Wertvolle Innenausstattung, mittelalterliche Fresken im Bogen des Nordportals. Chvalšiny: Ortskirche und Museum des Schwarzenbergischen Schwemmkanals und seines Erbauers, mit Heimatmuseum (April–Okt. Di–Sa 13–16 Uhr, ckrumlov.info).
Variante: Von Český Krumlov mit Blau vom unteren Ende des Schlossgartens (wo der Weg aus dem vierten Schlosshof über die Mantelbrücke herauskommt) bergauf bis zur Kapelle Dubík kaplíčká. Dort mit Gelb nach rechts, zunächst noch ein kurzes Stück im Zickzack bergauf, dann weiter bergab, unterhalb des Bergs Liščí díra vorbei nach Kladné und von dort nach Kájov.
Anstrengender Weg abseits des Verkehrs, schöne Ausblicke, knapp 1 km länger.
Hinweis: Diese Wanderung, d. h. zumindest der Teil, der durch das Militärgelände führt, darf nur am Wochenende und nur bei Tageslicht durchgeführt werden.

Von den Parkplätzen hinter dem Schloss in **Český Krumlov** ❶ laufen wir auf der Staatsstraße 39 stadtauswärts. Unmittelbar vor dem Grafit-Besucherbergwerk (Grafítový důl) gehen wir vor einer Brücke nach rechts, um das Bergwerk herum. Wir passieren den Eingangsstollen, gehen weiter geradeaus, vorbei an hübschen Häuschen, durch den Vorort Nové Dobrkovice und immer parallel zum Flüsschen Polečnice – es ist der alte Weg nach Černá v Pošumaví (Schwarzbach), die jetzige Radtrasse 1047. Rechts sehen wir bald eine **Eisenbahnunterführung** ❷ am unteren Ende des Tales Výšenské Kopce, durch das wir später zurückkehren werden. Gleich danach, in Staré Dobrkovice, verlassen wir kurz den Fluss nach rechts bergauf, gelangen jedoch bald in weitem Bogen wieder hinab zu ihm und in die Nähe der Staatsstraße. Kurz vor dieser biegen wir rechts ab, erneut auf den alten Weg, der hier durch eine Allee verläuft ❸. Dann unterqueren wir

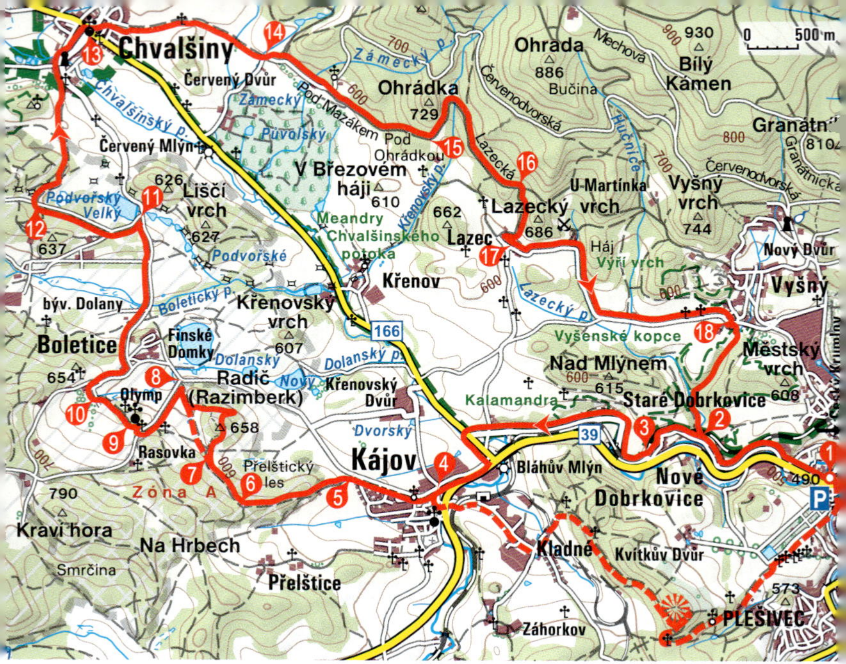

die Bahnlinie und überqueren danach nach links die Polečnice auf einer alten Brücke. Jetzt geht es ein längeres Stück geradeaus, bis wir, nun schon weit außerhalb von Český Krumlov, hinter dem Gasthof Petráškův Dvůr die Staatsstraße 166 erreichen. Hier gehen wir nach links, und nach etwa 200 m nach rechts nach **Kájov (Gojau)** 4 hinein. An einer Straßenkreuzung gehen wir geradeaus mit Blau weiter in die Boletická (links geht es zur Kirche, die einen Besuch sehr lohnt).

Wir gehen bis zum Ortsende und biegen nach dem Ortsschild mit Blau nach links auf einen **Feldweg** 5 ab. Geradeaus führt eine Plattenstraße zum Truppenübungsplatz, der bald nach dem Ortsende beginnt (Hinweisschilder), und auch auf dem Feldweg kommen wir bald zum Militärgebiet. An einer kleinen Gabelung nach etwa 500 m biegen wir mit dem Feldweg nach rechts in den Wald ab. Der Weg steigt zum Punkt **Přelštický les** 6 an, dort biegen wir fast rechtwinklig ab. Weiter bergan gelangen wir auf eine **Wiese** 7. Hier mit Blau halb rechts und in kurzem Anstieg auf den Razimberk, 658 m. Dann geht es hinab zur Asphaltstraße (Radtrasse 1254) und zum Wegweiser **Boletice rozc.** 8.

Mit Blau gehen wir nun knapp 1 km auf der Asphaltstraße nach links bergauf und biegen dann an der höchsten Stelle mit Blau nach rechts auf einen

schmalen Pfad zur Kirche von **Boletice** 9 ab. Die Kirche ist der einzige Rest des alten Polletitz, wie Boletice vor 1946 hieß. Die Ruine, geheimnisvoll zugewachsen, ist gesichert, jedoch nicht zugänglich. Vor der Ruine gehen wir mit Blau nach links zwischen einigen alten Betonpyramiden hindurch, die einst als Panzersperre dienten. Es geht abwärts, dann gleich wieder rechts durch wirklich dschungelartiges Buschwerk und Gestrüpp, wo sich einst die Dorfmitte von Polletitz befand. Über einen schmalen Pfad steigen wir durch diese Wildnis weiter bergab und etwas nach links. Allmählich bekommen wir wieder eine feste Unterlage und erreichen einen **Plattenweg** 10, auf dem wir nach rechts etwas aufwärts zu einem ehemaligen Wohnhaus von Militärangehörigen gehen, das wie einige weitere Häuser neu bewohnt ist. Hier biegen wir mit Blau rechts ab, verlassen Boletice und zweigen nach etwa 400 m mit Blau auf einen breiten befestigten Weg nach links ab. Auf diesem wandern wir nun etwas mehr als 1,5 km durch das Militärgelände und kommen dann zum Teich **Podvorský rýbník** 11. Hier biegen wir mit Blau und Grün nach links ab, nach etwa 350 m erneut mit Blau und Grün nach rechts. (Ein Schild verbietet hier das Weitergehen, auf Anfrage des Autors teilte die Militärverwaltung jedoch mit, dass das Schild nur noch eine Wiederholung des Hinweises darstellt, dass das Betreten nur am Wochenende erlaubt ist – wenngleich die Formulierung anderes vermuten lässt.)
Wir gehen also an dem Schild vorbei und biegen nach etwa 800 m mit Blau nach rechts auf einen Wiesenpfad ab 12. Der sumpfige Weg führt zum Waldrand, dort nach rechts und am Wald entlang, dann geht es wieder durch eine Wiese, erst etwas bergauf, dann hinunter nach Chvalšiny, das aus der Ferne mit seiner Kirche einen reizvollen Anblick bietet. Kurz vor dem Ort verlassen wir das Militärgebiet, erreichen eine befestigte Straße und gehen nach **Chvalšiny** 12 hinein. In der Mitte des lang gezogenen, idyllischen Marktplatzes steht die Kirche, die Durchgangsstraße teilt ihn in eine nördliche und südliche Hälfte. Am nördlichen Ende des Marktplatzes (Straße in Richtung Prachatice) gehen wir bei einem grünen Haus nach rechts; bald wird eine rote Markierung sichtbar, mit der wir den Ort verlassen, am Ende auf einen Wiesenweg nach links abbiegen und auf diesem Pfad hinab zu einem Bächlein gehen, das wir ohne Brücke durchqueren und gleich danach das Gehöft **Červený Dvůr** 12 erreichen. Nun gehen wir mit Grün weiter, zunächst nach links, doch wendet sich der Weg sogleich nach rechts. Bei der Gabelung nach dem kleinen Industriebetrieb gehen wir mit Grün

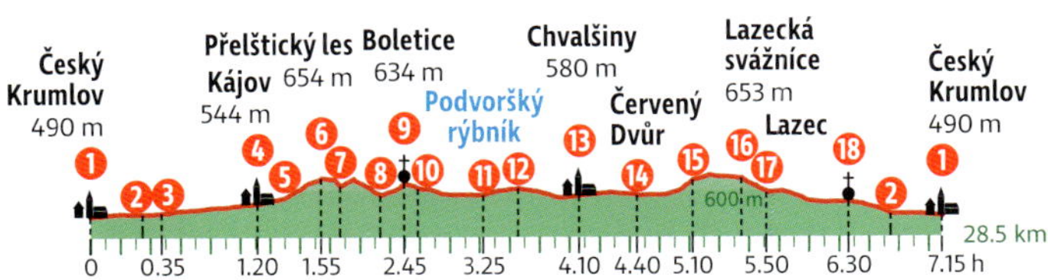

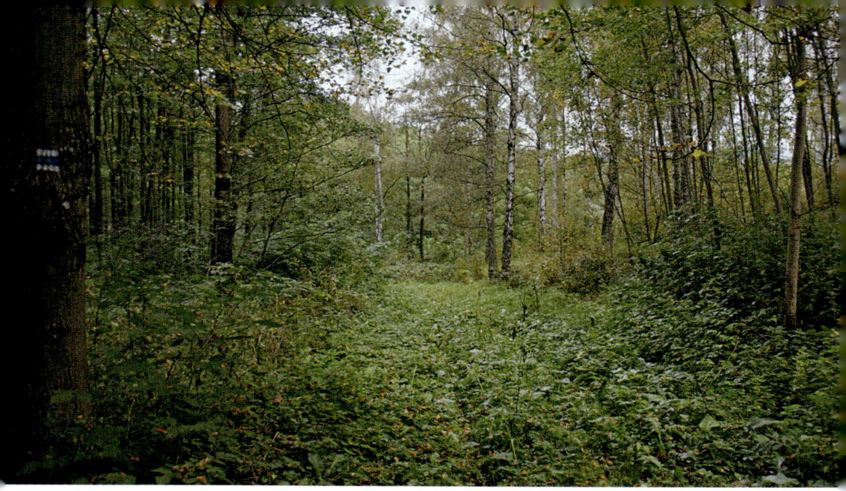

Nur noch Gebüsch und ein paar Bäume: die Ortsmitte von Boletice heute.

nach rechts auf einem nur teilweise befestigten Weg an Baumschonungen vorbei weiter. An deren Ende steigt der inzwischen gänzlich unbefestigte Weg bis zum Punkt **Pod Ohrádkou** ⓯ an. Jetzt geht es im Bogen nach links um das Tal des Křenovský potok (Krenaubach) herum und dann allmählich wieder in die alte Südostrichtung. Am Punkt **Lazecká svážníce** ⓰ verlassen wir Grün und gehen auf der Radwegtrasse 1167 hinunter ins Dorf **Lazec** ⓱ (Losnitz), das eigentlich nur aus Wochenendhäusern besteht.
Hier biegen wir ostwärts auf die unmarkierte Asphaltstraße ab, die einige Zeit auf gleicher Höhe bleibt und nach einer scharfen Rechtskurve abwärts führt. Dann wendet sie sich wieder nach links (von rechts kommt ein Plattenweg) und nähert sich als Plattenweg den nördlichen Vororten von Český Krumlov an. Hinter der kleinen Rechtskurve am Ortseingang, noch vor dem Büro des Naturparks Blanský les, biegen wir an einem **Bildstock** ⓲ und einem großen Ahorn mit grüner Sondermarkierung nach rechts ab, halten uns gleich halblinks und gehen links an einem neueren Haus vorbei. Hier beschreibt der Weg einen scharfen Bogen nach links und senkt sich hinab ins Tal des Naturschutzgebietes Výšenské Kopce. Auf einem schmalen und bei Nässe glitschigen Pfad wandern wir auf der rechten Talseite abwärts. Uns umfängt eine bezaubernde Landschaft; es geht durch Wiesen, an einem idyllisch gelegenen Bänkchen vorbei, hinunter zu einem kleinen Bach, den wir überqueren und uns mit der grünen Markierung nach links wenden. Der Weg führt weiter bergab, unter einer Eisenbahnbrücke hindurch und ganz unvermutet stehen wir an der vom Herweg bekannten **Eisenbahnunterführung** ❷. Hier gehen wir nach links und auf dem Hinweg zurück zum Ausgangspunkt am Schloss in **Český Krumlov** ❶.

3.30 h

Auf den Kleť (Schöninger)

Auf den Hausberg von Český Krumlov (Krummau)

Der Blansker Wald (Blanský les) ist ein östliches Vorgebirge des Böhmerwalds. Er hat die Form eines schmalen, nach Südosten geöffneten Hufeisens. Seine höchste Erhebung ist der Kleť, 1083 m, direkt oberhalb von Český Krumlov gelegen. Er dominiert die Landschaft in weitem Umkreis, von ihm kann man nach Westen bis zum Dreisesselberg sehen und im Osten weit über Budweis hinaus, bis zum Kernkraftwerk Temelín. Die unvergleichliche Fernsicht von seinem Gipfel macht einen Besuch bei einer Böhmerwaldreise obligat. Seitens der Tschechen wird die Gegend viel besucht. Neben den Naturschönheiten bietet das Waldgebirge reiche Wintersportangebote und mit Kloster Goldenkron (Zlatá Koruná) und der Ruine Maidstein (Dívcí kámen) auch sehr besuchenswerte Kulturdenkmale.

Ausgangspunkt: Oberer Parkplatz in Nový Dvůr, 596 m, am Fuß des Kleť gelegener Ortsteil von Český Krumlov, etwa 3 km nördlich des Zentrums. Alternativ läuft man vom Bahnhof Český Krumlov über die Straße Nádražní und weiter über U Kasáren (mit grüner Markierung) bis zum Ausgangspunkt (knapp 2 km).
Anforderung: Nicht allzu schwere Wanderung über Waldwege, der letzte Teil des Anstiegs zum Kleť verläuft auf steinigem Pfad.
Einkehr: Auf dem Kleť: Restaurant Horská Chata Kleť, beliebt und viel besucht, an Wochenenden ist es sehr voll (Mo–Fr 10–17 Uhr, Sa und So 9–17 Uhr, Tel. +420 724 700 300, klet.com).
Variante: Für den Rückweg bietet sich alternativ die Talfahrt mit dem Lift an. Von seiner Talstation mit Grün weiter hinab bis zum Bahnhof Holubov und mit dem Zug nach Český Krumlov zurück. Man kann vom Gipfel aus auch ganz zu Fuß nach Holubov wandern (grüne Markierung). Gut 2 Std. sollte man dafür aber ansetzen.

Christus am Kreuz am Punkt U Modréhu obrazu.

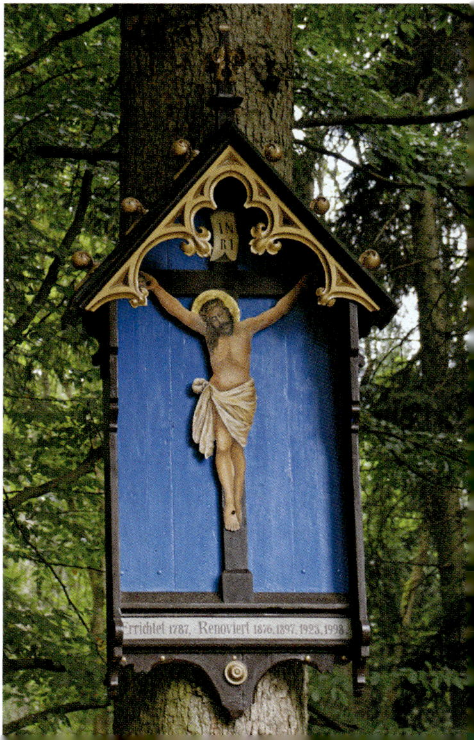

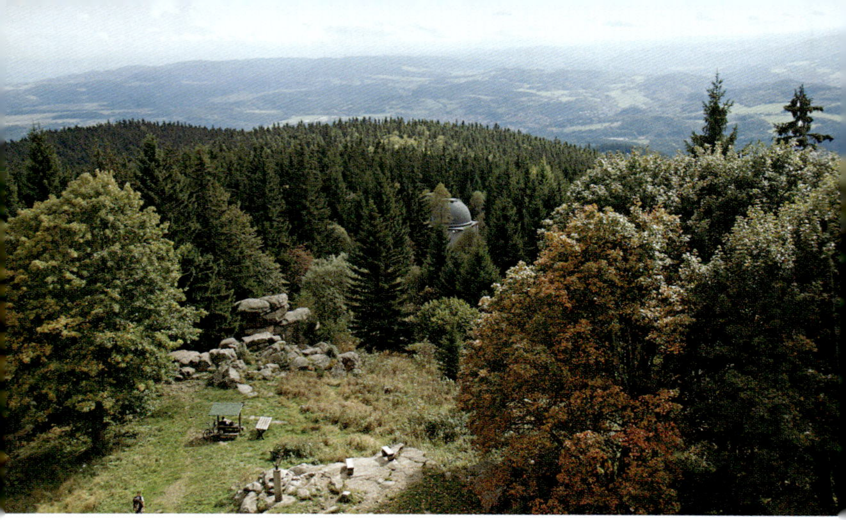

Vom Turm auf dem Kleť blickt man südwärts über eine kleine Sternwarte weit ins Vorland des Böhmerwalds.

Vom oberen Parkplatz in **Nový Dvůr** ❶ aus gehen wir mit Grün auf einem breiten Weg und mit zunächst nur leichtem Anstieg bergan. Am Punkt **Nad Vyšnym** ❷ kommt von links Gelb herauf, Grün wendet sich nach rechts. Der Wald lichtet sich, wir erhalten schöne Blicke westwärts auf die menschenleeren Berglandschaften des Truppenübungsplatzes Boletice. Etwa 600 m später zweigt Grün nach rechts auf einen schmaleren Pfad ab, der nun steiler ansteigt. Nach etwa 1 km kommen wir zu einem wieder breiteren Weg, hier gehen wir auf gleicher Höhe bleibend nach links bis zum Punkt **U Hajovny Plánský** ❸. Unweit liegt das dem Bergmassiv namengebende Gehöft Plánský. Wir biegen mit Grün nach rechts ab, der Weg steigt erneut an, kreuzt einen Waldweg, bald danach einen zweiten; hier wendet sich Grün nach halb rechts ❹ und führt uns nun ziemlich steil bergan. Kurz vor dem Gipfel schwenkt der Weg nach links und erreicht in einem nicht mehr ganz so steilen Bogen den Gipfel des **Kleť** ❺, direkt an der Baude Horská chata.

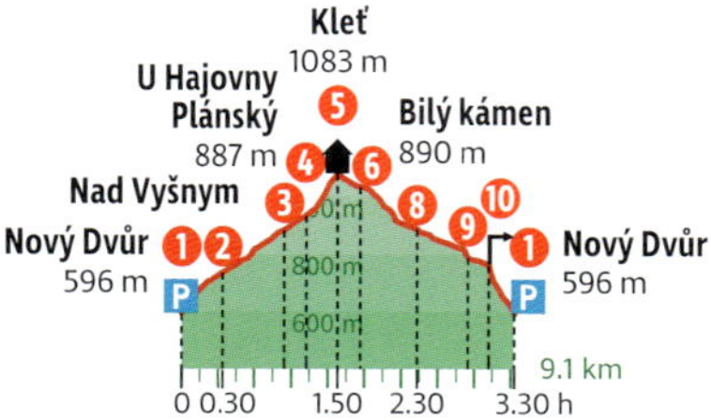

Der 1825 erbaute Aussichtsturm (er ist damit der älteste in Böhmen aus Stein) bietet eine der schönsten Fernsichten über das Land. Der Blick schweift von Plöckenstein und Dreisesselberg über das Moldautal zu den Hügeln des Truppenübungsplatzes Boletice, streift die Fernmeldeanlagen des Blanský les und reicht bis hinab ins Tiefland; in der Ferne ragt das Kernkraftwerk Temelín auf, dann streift unser Blick Budweis und zieht sich über das Kloster Goldenkron bis nach Český Krumlov herum, von dem gerade noch die Spitze des Schlossturms zu sehen ist.

Für den Rückweg wählen wir den rot markierten Weg und gehen abwärts bis zum Punkt **Pod Kleť** 6 (auch: Pod Hvězdarnou). Hier gehen wir mit Rot weiter geradeaus zu einem Waldweg. Wir biegen mit Rot nach links und gleich wieder nach rechts ab und wandern bergab bis zum Punkt **Nad Výhledem rozc.** 7, wo wir nun Blau und Rot nach rechts folgen. Wir passieren die Kreuzung **Bilý kámen** 8 (nicht identisch mit dem westlich gelegenen Berg Bilý kámen), wo wir mit Blau geradeaus weitergehen. Nach etwa 900 m, in einer deutlichen Rechtskurve des Waldwegs, führt Blau geradeaus auf einem leicht zu übersehenden Wiesenpfad weiter und erreicht bald einen breiteren Waldweg, auf dem wir uns nach links wenden und alsbald zum Punkt **U Modréhu obrazu** 9 kommen. Die Wegkreuzung hat ihren Namen von einem intensiv blau unterlegten Kruzifix an dieser Stelle. Wir folgen weiterhin Blau, das nach etwa 500 m in einer kleinen Linkskurve scharf nach rechts abbiegt 10. Auf einem nicht ganz leicht erkennbaren Pfad geht es hinunter zu einer Wiese, dann kommen wir zu einer Asphaltstraße, über die wir nach rechts zum Parkplatz in **Nový Dvůr** 1 zurückkehren.

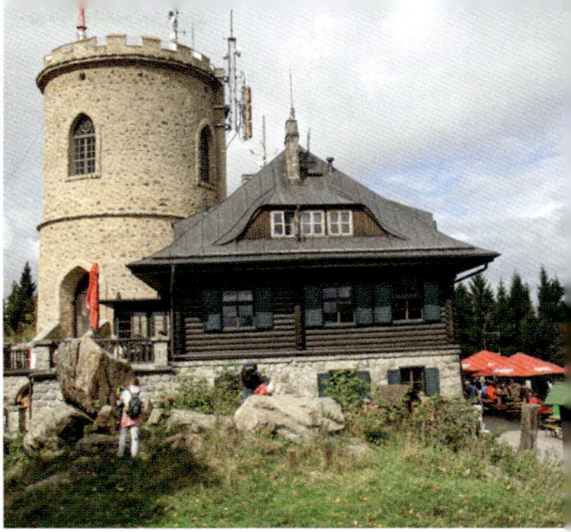

Der 1825 errichtete Aussichtsturm auf dem Kleť ist der älteste steinerne Turm seiner Art in Böhmen.

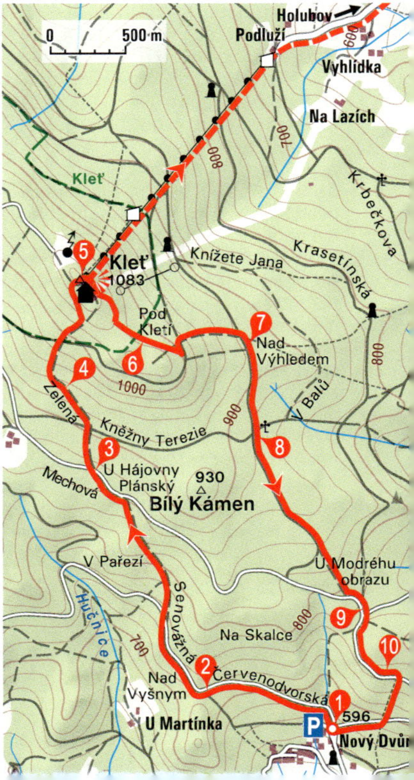

↗ 230 m | ↘ 180 m | 14.2 km

50 Kloster Goldenkron – Ruine Dívčí kámen (Maidstein)

3.15 h

Zwei Hauptattraktionen im südöstlichen Vorland des Böhmerwalds

Wenige Kilometer von Český Krumlov moldauabwärts liegt das Zisterzienserkloster Goldenkron (Zlatá Koruna), gegründet 1261. Eigentlich trägt es den Namen »Zur Dornenkrone Christi«, denn es birgt als Reliquie einen Dorn aus der Dornenkrone. Sehenswert sind der Kreuzgang, der Kapitelsaal und die 1370 vollendete Klosterkirche. Nur wenig weiter nordwärts liegt die Ruine Dívčí kámen (Maidstein), 1349 als Wachburg und Verwaltungssitz erbaut. Sie scheint diese Funktion aber nur 200 Jahre innegehabt zu haben: Bereits 1541 wird sie als leer stehend erwähnt und verfällt seitdem. Die pittoresken Mauerreste und die exponierte Lage auf einem Felsen über einer Moldauschleife machen die Ruine zum beliebten Wanderziel. Kloster und Ruine lassen sich auf dieser einfachen, aber abwechslungsreichen Tour verbinden.

Ausgangspunkt: Parkplatz an der Moldaubrücke in Zlatá Koruna, 458 m. Züge von České Budějovice und Nové Údolí. Buslinien 513 und 514 von Český Krumlov.
Endpunkt: Holubov, 499 m. Rückkehr mit dem Zug (Richtung Zlatá Koruna/Český Krumlov/Nove Udolí), Abfahrt unregelmäßig, im Wesentlichen im Stundentakt. Fahrzeit 10 Min., Fahrkarten beim Schaffner oder am Automaten. Der Bahnhof von Zlatá Koruna liegt knapp 2 km vom Ausgangspunkt entfernt.
Anforderungen: Leichte Streckenwanderung auf Wald- und Asphaltwegen, die Strecke zwischen Třísov und der Ruine Dívčí kámen führt über schmale, steinige und teils steile Waldpfade – bei Nässe dieses Teilstück meiden und auf die Variante ausweichen. Rutschgefahr! Das gilt insbesondere auch für den ersten Abschnitt der Tour zwischen Zlatá Koruna und dem im Text erwähnten Bächlein unterhalb von Plešovice.
Einkehr: Zlata Koruna: u. a. Káva u kláštera Zlatá Koruna, Café im Kloster; Restaurace U Kučeru, gleich an der Moldaubrücke (Tel. +420 777 140 146, kempukuceru.cz); Restaurace Zahrada nad řekou (Tel. +420 777 654 457); zwischen Dívčí kámen und Holubov: Restaurant Hamr (Tel. +420 608 757 691 und +420 778 098 898, hamrdivcikamen.cz).
Varianten: 1. Verkürzung der Wanderung zur Ruine Dívčí kámen durch Start in Třísov (Bahnhaltestelle und Parkplatz); einfache Strecke zur Ruine 2 km und gut 30 Min. 2. An der Mündung des Křemžský potok in die Moldau alternativ über eine Betonbrücke und auf dem sehr schönen Weg der Radtrasse 1127 hinauf bis zum Bahnhof Třísov, unterwegs prächtiger Blick auf die Ruine, außerdem kommt man zur Stelle eines alten Keltendorfes.
Sehenswürdigkeiten: Kloster Goldenkron (April–Okt. Di–So 9–16 Uhr, Juni, Juli und August 9–17 Uhr, klaster-zlatakoruna.eu). Die Ruine Dívčí kámen ist ganzjährig tgl. von Sonnenauf- bis Sonnenuntergang geöffnet (divcikamen.cz).

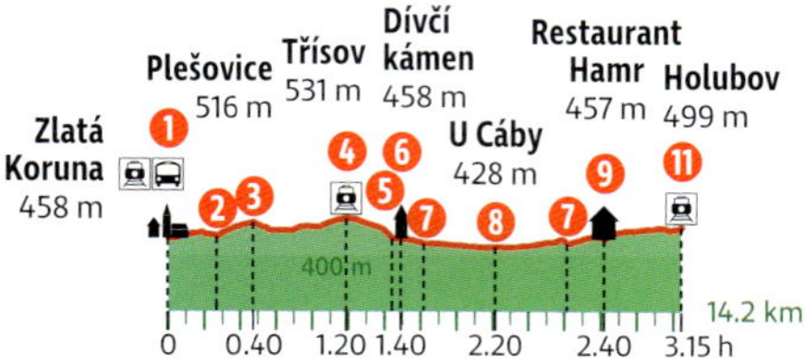

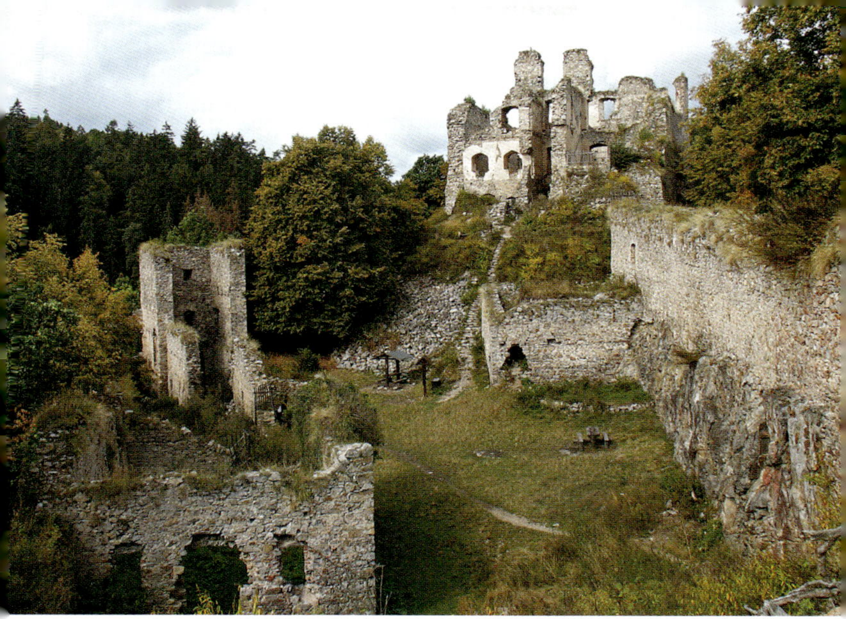

Ein sehr pittoreskes Bild bieten die Mauerreste der Ruine Dívčí kámen.

Vom Parkplatz an der Moldau in **Zlatá Koruna** ❶ gehen wir hoch zum Kloster und wenden uns hier nach links in Richtung Ortsausgang. Hinter einer aufgelassenen turmlosen Kirche biegen wir mit Rot nach rechts ab. Auf einem schmalen Pfad geht es steil bergab in Richtung Moldau, wir bleiben aber noch ein Stück auf mittlerer Höhe, dann führt der Weg direkt zum Ufer hinab. Wir überqueren das Bächlein **Kokotinská rokle** ❷ und passieren eine kleine Siedlung, dann wird der Weg befestigt und steigt teilweise steil nach **Plešovice** ❸ hinauf. Am Ortseingang sehen wir links eine entzückende, fast naturgetreue Miniatur-Nachbildung des Dorfes mit Kirche, Dorfplatz und den wichtigsten Häusern.

In der Dorfmitte biegen wir mit Rot rechts ab und wandern auf der Radtrasse 1127 oberhalb der Moldau nach Norden. Bis vor wenigen Jahren war dieser Weg unbefestigt und ausgesprochen ideal zum Wandern; im Rahmen verschiedener Projekte zur Verbesserung der Infrastruktur ist leider auch er wie so viele traditionelle Wanderpfade im Böhmerwald asphaltiert worden. Dennoch ist die Landschaft hier ausnehmend reizvoll. Bald kommen wir an den Waldhängen zu einer hübschen Wochenendhaussiedlung, dann geht es etwas bergan und schon haben wir den Bahnhof – eigentlich ist es nur ein Bahnsteig – von **Třísov** ❹ erreicht. Wer die Kurzvariante zur Burgruine wählt, steigt hier in die Tour ein.

Beim Bahnhof gehen wir rechts etwas hinab und gleich wieder rechts, zu einer großen Linde und einem schönen Bildstock. Hier folgen wir Rot nach links (geradeaus: Variante) und wandern auf einem steinigen Pfad um einen Hügel herum (auf ihm wurden die Reste einer Keltensiedlung gefunden). Dann geht es auf einem »wildromantischen« Pfad durch den Wald, bis plötzlich vor uns die Ruine Dívčí kámen fast wie eine Vision zwischen den Bäumen erscheint. Doch zunächst geht es steil bergab. Im Tal biegen wir rechts ab, gehen über ein Brückchen über den **Křemžský potok** 5 und dann nach links empor zur Burgruine **Dívčí kámen** 6.
Nach der Besichtigung der Anlage gehen wir nur die etwa 250 m zurück zum Brückchen 5 unterhalb der Burg und biegen dort links ab. In der Folge bleiben wir auf der linken Bachseite und gehen einmal um den Burgberg herum, bis wir zur **Mündung** 7 des Křemžský potok in die Moldau kommen. Hier gehen wir mit Rot weiter, vorbei an einem allein stehenden Haus mit entzückendem Vorgarten und Elektrostation und spazieren den rot markierten Weg moldauabwärts. Die Moldau bietet hier das Bild eines wilden Waldflusses. Unterhalb der Köhlerwand (Uhlířská strán) folgen wir dem hübschem Weg bis **U Cáby** 8. Achtung: Dieser teils sehr schmale Pfad kann bei Nässe rutschig sein!
Von U Cáby gehen wir zurück zur Mündung des **Křemžský potok** 7 und weiter mit Gelb auf dem bekannten Weg bis zum Abzweig zur Burg 5. Nun wandern wir das sehr schöne, von schroffen Felswänden gesäumte

Die Moldau unterhalb der Ruine Dívčí kámen.

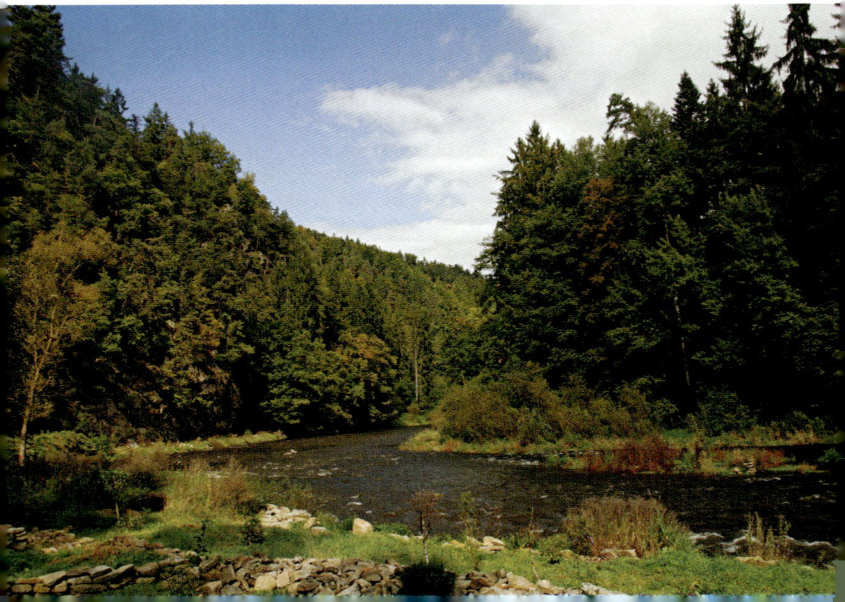

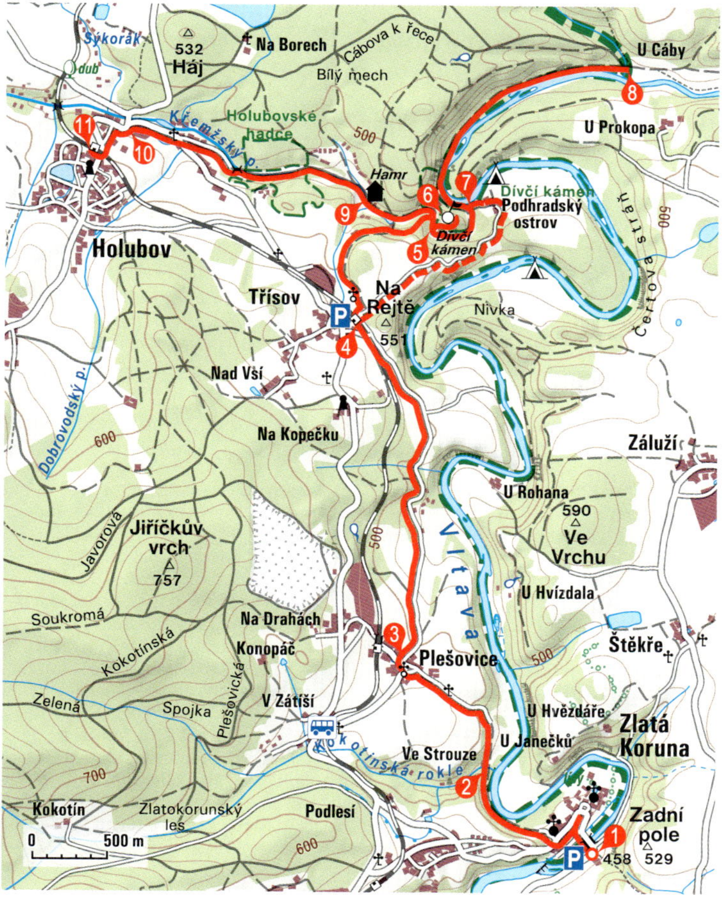

Tal aufwärts. Bald kommen wir am **Restaurant Hamr** ⑨ vorbei, verlassen den Wald, und weiter geht es mit Gelb in Richtung Holubov. Wir treffen bei einem Industriebetrieb auf eine **große Straße** ⑩. Hier gehen wir nach links aufwärts und nach etwa 100 m wieder nach links von der Straße abzweigend (grün und gelb markiert) auf eine Stichstraße, die uns direkt zum Bahnhof **Holubov** ⑪ bringt.
Von Holubov fahren wir mit dem Zug wieder zurück und wandern vom Bahnhof knapp 2 km zurück zum Ausgangspunkt in **Zlatá Koruna** ❶.

↗ 530 m | ↘ 530 m | 21.9 km

6.00 h

51 Zum südlichsten Punkt Tschechiens

Auf einem alten Handelsweg zur Grenze und über die Grenze

Salz wurde nicht nur über Passau nach Böhmen gebracht. Spätestens seit Böhmen 1526 habsburgisch geworden war, bezogen die neuen Landesherren ihr Salz nur noch aus dem ebenfalls habsburgischen Salzkammergut. Es konnte jetzt bequem mit Wagen über Gmunden und Linz importiert werden. Es war nicht mehr nötig, bayerisches Salz oder das aus dem Gebiet der Salzburger Fürsterzbischöfe auf Säumerpfaden über den Böhmerwald zu transportieren. Von Linz, wo das Salz gestapelt wurde, begannen mehrere Verzweigungen dieses sogenannten »Linzer Steigs«. Der existierte als Handelsweg für alle möglichen Güter schon seit dem 13. Jh. Eine der Routen führte über Leonfelden entlang der heutigen B 126 nach Rading und dort über die Grenze nach Böhmen. An dieser Stelle befindet sich heute der südlichste Punkt der Tschechischen Republik. Weiter ging es auf diesem Pfad über Vyšší Brod und durch das Moldautal nach Český Krumlov.

Ausgangspunkt: Marktplatz von Vyšší Brod (Hohenfurth), 590 m. An der Bahnlinie Lipno–Rybník (in Rybník Anschluss an nationale und internationale Verbindungen), Bus 517 von Lipno und Český Krumlov, Bus 561 von Studánky.
Anforderungen: Tagestour auf guten Feldwegen und Asphaltwegen. Keine größeren Anstiege, bestenfalls vor 8.
Einkehr: Vyšší Brod: Restaurant Inge, an der Moldaubrücke beim Bahnhof (Míru 379, Tel. +420 775 856 372, pensioninge.cz); mehrere am Hauptplatz, u. a. Restaurant U Candrů (Náměstí 36, Tel. +420 602 477 746, ucandru.cz); Restaurant Hotel Šumava (Náměstí 47, Tel. +420 725 812 821, hotel-sumava.cz). Rading: Wirt´s Haus zur Schwedenschanze, ehemals bekannt als Gasthof Schanzstüberl (Tel. +43 721 360 735, wirtshaus-schwedenschanze.at); Studánky: Restaurant Pivovar Studánky (Tel. +420 380 746 564); Hospůdka U Kaple, (Tel. +420 607 091 828).
Variante: In Studánky mit Grün nach links (Radweg 1205) und auf teils asphaltierten Wegen ins abgelegene Mnichovice mit nur noch zwei verbliebenen Häusern. Weiter mit Grün vorbei an der Wallfahrtskirche Maria Rast am Stein (Kaple P. Marie na skále) zurück nach Vyšší Brod (2,5 km und ca. 50 Min. länger). Alternativ kann man von Studánky aus mit dem Bus zurückfahren.

Vom oberen Hauptplatz in **Vyšší Brod** 1 gehen wir etwa 100 m in südlicher Richtung die Staatsstraße 161 stadtauswärts und biegen dann mit Gelb nach links in die Lidická ein. Es geht etwas bergab, vorbei an den letzten Häusern am Ortsrand, dann wird der Weg unbefestigt und steigt wieder an. Oberhalb eines Wäldchens kommen wir zu einem Betriebshof der Stadt und biegen unmittelbar hinter diesem mit Gelb nach links auf einen schmalen Weg ab. Wir überqueren den Bučinský potok und wandern nun am Waldrand stetig, aber nicht stark ansteigend nach Südosten. Rechts erhaschen wir schöne Blicke über das Tal und hinüber nach Studánky. Etwa 1,5 km nach dem Betriebshof kommen wir auf einem sehr sandigen Weg zum Punkt **Na Techoraze** 2. Wir biegen mit Gelb hier nach rechts ab (zuletzt fehlte der Wegweiser!) Nun geht es bergab, entlang einer weiten Wiese. Schließlich erreichen wir an einem Teich am Punkt **Studánecký ryb.** 3 die Teerstraße Studánky–Dolní Drkolná. Wir gehen auf ihr nach links und biegen nach etwa 200 m halb rechts, Richtung Mlýnec, ab. Weiter geht es auf befestigtem Weg durch das einsame Tal des Studánecký potok. Dann geht es durch einen recht düster wirkenden Wald, rechts sprudelt weiter der Studánecký potok. Bald kommen wir nach Mlýnec, einem großen Gestüt. An dessen Beginn wenden wir uns von der Teerstraße weg, gehen mit Gelb auf unbefestigtem Weg unterhalb des etwas auf einer Anhöhe liegenden Gestüts etwa 200 m entlang einer sumpfigen Niederung bis zum **Wegweiser Mlýnec** 4. Hier biegen wir mit Gelb (und Blau) rechts auf eine teilweise befestigte Straße ab, die allmählich ansteigend weiter südwärts führt. Durch schöne Wiesen und Wälder schlendernd, kommen wir nach etwa 1,8 km zur Kreuzung **Radvanov odb.** 5. Hier treffen wir auf den von Österreich herankommenden alten Handelsweg und gehen auf ihm nach links auf ein weites, freies Feld; links und rechts unseres Weges begrenzen seltsame Gatter die Felder.

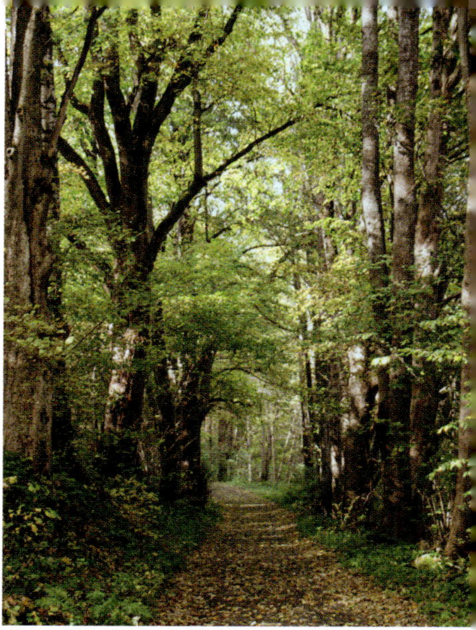

Im letzten Viertel führt die Wanderung durch herrliche Laubwälder.

Wir wandern weiter etwa 500 m leicht bergan, dann senkt sich der Weg nach einer Rechtswendung hinab zur Dorfstelle des untergegangenen **Radvanov (Reifmaß)** 6, des einst südlichsten Dorfs in Böhmen, das 1950 dem Grenzregime weichen musste. Eine Infotafel erläutert die Ortsgeschichte. Nun steigt der Weg wieder etwas an und läuft durch hübsche Feldlandschaften auf die Grenze zu. Unmittelbar vor ihr gehen wir auf schmalem Steig etwa 100 m nach links und kommen am Grenzbach zum **südlichsten Punkt Böhmens** 7 und der Tschechischen Republik. Hier endet die gelbe Markierung.

Wir gehen zurück zur Grenze, überqueren sie links nach Österreich und gelangen nach etwa 150 m zu einem großen Erdwall, der Schwedenschanze. An dieser strategisch wichtigen Stelle stellte sie im Dreißigjährigen Krieg

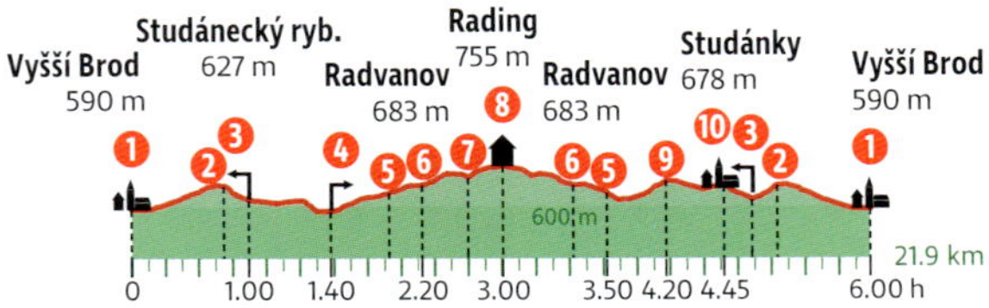

ein Bollwerk, um den alten Handelsweg zu verteidigen. Wir gehen noch etwa 600 m weiter ins Dörfchen **Rading** 8 und zum »Wirt's Haus Schwedenschanze «, wo es sich zünftig einkehren lässt.

Nach der Einkehr gehen wir zurück über die Grenze und in der Folge vorbei an der Wüstung **Radvanov** 6 bis zur Kreuzung **Radvanov odb.** 5. Hier gehen wir auf dem Handelsweg mit Blau nach links auf den Wald zu. Der Weg senkt sich jetzt steil hinab ins Tal des Boršikovský potok, wo es einen hübschen Teich und einen kleinen Rastplatz gibt. Von dort geht es wieder hinauf zu einer Wiese, die wir rechts umrunden. Der Weg führt zunehmend steiler aufwärts. Kurz vor der höchsten Stelle steht rechts ein **Metallkreuz** 9 am Weg. Ab ungefähr diesem Punkt bis zu der Stelle, wo es bergab geht, befand sich der verschwundene Ort Petřejov, an den einige Hundert Meter weiter ein großer Gedenkstein mit Kreuz und zwei Wagenrädern erinnert. Die meisten Häuser dieses Orts befanden sich links vom Weg auf dem Wiesenhang. Der Abschnitt vom Metallkreuz bis Studánky ist vielleicht der schönste der gesamten Tour.

Es geht durch lichtdurchfluteten Mischwald, links ziehen sich Bergwiesen hinauf, rechts der Straße regiert hangabwärts undurchdringlicher Dschungel. Dann geht es steil hinunter zum Bach Bystrá. Nach kurzem Anstieg am Südrand des Dorfs Studánky erreichen wir die Staatsstraße 161, die vom Grenzübergang nach Österreich herankommt. **Studánky** 10 ist ein typischer tschechischer Grenzort: mit Nagelstudios, Frisören, asiatischen Läden, erotischen Dienstleistungsunternehmen etc. Am touristischen Wegweiser in der Ortsmitte gehen wir zunächst geradeaus und dann, wo die Staatsstraße nach links abknickt, weiter geradeaus anfangs steil abwärts zum Punkt **Studánecký ryb.** 3 und von dort auf bekanntem Weg zurück nach **Vyšší Brod** 1.

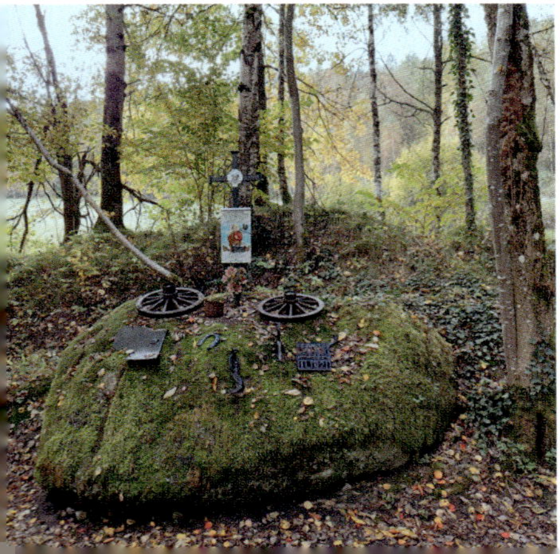

An das ehemalige Dorf Petřejov erinnert dieser ungewöhnliche Gedenkstein.

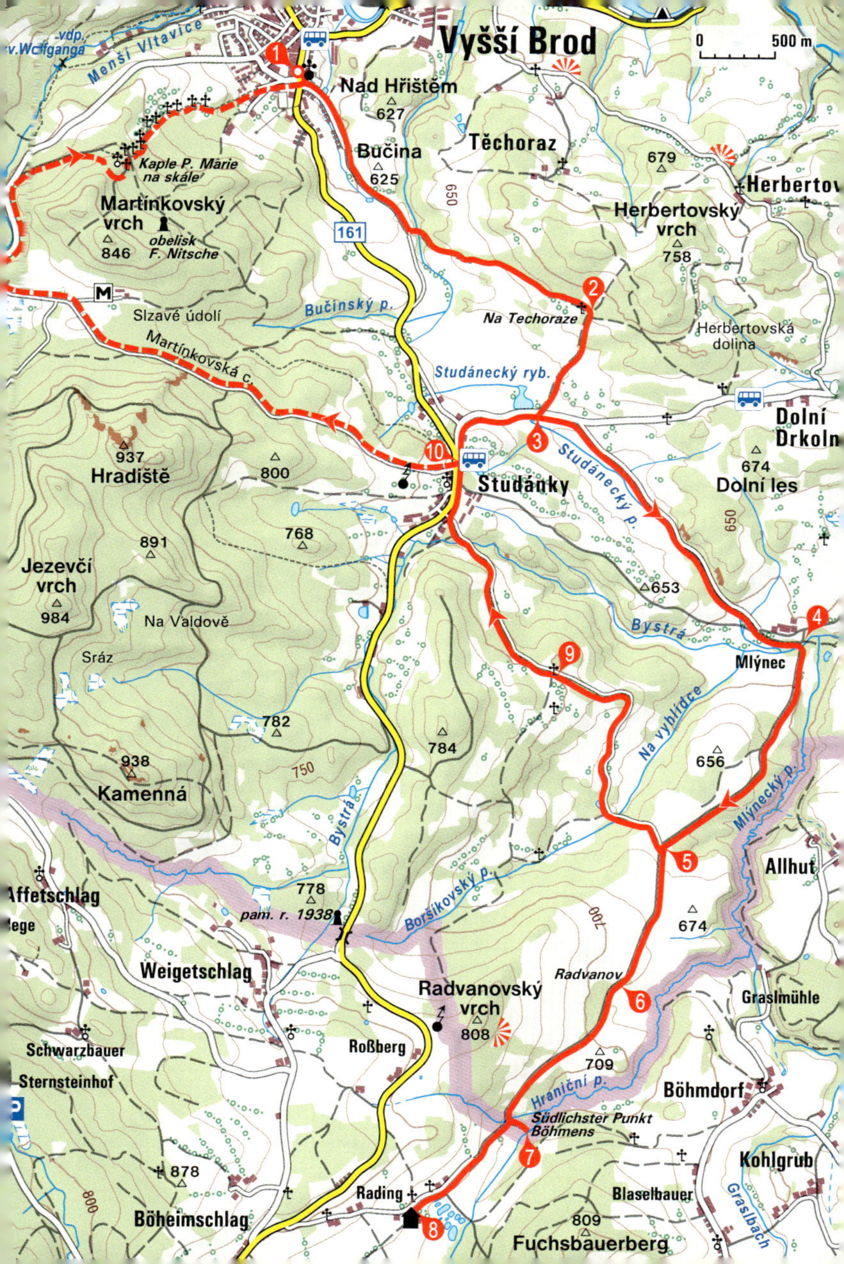
Vyšší Brod
0
500 m
vdp. sv. Wolfganga
Menší Vltavice
Nad Hřištěm
627
Bučina
625
Těchoraz
679
Herbertov
Kaple P. Márie na skále
Martínkovský vrch
846
obelisk F. Nitsche
161
650
Herbertovský vrch
758
Na Techoraze
Herbertovská dolina
Slzavé údolí
Bučinský p.
Martínkovská c.
Studánecký ryb.
Dolní Drkolná
937
Hradiště
800
Studánky
Studánecký p.
674
Dolní les
768
891
Jezevčí vrch
984
653
Na Valdově
Bystrá
Mlýnec
Sráz
782
784
Na vyhlídce
656
938
Kamenná
750
Mlýnecký p.
Bystrá
Allhut
Affetschlag
778
pam. r. 1938
Boršíkovský p.
700
674
Weigetschlag
Radvanov
Radvanovský vrch
808
Graslmühle
Schwarzbauer
Roßberg
709
Sternsteinhof
Böhmdorf
Hraniční p.
Südlichster Punkt Böhmens
Kohlgrub
878
800
Rading
Blaselbauer
Böheimschlag
809
Fuchsbauerberg
Graslbach

STICHWORTVERZEICHNIS

Umschlagbild: Im Tal des Roklanský potok bei Modrava (Tour 19).

Bild im Innentitel: Mittelalterliche Kapelle in Prenet (Tour 3).

Alle Fotos vom Autor.

Kartografie:
50 Wanderkärtchen im Maßstab 1:50.000 und 1:75.000,
zwei Stadtpläne im Maßstab 1:5.000 und 1:11.000
Geodaten © OpenStreetMap und Mitwirkende, kartografisches Design:
Freytag & Berndt Prag, freytagberndt.cz;
Zwei Übersichtskärtchen im Maßstab 1:550.000 und 1:1.700.000
© Freytag & Berndt, Wien

Werk-Nr.: 4480

6., vollständig überarbeitete Auflage 2023

ISBN 978-3-7633-4646-2

FSC www.fsc.org MIX Papier | Fördert gute Waldnutzung FSC® C147178

Wir freuen uns über jeden Korrekturhinweis zu diesem Wanderführer!
Bitte per E-Mail an: leserzuschrift@rother.de

ROTHER BERGVERLAG · Keltenring 17 · D-82041 Oberhaching
Tel. +49 89 608669-0 · rother.de